思政教师心语

南北寺，我的『大学』

韩兆恩 著

天津社会科学院出版社

图书在版编目（CIP）数据

思政教师心语：南北寺，我的"大学"/韩兆恩著． -- 天
津：天津社会科学院出版社，2020.11
ISBN 978-7-5563-0687-9

I．①思… II．①韩… III．①中学 - 师资培养 - 研究
IV．①G635.12

中国版本图书馆 CIP 数据核字（2020）第 234572 号

思政教师心语：南北寺，我的"大学"
SIZHENG JIAOSHI XINYU：NANBEISI，WO DE "DAXUE"

出版发行： 天津社会科学院出版社

地　　址： 天津市南开区迎水道 7 号

邮　　编： 300191

电话 / 传真： （022）23360165（总编室）

　　　　　　（022）23075303（发行科）

网　　址： www.tass-tj.org.cn

印　　刷： 英格拉姆印刷(固安)有限公司

开　　本： 787×1092　毫米　　1/16

印　　张： 31.25

字　　数： 600 千字

版　　次： 2020 年 11 月第 1 版　　2020 年 11 月第 1 次印刷

定　　价： 88.00 元

笔者参加工作第一学年（1985—1986）
使用的部分备课本

笔者 1985 年自费购买的
政治教学参考书

笔者 1988 年获得地区高教自学考试优秀学员称号

笔者 1985—1990 年的教育日记本

笔者担任班主任的邹平县南北寺中学1989届2班毕业合影（摄于1989年）

笔者任教的南北寺中学1990届文科班毕业合影（摄于1990年）

笔者参加山东省教育科学研究院首届骨干教师访学活动（摄于2016年）

笔者与时任临沂大学校长韩延明博士（中）在一起（摄于 2011 年）

山东省教育科学研究院申培轩院长（右）为笔者颁发访学结业证书（摄于 2016 年）

笔者与访学导师李文军博士（中）、同学康知祥（左）在一起（摄于 2019 年）

南北寺中学首任校长杨秉海（右二），第二任校长孙兆俊（左二）（摄于 2008 年）

南北寺中学语文教师、学校事迹主要宣传者之一杨秉任（右二）（摄于 2020 年）

南北寺中学第三任校长杨承玖（右二），地理教师杨秉臣（中），历史教师段其兵（左二），历史教师王起震（左一）（摄于 2008 年）

南北寺中学政治教师、副校长李庆山（左）（摄于 2020 年）

序

韩延明

　　"谈笑有鸿儒，往来无白丁。"近日接到邹平市第一中学教科研处主任、"双师"型人才（高级教师、律师）韩兆恩同志的新著《思政教师心语：南北寺，我的"大学"》，忙不迭趁热展卷细读，想不到这般引人入胜，殊不知如此研精覃思。一口气读下来，颇为激动和感动，也深受启迪和教益。承蒙韩老师信任，让我先"读"为快、一睹风采，并嘱我"斧正"。老朽岂敢，我只是借此机会信马由缰地谈点与本书有关的"一孔之见"，恳请作者与读者不吝指点。

一、日记的历史与"历史的日记"

　　教之道在于渡，学之道在于悟。记得上小学的时候，老师就指导和要求我们写周记和日记。二年级写周记，三年级开始写日记，记事开蒙，直至高中。遗憾的是，时过境迁，当年一笔一画、歪歪扭扭写的日记已经不复存在了，"金色童年"的美好记忆也渐行渐远了。然而，往事并非如烟，日记留给我们的记录习惯、叙事文风和写作素养以及"吾日三省吾身"的自省觉悟与反思修养，却伴随和提振了我们激情燃烧的人生，至今享用，受益无穷。

　　何谓"日记"？顾名思义，就是一日一记。它可以写故事、述心情、记感悟、表志向等。从学理上说，日记是指一个人每天所见、所闻、所作、所为之事的写实性记录，以及当天所思、所想、所感、所悟的心路历程和心语描述，有时也可以在回望、追忆、思考、梳理的基础上重温和补记"那过去的事情"。作为一种大众化文学体裁，日记属于记叙文性质的应用文，可以记事、写人、状物、描景、省思、励志等，尤指个人活动、思考或感受、领悟的日常性动态记录。日记既具有个体性、即时性、多样性、感悟性的特点，也具有史料性、生活性、文学性、探索性的价值。不管是记录高兴的事情，还是记载痛苦的事件，日记都要求写得坦诚、简捷、充实、可信，发人深省。日记的最基本规则是"求真"：语言真诚，情感真挚，思想真实，追求真理。多年一以贯之、接续不断的系列日记，就是一个人成长发展的纪事年表，是一部珍贵的人生档案。翻检一下以前泛黄的日记本，许多尘封的往事和淡忘的记忆会像电影一样一幕幕浮现在眼前，恍如昨日。日记是我们自己最忠实的成长伙伴和最翔实的"摄像""录音"，其中既有我们成功的欢乐，也有我们失败的忧伤，既有我们爽朗的笑语，也有我们呜咽的哭声，酸甜苦辣，尽囊其中。日记，是活的、具体化的、以人为中心、以思为"鹄的"的日常生活史和社会发展史。日记所记录的个人生活状态和世间万象形态，以及对社会、时代和他人的深切感受，往往是探究社会生活、传统文化、教育状况、当地风尚等的重要线索和窗口。这是一笔弥足珍贵的人生影像和精神财富。

古人云：集腋成裘，聚沙成塔。这说明了积累的重要和必然。日记虽属个人行为，但无数个人的日记汇聚综合起来，就是一部系统完整的民族的历史、国家的历史、人类的历史。比如张国立、蒋雯丽主演的电视连续剧《金婚》，郭涛、梅婷主演的电视连续剧《父母爱情》，其实就是夫妻两人相识、相知、相爱、相守及其家庭五十年的生活日记，是半个世纪中国社会发展变化的时代剪影。近日在《湖南日报》"华声在线"栏目看到一则报道，深受感动。82岁的农村老党员杨迪清（二十六岁入党）从2016年12月到2020年7月，在一千三百一十多天里手写了七本厚厚的日记，约六十万字。他坚持每天记"新闻日记"，把国内外大事、村镇大事、乡亲们的街谈巷议、天气预报以及自己的心得感悟等一一写下，坚持看新闻、听新闻、写新闻、论新闻，被村民称为"梅鸣村新闻传话人"。精神可嘉，值得点赞。

在中国，日记历史悠久、源远流长，千余年来卷帙浩繁、蔚为大观。"日记"的远祖是编年体史书（如《春秋》《左传》等），在编年体之后与日记兴盛之前，"笔记"（含随笔、杂谈、记闻、考辨、札记等）是其间过渡的一种记史文体，意谓随笔记录之言，属野史类史学体裁。我国古代许多学者都有写日记的习惯，但当时并不称为"日记"，而是以"记""纪""录""志"等形式出现，有"日录""日历""日谱""日志""日谈""日注"等不同称谓。据清代经学家、文学家、朴学大师俞樾（现代著名红学家、散文家俞平伯的曾祖父，章太炎、吴昌硕的老师）考证，中国较为规范的日记起源于东汉时期。当时马笃伯的《封禅仪记》，就较为详细地记录了东汉光武帝刘秀于公元56年封禅泰山的具体事宜。《封禅仪记》虽然没有称"日记"，但行文是按照年、月、日的标准"日记体"来记述的，逐日记写，不厌其详，而且连天气变化状况都有记载，如"日暮时颇雨""天黑，风逆"等。汉代刘向在其《新序·杂事一》中写道："司君之过而书之，日有记也。"唐代虽日记不多、时限不长，但也颇有影响，如唐太宗时的政治家韦执谊出使西突厥、石国，三年未返，期间他就每天写日记，后结集为《西征记》，被称为"奉使日记的滥觞"。宋代陆游在《老学庵笔记》卷三中记载："黄鲁直有日记，谓之《家乘》，至宜州犹不辍书。"元代书画家郭畀的《云山日记》（又称《郭髯手书日记》），记四百四十七天，两万余字，其中对当时镇江、杭州的人物、名胜、僧寺、道院、街道、市场、园林、书画等都有记载，是一部珍贵的地方史料。他还逐日详记天气阴晴寒暑、人事往来酬答等。清代收藏家宋葆淳当年以米芾行书《赤壁赋》交换《郭髯手书日记》，足见其历史价值。明清时代，官员、文人写日记盛行。从类型上看，主要有"官方日记""游记日记""读书日记""家居日记""逸情日记"等。

清代名家李慈铭所著《越缦堂日记》（七十三册，记1853—1894年），对清咸丰到光绪四十年间的朝野见闻、人物评述、名物考据、书画鉴赏、山川游历以及北京等地的风土人情等均有翔实记述，内容涉及经史、纪事、书评、诗词、骈文、读书札记、社会风尚等，字数达数百万言，记录甚详，是一部文史富矿和学术宝库，时人谓"生不愿作执金吾，唯愿尽读李公书"。《越缦堂日记》与晚清军机大臣、户部尚书翁同龢的《翁同龢日记》（四十七册，记1858—1904年），晚清经学家、文学家（辛亥革命后任清史馆馆长）王闿运的《湘绮楼日记》（三十二册，记1869—1916年），晚清金石学家、文献学家叶昌炽的《缘督庐日记》（十二册，记1870—1917年）齐名，并称为"晚清四大日记"。此外，王钺的《粤游日记》（1669年）、薛福成的《出使四国日记》（1890年）、郑观应的《长江日记》（1893年）、梁启超的访美《新大陆游记》（1903年）等，都对近代中国产生了很大影响。谭嗣同在《浏阳兴算记·经常章程五条》中曾强调指出："夜间写日记，须载明本日阴晴风雨。"20世纪有"四大日记"之称的是浙江大学校长竺可桢的《竺可桢日记》（手稿五十六册，九百万字，记1936—1974年），著名历史学家、历史地理学家、民俗学家顾颉刚的《顾颉刚日记》（十二册，六百万字，记1913—1980年），历史学家、文献学家、考古学家金毓黻的《静晤室日记》（一百六十九卷，五百五十万字，记1920—1960年），国学大师、文学评论家吴宓的《吴宓日记》（二十册，七百万字，记1910—1948年）。现代大文豪郭沫若在《洪波曲》第十章中自述："请原谅，我要依然抄录我自己的日记。"鲁迅先生也是每天坚持写日记，几十年如一日。他不仅记日记，而且还创作了"日记体"小说《狂人日记》。鲁迅病逝后，妻子许广平整理了他从1912年5月5日起至1936年10月17日止的日记，书名为《鲁迅日记》，1951年由上海出版公司出版，后由人民文学出版社于1959年、1962年、1976年、2006年多次再版。《鲁迅日记》内容丰富，包含作者起居饮食、书信来往、亲友往来、文稿记录、旅行游历、书帐等，是研究鲁迅生平重要的第一手文献史料。

我们所熟知的《雷锋日记》，更是影响广泛而深远。《雷锋日记》是在周恩来总理指示下，由中国人民解放军总政治部（现中国共产党中央军事委员会政治工作部）收集整理的雷锋1959年至1962年间的日记、书信、诗歌、文章等计一百二十一篇，1963年4月由解放军文艺出版社出版。虽然雷锋只有初中文化程度，仅仅走过了短短二十二年的人生历程，但他的学习、思考、追求和感悟，都被他用一颗诚挚的心写进了闪耀着思想光芒的红色日记，成为穿越"时光隧道"的心灵寄语和青春印记。他平实朴素而简练生动的语言，信手拈来却恰到好处的修辞，以及坚定不移的理想信念和充满理性魅力的深邃思考，对20世纪六七十年代的青少年产生了重大影响，雷锋的日记由一件纯私人的随记存念物品变为社会的公共精神财富。据不完全统计，《雷锋日记》在1966年至1976年印刷了一百六十万册。之后，《雷锋日记》又被几十次再版，甚至"漂洋过海"畅销国外。据1973年报道，当时有二十八个国家用外文翻译出版《雷锋日记》，共有英文版、法文版、德文版、日文版、朝鲜文版、泰文版等

32种版本。2014年3月3日，沈阳市书法家协会部分书法家向沈阳军区抚顺雷锋团捐献了一幅四十米长的雷锋日记长卷，撼人心魄，催人奋进。现在，《雷锋日记》已被选录于我国小学语文教材之中。伟大的雷锋精神，激励我们在中华民族伟大复兴的新征程上不忘初心使命、争做时代先锋！上述可见，日记的能量和魅力不可小觑，"日记的历史"和"历史的日记"彪炳史册。

二、日记的特色与"特色的日记"

所谓"特色"，是指事物所彰显出来的独特的色彩、风格、特征、成效、影响等，即独树一帜、独运匠心等。展现个人日记特色的方面，主要在于日记素材的裁剪、文笔的风格、文献的价值、写作的节点、逻辑的梳理、结构的布局、叙事的延展、意蕴的挖掘等，条分缕析，简洁洗练，给人以清晰之感。

《思政教师心语》是一本"富含特色的日记"，具有如下四个显著特征，即爱、思、实、恒。

一是"爱"。"爱"是教育的基本前提，也是日记的灵魂所在。纵观韩老师1985年至1990年在邹平县南北寺中学这所山东省重点中学所写的"青椒"日记，可以说是改革开放以来中等教育变革与发展的时代印记，体现了一位人民教师"传道、授业、解惑"的奉献精神和"铁肩担道义，妙手著文章"的高远追求。更重要的是，体现了他一颗"诲人不倦"的温暖的"爱生之心"。他用自己的大爱情怀，诠释了元代戏曲家关汉卿杂剧《玉镜台》中阐释的"一日为师，终身为父"的千年古训。他爱自己的学生，"走进学生的心灵"，特别是对那些被人放弃的"学困生"更是多方感化、关爱有加，追踪数年，"因材施教""耳提面命"。这从他在多篇日记的描述中可以清晰地感知到。他的教育人生，有言之教和无言之教同样精彩，就像齐白石的水墨画，着墨的地方是画，留白的地方也是画，真正达到了"人化"与"化人"的教育境界。

二是"思"。"思"是教育的核心要素，也是日记的精髓所在。子曰："学而不思则罔，思而不学则殆。""思"是思考、思念、思绪、思路、思辨、思想等，即叙事反思。日记记录的是真实的事情，富含大量的生活元素，但日记不能记成流水账，要通过思考和分析对内容进行提炼和挖掘，进而引申出素材背后的深层的意义和价值，叙事问道，塑形铸魂。日记不能陷在浅薄的日常生活的琐碎事情里，而应从中抽象出我们的深度思考，让日记成为撬动和改变自己整个生活乃至人生的有力"杠杆"。本书的日记各节末尾，都分别标注教师职业生涯"四维"（教、学、行、思）发展的关键词，全书合计标注关键词百余个。这便是韩老师"思"的成果。正是凭借这种"思"的习惯和优势，才使他在教学工作之余发表了数十篇具有独到见解的学术论文，完成了教育硕士学位论文《基于教育公平理念的高中学困生教育研究》（原题为《基于教育公平理念的高中后进生教育研究》，下同，论文见本书附录），并执笔完成山东省教育科学规划课题"教育家型教师校本团队式成长行动研究"结题报告，为自己的后续研究拓展了广阔的空间和宽阔的路径。

三是"实"。"实"是教育的品格诉求，也是日记的根本所在。日记虽不要求每日必记，但作为一位教师，要注意把那些真实发生在身边的重要的"教育案例"实事求是地记录下来，或作经验启导，或作教训镜鉴。只有"实"，才能作为"教案"育人，才能作为"史料"留存，激浊扬清。当然，随着信息时代的飞速发展，写日记的形式可以丰富多彩，比如现在已有了多种"日记软件"（加密日记本、语音日记本、卡片日记本、日记模板生成器、日记PPT课件等），但日记的内容必须要真实、缜密、坦诚、可信，经得起历史的检验，这一点必须坚守。本书日记中的案例，就是作者以当时的年龄、心境和认知水平如实记录的"学校办学史""地方教育史"的重要片段，由此勾画了一部充盈着人文、历史、乡土和时代气息的"教育生态图"，极易引起校友、同事、同乡、学生等群体的回忆和共鸣，从而为学校集聚办学的正能量。

四是"恒"。"恒"是教育的发展基石，也是日记的价值所在。魏征《谏太宗十思疏》曰："善始者实繁，克终者盖寡。"唯有持之以恒，方能善始善终。写日记最需要的是恒心和毅力。毛泽东曾说过："一个人做点好事并不难，难的是一辈子做好事。"同样，一个人在一段时间内写日记并不难，难的是一生中日记不辍。关键是不能把写日记当成一项被迫、苦熬的"写作任务"，而应作为一个自觉、快乐的"生活习惯"。毛泽东的老师黎锦熙从1901年（十一岁）开始写日记，一直到他逝世（1978年，八十八岁），77年如一日，每天有记，从未间断。吴宓曾在其1910年的日记卷首写道："天下之事，不难于始，而难于常，所以毅力为可贵也。日记，细事也，然极难事也。"韩兆恩自十五岁上初三时开始写日记，延续至今，已坚持四十余年，积累七十余本，计二百余万字，记录了其说做、行思、进退、荣辱等的隐秘心迹、活动足迹、成长轨迹、教改事迹和求学奇迹。他已经将写日记内化为自己生存、生活和生命不可或缺的一个重要组成部分。这种恒心和毅力，这种认知和境界，值得我们认真学习。

人，既是历史的剧作者，也是历史的剧中人。我们不能割断历史，我们也割不断历史。寻根问本、补钙加油的"日记"，就是我们人生历史发展道路上的一盏明灯，既照亮了昨天，也一定能照亮今天和明天。新时代，新征程，新气象，新作为。"春风大雅能容物，秋水文章不染尘。"真正懂得生命的人，是不会让生命沉默的。让我们"拾起时光"。粗读本书，略抒所感，是为序。

2020年7月20日于泉城

（韩延明系高等教育学博士、教授、博士生导师，"山东社会科学名家"，享受国务院政府特殊津贴专家，曾任临沂大学校长、中共山东省委党史研究院一级巡视员）

目录 CONTENTS

导　言

日记体叙事反思驱动教师职业生涯"四维"发展案例构想

　　孔子曰："吾十有五而志于学，三十而立，四十而不惑，五十而知天命，六十而耳顺，七十而从心所欲，不逾矩。"圣人终身学习、思考，修身、力行，促进人生不断跃上新境界。笔者不敢与圣人相提并论，但是少年立志，一心当教师，自十五岁上初三时坚持写日记，次年考入中等师范学校，毕业后一直从事高中思想政治教育教学，日记不辍，反思不止，至今已近四十年，共写下七十余册，计二百多万字。

　　我的心里话，便从这里说起。

一、教师日记与"四维"发展

　　这些日记，几乎是一个教师（含师范生）的全部行迹和心迹，其说做、行思、进退、荣辱、爱憎、褒贬，全录于兹。教师的一切修为，大致是"教""学""行""思"四个方面，我将其称为教师职业生涯"四维"。"教"就是教育教学本职工作，"学"是教师终身读书学习、掌握理论和获得间接经验，"行"是教师动手做事、以身示范、走进自然与社会并获得直接实践经验，"思"是思考反思、研究提升。"四维"之中，"教"是教

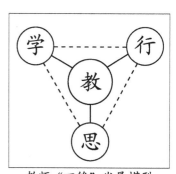

教师"四维"发展模型

师一切修为的出发点和归宿，是中心；"学、行、思"是三翼，都服从和服务于"教"这个中心。"四维"相互贯通，相互促进，构成一个统一整体。如此，"四维"就架构起教师职业生涯几个主要维度的全面、互动、健康发展的一种简明模型（如图）。

　　我写日记的源动力，是少年时代受革命英雄主义影响，试图记录自己的"英雄"故事，描绘"英雄"人生。行行出状元，遍地是英雄。在社会主义新时代，光荣的人

民教师在平凡的岗位上，也能创造出可歌可泣的英雄事迹。如今，日记早已成为个人的一种生命存在方式、职业生活方式和道德提升方式。

2015至2016年间，我有幸参加了山东省教育科学研究院首届中小学骨干教师访学活动，大有茅塞顿开之感。李文军博士等导师称赞我长年累月写下的教育日记具有史料价值和人文价值，鼓励我及时深入研究整理。在《中共中央国务院关于全面深化新时代教师队伍建设改革的意见》感召下，特别是受习近平同志在学校思想政治理论课教师座谈会上的重要讲话鼓舞，我在近四十年日记积累素材的基础上，带领课题组，尝试进行"日记体叙事反思驱动教师职业生涯'四维'发展案例研究"，并立项为山东省教育科学"十三五"规划课题。长期积累下的资料无论如何都是一笔财富，但随时存在受损甚至失去的风险，所以我有一种开展集中研究的紧迫感，及时整理、适当扩散这些资料是当务之急。我总感到，这是步入知天命之年的我，在职业生涯后期，应该实现的一次蜕变。

"教师日记体叙事反思"者，即教师将教育叙事与反思紧密结合，试图全过程、全景式反映个人职业生活（教育、教学、研究）和心理（认知、情感、意志）发展历程，反映国家、社会、学校、家庭等宏观、微观环境因素对其职业生涯发展的影响变动，做到应叙尽叙，重点突出，富有故事性，有血有肉，不记流水账。日记体叙事反思将教师职业生涯"四维"之一的"思"实体化、日常化、生命化、专业化，全方位、全过程促进教师职业生涯"四维"发展。

本研究认为，能终身践行日记体叙事反思的教师是一种"新时代君子"式的人。《大学》有言："自天子以至于庶人，壹是皆以修身为本。"慎思悔过是修身的基本功课。《春秋左传》又言："太上有立德，其次有立功，其次有立言，虽久不废，此之谓不朽。"叙事研究是当代教育科学的重要研究方法。本研究倡导教师在叙事中反思，通过叙事"立言"，促进"立德""立功"，把弘扬传统文化追求"不朽"的人生志向和慎思悔过的修身方法与当代教育科学方法结合起来，能提高研究的感召力和科学性。"新时代君子"式的教师以"最优化人生"为毕生追求，以"为师先做人"为思想前提，弘扬"修身为本"民族优良传统，将日记体叙事反思作为终身自觉行动，必将成为驱动职业生涯持续健康充分发展的重要原动力。教师在自觉反思反省过程中，想明白、想通透，提升人生境界，提高师德水平，增强教育使命感，经受各种风险和诱惑考验，巩固职业理想；还在叙事反思中全面优化"教""学""行"等方面，用终生奋斗将自我塑造为"四有"好教师；也在叙事反思中"寓褒贬、别善恶"，颂扬高尚师德和教育智慧，鞭挞各种伪教育、反教育现象，为教育界激浊扬清尽一己之力。我的日记将持续下去，十年，二十年……直到生命终了，为从师一生的我画上一个结实的句号。

我有幸终生从事思想政治教育教学工作。习近平同志指出，思想政治理论课教师政治要强、情怀要深、思维要新、视野要广、自律要严、人格要正。终身践行日记体叙事反思、知行结合的"新时代君子"式教师，一定程度上契合了这一理想教师的标准。

二、全真、全息、全程的教师发展案例

本研究设想，根据笔者长期的教育日记，编著"师记"系列——《韩兆恩教育日记选注》，课题研究期内出版一册，结题后陆续编撰后续集册，总计 200 万字左右，力图形成"日记体叙事反思驱动教师职业生涯'四维'发展"终身行动的一个规模较大而全真、全息、全程的典型案例。

有别于许多结构完整、万般修饰的"教育案例"，本案例展现一个当代中国普通教师平凡而又用心的职业生涯发展历程，提供一份评判教师职业生活和社会生活中诸多言行是非善恶美丑的标本，成为广大教师直面职业生涯发展中众多因素、众多问题并优化职业生涯发展的系列参考书，其中诸多具体案例或有正面启示，抑或是反面教材。

本书也是笔者以当时的年龄、心境和认知水平记录的"学校办学史""地方教育史"，乃至"当代教育史"片段，是一部教育生态图景，弥漫着人文、乡土和时代气息，期望引起校友、同事、同乡等群体的回忆和共鸣，增加社会对师者的品格与事业、生存与发展各个侧面的了解、理解和共情，深化对学校、地方、时代教育的群体再反思，为深化新时代教师队伍建设和教育综合改革营造积极的舆论环境。

本书试图记录一部人类个体生命全史和心路历程，呈递世人面前，恳切期望听到各路方家就此提出教师发展、人生规划、身心健康、人格完善、语文运用等方面的评价观点和优化意见。这些芜杂资料，若能给有关学科研究提供一点可用的感性材料，当不枉笔者半生之心血。

从教几十年，深为孔夫子"三千门弟子、七十二大贤"而感喟。笔者不敢以"桃李满天下"自居，但是历届学生名册有存，历数可观矣。关注学生终身发展和生活幸福，是教师的天职。为曾做我学生的大多数青少年成人、成才、成功而欢欣，也为自己的一部分学生困顿、迷茫、失信而伤感。我希望旧日的学生们，读到这些与他们相关的旧日的记录，能有所回味和感怀，激起对事业和生活的新的希望。这是我送到学生们手上的新一册人生教材。

首先奉献给读者的，是我入职教师头五年（1985—1990年）的日记《思政教师心语：南北寺，我的"大学"》。其时，我正值人生青涩之时。这是我职业生涯矛盾最为突出、工作和自身发展任务最为艰巨的时期，也是个人成长最为迅速的时期。我的第一个工作单位——山东省邹平县南北寺中学，在20世纪七八十年代风光一时，《光明日报》曾在头版，以"为革命而教有功，为革命而学光荣"为题，长篇报道其办学事迹。南北

寺中学是一所位置偏僻的山村学校，离我家三十公里，当年家校之间只有蜿蜒崎岖的山路连接。偏远而宁静的南北寺中学，留下了我的汗水和泪水，留下了我勤奋工作和学习的身影。出于做一个不误人子弟的合格教师的渴望，在这五年中，我以中专文化，一边竭力完成高中教育教学工作，不断取得进步，一边基本完成了高等教育自学考试专科学习任务，并获得了离职进修本科的机会。在南北寺中学纯朴的校风、教风熏陶下，我逐步掌握了做一名合格教师的基本要领，初步形成了一名高中思想政治教师必备的知识能力结构，尤其是树立了不畏艰难、永不停息的生活信念，这些成为我以后发展进步的坚实基础。南北寺中学是我的再生之地、腾飞之地，三十多年来，在我心目中始终有一个明晰的认知——南北寺中学就是我的"大学"！南北寺中学是我的骄傲，我始终感恩南北寺中学。

所谓"日记选注"者，一曰"选"，二曰"注"。

本册日记正文，分"序曲""第一学年（1985-1986）|十九岁·艰难跋涉""第二学年（1986-1987）|二十岁·站稳脚跟""第三学年（1987-1988）|二十一岁·当了班主任""第四学年（1988-1989）|二十二岁·首届毕业生""第五学年（1989-1990）|二十三岁·更上一层楼""尾声"等七部分。其中，"序曲"是笔者参加工作之前，关于教育实习和师范毕业的部分日记，意在反映"教育初心"的形成，并与后续几年日记形成对比，反映个人小学教师连升两级、担任高中教师的尴尬，以及国家教育时局的艰难，印证青年教师和时代教育的发展；"尾声"是笔者参加工作第六学年离职进修初期，关于与旧日学生交往的部分日记，是对暂离讲台的寂寞的慰藉。

日记篇目总体上按时间顺序编排，部分篇目为使主题或人物形象鲜明，采取在小的时间跨度内集中编排。部分日记篇章原本是"章回体"，有些有篇目标题。这次统整为章回体，每篇有一个相对集中的话题或主题，绝大多数篇章下分多目，但是各篇依事而设，篇幅长短不一。少数篇章，这次整理时写了"补记"，以交代人事变迁，抒发岁月感怀。

在南北寺中学的经历，是我一生非常宝贵的财富之一。离开南北寺中学若干年后，在当年积累资料基础上，我总结南北寺中学办学经验，写下《一所省重点中学的兴衰——邹平县南北寺中学办学述略》一文，并在地方电视台举办专题讲座；对在南北寺中学任教过的四名高中学困生进行追踪研究，写出教育硕士学位论文《基于教育公平理念的高中后进生教育研究》；从南北寺中学时期开始形成的终身学习的愿望和能力，支撑了我的生存、发展和做人尊严，由此形成文章《为了不误人子弟》。这几篇文稿选入本书附录，权作南北寺中学精神的见证。

以上为"选"法，下节专说"注"法。

三、我的教师发展关键词

教师职业生涯"四维"发展关键词表

四维	教	学	行	思
教师职业生涯"四维"发展关键词（102个）	爱岗敬业 爱生一生 充分备课 发展个性 改革创新 感性基础 公开历练 关注安全 国家责任 教学相长 教育初心 教育尴尬 教育公平 教育民主 教育生态 教育艺术 教育质疑 立德树人 联系实际 了解学情 临时任务 培养骨干 培养集体 全面发展 心怀学生 一岗多责 政治责任 职业自豪 质量互变 尊重规律 （30个）	辩证思维 购书藏书 贵在自学 教育理论 科学素养 名人言行 善始善终 为用而学 文史修养 稳扎稳打 学科专业 学习关键 学有所获 用足工具 语文修养 真才实学 终身学习 （17个）	爱国热忱 把握机遇 榜样鼓舞 不忘师恩 道德感动 敢于斗争 关注社会 家庭责任 就教名家 困难考验 劳动锻炼 求实消费 热爱儿童 社会责任 实践学习 事业为重 体育锻炼 同伴互助 同伴激励 挖掘资源 为人师表 信息沟通 战胜疾病 重诺守信 重要他人 （25个）	褒贬善恶 保存资料 发展渴望 方向选择 敢于吃苦 规范意识 规划谋划 及时反思 教育科研 竞赛意识 理想现实 良心不安 情绪控制 热爱生活 人生优化 日记风格 深入反思 时间观念 时刻准备 体味幸福 听取意见 统筹兼顾 未来憧憬 研究问题 迎接挑战 战略定力 知耻后勇 直言不讳 自审自警 自尊自信 （30个）

为了直观展现笔者选编意图，日记各节（一般为目，无目即篇）末尾，分别标注教师职业生涯"四维"发展关键词一个或多个，即是"日记选注"之"注"的主要含义。关键词的设置，以《中共中央国务院关于全面深化新时代教师队伍建设改革的意见》为指导，遵循马克思主义关于人的全面发展的思想，借鉴当代职业生涯发展理论，主要反映笔者对教师职业生涯发展的关键作为、思虑及其制约因素的体悟。这些关键词，一部分具有鲜明的个性，是笔者的教育信条、职业操守和为人底线，具有教师个人、学科、地方、时代特征；一部分又具有较强的普适性，甚至难以说是"教师发展"专属，不过是对做一个"大写的人"的追求。

所有关键词的行为主体或适用对象都是教师，有的贯通教师职业生涯全过程，有的只体现于教师职业生涯的某一阶段。关键词反映的现象和理念，在纵横两个方向，即教师个人职业生涯历程和教师群体中，具有一定普遍性，关键词的出现达到一定频次。本册日记所标注关键词，按"四维"分类，各"维"内部原则上按音序排列，集中编入《教师职业生涯"四维"发展关键词表》（见上页），合计百余个。这些关键词以笔者入职初期的职业生活为背景，主要反映青年教师，特别是新手教师的职业生涯特点。在这张反映了笔者几十年教育教学的经验教训的关键词表中，少数关键词仅闪现于日记正文一两次，有待于后续集册，进而将一个教师的完整职业生涯给予充分展现。高中思想政治教育教学，是笔者几十年来的主业，部分关键词也必然具有这种"政治"色彩。

每个关键词均用四字表达。部分关键词含义有交叉，但各有侧重。有些关键词含义确定，无须赘言；有些关键词，字面意思比较宽泛，笔者赋予了特定含义，或有些心里话不吐不快，在此略为阐发，作如下"释义"，作为日记相关篇目之"总注"。

（一）关于"教"

"教"是教师的一切教育教学本职工作，是教师的立身之本，是教师职业的根本意义所在。古今中外，"教"之思想学说博大精深，笔者只就自己感触较深者，设置关键词几十个。

爱生一生——关汉卿杂剧中留下"一日为师，终身为父"的古训。抛开学生对教师的终生敬重不说，教师热爱学生，不仅表现在学生在校跟随自己学习的几年，教师一生之中，都应该关心曾成为自己学生的人们的继续发展和人生幸福，及时给予力所能及的指导和帮助，甚至爱屋及乌，福及学生家人、后人，对于因各种灾祸、疾病原因不幸殒命的年少者寄以惋惜和怀念。"爱生一生"标志的是教师与"老学生"——已脱离直接教育教学范围的学生的交往和情愫。

充分备课——新手教师备课难，要投入足够的时间和精力。笔者参加工作第一学年用了十几个备课本，分成教案、教案草拟、备课火花、习题编拟、时政记录、记分册等名目。写详案，有利于理清思路、优化设计、锤炼语言。熟练教师要逐步进入无目的备课的境界，凭着"好为人师"的思维惯性，留心日常现象，形成每日收看新闻等制度化学习习惯，积累有用素材，思考运用妙方。

发展个性——孔门弟子中，颜渊、闵子骞等德行杰出，宰我、子贡等言语出众，冉有、季路等在政事方面大有作为，子游、子夏等在文学方面富有才华，这都是孔子关注学生个性、因材施教的结果。注重学生个性发展，善于发现学生的特殊品格和才能，帮助其选择适合自己的发展路径，促其成才。教师眼里绝对不能只有那几个"学习好"的学生。

改革创新——在课堂、作业、考试、思想教育、文体活动等方面，都可以不断改革创新。要坚持问题导向，针对积弊，重在提高实效。改革创新需要教师有教学自主权，不要过分强调年级、学科的"统一"，捆绑了教师手脚。20世纪八九十年代，笔者时常一人任教全校一个年级所有的班级，教学改革创新的设计和推行，几乎自己决定。

感性基础——教育教学活动中，坚持直观性原则，广泛采用实物、图表、多媒体演示设备等教具，不吝使用具体、生动、形象的语言，创设丰富的学习情境，让学生从感性认识方便地上升到理性认识。尤其是思想政治课，只有注重感性基础，才能避免照本宣科的枯燥乏味，使学生容易听进去、学下去，开心智、受震撼。

公开历练——举行公开课，是教师成长的重要推动方式。公开课可以是有组织、有计划的，也可以是临时安排的；可以是较大范围的，也可以是只有一两个听课人的小范围的；可以是教研组、学校或教研机构安排的，也可以是主动邀请听课人参加的。教师的所有教育教学活动，大多可以公开，一般不应拒绝别人听课、观察。一次次挑战，一次次跨越，千锤百炼，百炼成钢。

国家责任、政治责任——"国家责任"是指要充分认识到从事教师职业，担当教书育人的职责，绝不只是个人混口饭吃的事情，而是肩负国家、民族盛衰兴亡的责任，从而增强教育使命感、庄严感，增强战胜各种困难和挑战的勇气和力量。"政治责任"是指，教师要坚守马克思主义信仰，做党执政的坚定支持者，时时刻刻教育学生增强政治认同，坚定"四个自信"。教师的国家责任和政治责任，是社会主义教育目的的集中反映，是培养社会主义事业接班人的必然要求。思想政治理论课教师，尤其要旗帜鲜明、坚定不移地承担起教育的国家责任、政治责任。

教育初心、职业自豪——"教育初心"是对当一名人民教师，终身从事教育事业的憧憬和梦想。以教师作为第一职业选择的人，"根正苗红"，走上教育工作岗位后，更容易不忘初心，战胜困难，抵抗诱惑，巩固职业理想，终身从教。"职业自豪"是对教育事业价值和职业幸福的经常发现和体味，有利于巩固教育初心。坚守讲坛，春风化雨，是为师的最高价值所在。

教育尴尬——教师履职过程中的难堪时刻、场合和事件，经常发生在教师与学困生或一些心理特殊学生的关系上。陷入教育尴尬，师生相持不下，如何坚持育人底线平息事端，是对教师综合素质的考验。无论如何，教师是教育者，是主动者，要及时做出适当让步，稳定事态，防止情势失控。待事件平静后，要深入反思，总结经验教训，增强依法执教意识，提高情绪自控能力，防止类似尴尬重演。

教育生态——学生、教师、主任、校长、教研人员、教育官员等，教育人物形形色色，教育现象多种多样，时代、地方特色浓郁，学校、班级风格鲜明。"教育生态"标志的是一般观察和研究中少见的，具有时代、地方、学校、个人色彩的教育现象，首先是作为记录者的教师身边的、本单位的现象。

教育质疑——教育本来是立德树人的崇高事业，但是功利主义者却把教育引向片面追求升学率的歧路。质疑、批评、抑制各种伪教育甚至反教育现象，是一切具有良知的教师的责任和担当，也是警惕自身不随波逐流、同流合污，保持教育初心的自我教育过程。

联系实际——理论联系实际是思想政治课的根本教学方法。明清之际，针对程朱理学空谈性命的弊端，一部分有识之士提出经世致用的主张，清代教育家颜元更是主张实行"习行"教学法，强调学者应该接触实际，重视练习，从亲身实践中获得真知。教育教学要贴近实际、贴近生活，让学生充分感受学习内容的科学性、实用性；贴近国家、贴近地方，让学生知道事理并不遥远；贴近学生理解能力，贴近每个学生需要，触动学生心灵，让学生饶有兴致，学有所获。

临时任务——代课、代理班主任等是经常的事情。对于教师承担的临时任务，学校或其他组织者往往难以考查考核，或干脆不考查考核，甚至没有监督措施。任务可以是临时的，但是人生没有一刻的"临时"状态。面对临时任务，教师应该一如既往教书育人，善始善终完成任务，不能分别亲疏远近、敷衍了事。

心怀学生——教师职业以正待成长的青少年儿童为工作对象，这是教师区别于其他职业的特点。对学生满怀深情，对教育倾注热情，在课堂激情四射，时时处处展现温情。教师应把学生的学习放在心上，也把学生的生活、安全、心理感受放在心上。心怀学生，有时并不需要什么惊人之举，但是要有陪伴、倾听，让学生可以在你身边倚靠一阵，渐渐获得战胜困难的勇气和力量。

一岗多责——"教"包括教师需要完成的学校一切工作任务。从岗位角色来说，包括任课教师、教研组长、班主任、中层干部、学校领导、青年教师导师、教工代表等。从工作内容来说，包括教学、班级等学生事务管理、教师管理和引领、学校安全管理等。

质量互变——教师要相信量变是质变的必要前提，质变是量变的必然结果，注重点滴积累，克服急躁情绪，用终生努力将自己塑造成为"四有"好教师。尤其是在入职初期，在困难的时候，要看到发展的光明前景，看到点滴进步，体会成长快慰，从而脚踏实地地做好当前工作。日记体叙事反思是教师日积月累、终身修行的一种有效方式。

（二）关于"学"

这里的"学"，与"行"相对而言，是狭义的"学"，是指教师终身读书学习，掌握有关科学理论，获得间接经验。通过实践获得直接经验，属于广义的"学"，在本研究中归于"行"这一维。教学以科学理论知识为基础，学生思想教育以说服为简便易行的方式，这些工作特点都决定了教师在职业生涯全程要注重理论学习，有时甚至是大容量、高强度的灌输式学习，形成终身学习的愿望、习惯和能力。反映笔者入职初期学习实际，"学"这个关键词，突出体现了自学特色。

辩证思维——孟子曰："尽信书，则不如无书。"学习是一个内化、认同的过程，也是一个辨识、批判的过程，学习越走到学术前沿和尖端，越是如此。对于教材、工具书等都要敢于质疑、查证，不要轻信盲从。辩证思维是创新思维的前提。教师要做学生创新思维的引路人，自己首先要自觉运用辩证思维、创新思维方法。

购书藏书——有志教师要建立自己的藏书体系，形成个人或家庭图书馆，力争达到"书非有不能读"。尽其所能，满足自己对好书的"占有欲"。书用一时，更用一世，许多书可以终身翻阅，不断提升对书中之理的理解、感悟和运用水平。注重图书留存，即使觉得自己当前没有多少直接用处的书，也不要轻易丢弃，至少每个品种保留一册，作为时代见证，有的书日后会变废为宝。

贵在自学，终身学习——"学不可以已"，教师尤其如此。最了解和最能把握自我的，只能是自我。教师要搞好自学的规划和计划，不断完善自己的知识、能力、品德结构，与时俱进，自我超越。35年前，笔者以中专学历参加工作，任教高中思想政治课，通过参加高等教育自学考试，完成了教学工作所需要的主要基础理论课程的学习，逐步成长为一名合格教师。二十五年前，系统自学法律知识，考取律师资格。十几年前，在职攻读研究生课程，主要依靠自学取得教育硕士学位。长期、持续的自学，锻炼了学习能力，提高了工作能力，增强了人生自信。自学的关键在于自我选择恰当的学习方向、内容和方式，并且持之以恒，终身不息。

教育理论——教师要终身学习和参悟教育学、心理学等基础理论，不断提高理论思维水平，把自己的行动始终置于科学的教育理论指导之下，忠实践行教育教学基本原则，防止陷入事务主义、滑向功利主义，偏离教育远大理想。

科学素养——教师视野要广，既要有人文精神，也要有科学素养。教师见多识广，具有科学知识，理解科学内涵，惯于科学思维，教育教学工作才能旁征博引、左右逢源、游刃有余。"科学素养"标志的是教师保持科学兴趣，关注科学研究进展，观察和了解身边科学现象，积极参与科学体验，进行科学原理思考。

名人言行——名人，特别是中外著名教育家、革命家、政治家、科学家、思想家、英雄模范人物等，是立德、立功、立言的典范，是学生和教师成长的榜样。系统学习名人传记、专著，既有利于教师提高专业理论水平，掌握浓缩的人生智慧，也促进自身人格完善。

善始善终——魏征曾说过："善始者实繁，克终者盖寡。"许多人，在许多事情上，难以善始善终。大大小小的学习项目，只有善始善终，才能构成完整的知识、能力和思想体系。做到善始善终，就要不忘初心，强抓机遇，排除诱惑，以坚强意志实现既定目标，不能三分钟热度，一曝十寒。

稳扎稳打——自学是教师学习的重要方式。制订切合实际的学习计划，按照读书、笔记、复习、训练等环节，稳步推进，方能由表及里，步步深入，取得良好学习效果。

学科专业——教师是从事教育教学工作的专业人员，要完善自己的知识能力结构，突出学科专业的学习研究。教师的兴趣表上，绝对不能只有"油盐酱醋""宝马香车""大宝二宝"，也不能只有"教材习题""训练考试""分数升学"。有一定积累的教师，要积极向专家型教师、教育家型教师迈进。围绕教育教学工作需要，高中思想政治教师应更多学习研究和关注哲学、科学社会主义、经济学、政治学、法学、逻辑学以及党史、国史、改革开放史、社会主义发展史等领域。

学习关键——学习改变命运。面对困难和障碍，唯一的出路是学习，提升自己克服困难、跨越障碍的本领。学习也是充实生活、实现人生价值最大化的必由之路。事业成就大小与个人机遇有关，但是学习的权利对每个人来说是平等的。任何时候都不能忘下、放下的是学习，任何时候都能拾得起、抓得紧的也是学习。

用足工具——孔子曰："工欲善其事，必先利其器。""用足工具"中的"工具"主要指教师学习与教学的工具书，可以分为两类——专业工具书和通用工具书。对高中思想政治教师来说，专业工具书主要是马克思主义经典作家著作、哲学词典、政治经济学词典、政治学词典、法学词典、法律汇编、党政文件汇编等。教师的通用工具书，主要是各种语言文字词典，教育学、心理学词典等。工具品种、数量要够用，放置场所要便利。

（三）关于"行"

"行"是教师动手做事，养活家庭，服务社会，以身示范，并通过一切实践性方式获得直接经验，提升自身德能品格，为完成教育教学工作争取和创造良好条件。教育教学是教师最大的德行，但是这里的"行"有所窄化，不包括"教"。青年毛泽东在读师范时，就坚定了人生志向："名和利，莫问候；书并剑，到心头。"追寻大道，勇敢实践，是一个人走向成功的必由之路。在教师"四维"发展中，"行"是"教"与"学"的重要支撑，又是"思"的重要源泉。

爱国热忱——教师要关心国家大事，为国家发展成就而兴奋，增强民族自信心、自豪感，引导学生报效祖国，共筑中华民族伟大复兴中国梦。

把握机遇——机不可失，时不再来。教师职业生涯发展中，面对学习、竞赛等方面的大大小小的机遇，需要善于把握。一方面是抢抓机遇，既要克服自身困难，积极参与，要与竞争者较量，当仁不让；另一方面是珍惜机遇，不打无把握之仗，充分利用机遇，全面展现和锻炼自己，推动自我迈向品德、学养和干事的新台阶。

道德感动——教师要经常地、积极主动地寻找和发现现实生活中的或文学艺术作品中的令人感动的人和事，名人的、常人的，知道姓名的、不知道姓名的，令人感动者意识到你的注意的、没有意识到你的注意的，都可以拿来，借以检讨自我道德偏失，冲刷心灵污垢，维护教育初心，不断提高师德境界。

敢于斗争——矛盾是事物发展的动力，斗争是推动发展的方式。教育领域中的正确与错误、先进与落后、为国家民族大义还是谋一己之私的冲突和斗争是一种常态，这些矛盾斗争并不比其他社会领域温和。有良知的"新时代君子"式的教师，要一身正气，用毕生精力和胆识，与各种伪教育、反教育现象斗争，激浊扬清，书写自己的"斗争教育学"。

关注社会——潜心问道与关注社会相统一。每个教师都是在宏大的社会、时代教育背景下完成自己的职业生涯的。教师要更好地生存和发展，就不能只关心自己那一丁点儿小天地，要留心同事的言行和追求，关心学校的发展和规划，了解国家的教育政策和变化趋势，关注外部环境变化对本地、本校的影响。教师只有广泛了解社会现象，把握社会发展大势，才能形成真学问、活学问，才能给学生带来震撼心灵的启迪，为学生有效指点人生迷津。许多中小学教师生活、工作在农村，农业生产、农民生活和农村发展是教育内容和素材的重要来源，教师要对农民寄予深厚同情，关心农民疾苦、农业现代化和新农村建设。

家庭责任，困难考验，劳动锻炼，战胜疾病——家庭的重担，工作与生活中的各种困难，为求生存必须参加的职业外劳动（家庭经营等），疾病的困扰，是教师职业生涯发展中几个主要的外在压力和阻力。驾驭复杂局面，扫清前进障碍，才能为职业生涯健康发展铺平道路。这些困难和挑战，往往是免不了、躲不过的，需要教师既统筹兼顾，又抓住关键，坚忍不拔，持之以恒，才能战而胜之。这个过程也是教师磨炼意志、增长智慧的过程，尤其是"劳动锻炼"能够增进对劳动和劳动人民的理解和热爱，增强不怕困难、求真务实的品质，具有重要意义。

家庭责任，社会责任——教师的责任重！教师对当前学生，承担直接的教育责任，在这个过程中强化国家责任、政治责任。教师除了直接的教育责任外，还承担家庭责任、社会责任。教师并非生活在真空中，承担家庭责任，实现家庭和睦，是教师职业生涯健康发展的必要条件。教师还要以其特有的品格、才能和社会影响力，广泛承担社会责任，这是为人师表的重要过程，是提高教师社会地位的坚实舞台。

求实消费——少花钱，多办事，不铺张。物质生活困难时，花钱要精于计算，求实消费是必要的。勤俭节约是传统美德，永远不会过时。为人师表，在消费上也要引领健康、绿色的社会风尚，不奢侈浪费，不显摆招摇。

热爱儿童——"儿童"的含义是广泛的，指一切青少年人，甚至一切比教师自我年轻的人。喜爱儿童、少年和青年人，随时随地地观察他们的言行举止，善意地与他们交流思想，经常给予指点和帮助。热爱儿童是教师保持童心的自觉行为，也是承担社会责任的隐性形式。热爱儿童可以从日常接触多的大家庭、亲戚朋友、庄里乡亲的孩子们开始，但是不限于此，"儿童"可以是熟识的，也可以是偶遇的。

实践学习——即实践性学习。通过自我动手操作、制作，亲临现场听课、听讲、观察、考察等方式学习，身临其境，入耳入心，体会更真切，学习效果会更好。"实践学习"本是一种学习方式，但是实现这种方式的学习，需要敏锐地捕捉学习机遇，克服懒惰思想，让自己的身、手都动起来，有时需要付出一定经济代价，甚至需要以顽强意志克服诸多困难，才能达到目的，这比一般的室内读书学习要"麻烦"得多，所以将其列入"行"的范畴。

事业为重——事业与爱情，国事与家事，集体与个人，公与私，孰轻孰重，孰先孰后，教师应该心如明镜。小家与大家兼顾，目前与长远统筹，自我发展与社会需要统一，是做出选择的基本原则。

体育锻炼，战胜疾病——身体是革命的本钱。青山常在，绿水长流。一方面，应尽量创造条件，加强体育锻炼，预防疾病；另一方面，不怕疾病，又在现有条件下，及早诊断和治疗疾病。总之，防治并重，既治病，又治"未病"，为职业心理健康打下良好的生理基础。

同伴互助，同伴激励——发小、同学、同事是人一生中的重要同伴，志同道合的兄弟姊妹、夫妻也是良好同伴。同伴既能够在物质、人力上相互周济、帮助，又能够在精神、道义上相互鼓励、支持。帮助和激励是双向的。一个有师德的人，既要善于为了取得教书育人之最大公益，而广泛争取外援，无怨无悔；又要善于察言观色，体贴入微，及时向困顿的同伴送去关怀。本书这两个关键词所标注的，主要是以笔者为受助方的输入性的帮助和激励。

挖掘资源——这里的"资源"是广义的，是指一切有利于教师完成教育教学工作和促进自身学习进步的因素，包括人脉、物力、信息等方面。我国数以百万计的中小学教师身处乡村或小城市，直接分配的优质资源有限，在技术落后、信息闭塞的过去更是如此，人们对优质资源如饥似渴。这种"挖掘资源"的努力，通常靠的不是经济、政治手段，而是与资源占有或管理人的伦理、情感联系和个人的敬业、敬学态度，而获得的。

为人师表——教师是学校的楷模，也是社会的楷模。自律要严，人格要正，表里如一，方能为人师表。在复杂的社会现实制约、利益冲突和价值选择面前，何去何从，何言何行？这是对为人师表的全面而具体、长期而严峻的考验。终身学习，事事反思，时时改进，是修师德、为师表的不二法门。在修身上，做人——做教师——做思政教师，是渐次提高的三级境界的要求。

重要他人——对自身的工作、学习、生活产生过重要影响的人。一位博学多才、知寒问暖的教研组长，一位平易近人、公道正派的学校领导，一位目光敏锐、诲人不倦的专家学者，都容易成为教师职业生涯发展中的重要他人。

（四）关于"思"

"思"是思考反思、研究提升。这组关键词，实则是人生观、价值观的浅显表达，是各行各业的人们可以沟通的人生哲学思考。除"教育科研"等，多数关键词字面上并无多少明显的教师、教育痕迹。这组关键词，不仅涉及反思习惯、反思表达形式、反思资料支撑等外在的方面，也涉及叙事反思内容即推动自身"四维"发展的心理过程和个性心理特征。"教""学""行"都是"思"的对象，都有自我反思提升的空间。"新时代君子"式的教师，应该终生坚持日记体叙事反思，不仅有反思的心理过程，还要将反思外化（或物质化、实体化、语文化，等等），促使反思系统化、走细、走深。通过"思"巩固教育初心，提升职业效能，全方位、全过程促进自身职业生涯"四维"发展。本研究着力于日记体叙事反思驱动教师职业生涯发展，所以"思"这一组关键词的设置略为细腻。

褒贬善恶——孔子晚年编定《春秋》，"寓褒贬，别善恶"，微言大义。教师是真善美的化身，应该树立科学世界观、人生观，自觉弘扬社会主义核心价值观，引领社会风尚。教师应该爱憎分明，对校内、校外的人和事，都要"善善恶恶，贤贤贱不肖"。一些话一时难于出口，但可以在日记中褒贬善恶，纾解愤懑，记录心路历程。

保存资料——教育教学反思、研究要有丰富而可靠的资料基础。"保存资料"，既包括教师建立自己的档案资料体系，保存尽可能全的实物、图片、文件资料，也包括以日记为主要载体，随时记录生活，保存有趣味、有特色、有价值的信息资料。教师个人的档案资料体系，应该包括教学档案、育人档案、其他工作档案、学习档案、研究和发展档案、生活档案等。教学档案，可以容纳教案（教学设计）、习题、试卷、学生作业作品、花名册、成绩册等。育人档案，特别是班主任工作档案，可以收集班级管理制度、班团干部队伍建设、学生信息统计表、座次表、师生来往书信、学生思想说明等，平时建立和记录班志，学生毕业或班主任离任后自我保管。各种形式的资料，比如实物与文件，文字与图片、音像，纸质的与电子的，一手资料与二手资料，都要留心。要形成选择、收集、分类、封装、保管、积累档案的好习惯，一些独一无二的档案应该长期保存，在转移办公室、工作岗位、工作单位、家庭住址时，要以对待"贵重物品"的态度，妥善管理，不要轻易丢弃。日记应该发挥各种档案材料详细索引的作用。日记还要注意细节描写、文件抄录，以留住历史的真实、详细。岁月会酿出甘醇的美酒，随着时光推移，保存的资料会日益显示出其不可多得、不可替代的价值。由于日记及其附件（所有保留下来的物件、文件）保留了大量的信息和证据，所以这些资料不仅有支撑反思研究的意义，还有便利和维护日常生活的意义。敝帚自珍，自我"存史"，是研究提升的需要，也是生命的自我珍重。

发展渴望，热爱生活，体味幸福，未来憧憬——这些都是教师生存和发展的积极的原动力。要以阳光的心态，面对生活和工作。既立足现实，努力寻找生活中美好的一面，珍爱生命，体味幸福，甚至苦中作乐；又面向未来，对自我发展抱有信心，对未来生活寄予期望，永不停息地奋斗。只有这样，才能挖掘生命潜能，实现人生价值最大化。

方向选择——人生有许多岔道口，教师执业过程中面临转行、下海等诸多诱惑。"新时代君子"式的教师，应该心无旁骛、从一而终，这是人生根本方向的选择。在从教前提下，还有任教单位、学科、学段、年级、班级等的选择，教师自修内容、进程的选择，等等。做出这些选择，不可能不考虑个人实际情况，但主要是依据教育事业发展的需要、学生发展的需要，坚持个人利益服从国家利益、集体利益。

规范意识——许多中小学教师生于乡村，长于乡村，一辈子生活在乡村，但不能"土气"，至少不能一辈子"土气"。要认识城市现代化生活方式，有勇气与"高端人士"对话，就要按现代标准，规范自己的言行，取得"入门证"和"话语权"。社会生活和管理日益制度化、规范化、程序化。教师为人楷模，更要有规矩意识，坚持依法执教，照章办事，提高文明程度。"国家推广全国通用的普通话"是法律规定，但在20世纪80年代的农村中小学，能用普通话教学的教师还不多。笔者凭借一点普通话基础，在摇摆中把普通话授课和发言坚持下来，遇有拿不准的字音便翻词典，一丝不苟，三十多年如一日，普通话运用水平不断提高。制订班级管理制度，把话说在明处，经常强调，反复贯彻，形成全班共识和共同遵循，实现"依法治班、长治久安"，也是规范意识的表现。

规划谋划，人生优化——都是对未来的设计。"凡事预则立，不预则废。""规划谋划"的是比较现实、具体的工作、学习和发展事项；"人生优化"则更多指向自我的全面发展，促进心智进步和心愿实现，求得人生价值最大化，增强成就感、幸福感。

及时反思，深入反思——"反思"是日记体叙事反思的精髓。"日记体"的特征，虽不要求每日有记，但是要时常记、经常思、及时思，防止时过境迁，细腻的思绪烟消云散。在"及时反思"基础上，遇有大事或有一定积累的时候，可以进行"深入反思"，总结思想、提升境界。"痛定思痛，痛何如哉？"有些重大负面事件，可能在人生岁月里多次浮现出来，引发深入反思。这次对三十年前的日记进行"选注"，是经过岁月长期沉淀后，结合新时代教育事业发展需要和自身发展实际所进行的"深入反思"。本研究课题组成员约定，学会挤时间写作，原则上每周不少于一次，每周合计不少于2小时，逐步实现生命中清醒时间的10%以上用于反思和研究；学会选择叙事反思事项，以"育人""做人""人生"为广阔背景，不以"教师、学生、教育、教学、学校"为局限，详略得当；端正写作态度，以写真为标准，以自励为宗旨，不以发表为目的。日记体叙事反思习惯保持终生。

竞赛意识——青少年时代，许多人的竞赛意识都比较强烈，要与别人比比高下。教师要保持这种好强、好胜心态，为学生树立积极进取的榜样。不必以一时一地论英雄，要敢于拿一辈子与他人竞赛。比的对象可以是同学、同事，可以是自家兄弟姐妹，也可以是自己的学生。其实，比不是目的，重要的是在比较过程中，取人之长补己之短。孔子曰："见贤思齐焉，见不贤而内自省也。"

理想现实——崇高的理想与现实形成鲜明对比。发现、揭露、批判现实中的庸俗、落后、自私，能激发实现理想的更大干劲。不屈从于现实，又立足于现实，既进取，又务实。笔者从身边利害得失出发，惯于思想政治教师的职业思维，日记中时常发出对理想社会风尚的呼唤。

良心不安——笔者的"良心不安"多数是对辛劳而清贫的父母的愧疚，也有对学生、爱人的亏欠。这些反思，使人更加勤勉，更好地尽忠、尽孝。

日记风格——展现个人日记特色的各个方面，包括日记内容、语言风格、写作时间、篇章时间跨度等，甚至包括日记本的来源、保存、利用等。

时间观念——内涵丰富，主要谈以下四点。一是珍惜点滴时间，不让时光虚度，任何时间和场合都不能无所事事，无所寄托。二是对待工作、学习，没有时间找时间，学习雷锋的"钉子精神"，善于挤、善于钻。三是成功是毫不吝惜、无穷无尽的时间投入的结果，必须集中时间和精力打"歼灭战"。四是改进时间利用方法，提高时间利用效率，高效率的根本要求是动脑筋和抓落实。

时刻准备——机遇总是青睐有准备的人。在平淡的岁月里，要耐得住寂寞，练好本领，等待工作、学习和发展机遇的到来。既为教师，则不论上班、下班，在校、在家，学生和学科应常挂心中，实时思考解决问题、优化行动方案。朝于斯，夕于斯，把一时学习、研究和备课，变为"时刻准备"，终身处于临战状态。

研究问题——有问题意识，发现问题、研究问题，找出简单管用的解决办法，建立防止错误重现的机制。

迎接挑战——任务面前，没有推辞的理由。不论在多么复杂的局面之中，面对多么急难险重的任务，也要敢于承担，全力以赴去完成任务。战胜了困难，完成了任务，也就获得一次全新的蜕变。

战略定力——在希望微茫的时候，坚持信念，积蓄力量，等待时机；面对危机或挑战的时候，头脑清楚，沉着应对，不获全胜，决不收兵。这都是在战略上有定力的表现。

直言不讳——中国有"为尊者讳耻，为贤者讳过，为亲者讳疾"的古训。但是，日记体叙事反思要求客观而全面地叙事，这就会留下大家（单位）、小家（家庭）的一些不可外扬的"家丑"，留下一些力促成事的"委曲求全"，留下一些可笑而可爱的小故事，这是家国变迁、社会百态、个人成长的组成部分。没有这些就不能全面反映时代风貌，讳言这些就不是实事求是，就可能偏离我们力图寻找的客观规律。凡事都有因由，若干年后或后人观之会发现，这些人、事往往不是可以简单地给予道德评价的，而是时代的物质和精神条件使然。生活中似乎有不少难言之隐，若出于公心、爱心、上进心，则大多无可讳也。

知耻后勇，自审自警，自尊自信——人贵有自知之明，对自我的剖析判断要一分为二：看到成长进步，发现过人之处，则可满足自尊心，增强自信心；审视丑陋自我，揭开耻辱一页，方能从此痛改前非，不断自我完善。

书末附有"关键词索引"，便于读者相对集中地查看反映某一"关键词"的日记篇目。

愿将这些支离破碎的人生感悟，与同时代的教育同行者及事业后继者，乃至一切有仁爱之心者分享。囿于职业经历、人生境界和学养水平，这些关键词可能挂一漏万、偏执一隅，难成一家之言，有负读者厚爱，恳请专家和同仁们不吝赐教。

序　曲

1985 年 5 月，笔者与邹平师范王明谋、张同、杨恒民同学在邹平县南关小学实习，与四年级小朋友合影

笔者于 1985 年 7 月毕业于邹平师范学校

第一次上讲台

这里说的"第一次上讲台",是指我作为老师,第一次登上讲台,给同学们上课。那是1985年4月29日,农历三月初十,星期一,我在家乡的邹平县崔抱李中心小学,讲了四年级数学课。

一、请教老师"如何当老师"

面临毕业实习。4月27日,星期六,学校放假,我回到家——邹平镇小李家村。因临近"五一",多放假一天,星期一下午返校。

这是一个好机会,可以先锻炼一下上课。我想好了,回家拜访刘正地老师,他是我的小学老师,现在任教于崔抱李中心小学。

当晚,我拉着六岁的侄女迎芬去了刘老师家。刘老师现在教四年级数学,我正好也在四年级实习。当我说明来意之后,刘老师慨然应允,让我一试。

我和老师谈了很多,我的感受、感想也很多。刘老师在七八年前是我的老师,现在仍然是我的老师。刘老师确实有丰富的教学经验,如今我觉得刘老师谈的句句是真理。直到侄女迎芬困得没法,几次催我走,才结束了这次谈论。

第二天,我什么也没干,写了一天教案,写的是《分数的意义》。晚上,我又去找刘老师请教。刘老师不知是客气还是怎么,说教案还可以。

虽是一节课的教案,我却写了足足五页。我还制作了简单的教具。

【关键词】教／充分备课　　行／挖掘资源

二、捉襟见肘

4月29日,星期一。上午,我又到学校练习,尚善德校长、崔中华副校长都同意了。

下午,我借了延军(本家侄儿,少年伙伴,已务农)的手表来。

正要上课,李凤军、张怀光、张文平三个同学(邹平师范学校1982级)都到了。他们都是我昨天邀请的。三个同学帮我抄写小黑板,做好了课前准备工作。

钟声响了,我走进了教室。

"起立——"

我忙还礼。

"坐下！"

我第一次享受这份对老师的尊敬。我的心怦怦地跳着。

我本来并没有打算用普通话，可是一上讲台说起来，就改不过嘴来了。整节课始终用了普通话，虽然不怎么"普通"。

上课并不顺利，同学们回答问题，常常不是我心中想要的答案，这样就得予以纠正。亏着事先刘老师有所嘱咐，使我不致于惊慌失措。但我也没做好充分准备，许多地方只是应付过去的。

讲起课来，不照顾全局的毛病也是有的。例如，我让一部分同学在黑板上做题，却忘了布置下面的同学也做。结果我检查的时候，大家都瞪了眼，我只好说"继续做吧"。

进行完了备课内容，离下课还有近十分钟。事先早有所料，我就又加点内容，这样就使课堂满起来了。

下课后，同学们问我："下一节课还讲吗？"我说："不讲了，同学们再见。"

这就是我第一次作为教师上讲台的过程。

课后，李凤军等同学提了许多意见，我都认真地听取了。有一条很重要，就是上课采用启发式教学，提出的问题说法不明确，有的问题甚至让人无法回答。这一点关系到课堂教学的效果和课堂气氛，必须很好地进行研究。

【关键词】教 / 职业自豪　思 / 研究问题　行 / 同伴互助

三、试讲

春光无限美。明媚的校园里，我们 1982 级同学已从这一周开始了实习备课。一种与母校告别、与同学离别的预感袭上心头。

三年的师范学校生活中，每个同学有多大的进步啊！就要结束了，这美好的日子——团结战斗，奋发向上；关心国家，胸怀世界；探索人生，探讨学术。

全年级两个班同学，分到五个实习点——东关小学、安家小学、实验小学、城里小学、南关小学（后三个学校都有我们 1982 级 1 班的实习生），分别在不同的教室备课。

我分在南关小学实习点。这里一共有十三名同学，按实习年级分成三个组：四年级组有四人，三年级组有四人，二年级组有五人，都在实验室备课。指导教师是赵亮和我班班主任李玉杰老师。

备课是很紧张的，比原先上课时还要累。因为我们是在产生一次飞跃，进行一次质变："从学生到老师！"需要积蓄许多的力量。

我在四年级组，组长是王明谋，还有杨恒民、张同。颜廷宾和我是整个南关小学实习点的学生干部。

这几天，我几个去南关小学联系了几次，了解学校情况，多数时间还是备课。

备出来的课，每个同学都试讲过。可是按指导老师的说法，没有一节课能行，也就是上不了讲台。我讲了一节语文《我和狮子》，赵老师只说教态还可以。难哪！万事开头难。

对我们来说，为什么这么难呢？一个很重要的原因是感性知识太少了。虽也念了十几年的书，但小学上课的情景早已忘了，再说，那时课堂的组织也与现在不尽相同。现在拿过一篇课文来，根本就不明白应该教哪些东西，用什么教法。三年来，只去实验小学见习过两节课，并且讲得都是阅读课文。现在只能闭门造车了！同学们几次去小学，也是为了这个问题，去请教任课老师。

再者，现在的试讲，根本就没什么作用，因为我们的同学当"学生"回答问题，与真正的小学生一点也不一样。好的办法是去听课，或者实战演习——亲自去小学上课。

【关键词】行 / 实践学习　　思 / 研究问题

四、手不哆嗦了

近几天，学校里没电。在现代社会里，没有电就意味着一切的瘫痪。在学校里，吃饭都发生了问题。

天气不好，5月4日星期六下午，学校提前放了学。我和孙奎浩同学到我家的时候，才两点半。这时远远地听见山坡上崔抱李中心小学的上课钟响了。我有我的打算：看能不能听一下四年级老师们的课，再者，我也讲节语文。

村里，正遇见韩兆申老师往学校去，他告诉我，星期六下午有两节课，这是第一节刚上。我忙放下书包，拿了语文和备课本，就上了学校，从韩老师那儿得信的老师们已等着我了。

我和教四年级语文的李老师一商量，她说："你就先讲吧。"我再三推辞不过，就从下一节开始讲《渔夫和金鱼的故事》。这样，四年级的同学们晚放学一节课，我连上了两节，讲完了这一整课。本来，备的是三课时，又加上学生没预习，中间又没练习时间，所以课上得很仓促。由于备课不详细，对词语的讲解，差不多是信口开河的。课文讲得不生动、不简练，有许多关键的话没有说出来。

课后，有一个同学说："上一次数学课，你的手光打哆嗦。"

我听了，很好笑，问："这一节，也哆嗦了吗？"他说"不了"。

这是一点点的进步。起码，上了讲台，我不会太慌张了。

我感到一点，这里的老师同学们——故土的父老、兄妹们，是很热情的。我最早是站在故土的讲台上的。家乡的人是我的老师，小弟弟小妹妹们是我的学生，也是我的老师。

【关键词】教 / 质量互变　　行 / 道德感动

小学实习老师

对于我们来说，一切都是第一次，都令我们惊喜和自豪。

经过一周紧张的备课，我们这帮实习生们要进驻实习学校了。在这里，我们开始了一生伟大而神圣的事业——教育事业！

一、见习

1985 年 5 月 6 日，星期一，我等来到南关小学四年级开始见习，一共三天。

见习期间，认真地听了语文姜立茂、数学李宝琴老师的课。姜老师是这儿的校长，还是从我们邹平师范学校毕业的呢。根据见习的启发，大家修改了自己的教案。

通过各学科任课老师，我们了解到班里许多情况。四年级一共有二十六名同学，男生二十名，女生只有六名。刘波、赵永俊、刘延鲁、王红等，是班干部；刘波、田军的学习不错，但很调皮；刘波、宁波都比较粗心；女同学中王红、赵玉玲等学习不错；刘金花同学有病，不要要求太高；王春芳同学刚转学来，成绩不太好，但学习很刻苦；全班同学的品质都是好的，活泼、调皮的不少。

每到教室，先想一下每个同学的姓名，记在心里。能叫出学生姓名，是上课的最起码的要求。见习上课时，实习生们几乎每时每刻都盯着座次表和全班同学对照。几天之后，我们对班里学生就完全熟悉了。

【关键词】教／心怀学生

二、老师啊

"老师"，这个字眼是多么神秘！对于我们来说，第一次当老师的感觉，又是多么愉快、兴奋！

当五星红旗在校园里徐徐升起，姜校长站在国旗下，要求同学们为新老师做好事的时候，当我听到同学们第一次叫我"韩老师"的时候，我心里多么激动！

从事教育事业，和天真活泼、纯洁无瑕的儿童在一起，让他们超过自己，成为祖国的栋梁之材，多么自豪，多么骄傲，多么甜蜜！

在母校的时候，班主任李老师早已嘱咐大家，在实习期间，特别是在实习学校，实习老师之间就不要再"老赵、老钱、小孙、小李"地叫了，也不要直呼其名，要相互称老师。

一下改过来，有些不顺口，但大家都觉得新鲜。"何老师，你看这个题。""韩老师，这儿怎么办？"……教室里飘荡着欢声笑语。

实习学校对我们照顾得很周到，老师们都亲切地称我们实习生"老师"。这里的办公条件，也较其他实习点好些。

【关键词】教 / 教育初心

三、实习班主任

见习之后，同学们对教案进行了修改，就要上课了。

四年级语文，先由张同老师上，教学《蛇与庄稼》一课。数学，先由王明谋老师上，教学《真分数、假分数和带分数》一节。大家都完成了教学任务。他们第一次上讲台，取得了成功。

由于张、王两位先上课，我和杨恒民老师就先负责班主任的工作。原班主任李宝琴老师把工作交给了我们，这是5月9日星期四。

下午队日活动，我和杨老师主持。我简略地讲了中国少年先锋队的光荣历史，之后组织大家讨论，在少先队历史上出现过哪些优秀儿童团员或少先队员、能不能讲一下他们的事迹。由于材料缺乏，活动开展得不很好。

星期五下午课后是阅读活动。按照惯例，有六名同学演讲——刘洪浩、尚宗新、王红山、王海生、王红、韩兆青，他们是一、二、三组的。演讲完后，杨老师又给大家讲了几个小故事。

班主任的工作是辛苦的。这几天，早饭赶忙吃点，我和杨老师就赶快往学校跑；跑到学校，先得到班里看看；放学后，等到全体同学都回家了，我们俩才赶回师范学校，这样经常误了饭。

但我们第一次当老师、当班主任的心情，是愉快的、甜蜜的。我们把这辛勤的劳动，当成一种美好的享受。

【关键词】教 / 爱岗敬业

四、调皮

实习前一周的星期四，赵亮老师带领我们去南关小学了解情况。姜校长热情接待了我们，介绍了学校的情况。然后，又由各班主任分别带领去班里和同学们见面。

李宝琴老师领我们来到四年级教室，一下子，一群同学围了上来："老师，他是班长！"

大家称为班长的同学叫刘波，他正把手放在嘴上，咯咯地笑。这就是班里最有吸引力的一个同学。

我已看过座次表，听有的同学说"吴友"的名字，不觉笑出来："无有"！吴友笑着，脸略有点红，钻进了人群。

我又问："谁姓'韩'呢？""他姓韩，韩小余！"是个小个子同学。"韩连群！"也不大的一个同学。"我叫韩兆青！"和我同辈，都是我的小兄弟。

全班六名女同学，只有王红花同学个子较小，其他五个同学可以说是全班的前五名。

笑着，天真活泼的孩子们笑着。实习老师们也笑着，童心一颗贴紧了二十六颗。

见习的时候，我们都坐在教室后面。老师上面讲着课，坐在第一排的一个同学却时常回过头来，冲我们笑。"田军！"我对照了座次表。

刘波就坐在他后面，他们两个不时地你戳我、我逗你。田军时常举手回答问题，并且准确率较高，可见是个优生。回答了问题之后，就会又转过头来，一张小白脸冲着后面，眯起眼睛笑，或挤眉弄眼伸舌头，做着种种鬼脸。

但为了教师的"尊严"，为了以后的上课，我没去迎合他。有时，瞪他一眼；有时，干脆装没看见，让他讨个没趣。

田军这孩子能量很大，如果谁答错了，他会立刻情不自禁地喊起来："不对——"而刘波却在后面大叫一声："对！"田军立即转过头来，两人吵起来："对！""不对！"……直到教师制止，方才罢休。

说起来，刘波的学习尚不如田军。老师提出问题来，刘波过一秒钟即刻举手，不管是大的小的，难的易的。但是，答对的不过70%，即使不会，他也能胡诌一通，引得全班哈哈大笑。

【关键词】教/心怀学生

五、《渔夫和金鱼的故事》

赵永俊才是真正的班长，喊班，兼任语文课代表。刘波，只不过是体育委员。

我听同学们说才明白，班里的干部比普通同学都多，只不过每人只管班里的一部分事情。

女生王红，是数学课代表，又是文娱委员。刘洪浩也是个挺听话、学习挺认真的学生，管交语文作业。还有刘延鲁等，都是班里的"元老"。

关于同学们，就先介绍到这里吧，因为张同老师两节语文课后，我就开始上语文课了。

5月11日，星期六，我上了第一节语文课。心里并不紧张，因为我已经上过讲台了。

这里，应感谢家乡崔抱李中心小学的老师和同学，使我经受了第一次上讲台的心理锻炼。

第一节课，心里没有数，这个教案与在崔抱李中心小学讲的那个不一样。有许多内容不敢放开讲，结果提前五分钟进行完了。我只好又叫大家给课文分段。《渔夫和金鱼的故事》课文较长，叫一名同学来分，又没分对。仓皇之间，我看错了表，以为时间已到，忙停下来，下课钟却不响，我只好叫大家继续分段，下节课继续检查。

5月13日，星期一，上午第一节，我继续教学《渔夫和金鱼的故事》，赵老师听课。我做了充分准备，又加上曾在崔抱李中心小学讲过，心里有些底。检查作业后，我就开始讲课文的第一部分。由于运用了教学挂图，又让同学们带表情表演书中人物的语言、动作，课堂气氛很活跃。

我让刘波讲一下老太婆的华丽穿戴，他扯了一会儿没词了，就诌起来："老太婆穿着高跟鞋……"惹得大家哄堂大笑。我纠正说："回答问题要认真考虑，不能胡诌乱扯。"

课后赵老师说，这节课不错，详略处理比较得当。

第三课时，讲完课文，总结提高。

第四课时，有表情、分角色朗读课文。赵玉玲、赵永俊先后读叙述部分，刘波扮演老太婆，刘延鲁扮演渔夫，宁波扮演小金鱼，"众人"的话大家一起读。同学们读得很认真。大家一致认为，刘波、刘延鲁读得最好，赵玉玲等也读得很流利。

这时，我认识到刘波在全班同学心目中的地位。他虽然调皮，但正是以他巨大的活动能量，才把这个班组织起来。比起刘波来，班长赵永俊就逊色不少，这是后话。

后来，我又和大家一起学习了《我和狮子》一课，讲了读写例话"注意事物之间的联系"。有的同学悄悄地说："比咱老师还讲得好。"我实不敢当，只不过尽了我的最大努力，把我的一颗心全交给了全班二十六位同学。

在我上语文课的同时，杨恒民老师上数学课。

【关键词】教/爱岗敬业　　教/公开历练

六、小冒失鬼

在我和杨恒民上课的时候，王明谋、张同两位担任实习班主任。

杨老师上课了。"……还有没有？"一只小手猛地举了起来，却被坐在身旁的原班主任李老师拉了下来。是宁波，憨厚的他朝老师笑笑。

宁波是班上学习较好的，人也很憨厚，读的书不少，很懂事，但是有个毛病——冒失，粗心，作业时常错。在这方面，他不如刘延鲁老练，不如田军精细，却又比刘波考虑要全面。他思维活跃，解决问题的能力在班里可以说数一数二。

坐在宁波前面的，就是我最早认识的吴友。这孩子很听话，回答问题也很好，也挺活泼。

后来我们知道，班里几个学习较好的，像刘延鲁、吴友、赵玉玲等都是留级生。

【关键词】教 / 心怀学生

七、最小的"主任"

我和杨老师各实习了一门课后，又接替班主任。

5月17日，星期五，下午阅读活动，读书演讲会继续举行，刘洪浩、吴友、刘波、田军等同学讲了故事。大家讲完之后，我作为班主任，带领大家学习了儿歌《做习题》（邓德明作）：

小调皮，做习题。习题难，画小雁；小雁飞，画乌龟；乌龟爬，画小鸭（马）；小鸭（马）跑，画小猫；小猫叫，吓一跳。学文化，怕动脑，啥时才能（看你怎么）学得好！

（加着重号者为误处，当时没有课本查看）

我简单讲解了一下，让学生又读了两遍，大家就能全背下来了。大家都学得很有趣。

我问："咱班有没有这样的'小调皮'呀？"同学们异口同声地回答："有——"我说："希望这样的同学以后可不要再'调皮'了。"

学校开展尊师活动，号召各中队教会队员行队礼，上课师生问好，佩戴红领巾，为老师（特别是实习老师）做好事。

我们班上课也开始师生问好，是王老师在班里教的。我几次嘱咐赵永俊，让他高声喊，可他总不好意思。赵永俊的学习是不错的，就是有些不太活泼。我想，我小时候和这个同学差不多吧！怎样引导他活泼一些，做事出头呢？不知道我们有没有时间做这个工作了。

班主任呀，有人曾风趣地说，班主任是全国最小的"主任"了！但这最小的主任的心里，却装着祖国的下一代，装着对祖国未来的设计，装着祖国美好前程的希望。

【关键词】教 / 国家责任

八、"孩子王"

5月20日是星期一，我们决定，下午和同学们上山。

杨老师先通过"智力测验"选出了三名旗手：韩兆青、赵永俊、刘延鲁。

杨老师说："旗手是光荣的，责任是重大的。以前，同学们还没有见过队旗呢。"韩兆青接过队旗，走在队伍的最前面。我和刘波带队。

该换旗手了，赵永俊却执意不肯交出旗帜，也不说为什么。刘延鲁夺过队旗，我便默认了。

在队旗的指引和带动下，同学们紧跑一阵，到了黄山门。稍作休整，继续登山。

快到山顶了，在一片小松林里，我们开始了活动：张老师演奏了口琴；杨老师组织大家探讨队旗的形状和意义，还进行了"智力测验"；王老师教唱了队歌。然后，刘波、刘延鲁等同学讲了故事，都很生动，同学们不禁哈哈大笑。

最后，自由活动一段时间。由于事先没有讲清楚，一些顽皮的学生跑得很远。听说吴光军、刘波下山摘杏去了，我忙去找——出了事怎么办？一大群同学都要去，我制止也制止不住。我把大家组织起来，喊着"一，二——"，一起呼叫他们："刘波——快回来——"

"刘波，快上来，老师叫你了！"赵旭东喊。

"叫啥呢？"刘波在沟底嘿嘿地笑，吴光军则歪着头不言语。

"上来！"我板起脸喝道。

两个人开始拨开身边的小树、荆棘，向上爬。我着实教训了他俩一顿。

找到了这帮，23名同学集合在山头，还有3人——尚宗新、田纯波、王健生不知去向。

吴友说他们挖草药去了，又有一些同学要去找。"刘延鲁，去摆一摆队旗，找个高处！"我也跟了上去，"吱吱吱"地吹起哨子。可是没有回音，也不见人影。

"刘波，跟我来。"我叫上他，想去找。这时听见有人喊："回来啦！"

我跑来一看，山下跑上来三个，正是他们。"跑步上来！"我下了命令。三人不敢不从，上来了。"立正站好！"尚宗新的手里果然攥了一把红茜草的根。

当然少不了批评。几句严厉的话后，又宽慰鼓励一番，整队回校。

却又少了吴光军！原来，他借找人的机会，又溜了。吴友说，他准是又去摘杏了。这可咋办呢？

【关键词】教/关注安全

九、美好的瞬间

吴光军这孩子不简单！根据我的判断，他还是有些头脑的（虽然不爱听老师的话），大概不会出什么事。

下山了。

"老师，咱照相吧！"有的同学说。

"同学们都同意吗？"我问。

"同意！"像课堂上一样，许多同学呐喊起来。

这事已考虑到的。我们的第一批学生，怎能不留影呢？

还不见吴光军的影儿，只好不等他了。

有几个同学不想照相，其中就有赵永俊。我说："同学们，我们是集体合影，在我们这个集体里，缺了谁能行呢？谁不是我们这个集体的一员呢？同学们想一想，是不是？相不能随便不照。若有特殊情况，可以不要照片。"

宁静的烈士陵园里，忆英亭下，我们新老两代少先队员留下了这美好的瞬间——时光老人的脚步也是可以停下来的。在今后若干年内，我将铭记这美好的时刻。

下山了，也见到了吴光军。在我们领学生活动的时候，班主任李老师在山下等候了两个小时。她怎能放心呢？

【关键词】教 / 教育民主

一〇、同学之间

李老师不放心是很有理由的：像吴光军、刘波这样的同学，调皮捣蛋；像我们这样的实习老师，没有一点组织孩子的经验；活动又在山上这种有危险的地方。

单在小同学们之间，就有许多令人不放心的事。学校要求教师对同学们强调，不许下河。星期六放学之前，我在班里讲了，但仍不放心，关厢的孩子是野的。吃了午饭，我们就来到了三八水库。

我们刚一出现，河里就热闹起来，一大帮孩子忙从水里跑出来，穿上衣服，就往远处跑。等我们下去，孩子们已跑得无影无踪了，我们捉住了几个还没有下河的——尚宗新、王海生、田纯波。

王健生、王海生是一对孪生兄弟。如果不仔细认，根本不知道谁是谁，两个人一样的身量，一样的面孔，又穿着一样的衣服。因为他们从小生活环境基本一样，所以性格、脾气乃至学习情况也都差不多。

总得给他们找出点差别来，若以后在教室外见了，可不致张冠李戴。现在是，他们坐在各自的位子上，我知道，和王红花同桌的是哥哥健生，和王红山同桌的是弟弟海生。就是这样，课堂上有时也叫错了名。有一次，我就点着王海生，而喊出了"王健生"，结果海生愣了愣坐下了，健生愣了愣站起来，回答了问题。现在琢磨出来，老大的脸面白皙一些，老二的脸面红润一点，此外，再没有什么差别了。

话又远了。言归正传，尚宗新、田纯波是同桌，也经常在一起；他们又常常和王氏兄弟在一起。我们留住了他们仨，问都有谁下河了，三人都不回答，只说他们三个为找弹弓子（石子）来的，边说边在岸边扒拉。我们没法，只好劝诫几句，遣他们回家。

小同学之间，当然少不了吵闹，甚至开起火来。当老师少不了处理这些问题。我们实习期间，就处理了好几件这样的事儿。

刘波、田军同是调皮鬼。但刘波力大欺人，田军也受他的"辖制"。一天下午放学后，值日时，刘波就把田军打哭了，为的是田军不给他笤帚。我狠狠地批评了刘波，以后不许再惹是生非，欺负同学。我一直把刘波送进家门，才算放心。

刘延鲁、赵玉玲都是班里的"元老"，学习都较好。但他们为了作业，两人扭打在一块，刘延鲁这堂堂的男子汉落了泪。先前，可能谁也不怕谁，谁也不服谁。基于这样的思想基础，两人一有矛盾便会激化。

这里想附带说一句：这个班里的女生虽不到全班人数的四分之一，却起着影响全班的作用。就身量来说，除了王红花同学较矮以外，其余5个可以说是全班的前五名。最厉害的要数赵玉玲的同桌田红霞了。田军经常笑话田喜新，因为他有一脸雀斑，因此田军遭田红霞一顿"狠揍"。在这里可以说，女同学是全班正义的维护者。

但也免不了力大欺人，要不赵玉玲咋把刘延鲁打哭了呢。女生中个头最高的是刘金花，大约有十五六岁了吧！椐李老师说，她有点旧病，所以全班同学都会多担待她一些，尽量不惹她，老师对她的学习也没有过高要求。

刘金花的同桌王春芳转学来不久，学习成绩虽不太好，但很刻苦，平时也不大言语。

【关键词】教／心怀学生

一一、纱苗

说了一周，还忘了那些能说会唱的人，到了举行联欢会的前夕，才把他们想起来。很快就要离开实习学校了，学校要举行欢送会。杨老师指导起联欢节目来。

星期二下午放学后，我和杨老师与同学们一起研究节目。经杨老师一番精心设计，节目还颇有几个像样的，如刘波和宁波合说的相声《吹牛》。这是两个"老"相声演员了，表演艺术水平不低。此外，还有刘延鲁、吴友合说的相声。

赵旭东同学的歌唱天赋使我感到很惊奇。他演唱了一首《原野牧歌》，节奏相当紧凑，音高也准，只是演唱时还有些不太放松。我想，这个学生若在"城里"或"实验"等师资条件较好的学校，在音乐上也许早已成为出类拔萃的人才了。他自己爱唱，是一件很好的事。就让他永远地唱吧，谁也不敢说他将来不会成为大材。

此外，还想排练小话剧《渔夫和金鱼的故事》。同学们说我读得好，要我再读给他们听。苦于找不到一个合适的"老太婆"，还要我扮演这个角色。由于我还要准备数学课，抽不出身来，这个节目没有排练成功，辜负了大家的期待。

【关键词】教／发展个性

一二、我们的愿望，也是孩子的愿望

5月21、22日，我上数学课，复习第四章"分数的意义和性质"。这个教学内容，直到我上课之前一两天才确定下来，课是没有备透。当然，以前的时间我也没闲着，全部用之于语文备课和教学了。

我的第一节数学课，是在21日下午第一节上的。午休我也没睡着，慌忙来到学校，马上写小黑板。

上课铃响了，我的心又剧烈地跳了起来。看着课堂上如林的小手，我更加激动了。若不是在上课，我会吟诗一首，写下我内心的激动。有的同学为了引起老师的注意，竟站了起来，踮起脚，把右臂斜斜地伸向我。

教案上备的习题太多了（这节课没有试讲），简直处理不完。我不敢再往深处讲，只简略地说说，一部分同学还做不完题目。

这一天是星期二，课外活动本来想上美术的。上一周星期二活动上了一节美术，临摹了《小鹿》，我认真地批改了作业，分成了"优秀""良好""一般"三个等级。一些文化课并不尽如人意的同学画得却不错，如刘金花、尚宗新、王红花等，赵永俊、王红等同学也画得不错。尽管他们的美术基础较差，但学习很积极。若不是同学们的热切要求，说不定我就不上美术课了，因为四年级的美术课只有一节，又安排在周六下午，两次都由于学校有事，学生放学了，没上成。

我已借来张明武（师范学校同班同学）制作的教学挂图《孙悟空》，准备教学临摹。但考虑到明天我还有数学课，再做了美术作业也没时间批改，今天的数学课还没完成任务，那就上数学活动吧！

首先把上节课剩下的一点内容讲完，然后又带着大家做了两道思考题。其一为："一个最简分数，分子、分母的积是100，求这个最简分数。"解有三种：4/25，25/4，1/100。通过这个题，复习了基础知识，也培养了同学们学习的兴趣和勤动脑的习惯。做这些题目的时候，有几个同学很活跃，如宁波、刘洪浩、赵永俊等，这都是些爱动脑筋的同学，我都很喜欢。

5月22日，星期三，上午我上完最后两堂数学课，这也是南关小学全体实习老师上的最后的课。课上，虽也有些同学吵嚷起来，但我知道他们是为了学习，并不是不尊敬老师，故意吵闹，我也没有过多地制止。杨老师仍利用自习时间排练节目。

实习就要结束了，我却觉得有许多话还没有说，有许多事还应该继续做。然而，在十几天的时间里，我们已做了最大的努力了。

王老师临时出题，5月19日星期天步行到学校，临时找学生参加考试。他还想教会同学们儿童操，可是没时间了。

杨老师还想进一步挖掘班里潜在的力量，抓好文艺节目，可是也没有时间了。

同学们查字典是较费力的，我想一步步地教会他们按音序直接查字法或四角号码查字法，也没有时间了。美术、体育、音乐这些方面，他们的水平还都很低，可是也没时间再教他们了。

同学们学习知识、爱玩的心愿，也就是我们传授知识，让他们玩得更痛快的心愿！

【关键词】教／爱岗敬业　　教／尊重规律

一三、"老师，再见"

就要离开实习点，离开热情的老师们和可爱的同学们了。我们买了二十本小人书，都写上"赠给四年级小朋友"，作为给小朋友们的礼品。

下午，联欢会开始了。姜校长讲话之后，我代表实习教师发言，对南关小学的师生们表示衷心感谢，并表示会将实习学校的优良作风带回师范学校。各班表演了文艺节目，四年级的节目由王红同学主持演出。

联欢会之后，班主任李老师带领我们来到教室，向同学们赠送了礼物，同学们以热烈的掌声表示感谢，实习老师们都说了几句话。

"同学们，再见！"

"老师，再见！"

同学们招着手，我们招着手。"同学们，我们会常来看望大家的。"

回到办公室，学校老师与实习生开了茶话会。我们离开学校时，带上了同学们赠送的礼物——讲义夹。班主任李老师说："同学们还要送你们，因为你们有事，才没有去。放学时，同学们都哭了。"

我心里热乎乎的，泪水一个劲儿在眼眶里打转。孩子的心是容易亲近的，孩子的心是天真无邪的。我爱孩子，我愿我心也像孩子的一样纯洁，我愿师生的心贴得更紧。

在"我和狮子"那一课，我教会了同学们"恋恋不舍"这个词。人和狮子分别时，还会恋恋不舍，何况我和我的小朋友们。同学们恋恋不舍地离开了我们，我们恋恋不舍地离开了他们和他们的学校。

无论现在和将来，无论此地与异乡，无论将来会如何，我永远忘不了我在教育事业起步的时候，给我热情帮助和支持的这些小朋友们——我的第一届学生。虽然他们并不属于我，但我爱他们，喜欢他们。他们是祖国未来的一代，我作为未来的人民教师，我有责任培育他们。

不管是他们，还是我后来的学生们，我将把我的青春，乃至毕生都奉献给他们！

这就是我的心愿……

【关键词】教／教育初心

一四、重逢

分别一日，如隔三秋，心中怎放得下我那群活泼可爱的小朋友？节目排演得怎样了？小人书大家可正在喜滋滋地看？我们走后，考试了没有？实习这段大家的学习效果怎样？种种思绪萦绕在脑际。5月24日星期五下午，实习总结完毕，1982级放假两天。我和恒民来到了学校。同学们怎么样了？

一进校门，正好刚下了课，同学们都迎了出来："韩老师、杨老师来了！"

姜校长把我们迎进办公室，同学们又都围了过来，我们只好一起来到教室。同学们问另外两个老师怎么没来。我说："张老师和王老师家远，先走了。他们走时，嘱咐俺俩，代表他们向同学们问好。"教室里又响起了热烈的掌声。

杨老师还给大家带来了相声，希望在"六一"时演出。同学们说："老师，'六一'时你们可来和我们一起过节呀！"有的同学说："我们去请你。"我们满口答应。

姜老师说，以"新老师来到我们学校"为题，写一篇赞颂新老师的作文。有的同学当即提出，写成"我最尊敬的老师"。

实不敢当！但我也理解，这是单纯的孩子们的真心！

大家又说，要把作文给新老师送去。离开时，我说："星期天下午，我来找大家！"

为了和小朋友们多待一会儿，我们俩是从村里走的。王红山、王红花、王红、王健生、王海生、韩兆青、田红霞、赵玉玲等同学和我们一起走，赵旭东同学为杨老师推着车子。到公路上，同学们才都回去。

回来，我写下如下几句抒怀。

友 谊

在我豪迈事业起步蹒跚，
二十六双小手搀扶着我，
五十二只眼睛是那样天真、温暖。
你们在知识的海洋里遨游，
我化作一阵微微的海风，
鼓起你理想的风帆。

【关键词】教 / 心怀学生

一五、赴约

5月25日，星期六，我从学校回家。26日，星期天，上午我和父亲到于印水库旁的棉花地里锄禾。不到晌午，我就回来了，我的实习总结还没有写完，我还和同学们约好，两点半到他们学校会面。

紧忙活，慢忙活，写完总结，吃了饭，已是一点四十了。自行车被弟弟骑着去考试了，我只能步行。好在这一路我走惯了，十里八里也算不得什么。我走路一贯是很快的，简直是小跑，尽管手里还提着满满一包书。

一进南关，遇见刘洪浩，他要去干活，我让他有活就去干。

走到一家门口，一个小姑娘忽地跑进了家，接着韩兆青和小姑娘一块出来了。"老师，你来家玩吧！""不去了。咱们上学校吧，同学们在学校等着呢。"这时还不到两点半。

有些同学已来学校了。"老师真来了！""我以为不来了呢！"

我本来想和同学们玩一会儿，教他们唱支歌或讲个故事。但是，来的人不多，班里人本来就不多，我只好作罢。

我仔细地看了几篇作文。叙事上有些啰唆，也不注意是不是合情理，有的同学错别字还很多。我想，我当年写的作文，也许还不如他们呢。

看了王红的，刘延鲁、韩兆青、刘洪浩（他又回来了）、田红霞等的，还看了王红山、王红花的。红山、红花这两个名字怎么这么相像？经同学们说才知道，这是亲姊妹俩，是姐弟还是兄妹，我也没问。

看完了作文，已是四点多了，我让同学们都回家了。我虽有些疲劳，但很欣慰，为孩子们做事，是有意义的。

我没忘记告诉他们："有空去我们学校玩！"

【关键词】行 / 重诺守信

一六、余音

5月27日，星期一，午饭后，赵旭东、韩小余、张建国三个同学来到师范学校。这些孩子有些拘束，放下作文就跑。我忙撵上来，送送他们，又嘱咐几句："路上慢点，注意安全。"

星期二课外活动，王红、王红花、田红霞、赵玉玲等几个女同学又来了，也带来了作文。没玩一会儿就到了开饭时间，也留不住她们。

5月31日，星期五，下午这四个同学又找到师范学校，说他们刚刚举行了联欢会，学校没有请实习老师们去，他们很不满意。不过，听说数学考试了，成绩都不错，我放了心。

上次我去南关小学时，刚考过语文，我见到了考卷。实习老师上的课，在词语方面是个弱点。但我没看见一个同学把"恋恋不舍"这个词写错。这个词给他们的印象太深了。这个印象，也如同我在他们这么大时获得的许多印象一样。

星期六，他们放假了，有许多同学来师范学校。我参加推荐上大学的预选考试，没有时间和他们玩，很遗憾！

每当一队队的小学生从学校门前走过，我总觉得他们像是我的那些小同学。我又多么希望，他们真是我的小朋友，他们是来找我玩的。

离开了孩子们，怅然若失，那种热情、朝气见不到了。整天是枯燥无味、令人厌烦透顶的死板的学习。

6月3日，星期一，中午我刚刚睡下，明武把我捅起来，说学生来了。我忙往外看，他们已快退回到长廊的尽头，准备走了。我忙把他们追回来，找出一大摞画报、杂志叫他们看。

通过这一段时间的相处，我觉得这些同学都比较老实，不如别处的小学生见得世面多，活泼。但这也没什么，只要耐心地告诉他们就是了。

6月6日，星期四，下午课间同学们正在走廊上谈笑，忽见对面操场上有几个小学生，不正是吴光军、王健生（或王海生）他们吗？我忙叫着杨老师去接他们。原来，他们来登黄山，却偷偷跑到了这里。因为还有一节课，我便嘱咐他们回去了，告诉他们要遵守纪律，老师找不到会着急的。

下了课，我和张老师，还有教三年级的王居刚、王进田老师（南关小学三年级也来登山）一起上山，想再见小同学们一面，但是没了人影儿。

回来后，我正要去打晚饭，却见几名女同学正在和杨老师谈话。还有一个新同学，是刚从城里小学转学来的，叫王惠。她们要我们明天去玩。快要放麦假了，我们也快毕业了。

6月7日，星期五，下午课外活动我去中兴联中找弟弟，正巧遇上王氏兄弟和他们的母亲正在道边晒麦。我认不出谁是谁来，便叫了声"王健生"，有一个便站起来，叫我老师；另一个却有些腼腆，甚至不敢抬头看我。

处在这样枯燥的生活中，我越发向往未来的事业，越发想念孩子们。每当我路过南关小学，就自然而然地想起他们，那一张张天真活泼的可爱的脸，就浮现在我眼前。

好歹快毕业了。听说毕业分配有的同学要改行，但我不愿改行，我深深地爱着教育事业。去小学也没有什么，小学生更天真可爱。只有努力工作，积极上进，永远学习，热爱教育事业和学生，才是一个好教师，才是一个有出息的人。

7月6日，星期六，毕业考试结束了，我们像飞出樊笼的鸟儿，无比快活。这时候，我又想起我的那些小朋友们。他们好久不来了，我很想他们，我想在毕业之前去看望他们。

眨眼的工夫，实习结束一个多月了。我觉得，我们有责任尽心尽力地培养孩子，使他们得到全面发展，使他们的生活更幸福，而更重要的是孕育祖国振兴之希望。

1986年3月15日，星期六，下午我和段其兵（师范学校同班同学，南北寺中学同事）去邹平。在县城南关，我遇上了实习时的几个学生：王红、赵玉玲、王红山、王红花。小朋友们很热情，我也很喜爱他们。自从毕业以后，我时常想给他们写封信，勉励他们继续努力学习。可是，由于工作忙，一直没能够做到。我的这个心愿一定要实现。

【关键词】教/爱生一生

一七、一年后

实习过去一年了，我心里仍然挂念着南关小学的小朋友们，给他们写了信。

给南关小学五年级小朋友的信

亲爱的小朋友们：

你们好。时光荏苒，到今天，我们已分别近一年了。

去年这个时候，也是这样明媚的春天，我们在一起，那是多么的好啊！还记得吗？咱们在"我和狮子"那一课中学了"恋恋不舍"这个词，那天，我们也是恋恋不舍地离开了小朋友们，恋恋不舍地离开了咱们可爱的学校。

此后不久，我们就毕业了。我们坚决服从国家分配，到了祖国最需要的地方。王明谋老师回了老家桓台县，杨恒民老师被分配到郑马中学，张同老师被分配到乐礼农中，我被分配到了南北寺中学。

我是多么想回到咱们的学校，回到大家中间啊。可是，南北寺中学更需要我。有趣的是，这里的高中学生，他们的年龄和我差不多。

眼下，咱们国家可需要老师啦，当一名人民教师是十分光荣的。你们有没有当一名人民教师的理想呢？我可是从小就想当老师，今天已实现了自己的理想。

国家还需要有科学家、作家、医生，还需要有工人、农民、解放军战士。不管将来干哪行，都一定要有自己的理想，做有理想、有纪律的一代新人。

理想是很美好的。只要我们一想到理想，就会感到浑身有使不完的劲儿。那么，怎样去实现自己的理想呢？就要从现在做起，使出自己的全部力量，努力学习文化科学知识。

大家是很幸福的，整天坐在明亮的教室里学习，有知识渊博的老师上课。我们当了老师的就不同了，总觉得现有的知识很不够用。但是，像你们那样良好的学习机会已经过去了，我们多么羡慕你们啊。也希望同学们充分利用大好光阴，努力学习，汲取知识营养，就像那辛勤的小蜜蜂一样。

国家建设需要有文化的人。你们很快就要小学毕业了，衷心祝愿小朋友们升入高一级学校继续学习！

再见吧，小朋友们！

你们的大朋友　韩兆恩
1986 年 5 月 1 日

【关键词】教 / 爱生一生　　思 / 理想现实

当我们毕业的时候

从这个时候——十八九岁正年轻的时候，我们把眼光投向了社会，开始探索复杂而美好的人生；而更重要的是，我们作为祖国中兴之时的光荣的人民教师，更应努力探索教育规律，像蜡烛一样，一边流着热泪，一边熊熊燃烧，发出光和热。这就是新时代青年的理想，也是我们的心愿。社会中有些东西是世俗的，甚至是庸俗的，我们会感到不习惯。我们应该努力澄清人们的迷信和偏见，这是教育工作者的任务之一。我们不应失去斗志，随波逐流。

一、自有主张

1985 年 7 月 7 日，星期日，学校没有安排活动，算是紧张考试之后的休息。很多同学回家了。

早晨，何晋泉同学陪我回家，骑了自行车来。

中午，我把书籍整理好，装满箱子，带回家。

下午回来后，我和张永昌、张明武、成光明几个同学到班主任李老师那里说了几句话，都是些毕业分配的事。

我有我自己的打算，我不想干秘书之类脱离教学的工作。

晚上，我们几个"笔者"去抄写本班同学的毕业评语。

毕业前，有许多复杂的事情。有的同学在校学习期间，违反纪律，谈情说爱，这时候就有些剪不断、理还乱的事情要解决。这一切毕竟是不正之风，总归要被鄙视的。乱七八糟的东西，不说吧！

【关键词】教 / 教育初心

二、激动人心

7 月 8 日，星期一，上午学校进行专业思想教育，请安家小学的成玉华老师和实验小学的张青老师作报告。

成老师是省表彰的优秀班主任。"心里如果只有自己，没有孩子，没有祖国，是做不好班主任工作的。"成老师的话，深深地打动了我的心。她是初中毕业生，已为党的教育事业辛辛苦苦地工作了近二十年。大家将和成老师走相似的道路，我们的感情发生了强烈的共鸣。

她曾和她最亲爱的孩子们，一起蹲在门槛上讨论问题，一起快乐地做游戏，一起去野外春游、放风筝……她对学生的教导，可谓苦口婆心、循循善诱。有人说，小学教师没出息，可是成老师却在她平凡的岗位上，做出了不平凡的事迹。

我们的同学中，不爱教育的有之，社会上偏见更甚，而成老师却在慷慨地陈述她对教育事业的一片忠心。今天，我见到了第一个真正爱学生、爱教育事业的伟大的小学教师，她是我心目中最崇高的人。

张青老师是去年毕业的。由于他的积极努力，一年之后便成为教育战线上的新秀。

——我的楷模！

【关键词】行 / 榜样鼓舞

三、朝夕相处

星期一下午，开始写毕业总结。

回顾三年，思绪万千。对于我，一个积极进取、思想敏锐的青年来说，三年来有痛苦，也有欢乐；有不足，更有重大进步。三年来，我发生了很大变化，思想解放，乐观开朗，能虚心接受别人的意见了。体育上的进步是最明显的，特别表现在身体素质上，有很大提高。这是三年中老师教育、同学们帮助的结果，也是师范新生活激发、本人进取的结果。

三年里，同学朝夕相处，有些男女同学谈了恋爱（这当然是不符合学校要求的），有的可能会成为真正的夫妻。但绝大多数同学是遵守学校纪律的，以学业为重，不早恋，一直保持单纯的同学关系。事实上，早恋是很有害的，从我班、我校的一些事情都能明显地看出来，这些同学不但影响了学习，而且在遭受挫折时，感情上也受到很大打击。由于种种原因和阻力，多对恋爱关系已破裂了。

三年来，更多同学结下了深厚友谊。临别，同学们相互勉励。每人做了纪念册，贴上同学们的相片，题字留念。

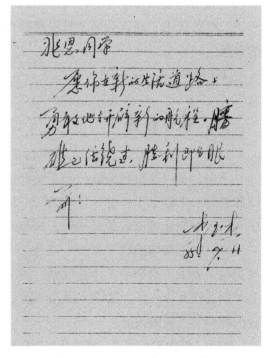

班主任李玉杰老师给笔者题写的毕业留言

我给明武写道：

中华儿女，英雄气概。祖国中兴，急需人才。

挺身而出，青年一代。发展教育，希望所在。

神圣事业，奋发豪迈。我们创造，伟大时代。

同学们都以诚相待。大家给我的留言，就在日记本后面，我觉得都很中肯。透过大家的肯定、批评和希望，我认为我是有"希望"的。

我恭敬地请班主任李老师，题写了留言。

【关键词】行／同伴激励　　思／自尊自信

四、舍友话别

星期一晚上，我们第一宿舍的十名同学在醴泉酒家话别。相互敬酒，表示三年之中的歉意。

一直玩到十二点多，大家都谈了自己的奋斗目标和爱情、家庭生活的设想。大多数同学还是热爱教育事业的，尤以明武和我强烈，愿脚踏实地地为党的教育事业奋斗一生。而孙庆书、孙吉会同学想脱离教育，庆书要写作，吉会要发财。这便是每个人的理想。

【关键词】教／教育初心

五、获得好评

7月9日，星期二，上午各小组讨论，交流总结，写出小组鉴定。

下午，学习委员孙奎浩公布了学期成绩（即毕业成绩），我是全班第八名，十二门课总分一千零七十一分。"政治"一课，由于参加县中学生运动会，我没能参加期中考试，而期末考试成绩又很低，只有八十点五分，就记了这个成绩。"电教"也算一门课，也不知咋给我了个八十三分。今年体育测试百米时评分标准低，而后来学校又提高了要求，这影响了体育成绩，我只有八十八分，而往年都是九十多分，特别是上学期达到九十八分。这样，我总分就差了些。我认为，影响成绩的多数是客观因素。我的教育学，成绩很好。

晚上，班内组织了"三好学生""模范团员"评选。预备党员耿军、李本东、颜廷宾、何晋泉，在老师指导下，把被选举权让了出来，希望大家多评选其他同学。我班共评选出二十名"三好学生"、十一名"模范团员"，我和王起震都被评为"三好学生"。评"三好学生"时，我是四十票，而老由（敬波）得到全票四十四张（除了自己）。

【关键词】思／自尊自信

六、何去何从

7月10日，星期三，上午1982级同学集会于教学楼门厅，校长张玉平谈了毕业分配的一些问题。在"坚决服从国家分配"这一点上，我们1982级同学是没一点含糊的。

会后回到教室自报分配志愿。我没有一点主意，只是不愿当职员，愿直接教学；小学、初中均可，更愿意教初中语文；离家远近没什么。共产党员老何板板正正地写道："第一志愿：坚决服从国家分配！第二志愿：坚决服从国家分配！"段其兵亦如此，还加上一句："好男儿，志在四方！"

原籍桓台的同学一律出邹平县，已基本安排好了：耿军，先去滨县报到上班，然后带工资去大学读书，前天已去北镇（滨州）参加了入学考试；王长安、董兆俭，到淄博市辛店石油化学工业公司，听说是个好单位；王明谋回桓台老家；何晋泉也是上滨县，他对自己的去向很不满，老师们却说，他在那儿将做出辉煌的成绩。

本县的孙奎浩同学分配到北镇，去地区教育局当打字员，由敬波去崇山煤矿工作。其余的同学至于分配到县里什么地方，还是个谜，到十五号以后才知道。

【补记】后来了解到，毕业时，耿军、成树明等同学首先分配工作并上班，开始发工资。上大学后，工资即停发，"带工资去大学读书"的说法不可靠。

【关键词】教 / 教育初心

七、毕业典礼

7月10日，星期三。下午，学校举行1982级学生毕业典礼。张校长讲话："邹平师范等候你们胜利的佳音！"孙丙南老师代表母校老师发言："海阔凭鱼跃，天高任鸟飞。你们的羽毛已经丰满，勇敢地飞吧！"何晋泉同学代表1982级毕业生发言。

> 当我们毕业的时候，
> 往事又涌现在心里。
> 它不是路边的荒草，
> 却像雨中花朵芬芳美丽。
>
> 当我们毕业的时候，
> 将走向新的天地。
> 满怀对人民的忠诚，
> 面向广阔前程无边无际。

亲爱的同学们，

快把肩上的重担挑起。

祖国在召唤，要我们

——奋斗不息！

（当时抄录的一首歌词）

【关键词】教／教育初心

八、依依惜别

晚上，学校举行欢送 1982 级同学毕业文娱晚会。1983 级、1984 级的小弟弟、小妹妹们把会场中间的位置让给我们。

学校的音乐设施增添了许多，灯光闪闪，十分美丽。而我们却要走了。我们班十四名同学表演了集体舞《等到明年这一天》，催人泪下。今日之别，何日相会？当走上工作岗位，举目无亲的时候，又会想起同学们的。

晚会之后，我和吴曙光、张永昌、老颜、老何、本东在操场上，谈了很多，聊到很晚。我早就知道，小吴、永昌都是热爱教育事业的。

悠悠寸草心，报得三春晖。

【关键词】行／同伴激励

九、忧忧·恋恋

7月11日，星期四。上午，我和王起震、张怀光、徐景发几人，准备到老师们各处走一趟，再离开学校。到班主任那里，什么言语也没有。李老师又说，让我和孙奎浩等去抄写评语，我也走不了了。实际上，我也不愿立即就走。

他们都回家了。快晌午，我也回家了。下午两点来钟，我又蹿回来，天上落下了雨点。不想雨越下越大，一下午没停下。

至于到哪里去，一点线索也没有。心里茫茫然。听说，颜廷宾、李本东要留校，李凤军、王玉宝要上乐礼农中。怀着试探试探的心情，我们几个穿过雨帘，又来到李老师宿舍。

沉默，无声的沉默！师生的话，似乎三年中都说完了。我又感到了压抑。对于分配问题，李老师只字不谈。我们都很失望。

雨把我留在学校，回不了家。

【关键词】教／教育初心

一〇、段侯之恋

同学们走的走了，休息的休息了，7月11日晚上，教室里的人寥寥无几。我和本东收拾好东西，侯春花（化名，下同）同学还在那儿徘徊，已是十一点多了。

我和本东就要出门，侯春花忽然叫住我俩："见到段其兵了吗？你们叫他来一下可以吗？"

我俩只好答应。段其兵正在宿舍，我说："有人找你。"他说自己早就知道了。他不愿去，说是对方缠着自己，他根本不愿意，昨晚他们已明确，是纯洁的单一的同学关系。

其兵不当一回事，死活不愿去，说去了，就回不来。我俩只好说陪他去，他这才穿上裤子、上衣，从床上爬起来。

可把他送进教室，把门一关，我和本东就都跑了。"你们自己说吧。"

张同、本东为病着的明武买了西瓜来，我们都一起吃。其兵忽然进来了，大家正说着他的事呢！

大家问他咋"跑"回来的，原来，一帮人到教室去玩，他便趁机溜了出来，侯春花也不好意思拦他。

至于他俩感情的产生，大概是由于都爱好音乐，常常接触，日久生情。我曾记得，这学年初的一天，我翻开数学课本的时候，猛然见到一张纸条，虽然匿名，但我认出来就是侯春花的笔迹，上面写些鼓励对方勇敢生活的话。我感到莫名其妙，忽然想到同桌其兵身上。其兵接过纸条便撕碎了。这大概是明显的开始吧！

按其兵的说法，他要安心学习工作，先不考虑这些事情。但我认为，还有其他原因，当然是不便说出的。而侯春花对其兵一直很敬慕，而且萌发了一个少女的爱情。一年来对方的冷淡，不能不使她感到寂寞、惆怅。她曾写作文，表达自己的特殊感情，但老师又怎么理解呢？语文老师一点也不知道。她默默地苦学，经常默默地独自一个人登上教学楼四楼，对琴诉衷心。她的心可理解，又不可理解。

我给侯春花同学的留言说，愿她发挥自己的才能，把青春奉献给祖国的教育事业。

【关键词】行／同伴互助

一一、听天由命

7月12日，星期五。

许多人羡慕留校，特别是不懂教育的人更认为留校是好结果。李本东犹豫起来。"留校，当职员，干杂活，就像教导处陈林（化名）老师似的，好吗？到初中教我的物理或数学，多有意思啊！"

我也是这样想。分配之前，李老师曾有意无意地问过我愿不愿去地区。我说自己愿意教学。要不，也许去了孙奎浩同学要去的地方。

我越来越感到，和本东有共同语言。

早晨饭没吃，也不饥饿。快晌午了，我们到醴泉酒家吃了饭。下午，我陪李本东写完了班级总结。

回家，听天由命吧！

其实，只要踏踏实实地工作，无论干什么，到啥地方都一样，只不过，我不愿离开教育事业。我对教育事业有深深的感情，虽然它的地位不高，工作还极艰苦。

【关键词】教/教育初心　　行/同伴激励

一二、黑暗中摸索

星期五晚饭时候，韩万友小叔来找我，让帮他复习功课，他准备考粮食专业学校。

吃完饭，我就来到他家，帮他复习了地理、历史。

万友是高中生。可是由于历史原因，他连一些起码的常识都不知道。我耐心地给他讲，他却只要求会答题。

到十一点多，我才辞别出来。天黑得伸手不见五指，只能看到天上有几颗并不明亮的星星。我一脚踩进泥水里，拔不出脚来。好歹，故乡的街，我闭上眼也能摸索着回到家。我的心里没有乐，也没有恼。

我想，这也许就是我以后几十年的生活道路吧！当晚上家访回来，不也是这样吗？在以后几十年的生活道路上，我将勇敢地在黑暗中摸索！

我感到了自豪、悲壮，因为这是为国牺牲，为国分忧！

【关键词】行/社会责任　　教/国家责任　　思/敢于吃苦

一三、彷徨中的苦恼

7月13日，星期六，下午我到北坡想看看庄稼，看见延祥老侄正在拔苗。

"听说你干了件傻事。"他劈头就说，我摸不着头脑。"让你上地区教育局，咋不去？"

原来如此，家里人已当成什么可以炫耀的事，在外面说了。我二哥曾经十分耐心地劝我："若是叫当秘书之类的，千万别推托。干这个，有机会调动，挣钱又多；当了教师，一辈子就是教师了——机不可失，时不再来。"

我脸上几乎没有表情。你说为什么呢？在他们看来，简直不可思议：好差使不干，要当一辈子小学教师？

我又怎样向他们解释呢？对于我的同学，还可以争辩几句。他们，他们怎么能听得进去？延祥这个比我多念了好几年书的高中生，都是这样看。呜呼！中华振兴之日遥远矣。

我真后悔，我不该透露什么消息，他们对我的分配无能为力，却使我凭空又添苦恼。

我只有等待，等待着明天分配的消息。

【关键词】教／教育初心

一四、等待我的将是什么？

我的心在怦怦地跳，是惊喜，也是忧愁。

此时此地，不知去向哪里。大多数同学将分配当教师的，而我却有脱离教师岗位的可能。然而，我又不愿离开讲台，我曾对未来的教育事业做了许多设想！

但老师要对我"个别照顾"呢？这是家庭所希望的，却是使我发愁的：我的理想怎么办？

我现在究竟要怎样，自己也没有主意。实际上也不需要我拿主意，老师们、教育局早安排好了。

7 月 14 日，星期日，晚上我久久不得入睡，急躁得没办法。我怎么不理解"我"的心？

不知，等待我的将是什么。

【关键词】教／教育初心　　思／理想现实

一五、西瓜晚会

7 月 15 日，星期一，早饭后，我和爹一起上集，先籴点玉米。好不容易籴了八十斤，我骑自行车带回来，爹就去劳动局问一个问题。他是 1963 年从国有企业下放回农村的，现在又没有固定收入，想问问政府有没有补助。

粮食好不容易带回来，放下，我就忙往学校赶。等待我的将是什么？

到校一打听才知道，明天八点钟，才公布分配方案。

晚上，班里开毕业联欢晚会。起震在黑板上又写又画，布置会场。他一贯热心地为班级做事。明武挥毫写了"西瓜晚会"几个大字，起震画上一块令人垂涎欲滴的大西瓜。不知谁还把一个大西瓜挂在了黑板上。

班干部组织同学们，到老师们那里借了茶具来。老师们在张校长带领下，一起前来祝贺。我们班和二班还相互赠送了礼品。

同学们尽情地吃西瓜，吃糖。散会的时候，大家毫不客气地把剩余的糖、瓜子等，装进了自己口袋。我们就是这里的主人，我们在这里生活三年了。

散了会，大家还不肯休息，在各处谈心。考完试以来，天天晚上都是这样。我和明谋、张同到赵亮老师那里去玩。赵老师是我们的地理教师，还是我几个的实习指导老师。我们赠送赵老师一个日记本和一支钢笔。

从赵老师那里出来，我几个又到了徐景利老师那里。张同是物理课代表，当然愿意到物理教师这儿来。徐老师学识很渊博，也很有骨气，很正派。但他还没有入党。徐老师勉励我们分配之后，不要忘记了学习。我们和徐老师一起走下楼来的时候，天已不早了，徐老师还挟了一本书。

【关键词】行/榜样鼓舞

一六、再度失望

7月16日，星期二，早上八点钟，远去的同学坐上了汽车。汽车开动了，牵动着我们的心。我们一起向着汽车远去的方向招手，车上同学们也在招手。别了，别了，但愿早日再相会！

剩下留邹平县的75名同学，焦躁地等待教育局来公布分配方案。

终于来了。局长做了一个多小时的报告，反复强调要服从国家分配之后，才让股长说话。股长又啰唆一通，直到最后才公布分配方案。大家怀里像揣着小兔，战战兢兢地听着：

"留邹平镇：张怀光、刘一波、李志鹃……"

只分配了四十七名，还有二十八名待分配，到二十日公布去向。而我和明武、起震，恰在二十八名之列。我又失望了。

已分配的同学走了，明天报到，看单位安排什么岗位。待分配的同学也走了一些。再等三天，这样的日子真难熬啊，三天就像三年一样！

干什么呢？

【关键词】教/教育生态

一七、蒲松龄故居参观记

我们去旅游！我和明武、起震商定了。可是到哪里去呢？我愿意上黄河，这是早就有的心愿了。明武愿意去淄川，因为那里有蒲松龄故居。也行，去吧！7月16日下午三点钟不到，我们仨出发了。

天并不太热，已阴下来，像有雨的样子。我们哪管这些呢。顺路到好生乡苗家村起震家，歇了歇脚，辞别起震孤独的父亲，又匆匆上路了。出了周村，我们时而翻开地图看路，时而叫"大爷、大娘"问路。到了萌水，雨下起来了，但是我们坚定信心，没有回头，一直向前"杀"去。

经过几个小时的自行车飞驰，六点来钟，我们到了淄川城。我们想，明天再到故居所在地蒲家庄，因为那里吃饭、住宿可能不方便。

想住旅社，可是没有单位介绍信，人家不让住。还是起震急中生智，翻出获奖日记本上的学校印章，请人家看，才算行了。

笔者与师范学校同学于蒲松龄故居合影

我们仨到影院，看完电影《巴山儿女》，已十点来钟。舒舒服服地躺在旅社的弹簧床上，我很快睡着了，一夜没有梦。

天明，从旅社出来，吃了饭，赶往蒲家庄，来到这位"写鬼写妖高人一等，刺贪刺虐入骨三分"的大家门前。参观了聊斋、故居展室和柳泉、蒲氏墓等。我们仨在蒲松龄故居门前和柳泉边都留下合影，还买了《聊斋志异（选）》等书。

还不到晌午，我们即启程回返。这一路，可不如来时轻松了，大家累得浑身无力。但必须坚持走。好歹到了邹平县境内。起震顺路回家了，我和明武往学校赶。这淄川之行，来回高高低低，坎坷不平。

【关键词】行/实践学习　学/文史修养

一八、南北寺中学——梦想起航的地方

7月20日，星期六。高温37℃。

早晨八点钟，我赶到县教育局。同学们大多数已来了。丁金华、刘学芹同学正拿着分配方案看。原来，我和起震、其兵都分配到南北寺中学了。刘学芹分配回了老家长山，丁金华留在实验小学。同学们相互交谈着。

过了一会，教育局副局长正式宣布了分配方案，发下调令，要求大家于22日以前，到各处报到。

明武拿着调令，风趣地念道："兹分配张明武等壹名同志到你校（魏桥中学）报到。"原来，只有他一个分配到魏桥中学。

明武是教高中政治的，我也是教高中政治的，我们希望今后能相互沟通，相互学习，相互帮助，共同进步。

我和起震、其兵当即商定，今日三人正好凑在一起，就一起去报到吧！由于天热，我

们把自行车放在了蒙家，等公共汽车。可就由于等车，耽误了很多时间，到上午十二点多，才到大临池。我们又步行3里路，爬上一个坡，终于找到位于村子里的南北寺中学。学校依山而建，很大。但放了假，里面很空旷，很脏乱。

到下午三点多钟，才打听到一位孙校长，我们递上报到证。简单谈了几句，校长说现在教师还没固定下来，至于具体是教初中，还是教高中，教什么课程，都定不下来。起震和其兵教历史可能性较大，我也不一定教政治。其实，我并不希望教政治，我的政治水平太差了。让我教历史，教初中部的语文，教理化等也都可以。校长让8月2日回校分配工作。

王玉宝同学的家是南寺村，今天可到他家门上来了。从学校出来，我们就去找他，可他没在家，到临池乡中心学校分配工作去了，他母亲和奶奶热情接待了我们。

回来的路上，碰上邹平师范的王玉宝老师。他要我们以后到他那儿玩。

就这样，我走向了社会，当了一名光荣的人民教师。

实话说，我一直怕组织安排我转行。不少人认为，转行当秘书或干别的，挣钱多，也轻快。但我又怎能舍得教育事业，又怎对得起同学对我的一番鼓励——"未来的教育家""盼作品早日问世"自己也会感到羞愧无比，我还鼓励同学们为教育事业而奋斗呢。

而今，一切都放心了。

【关键词】教 / 教育初心

一九、第一次精心制作

7月23日，星期二。

自从报到回来之后，虽知去南北寺中学确定无疑，但究竟负责什么具体的教学工作，心中仍没有一点数。所以，也没法做教学、工作上的准备。心中茫茫然，书也看得少。

农活也不多，我都是肯干的。天旱，家里的水井干了，我经常到别人家去担水。

近几天，我干了一件自以为大的事，就是把"20倍天文望远镜"制作完成了。镜片是物理课代表张同号召大家集体邮购的，是为观察即将光临的哈雷彗星而买的。

要不是张同那天提起，说他已制作起来，我还真忘了这件事呢。这不，买了纸，整体糊筒，糨糊不知用了几勺子。弟弟是个好助手，他专门打糨糊。二哥也是一个爱好者，望远镜还没镶上镜片就端着看，看起来就不想放下。

我明显感到缺少援助。遇到困难，只有自己闷头想，慢慢解决，兄弟们都插不上手，也没有可以请教的老师。要在学校就好了，有那么多的同学帮助，有那么多的老师教导，就不会这样干着急了。于是，我又沉浸在学校幸福生活的回忆里，更急切地盼望立即恢复这种生活，我渴求知识，渴求帮助。

终于制作成功了，只不过还没有支架。爹和娘还看了看。

以前，我还从没有这么精心地制作过一件东西。也曾试图搞这种制作，但不是没有毅力，就是遇到困难或因材料不足而半途而废。这是第一次成功。

我小的时候，老师们从未让我搞过课外制作，我这双手是十分不灵巧的，经验也没有。我当了老师，可不能让我的学生也这样了。

【关键词】学／科学素养　　行／实践学习

二〇、雨·忧

久旱不雨，地里棉花不拔高，饮水困难。近几天，连下几场雨，不算太大，也不小，地里十天半月不浇水也没问题。但井水仍涨不上来，吃水要到别人家去挑。

7月25日，星期四，下午住工回来，听说晚上村里有电影，喜不自禁。几年没在自家门口看回电影了？演的是《乌纱梦》。二哥还去郎君村，请了二嫂回来看电影。他们新婚不久，二嫂时常住娘家。

躺在炕上，我却翻来覆去地睡不着了。这是第三个晚上了，我也想不出究竟是为什么。睡不着的滋味是不好的，我烦恼、急躁地想大喊、大叫、大闹。以前，我也尝过失眠的苦头，大都是放假在家的时候。

最终，我还是想到，是由于在家无所事事的缘故。虽已分配，但究竟让我教什么课程，怎么教法，一点不知道。这样无目的地混过开学前的十几天，我怎么受得了？劳动也不多，我经常地看些书，听广播，特别是《阅读和欣赏》节目。就这样，我感到一天的精力没有全部释放出来，这是在消磨时光。睡不着，既没有休息，又没有做事，真烦人。

我盼望到学校，盼望工作，盼望那热火朝天的生活。

【关键词】学／语文修养　　思／时间观念

二一、交往

7月28日，星期日。

昨天吃过午饭，我到代庄怀光家去。只知道他分配到邹平镇，还不知究竟到哪个学校。

怀光正好在家。我们又找上文平，三个人一直谈到下午六点多钟，好不痛快。"恰同学少年，风华正茂；书生意气，挥斥方遒。指点江山，激扬文字……"

原来，怀光留在邹平镇中心学校——中兴联中了，教数学。这很好。文平到了韩店乡中心学校，教语文，还兼班主任。文平说，分到韩店的四名同学——王进田，王洪田，还有营增远，加上自己，任务都很重。

我们仨回顾了三年来的集体生活，讨论了学校中的许多事情，包括对老师、同学的看法和感情。

《中学生作文常识》

临走时，怀光对我说，他要到母校邹平师范去一趟，转团关系。我说："我也去，明天早八点来叫你。"

可是，今日我却误卯了。吃完早饭就八点了，又到郎君买了十根麻花，娘要去给人家小孩过生日。这才趸回车子，到代庄叫怀光。到师范学校，办完事，怀光回家。我到了南关村，大姨家大表姐是这儿。听娘说过，表姐婆家的侄子李庆山，在南北寺学校当副校长，我来拜访他。称了半斤糖带上，分给家里一些孩子。

回家路上，从代庄文平那儿带回了四年前我买的一本书——《中学生作文常识》。好长时间没见到这本书了，以为丢了呢，我常想起这本书，因为这是我看得挺认真的一本课外书。如失散多年的恋人重逢，十分欣喜。

这一上午！

我还想到母校东景联中去玩玩。

【关键词】行／信息沟通　　学／购书藏书　　学／语文修养

二二、母校啊，我又到了您的身边

母校啊，离开您之后，我曾多少次想起您，怀念您，眼前浮现出您朴素的身影。从门前路过，我多少次停下脚步，默默地观望。

三年了，分别三年了呀！

年长的老师们，白发增添了许多。而他们培养的学生，也像老师的白发一样，增加了许多。

今天，我又来到了这里。细雨绵绵，就像我那无尽的情思。

您哺育了我，哺育了我的同学们，哺育了你的一代一代的学生，呵护着祖国绿色的春天、金色的秋天，孕育着中华巨龙腾飞的希望！

今天，我又来到您的身边，热切地扑进您的怀抱，重新吮吸您甜蜜的乳汁，听从老师们的教诲。

我见到了张老师，五十多岁的张老师，他依然疼爱我，疼爱他所有的学生，询问他们的情况。张老师老多了，眼角、额头的皱纹更深、更密了。第一眼见到他的时候，他正戴着眼镜，专注地工作。

莫忘记，祖国和人民的事业；莫辜负，母校和老师的叮嘱！努力奋斗吧，在振兴中华最急需的教育岗位上。

今天是 7 月 29 日，星期一。下午，我到初中母校东景联中一趟，主要是给弟弟兆爱问一下，看能不能来复课。一中，中专，他什么也没考上，见我分配到南北寺中学，想去那儿念高中，可又不行。只好复课了。东景联中里都是我的老师，再说他学习还不算坏，母校痛快地答应了。

【关键词】行 / 不忘师恩

二三、雨市

7 月 30 日，星期二。

农历六月十三，邹平大集。早晨，爹匆匆吃了一口，就上集了，卖鸡蛋，卖小公鸡，然后再籴玉米。鸡、猪吃东西很多。上次也是爹籴粮食，我用自行车带回来。可这回籴得不少，一百三十斤，我带不了，便先放在城里半袋，爹在磨房等着加工成玉米面子。

落起雨来了，市场上热闹了，人们慌乱起来。

到了郎君，我自行车上的玉米袋子磨漏了，正好碰上小学同学赵青（抱印村的），他帮我封好车子。这时，雨下大了。

雨住了。过了会儿，爹也到家了，可能是借别人的车子把玉米面子推回来的。

【关键词】行 / 劳动锻炼

二四、这十几天

7 月 7 日毕业考试结束，就标志着我们学生时代的学习生活结束了。从那时开始，学习上没有了压力，生活上自由了许多。然而，处于人生的十字路口，我们的生活添加了许多的无聊、深沉的忧虑和对未来的憧憬，笼罩上了一层神秘的色彩。

这十几天，简直是熬过来的。对工作的渴望和不能立即投入工作的焦虑——我们作为一代有理想、有志气的青年，作为一名未来的人民教师的这种心理，普通人是不好理解的。

原先是等待分配，后来是分配了又到处询问。

其间，家务活、农活也干点儿。我还是希望多干点活的，可惜家里地不多，没多少活干，常闲着。

闲着的时候，我就看书或听广播，多喝点墨水。我这点知识，教学是不够用的。不能甘心当半瓶醋。

在师范的三年，我的语文学得并不太好。尤其是后期，连篇好作文也不能在王学古老师的手下出现，这曾使我十分苦恼。但我毕竟还是爱语文的，语文功底也是较扎实的。我自学的东西，多是语文之类的。

此外，我还简单复习了一下初中几何课程，那里学得不扎实。

在这十几天当中，还办了两件大事。一件是和明武、起震去了一趟蒲松龄故居，我们在柳泉边的彩色合影大约已寄到明武那儿了。另一件就是我制作了天文望远镜。

【关键词】思 / 时间观念　思 / 理想现实

二五、八月一日的下午

8月1日，星期四。

我们仨向南北寺中学报到的时候，孙校长让我们8月2日到校。

我的行李都准备好了。二嫂结婚时的半箱，让我用一个。在师范学校用的饭碗已经破旧了，我想今天下午再去买一个，然后顺便到怀光的学校去玩玩。

午后，老段忽然来了，我惊喜万状，为能见到风雨同舟的同学和未来的同事。我俩再去好生找起震，商量怎么个走法。起震也是很亲热，他历来就是这样的人。

听起震说，景发分配到了好生乡二槐联中，离这儿又极近，我们就去了。景发任班主任，教物理。景发非让我们到他家去玩玩不行。知心同学之间无所不谈。特别是我们这些人，很有些"自命清高"，起码我们的思想是纯洁的、积极的。我们谈生活，谈工作，谈学校，谈同学之间的一切情况，但这不是无聊。

天不早了，我们才离开景发家。到了月河桥，我和其兵分手，他还是到邹平，在他爸爸的单位住下。明天，他就从邹平走。

【关键词】行 / 同伴激励

二六、万里长征第一步

8月2日，星期五。于南北寺中学。

箱子里的东西，我都装牢靠了。大哥要来送我，带着箱子，我骑的自行车上只带上被褥。其兵没有人送，我要先去邹平，帮他捎点东西。

天刚亮，娘对爹说："拣园子里大的茄子摘几个，炒炒，他吃了走。"现在，我想起娘的一片爱子之心，心情久久不能平静。昨天中午，包了饺子，给爷爷奶奶上坟，因为我要出远门——实际上也不算远。

大哥在这边吃了早饭，我说和他在好生店集合。八点多钟，我和其兵从邹平出发。到了好生，大哥早等在那儿了。我们仨等了三四十分钟，快十点了，起震才来到。

从这儿往临池的路就难走了，一个劲儿地上坡。爬一会儿坡，实在蹬不动了，我们只好下来，推着车子走。但这只是我们仨的样子，大哥可有劲了，车把式也好，慢悠悠地上吧！要是没有大哥相送，我真到不了南北寺。

天又热，太阳晒着头顶。每上一个坡，我们都累得大汗淋漓。在山旺庄，我们停下来歇歇。大哥看着车子，我们仨到一个老奶奶家喝水。老奶奶让我们喝凉开水，和我们说了好一会儿话，直把我们送到大道上。老奶奶的形象，我现在也忘不了。

走过许多艰难的路程，我们终于到了临池。学校不远了，往西二里地就是。已十一点半，大哥买了麻花，我们就在山下吃饭。

在去学校的路上，遇上了南北寺中学的一位老师。

"老师，您贵姓？"

"免贵姓杜。"老师笑着说。

我们一起进了学校，才知道杜老师是教导处副主任，校长让他专门迎接我们三个。杜老师和总务处李老师很热情地接待了我们。

学校工作还不就绪，连宿舍也未能安排，晚上我们住在临时宿舍里。听杜老师说，我得教高二政治。

大哥歇了一霎，一点多钟就走了，我们仨留也留不住。我目送大哥远去，大哥为我们辛苦了。

【补记】到1993年8月，我调离南北寺中学，先后在此工作、生活八年，每年从家到校往返二三十趟，每趟一百二三十里，真可谓二万五千里长征。

【关键词】行/困难考验　　行/道德感动　　行/重要他人

二七、第一块新手表

1985年8月2日，在同学、同事和起震、其兵的资助下，我买了一块新手表，这是为了工作而买的，花了五十元整。这是我家第一块手表。

买手表的目的，实在不是为了装点自己，要不我得买块价格昂贵、光彩照人的了，怎能花五十块钱买只"北极星"呢。况且我这人素来不爱打扮，不讲究穿着。

买块手表，只不过为了工作。就要上讲台，当老师了，没块手表咋行呢？上课总要有计划。实习的时候，用用同学们的手表。但天长日久地东挪西借可不行。家里实际上一直比较困窘。二哥当木匠，正大干一场，打家具卖了还账，他结婚借了一千多块钱。

起震、其兵两兄弟慷慨解囊，帮我在临池供销社买了这块表。我爱这块表，虽然这块表并不名贵。

【关键词】行/求实消费

二八、新老师

8月3日，星期六，晚上在教工之家门口召开了全校教职工会。学校领导介绍了我们九名新到来的同志。有意思的是，在师范学校读书时教我们的王玉宝老师，也因工作需要，调到了南北寺中学。

之后，观看了学校文娱队演出的节目，有男声小合唱《妈妈，别生气》，女声小合唱《鸽哨》，双人舞《十五的月亮》等。他们水平很高，将代表我县参加地区文娱会演。

星期日十点，在教工之家开全体教师会，宣布了各学科各年级的任课教师安排。"高中二年级一班，政治，韩兆恩……四班，政治，韩兆恩。"我想不到，自己不如愿地当了政治教师。本学年又是教哲学，而我在师范学校学习时也只是学习了高中课本《辩证唯物主义常识》，况且学习得不深透。教学中肯定会遇到不少困难。但我不会失去信心的，既然是工作需要，我就应该尽我最大的努力。

也有个很好的条件，就是李庆山老师教高一"政治经济学常识"，我可以去听李老师的课，看他是怎样上政治课的，我也学习一些方法，使自己的水平不至于跟别人差太远。

起震和其兵都教历史，其兵还送文科毕业班，任务都不轻啊！

【关键词】思 / 研究问题

二九、在新生活的道路上，我将……

在我的脚下，摆着新生活的道路。从这个时候，在我还没有过十九岁生日的时候，我已步入社会，做一名人民教师了。

我的学生们，有的比我年龄还大。我心里不知是什么滋味，又激动，又害羞。激动的是，我在这么个年纪已开始为人民的教育事业奋斗了，像个大人一样地工作；害羞的是，我的文化科学知识还十分浅薄，枉做学生的老师。给人一碗水，自己得有一桶水。可我只有半桶水，这怎么行？

摆在我面前的，是一条既陌生又艰难的路啊！然而，夙愿已经实现，何畏难？多少年朝思暮想的事，多少年为之激动的心愿，如今实现了！

在母亲的怀抱里，在校园的绿丛中，在阳光的沐浴下，我度过了十九年。在这十九年之后，我将变成教育孩子的父母，化作校园的绿荫，化作阳光雨露！

在人民教师的岗位上，我将度过十九年之后的很多年。用自己的青春，唤醒千百个智慧的青春，唤醒祖国的青春！

我的文化水平、教育理论水平还很不高，我需要加倍努力地学习。但我将终生爱着人类历史上这永恒的事业——教育事业，这是毫不动摇的。不管教师的收入怎样微薄！

在几十年之后，我们回忆起今天来，那时我将会怎样地自豪呢？

【关键词】教 / 教育初心

第一学年（1985—1986）
十九岁　艰难跋涉

笔者任教的第一个年级——邹平县南北寺中学

1984 级（高二）部分学生

笔者 1986 年 3 月日记页面

误人子弟的痛楚

1985 年 8 月 17 日，星期六。

一、第一堂政治课

开学两周了。就在我十九岁的这一年，我开始了我的教学生涯。

两周来的工作很忙，很重，很吃力，几乎吃不消，因为我们的水平太低了。就因为这个，工作忙得连记点流水账似的日记也没有空，根本挤不出一点时间。

同时，我也品尝到走上社会的愁苦和自由。

我第一次正式作为一名光荣的人民教师，上第一堂课，是在 8 月 6 日，星期二。这天下午，我的心情很紧张，临上讲台的激动又"复发"了。这颗教育之心，在毕业实习的时候，曾经激烈地跳动过；此时此地，面对自己真正的学生，心又一次激烈地跳动起来了。

但毕竟是合格的中师毕业生，经过三年师范生活的锻炼，也能控制自己的情绪了。进了高中二年级二班的教室，两分钟之后，我便恢复了平静。因为课备得充分，讲得比较流畅，时间安排得也较好。

然后又给一班上课。两节课下来，我就口干舌燥，大汗淋漓，两腿酸疼。

同学们的精神状态很好，也许是因为来了新老师吧！

这就是我正式工作后的第一次上课。我忘不了。

忘不了，我才十九岁的年纪，就站上了讲台，高中的讲台，我很陌生的政治课讲台。

【关键词】教 / 职业自豪

二、集体

在我们政史教研组，杨秉臣老师年龄最大。他是地理教师，学科知识和教学经验都十分丰富，已从教十来年，可至今还是民办教师，每月四十七元工资。杨老师是个好人，有志气，有才能，他现在正在研究推广综合程序教学法。他还决心帮助我们三个新教师，尽快适应教学。

我们组还有教生物的李钦成、郭国华老师。

8 月 5 日，星期一，晚上召开了新教师座谈会，孙校长等学校领导勉励我们努力工作。

星期二，晚上学校放电影《五（二）班》和《检察官》，李老师和我们一起看电影。

每周一放电影是学校的惯例。8月12日，这个星期一，又放了《肖尔布拉克》（原著张贤亮）。

【关键词】行／重要他人

三、故乡行

8月10日，星期六，下午我们仨都回家。行前，我把学生作业批改完毕。

路过周村，我们买了几本书。实话说，当学生时也没这样如饥似渴呀，现在是非学不可。中师生教高中，水平差的太远了。

到了家，韩万元婶、韩兆成哥就来找我，他们家的六儿（韩凤霞）、涛儿（韩延涛）都到南北寺中学读书了。自然是一些要我照看他们的话。我也是刚到这儿，世故人情也不懂。但总归是个老师，也比他们长几岁。

我和起震早已商量好，星期天九点钟，准时赶到邹平师范。我们原想再来请教历史谭增华老师和政治孙丙南老师，不巧两位老师都没在家。遇上语文王学古老师和王允杰副校长，谈了一会儿，他们都说我几个处境不妙，工作压力太大了。几个老师很生气，说简直是乱用人才，中师毕业生怎么能一下就去教高中呢？胡闹！

老师们也鼓励我们，不要失去上进心，努力学习，不断进步。

【关键词】学／为用而学

四、对不起学生，是我最大的痛苦

8月15日，星期四，下午第二节，我上了一节使我不能饶恕自己的课，这是在高中二年级四班，讲新课"矛盾的普遍性"。

前段上的都是复习课，要开始新授课了，我十分重视。已经备了大半天的课，教案还没有写完。中午，只好不休息，吃了饭就来备课。这样紧张地工作了两个多小时，快上第一节课了，教案才匆匆写完。本来下午第一节就该给二班上课，可我觉得不轻松，征求了班主任王元溪老师的意见后，该班先上自习，计划到第三节自习课时补上。我稍微轻松了点。

第二节，首先给四班上这节新课。由于精力不太好，课文没背熟，越讲越不流利，我十分尴尬，后来简直想把书一扔，跑下讲台来。我和人家差不多的年纪，甚至我念的书还不如人家多，为什么我当老师，别人当学生？

但是，我坚持下来了，干干巴巴，语无伦次地把课讲完了。台下那么多疑惑的学生，我无法使他们明朗；那么多困顿的学生，我无法使他们兴奋。我深深地感到，要当好一个老师，是多么的难！

下一节，给二班上课时稍好点。

我有心把我的实际困难告诉大家。可是回头一想，我有什么理由开脱责任？作为教师，没有上好课，就是最大的失职！我有脸向同学们解释理由吗？

写教案之前，我先要仔细地钻研课本，阅读参考书，反反复复地琢磨前后联系。因为每一个教案，都要教四遍，所以教案写出来，我并不满足，上完一个班就要修改，直到上完所有的班，教案才不修改了。这样往往把备课本写得乱七八糟，背面也写满了字。为了课堂上容易看，我就再写一个授课提纲，把条条写清楚，保证讲课时漏不了大的内容。

写一篇教案，真是难煞人。

【关键词】思 / 知耻后勇　　思 / 情绪控制　　教 / 质量互变

弟弟入学记

一、满怀热望

1985 年 8 月 4 日，星期日，在全校教师会上，孙校长宣布，教师若推荐学生到我校学习，可以直接找教导处寇堂贞主任。我让弟弟来南北寺中学上学的念头，又点燃了。

弟弟今年初中毕业，没考上重点高中，也没考上中专。实际上，他也不很愿意念中专。我这个中专生，这个刚上任的不合格的中学教师，他就瞧不起。对于这些，我虽然不满，可是私心里，也希望他能成点大事，我们家里还没出过一个大学生。什么没考上，又不愿去念一般高中，所以弟弟只好去初中复课。他毕业的邹平镇中心学校不去了，到了东景联中，这是我的母校，我和老师们一说便成了。

但在我拿了调令，去南北寺中学报到后，弟弟却又想到这儿来读高中了。加上，这里又有他的一些同学。带着这些想法，我去找还有些亲戚关系的南北寺中学副校长李庆山同志，简单谈了几句。他说得比较委婉，说没参加入学考试，恐怕不好说，若参加了考试，分数高点低点没问题。我心里话，弟弟是重点高中落榜生，完全有把握考进这儿来，他的一些同学并不如他，都考了进来。我也不纠缠。弟弟学习有些不用功，不扎实，再复一年课就复一年。于是，他就安心复课了。

可是今天校长这么说，我心里就是一动。教师可以推荐学生入学，教工子女免收学费，今年学校又有新精神，教职工的弟妹也可以不交纳学费。如此，弟弟能到这里读书，就太好了。况且，他的学习成绩不算坏，在这儿甚至可以拔尖。

【关键词】行/家庭责任

二、进退两难

8月10日，星期六，一个偶然的机会，教导处寇堂贞主任到我们政史组来。听了我谈的情况，寇主任答应得很干脆，说让我带弟弟来就行。我又告诉他，曾和李校长谈过，寇主任说由他去跟李校长商量。

我想，既然校长授权主任管，主任说了话就一定算。可我没想到，世事竟会如此艰难。

当天下午，我蹬了六七十里路的自行车，路过周村回家。跟家人谈了这个情况，大家都赞成。

晚上，兆成哥来找我，他的儿子延涛就是弟弟的同学。一说这个事，大家都高兴。兆成哥还说，尽量把他俩安排在一个班里。

星期天上午，我到城里跑了一趟，去母校玩了玩。回来，到庄头庙上，兆成哥已在那儿等我多时了，说要我去他家吃饭，然后我和南北寺中学的几个学生可以一起去邹平车站坐车。我已经把车票买来了，通往崇山煤矿的，师范学校的同学由敬波分配到了那儿。我推辞不掉，去喝了点啤酒。下了阵小雨，雨后父兄们送我们去车站。等了两个来小时，才见班车露面，父兄们一直等到我们坐上车，等到车发动了才离去。我的眼眶不禁湿润了。

当天晚上，我和李校长说，我已把弟弟带来了。李校长很吃惊。当晚的教师例会上，李校长明确强调了原则：之一，通过考试合格录取；之二，小中专落榜生，可直接持准考证和分数单入学；之三，教师亲属，凡参加考试的，可酌情放宽条件录取；之四，与学校有直接关系的部门，如煤矿、粮局等单位送来的学生，录取之……

我的思绪很乱，很愁。没想到，刚一踏上社会，就会有这样令人烦恼的事。现在可好，两头不着一头了。东景联中那边，都是我的一些老师，不辞而别，人家不责怪就不错了。当然，我已和二哥说，让他去说明情况，东景联中同样是他的母校。若这里安排不了，再回去，还有什么脸见人家？更不用说再去读书。

我愁苦极了，坐在办公桌前也静不下心来。可是，学生的作业就摆在眼前，我不能为个人私事耽误学生。我把杂乱的思绪往心里一拨，翻开一本作业，从容地提起了红色蘸水笔。

晚上，我久久地睡不着，但什么也没对弟弟说。

【关键词】行/事业为重

三、好事多磨

8月14日，星期三，早晨李校长对我说："先让兆爱回家，这事放几天再说。"这怎么行？我以为，既来之，则安之，大老远地来了，咋能回去？我把两头都摸不着头绪的情况，都跟李校长说了，他只好说先留下，又让我问问寇主任、孙校长是啥意见。

寇主任早已答应了，孙校长说再和李校长商量商量。

弟弟整天待在宿舍里，就这么熬着。我的心里不安宁，弟弟心里更是七上八下。

有时候，想起来，越想越不是滋味，甚至想哭出来。但我没有，我十九岁了，是个大人了，又当了老师，理应当控制感情。

就这样苦熬着。

【关键词】思／情绪控制

四、柳暗花明

8月17日，星期六，午饭的时候，李校长突然告诉我，下星期就让兆爱正式上课。

我连声答应，尽量表现出感激。

我告诉了弟弟，弟弟又告诉了王起震老师。王老师为我们兄弟俩高兴得了不得，弟弟又成了他的学生，王老师就教高一历史。

这个事情的前前后后，我感受了很多。早岁哪知世事艰！

【关键词】行／家庭责任　　教／教育生态

母校行

一、蹭课

教高三政治的厉仁杰（化名，下同）老师说，北京师范大学正在我的母校——邹平师范学校进行政治专业函授面授，建议我去听听。

1985年8月24日，星期六，我没有课，便向组长杨老师请了假，起震把我送到了临池公交站。到周村后又转车，此行三个多钟头，到邹平车站的时候，已经十点半了。

到了师范学校。在教导处，我见到老同学李本东，他是学生干部、共产党员，已经留校了，当了教务员。我们都很欣喜。

我们见到班主任李老师，他今年又当了班主任，接了1984级1班。师生见面，互诉衷肠。我把在学校的工作情况，简单地向老师介绍了一下，说工作很艰难。李老师也只是说，不要急躁，慢慢地熟悉教材。

下午，我去听课，就在原先的大餐厅，老师讲的是"唯物辩证法"。

六点多钟，我回到家，告诉娘，弟弟没有回来。二嫂也在家。

【关键词】学/学习关键　　行/挖掘资源

二、加油

星期日，我又去学校，上午上"逻辑"，我没有听。回到家，一点多钟就整理好东西，带上小黑板，准备下午听完课之后，就从师范学校回临池。

下午三点多钟，课就讲完了。段其兵让我把他的自行车骑到南北寺中学，而他弟弟其亮（在邹平一中读书）却把自行车骑回家了。上午我到一中时，告诉在这儿工作的老同学李凤军，让他尽早把自行车送到师范学校。

等到六点多钟，李凤军才到，可是到临池还有六十来里地，又爬沟上崖的，什么时候才能到？遵照母亲的嘱咐，我只好先不走。但本东出差去了北镇，另一个留校的同学颜廷宾回家没有来，我自个在这儿，该多么寂寞？我把行李整理好，就要回家。

颜廷宾忽然出现在面前。"老颜，你才来！"胖老颜嘿嘿地笑着，我的哀怨立刻烟消云散了。

晚上，李老师谈了班里的许多往事。这一切的一切，过去的一切，对的错的，都是值得我们一生怀念的。我和廷宾还到耿玉金老师那儿玩了一会儿。耿老师，无论谁都认为，他是个很好的人。现在我觉得，我多么需要老师的教诲呀！实际工作中的困难，又使我想起老师，使我永远不能忘记老师的教诲。

星期一，早晨五点二十分，天还没有大亮，我就启程了。六点半到了周村，在饭店里，碰上了南北寺中学的同事刘宝兴老师。我们早就熟悉，1983年春，刘老师曾在师范学校1982级1班实习政治教学，当时我是学习委员，常配合他工作。

我和刘老师结伴而行。周村至临池段，难走多了，我又带了些铺盖，到八点来钟，才到学校。

【关键词】行/挖掘资源　　行/不忘师恩

听课小记

一、连续听课

这一周，我们政史组听了两节公开课，一是李庆山老师上的高一政治经济学，二是杨秉臣老师上的高二地理。

1985年8月27日，星期二，下午政史组召开座谈会，杨老师评价李老师的课，指出李老师授课是在传统教学法基础上的改革。我们明显地感到，李老师的课思路很清晰，并且学生当堂能掌握很多。我也希望，多花点工夫，备好课，给学生讲好课，让学生用少的时间、少的精力掌握更多的知识。

会上，杨老师还评价了前些天他听的我们仨新教师的课。杨老师中肯地提出许多不足之处，建议我们改正。我也切身感到上课的危机，这使我愁眉不展。但既然接了这门课，这是国家、学校工作的需要，我也只有努力把课上好。我甚至想，若让我上语文课，也许比现在好点儿。我是多么向往，站在语文的课堂里用普通话有感情地朗读。在教政治课上，我一点方法没有，一点经验没有。我要学习，我要尽快地提高！这是我的心愿！我想，经过不懈地艰苦努力，也一定会实现我的心愿。我不愿做一个不称职的教师，耽误了学生。

我先听了李庆山老师的几节课，连续几堂课，我都去。这样的听课很有意义，一方面可以学习组织教学的方法，学习教育艺术；一方面也可以复习旧课，听到许多以前未听到的东西，受到更深的启发。我完全是以一个学生的身份去听课的。这几节课，让我受益匪浅。

我心里忽然有一点触动：课堂是我的，当我站在讲台上的时候，讲课为什么那么拘谨？课堂就是我自己的，我该挥洒自如。这时候，我想起了何晋泉同学。晋泉虽然平时话语不多，但到了正事上，像演讲、上课的时候，人家真有风度，也真能吸引听众。

我为何不能这样？我也是一个教师，南北寺中学高中二年级名正言顺的政治教师！不必拘泥，不能死板，我已是个教师。学生是我的，我是学生的老师。杨老师教诲我们："在课堂上，不要做客人，要做主人！"

我想很好地动脑筋组织课堂。有几节课，因为我备课不充分，讲解不生动，学生注意力不集中，特别是在高二（四）班。我很失望，也没有勇气继续讲下去。现在想来，真不应该！我该永远记住这句话："课堂是我的，学生也是我的，我应该向他们负责。"

【关键词】教/国家责任　　行/重要他人　　思/自尊自信

二、邀请听课

8月30日，星期五，上午我在高二（一）班上课时，邀请了厉老师和老同学段其兵听课。由于两位老师在课堂，我有些紧张，但课还是上下来了，并且效果还不算坏。

这次，我注意了讲课的师生结合、动静搭配、突出重点、增强趣味性和直观性等几个问题，课堂气氛较活跃。活泼、有生气，也是高二（一）班学生的一个特点。

两位老师提出了几点意见，如对于基本概念、基本原理，讲解得还不清楚、不准确，分析事例不透彻等。造成这些问题的根本原因，是我的知识水平太差了，我对基本教学内容还不熟悉，对于事例没有深入理解。我想，下一步要先把本册教材通读一遍，然后再读其他参考文章，并多向老师们请教。

这一段时间的教学，我一直注意使用普通话，虽然不很"普通"，但也能将就着说下来。在这所学校，用普通话上课的老师还是不多的，学校也没有提倡。但为适应国家和社会发展需要，普通话很有推广的必要。很可惜，我不是语文老师，也不是班主任。要不，我准得积极鼓励同学们学普通话，用普通话。

我现在说普通话并不很困难，也不会影响表达，反而会增强教学效果。我决心一直用下去，并争取越用越好。在使用过程中，不马虎，对读不准的字要及时查字典，弄准确。

【关键词】教／公开历练　　行／重要他人　　思／规范意识

第一个教师节

一、星期天的过法

1985年9月1日，星期日。

弟弟入学三周了。昨天是星期六，下午我让他回家了，我没回家。这天正是七月十六，传统的中元节刚过。

老师们多数都走了，起震、其兵也都走了，周六晚上我很寂寞。吃了晚饭，来到办公室，一个人也没有，我心里很不是滋味。我坚持着写完了教案。这是这一大课的最后一个教案了，从早写到晚，才算写完。

我到高二各班教室走了走，学生也极少。这次是"月假"，学生大部分回家了。在四班，我和王金中同学悄悄地说了会儿话。王金中是生活委员，家是焦桥的。我总感到他有点像我的老同学孙奎浩，无论从相貌上，还是性格脾气上。他很健谈，说话在理，性格豁达，我想，他是当干部的好料，当班长也可以。

今早，吃了饭，我把王金中同学请到办公室来，又谈了一会儿。他说，不主张硬学，不主张在时间里磨。他能认识到这一点很不错。

我出了第五课的复习题，刻成蜡版，准备印出来，让学生复习和练习一下，再考试。

【关键词】思 / 时间观念

二、四十节课后的忧思

9 月 10 日，星期二。

数月来，我既糊涂又清醒地给第一级学生们上了四十节课。说糊涂，是说我上的课一塌糊涂（也许有几节成功些的课）；说清醒，是说我没有忘记自己已是一名教师，没有忘记教师神圣的职责，我不忍心用假、大、空去欺骗讲台下一双双求知的眼睛。我清醒地知道，我虽然不行，但可以学；我完全相信我将要向学生们讲授的唯物辩证法的基本规律之一——质量互变规律的正确性，我相信经过我一番艰苦的奋斗，一定能达到一定程度的质变。但现在，使我不安的是四十节课的效果，我是不是白白地给大家浪费了四十个四十五分钟？

四十节课之后，为什么，为什么教学还不见起色？

毕业实习的时候，我感到还是顺利的，我能把几十名小学生生龙活虎地组织在课堂上，虽然有调皮的，有不爱学习的，但毕竟较好地完成了教学任务。现在的上课效果，实际上，远远地不如实习时第一次讲课。现在与实习比较起来，有这样几点不同：

一是备课不够充分，赶不上实习时候的细致。虽然我每星期只需写两个教案，并且每天从早上五点多钟一直工作到晚上十一二点，但时间还是不够用，因为我对教材的理解太肤浅了，自己的政治理论水平太低了。说句老实话，我的政治理论水平，甚至不如某些高中毕业生。在这样的程度上，经过简单的备课，要站在讲台上当老师，说给别人听，又要人家听懂、记住，真比登天还难。再者，我教四个班，二百多名学生，批改一遍作业就要用一两天时间，很影响备课。

二是以前在师范学校学习的是小学教学法，师范学校培养的是合格的小学教师，可是现在自己却鬼使神差地当了高中政治教师。万万没有想到啊！面对年龄和知识水平、生活阅历与自己差不多的高中学生，我有些惊慌不安。我的那一点"小学教学法"还能不能适用于高级中学？我又怎样研究新的教法？一切都是茫然。

三是与学生接触时间少，得到的反馈少。这与小学大不相同。小学班级学生少，老师一天大部分时间在教室里，与学生朝夕相处，对于每一个学生都了如指掌。现在有的只是每班每周两个四十五分钟。两个四十五分钟，时间少得多么可怜！老师不了解学生，学生也无法最大限度地向老师质疑问难。

由于这许许多多的原因，使得我的教学还十分幼稚，十分不健全、不合理，以致教学效果不佳。

【关键词】教 / 质量互变　　思 / 研究问题

三、寻找出路

9月10日，星期二。

我将如何改进教学呢？有以下几条途径：

第一，通读教材，早备课。这样可以备得充分一些、熟练一些、科学一些，因为这个教案是经过深思熟虑的。我感到现在不能很好地吸引学生的注意力，教师语言也不清晰、流畅，一个重要的原因，就是对教学内容不熟，对教案不熟。

第二，征求全体同学的意见。让他们回答这样几个问题："政治教学存在哪些不足之处？教学过程中我们还应采取什么方法？"

第三，教学时，也就是站在讲台上之后，不要拘谨，要再潇洒一点。因为课堂就是我的，下面的就是我的学生，我为什么不可以施展浑身解数，发挥最大作用？

【关键词】思 / 研究问题

四、精打细算

9月10日，星期二。

我的心情一直是沉闷的。我的良心不容许自己这样庸庸碌碌地混下去，不容许自己给学生上这样的课，尽管工资少不了一分钱。

前些天发了一个半月的工资，八十多元，这是我第一次拿到的劳动所得。但我对得起它吗？论我的工作时间，已远远超过了教师的十小时，但效果呢？

我这样沉闷着，内心暗自生着自己的气，也给自己寻求尽快解脱的路。

我想对我的学习、生活时间做如下的安排，争取多学点知识，尽快进步：

第一，下次发了工资之后，先买台收音机，听些语言文学节目和政治理论节目。肚子里的墨水太少了。

第二，课外活动时间参加点文体活动，也调整调整精神状况。生活太单调了。

第三，今后再勤勉一点，对时间的利用效率再提高一点。

沉闷是一种积极的作用！最终必使喜悦战而胜之。

【关键词】思 / 人生优化　　思 / 时间观念

五、节日鼓舞

1985 年 9 月 10 日，为中华人民共和国第一个教师节。

没想到，在我们新教师踏上教育岗位的一个多月后，就迎来了自己的节日。

我兴奋，国家终于重视到人民教师的伟大作用，重视到人民教师的辛勤劳动。虽然现在社会上还有许多的偏见，但只要有国家的重视，我们人民教师也足以慰藉了。

学校召开了尊师动员大会，各班同学争相为老师们做好事，赠送老师节日礼物，请老师们参加班里召开的"尊师演讲会""尊师文娱晚会"等。

9 月 6 日，星期五，晚上我参加高中二年级一班、三班的班会时说："我十分感谢老师们、同学们给我的巨大支持、帮助和鼓励，对于大家的热情款待和馈赠，我感到受之有愧。由于文化水平所限，生活阅历有限，所以我没有尽到一名人民教师的职责，希望大家原谅。但作为青年人，作为祖国一千万人民教师坚强队伍中的一员，我不能不求上进、误人子弟，我会尽我个人最大的努力去奋斗。今后也希望大家给我更大的帮助和鞭策，一起把教学搞好。"

三班晚会上，老师们、同学们欢歌伴舞，气氛十分热烈，我也陶醉在这热烈的气氛中，我感到今生从未有过这样欢乐轻松的时候。也许我是因第一次以老师的身份出现在这样的场合而感到快乐。以前我们师范学校 1982 级 1 班组织的文娱晚会，虽然艺术水平高，但气氛却比不上这儿热烈、融洽。在这热烈的气氛中，我给大家讲了一个小笑话"三秀才应考"。这是我初中时从班主任张老师那儿学来的，一直记忆犹新。

我心潮起伏。我想告诉学生很多，很多：有他们渴求的知识，有他们要学的品德，也有他们对老师的理解。我应该让学生明白，我虽然没有多少本事，不可能很好满足他们的求知欲望（我也用不着装样子），但我要尽我最大努力。我不能让学生感到，因为老师回答不了学生的问题，而不好意思再问老师。我应该让学生懂得，老师虽然懂得不多，但却能帮大家解决问题，不是只说空话的人。在今后的一段时间中，我不但要使学生掌握书本知识，还要把自己知道的对他们有用的课外知识送给他们，帮助他们更成熟一点，尽管我自己也很不成熟。

我这样想着、想着，笑着、笑着，和大家一起鼓掌，跟大家共同欢唱。

当我迈出教室的时候，心情是恋恋不舍的。我们的师范学校生活相对于普通中学来说，丰富多了，他们——我的学生们，理应得到更全面的发展。

我的心情久久不能平静，当晚记下这段文字。

【关键词】教 / 国家责任　教 / 全面发展

六、如何对得起

教师节头天晚上，全校教职工会上，学校为优秀教师、先进工作者颁发了奖品，给全体教职工都发了纪念品，并且礼物很重。今年刚来南北寺中学工作的九位新教师，每人也有纪念品。才工作了这么几天，又没有什么成绩，受到这样的待遇，心里总有些不安。

教师节当天下午，全校召开首届教师节庆祝大会，语文尚桂芹老师作为榜样发言，我很受感动。尚老师和我们组杨老师一样，都是民办教师，但她那热爱学生、对工作兢兢业业的精神却使我明白，她是一个很合格的人民教师。

当晚，我们政史组的七位同志，在李钦成老师的宿舍里坐下来，过节谈心。每个人只喝了几杯酒，这毕竟是我们自己的节日。

此时此刻，我想了很多，很多：我怎样快一点提高我的教学水平，怎样对得起我的学生，怎样对得起培养我的老师，怎样对得起困难中的国家好不容易拿出的工资……

【关键词】行 / 榜样鼓舞　　教 / 国家责任

七、备课自勉

9月17日，星期二。

先学生之忧而忧，后学生之乐而乐！思维不要太幼稚，上课是个踏踏实实的过程，应该让学生掌握知识。教师的每一句话都要向学生负责，注意节约课堂时间。要知道，自己浪费一分钟，就是浪费了几十个一分钟。

从现在开始，重点突破第一堂课的教学。而上好这第一堂课，关键在于备课要细致，要熟练。

备课时，每一个大的环节都要考虑到，每个环节之间的联系也应考虑到。在课堂上讲到的每一层意思，在课堂上说的每一句话，都要在课前考虑得很清晰，把语言组织好。

备课要提前。课前多熟悉几遍课本，争取不看备课本就能全说下来。这当然是需要一番工夫的。

不要懒惰，因为自己的水平太差了。否则，自己将对不起全班六七十双有神的眼睛，对不起祖国和人民，良心也不会饶恕自己的。

【关键词】教 / 充分备课

第一次举起"法宝"

一、第一次考学生

1985 年 9 月 13 日，星期五。

对于我来说，什么都是第一次。

"考、考、考，老师的法宝；分、分、分，学生的'命根'。"最近，我第一次组织学生考试，考第五课的内容。自从我上课，就只讲了这一课新授内容。我对学生的掌握程度没有数，想借此摸一摸底，同时也督促大家把基础知识掌握好。因此两周前，就和大家打了招呼。

第一次出考题，未免费劲了些，这份考题是 9 月 8 日，星期日，一个上午工作的成果。下午，我就刻板，油印。学生多，印题很费事。

我本打算四个班一起考，可是很难调课，只好在各班上政治课时分别考。星期一下午，三班、四班考了；到了星期三下午，一班、二班才考。

批阅试卷又成了麻烦事。四个班二百四十多个学生，二百四十多份试卷，每份试卷又是八开三大张。我只好抽阅，每个班都抽二十几份，大致情况也就掌握得差不多了。

由于试题比较难，再加上学生平时对政治学习重视不够，这次考试成绩不是很好，我估计，四个班平均来看，及格率大约在 65%。只有少数同学超过了八十分。但我毕竟是全身心地爱着我的学生们——我的第一级学生。我发现，他们之中，有许多同学是很聪明的。

试卷一边批阅，一边讲评，到现在都完事了。下一步，要继续上新课了。

【关键词】教/了解学情

二、失于懒惰

10 月 26 日，星期六。

晚上，我独自坐在教研室，想着心事。当老师的这几个月里，做错的一件大事就是，第一次给同学们考试，试卷却没有全批，只是每班抽阅了三分之一左右。当时我只是想，班级人数多，考试组织又不太严格，大体上了解一下情况。结果，我只是着重批阅了一下较好的和较差的试卷，其余的到班里集体评卷，草草了事。我没想到高二的学生心盛（其实我当学生时也是这样），没逐个阅卷，大大挫伤了一部分同学的积极性。有的同学发牢骚，有的同学不配合集体评卷，我只好稀里糊涂地总结一下算完。

这就是我主持的第一次考试，可以说是失败了。在考试前，我做了充分准备，提前几个星期就下达考试通知，要求同学们充分准备，迎接第一次考试。可是……

这是一次重大的失误。做老师的，不应懒惰。应该理解学生，摸透学生的心理，正确地利用他们的心理。我学的"心理学"哪里去了？

回想起来，不胜感慨。

【关键词】思／及时反思

三、与苑追月"过招"

12月13日，星期五。

苑追月（化名，下同）同学，是我现在以至将来的众多学生中，所不能忘怀的许多个学生之一。

故事起源于倒霉的第一次考试，由于我思想松懈，没全给学生批卷，每班只阅了二十来份。一发卷，就有些同学议论。当时，我装作没听见，简单解释几句了之，没想到会有什么重大后果。然后，就冠冕堂皇地搞"集体评卷"。结果，以后的工作就难了。我让同位交换阅卷，有些同学根本就置之不理。我想收卷誊记分数，相当一部分同学不交卷。反复催过几次，仍交不全。交上的同学，有个别的胡乱画个分数，二班两个比较调皮的学生，竟写上"本人水平有限，批阅不了"。我忽然想起，我在上第一节课时，曾经说过："我的水平很有限，年龄也和大家差不多……"没想到，今天竟成为学生回敬我的笑柄了。我又羞又急，只有咽下这口气。

此事，我常常想起来，后悔得不得了——我第一次组织学生考试，就没有阅完卷。呜呼！让学生又怎样看待我呢？我是经常批作业的，可试卷却没阅完。自己的威信是小事，打击了学生的积极性就严重了。由于我的幼稚，我的懒惰，造成了不应有的损失。到了后来，我才认识到问题的严重性。同学们辛辛苦苦地复习之后，抱着十足的信心和极大的兴趣向老师汇报成绩时，老师却看不到他们的表现欲望，看不到他们的要强心理，草率了事。这太伤学生的心了。"本来以为韩老师很勤勉，却也是个懒虫！"

为了统计分数，我只好逐个走访没交卷的同学，其中就有苑追月，而她是四班仅有没交卷的那一个。我要她的卷子，好长时间，她不拿出来。我问她为什么自己不阅卷，她说不会。实际上，评分标准我已经公布了，并且讲得也比较清楚。我只好说："我给你阅。"很快我就阅完了，她只得了57分。总的来说，这次考试成绩不好，重要的原因是学生没用功学，而学生之所以没在政治上用功，是因为老师没有把学生管起来，要求不具体、不严格、程度不够。

从那以后，我便认识了苑追月，一个胖乎乎的、有点固执的女生。几周前，我又发现苑追月没交作业，就找她谈话。她只是说自己没抽出时间来，本想星期天完成，可星期天又回家了，并没有不学政治的想法。

第二天晚上，苑追月把我刚发下去的作业题做完，交到了办公室，习题反面写了满满一页的话。她放下就走了，我马上读起来。如今，我模糊地记得这样几句："学生苑追月向您道歉。学生是不能和老师对抗的。您第一次检查学生，就没有看完试卷……有些同学说，我完全可以骗过老师，可我没有，我把话都实事求是地告诉您了。总之，老师尽心尽力地教我们了，还有什么可说的呢？"

本来，我想把这封信抄下来或保留起来的，可当晚一个多小时之后，她要求把信拿回去。我反复对她说，想留下信来，她就是不答应，还是带走了。

故事还在继续。

【关键词】思 / 保存资料

四、第三次"过招"

12月9日，星期一，有三、四班的早自习。可是，两个班都有一部分意志不坚强的同学，没来上自习。今早也太冷了。操场积雪，不能上早操，有些同学干脆连自习也不来了。我很生气，怎么能这样随便呢？学校有学校的纪律，自己也应努力克制自己。

在这些人中，就有苑追月。据说，也据我观察，苑追月是学习不差的学生。一般来说，学习好的同学，都是比较勤勉的。这会儿，苑追月又是让人不好理解了。

12月11日，星期三，晚上我找她问了一下，她只说没起来，不肯多解释。鉴于是年龄比较大的学生，我也没过多地教训。我也感到，她对我的反感到现在可能仍没有完全消除，我的话是作用不很大。

就这样，对于苑追月，通过我们之间的三次交往，我稍微了解了这个同学。苑追月同学是个好同学，她直爽、上进，当然也有自己的不足之处。每个人，包括我的这些学生，都有他们积极的一面，同时也有不成熟的地方。每个人都是活生生的人，不是生活在真空里的。

作为教师，不能对学生求全责备。要相信学生经过一段时间，通过自身的努力，一定会克服缺点，一定会进步的。

同时，作为一个人民教师，一定要注意为人师表。一位著名的教育家曾经说过："教师要求学生做到的，自己首先要做到。"身教重于言教。教师不但要在学识上是学生的榜样，在品行上、意志上、感情上，也应该做学生的榜样。

12月13日晚十一点记完。

【关键词】思 / 深入反思　　教 / 为人师表

忠厚兄弟

一、紧跟师傅

1985年9月14日，星期六，我本想回家的，可是听说杨秉臣老师要到临池乡去讲"综合程序教学法"，我毅然扯断回家的思绪（我三周没回家了，并且从这次开始，学校的汽车会接送老师回家），紧跟杨老师而去。而自封为杨老师大弟子的起震、其兵却没去，他们都乘上校车，高兴地回家了。我陪着杨老师，骑自行车下山，天蒙蒙地下着小雨。

我和杨老师走高过低，蹚泥下水，好不容易来到临池小学。杨老师被接进了办公室，我却没处站、没处坐的，只好又跑出来。

我正四处彷徨，一个人忽然拉住了我。"噢？忠厚，是你呀！你在这儿工作？"原来是师范学校同班同学高忠厚。

"不，我在北台联中。"忠厚说，"我在北台联中，教三个年级，四个班的外语。"

"不赖啊！你的英语基础是可以的。"

我们一边谈，一边进了教室，杨老师已经开始讲课了。杨老师讲了整整一个下午，三个多钟头，效果很好！

北台联中属于临池乡，忠厚是学校派来听报告的。报告完了，忠厚邀我到他家去。盛情难却，我和杨老师打声招呼，就随忠厚到家——北山村。

家里老人和忠厚姐弟热情招待，我真有些过意不去！我们喝了点酒，夜里我睡得很熟。

【关键词】行/重要他人　　行/同伴激励

二、周村街上

次日，雨还在蒙蒙地下着。我本想回校备课，可忠厚不依，要我和他去周村玩。细雨迷蒙中，我迷了方向，只是跟着忠厚，他让我往哪儿就往哪儿，在周村街上，瞎转悠了半天。我买了一件秋衣和一只皮包。在公交站等车时，路边有一个女孩子。

"韩老师！"她突然叫我。

我忙答应，肯定是南北寺中学的学生。"你是几年级？"

"二年级，四班，我叫张娟。"

我很抱歉，竟认不得自己的学生。但我的学生也太多了，也难怪一时认不出来。

在这个地方，有自己的学生，我感到很幸福。在东黄庄，我和忠厚下车仍到他家，张娟同学回校了。

吃了午饭，我才回校，忠厚一直送到公路上。忠厚兄弟呀，多忠厚的兄弟！

【关键词】教／职业自豪

秋　假

一、雨好，晴好？

1985 年 9 月 18 日，星期三。

人们忘记了阴雨连绵多少天，今天早晨，朝霞高照的时候，人们都惊奇了——天终于晴了！

确实已经忘记多少天没见太阳了。自入秋以来，天气就不好，大概数月了吧。

这绵绵的秋雨，有它微薄的贡献，救活了几棵干渴的玉米。但更多的是灾害，农民的棉花遭殃了，正是棉花盛开的季节，怎经得起这连绵不断的秋雨？

我已经四周没回家了，快放秋假了。

【关键词】行／关注社会

二、奔波的开始

9 月 20 日，星期五，天气很好，大家有的晒被褥，有的晾衣服。下午，其兵、起震还有我，都去帮杨老师家收玉米。我推了几趟车子，出了点力气，感到很舒服。晚上召开教师会，孙校长传达了放秋假的通知，假期三周。

9 月 21 日，星期六，学校放假了。下午，学生差不多都走了。我本不准备立即回家的，因为公共汽车可能比较拥挤。可是，听厉老师说，学校的车还去送，我又改变了主意。三点半，汽车要走了，我匆忙收拾了点书和衣服，便上了汽车。其兵也上了车，他教高三，不放假，是顺路去周村书店买书的。

我不太好受，晕车，吐在了车上。在月河桥，我下了车，步行了四十来分钟，终于到家了。这条路，我不知走了多少遍。这是通往姥姥家的路，姥姥家就在月河和小运河交叉的地方。

从小我走熟了的路，有这几条：一是从家到姥姥家的这条六七里的路，一条是我读初中时整整走了三年、每天六趟的从家到东景联中的一里多路，还有一条是我上师范学校时整整三年来往于学校和家的十几里路。而今后，我将在从家到南北寺中学这条几十里的山路上，无数次地来回奔走了。这条路最崎岖，最漫长，奔波才刚刚开始。

【关键词】思 / 敢于吃苦

三、忧时·忧国·忧己

自从来了家，一直没歇着，农活太多了。现在，大机械几乎什么也没有了，都是人一点点地干。对此，我很不满意，但是自己也没有办法。我又没钱买拖拉机、收割机……但我想，可以群众集资购买——村里的明白人何在？他们都没有起到应有的作用。这样，只有人们又苦又累地干了。但现在谁也不会有怨气，因为都是给自己干的。

9月24日，星期二，早晨我们家把两只大猪卖了，共461斤，能卖345.75元。这下，可还些账了，二哥结婚借了不少钱。我对家庭的贫困、窘迫，感到无能为力。学生时老想，快成熟起来，做些工作，也为家庭分担些忧愁。而现在，我过早地结束了自己的学生生活，走上了社会。作为一名中学教师，我又有什么办法，使家庭稍宽裕一些呢？我也曾想，我若把每天用在教学工作上的十七八个小时用在别处，也许能赚来更多的钱财，说不定也会很快使家庭走向小康。

可是我们的国家呢？我的家庭处境，也是我们国家的处境，我们国家还处于贫困时期，正需要一个由贫弱到富强的转变。国家有千千万万的优秀儿女奋发图强，祖国的"四化"大业一定会早日实现。

由于农活太忙，回家四天了，我一直想出去玩玩，找老同学玩玩，可就是没空。农活不知要忙到啥时候。

白天，是一时也闲不着，我只好晚上看点书，可晚上又常没有电。现在，实话说，我的学习比学生时代更迫切了。因为，有我的二百多名学生，他们睁着渴求知识的眼睛在看着我，我的学习更主动、更自觉了，并且学习的内容比过去单纯多了——政治，更具体一点说，本学年是哲学，马克思主义哲学。除此之外，学习的东西都作为了解的常识。

【关键词】行 / 关注社会　　教 / 国家责任　　学 / 为用而学

四、有电的时候

快是中秋佳节了。农历八月十二，二嫂的娘家人来看她。八月十五看闺女，这是乡风民俗。

今晚有电，这是我到家五天来第一个有电的晚上。我学习到九点多钟，听了中央人民广播电台的节目《阅读和欣赏》，父亲、哥哥，他们都听，讲的是《三国演义》中诸葛亮的出场艺术。

没有电的时候，让人又急又气。实际上，工厂、学校需要电，农户也照样需要电。农民劳累了一天，想看点电视休息一下，没电咋行？生产还是落后啊！

【关键词】学/语文修养　　行/关注社会

五、能干的大哥

回家一周了，除了劳动就是劳动，想抽点时间看书都不行——忙碌的季节嘛！

9月28日，星期六，我推了一天粪，总共也不过推了十几车子。我这还是第一次驾小车，干这种重活哩！很累，手疼、腰酸，脚后跟也不敢沾地，但我毕竟得到了锻炼。以前家里的活，重活、累活都由大哥、二哥干了。他们从小就担起了很重的家庭负担，特别是大哥，为这个家庭立下了汗马功劳。而作为老三、老四的，我和弟弟都很少干重活、出头露面。这方面比他们差远了。

据说，大哥14岁就下淄川推炭，而我今天一车子粪还推不了。太不行了！不干活不行。

【关键词】行/榜样鼓舞　　行/劳动锻炼

六、月下遐思

农历八月十四，月朗星稀。多少个夜晚没见到这么明亮的月光了。可惜，我的望远镜不在身边，没法仔细观察这中秋的明月。

月光如水，洒在我的身上。当学生的时候，我年年是三好学生，十一年来无一例外。如今当了老师，我要努力工作，把学生教好，当个优秀教师。人没有进取心不行！

我文化水平低，又教高中，工作当然很累，也不容易出成绩，第一年看来是无望了。

做一个优秀教师很难。但我相信，凭着我的年轻，我的进取，我对学生的一片爱心，在不远的将来，一定会做出一点什么来的。

我对学生的爱还很不够，很不够，我感觉得出来。最起码，我没有对他们得力地辅导，没有和更多的同学谈心，没有对他们深切关怀，尽到一个教师的职责。这是今后工作中应该努力改进的方面。

有一位大教育家曾经说过，当教师就要当班主任。我现在还不是班主任，但我很想当班主任，很乐意做班主任工作。班主任可以更全面、更大限度地施展自己的才华，可以对学生施加更多有目的、有计划的影响。班主任可以更多地了解和帮助学生，使学生感到集体的温暖，也使自己的生活更加充实愉快，更加丰富多彩。

现在，我就应该多做些工作，取得领导、老师和同学们的信任和帮助，争取明年能够担任班主任。

【关键词】思／自尊自信　　思／规划谋划

七、运用科学

乙丑年中秋。晚上，明月下，我给两位老同学写了信。

一封是给苑城乡的郑建军同学（师范学校同班同学）的。他来信问我关于玉米良种的事，我答复可以帮忙从本村购买。青年人就应该相信科学，在学习和生产、生活中运用科学。去年建军买了我们的玉米种，大概是今年收成不错吧！

另一封是给九户乡的张明武同学的。聊叙离别之情，并邀请他到南北寺中学来玩。

【关键词】行／同伴互助

八、劳动体验

中华人民共和国成立三十六周年国庆。

十几天来，活很多。虽没多少重活，但这样连续作战，让我也有些吃不消，这几天的干劲远不如一开始。从驾小车推粪那天开始，我的手腕、臂膀开始酸疼，这几天一直耧地，更不减轻。每隔两三天一次拾棉花，我都把它当作消遣、休息了。

我到邹平，把中秋明月下写的两封信投进邮筒。我很想见见我的老同学们，可是眼下，哪个也见不到。这么忙，我没空去找别人，别人也没空来我这儿。现在才体会到：别时容易见时难！

这几天，每天都在地里呆个八九小时。在家除了抽点空看书，就是听广播。我很爱语文，常听文学节目。

【关键词】行／劳动锻炼

九、买书

10月6日，星期日，下午我去城里药店给二哥买药品，顺便去了新华书店。

"韩兆恩！"我突然听到有人叫我。

"庆书，原来是你。"

我很惊喜，老同学孙庆书也很惊喜："想不到，咱们在这儿见面了。"

他已分配到明集联中，教初一语文，还当班主任。我听了他的情况，感到很不错。老孙还说：靳新丽、刘晓两位同学也分配到明集联中，孙宪镁同学到了明集乡段桥联中教外语，乔宗舰、邢强两同学去了青阳中学。

我们俩都买了几本书，然后又到百货大楼买了点东西。好久没到大楼来了，都变样了。然后，又一起到母校邹平师范学校去玩了一阵。学校放了一星期假，我们的班主任李老师刚回来。天快黑的时候，我们辞别李老师，出了校门。

到城西，我和庆书才分手。本想今下午到怀光那儿去玩玩，去不成了。活不忙了，我该各处走走了。

【关键词】学/购书藏书　　行/同伴激励

一〇、各奔前程

小麦都种上了。农活就是这样，很有季节性，春耕、夏耘、秋收、冬藏。现在生产责任制了，农活集中起来，几天就突击完了。可不像生产队那时，拖拖拉拉一两个月种不上麦子。

10月8日，星期二，下午我到邹平给耿军同学寄上回信，他来信已经四五天了。顺路到了怀光家，我们俩谈了两个多小时。天快黑了，要不，还不知再聊多长时间。怀光一直把我送到村外，在路边又谈了好一会儿，真是有说不完的话。怀光在西王联中教英语和数学，比我的分配理想多了。他还是班主任，班里正准备出壁报。

从怀光那里打听到，我们有些初中同学，今年高考还不错：在黄山中学读书的崔放梅（化名，下同）考上聊城师范学院政教系，孙怀玉考上滨州师专体育系；在一中读书的刘素珍考上济南商校，崔永义又去复课了。一定意义上，他们发展起点高，会比我们更顺利。

在人生的道路上，我们只是刚刚起步。今后的道路还很长，我们必须坚实地走好每一步，努力地走好每一步。

【关键词】行/同伴激励

一一、寻访

10月9日，星期三，我又在外面蹿了一天。

本想去找起震，一起去周村参观参观。可是很不凑巧，起震已回校参加美术活动。我倒把这事忘了，就莽莽撞撞地跑到他家来。真是的！王大爷很热情地接待了我。当然，他老人家自己在家，怪冷清的，也没什么好饭菜，但我一切都没有多想。

吃完饭，听完广播评书《三国演义》，我就辞别了大爷往回走。正遇上师范同学刘以波，又到他家玩了一会儿，他家就是县城东南的西杨堤村。他在黄山联中工作，教语文和植物学。他说自己工作量不算重，已经订购了函授和进修书籍，准备明年考函授，两年之后可以离职进修。他说，贾红卫、刘成波、李林永等同学也订购了此书。

我们南北寺中学这几个，以及一切高级中学战线上的，还有一部分其他同学，临时还不能分身，没有精力专门学习和进修，只好忙一阵子再说。

以波原是 1982 级 2 班的，我们并不一个班。在校的时候，从没有这样长谈过，可今天，我们谈得那样的投机。快四点了，我才离开他家。

我买好了明天回临池的车票，又到了母校。一桩事至今没有办成，我得好好地向母校的孙丙南老师请教，他是我们的政治老师。为这事，我来过好几趟了，可都不凑巧。这一回又落空了，孙老师担任了 1984 级 2 班班主任，他正在和班干部开会。

"我听说你来过几次了。以后，我去找你吧！"孙老师说。

"不用，不用，以后我再来。"我忙说。

啊，母校，母校的老师！你的学生，无论过去的，还是现在的，都和你息息相通。

【关键词】行／同伴激励

一二、执着

星期三拜访孙丙南老师不成，星期四上午我便又驱车十余里，来到母校邹平师范学校。放下车子，我径直奔政教组来。恰巧，李老师和孙老师都在办公。

我说自己知识水平不行，教学方法也不行，上课很吃力，工作很难。孙老师要我多向其他老师请教，并指给我几本书，要我自学。他还嘱咐我，学理论是很难的，可不能像读小说那样潦草从事。我心领神会。

孙老师立刻就要上课，我不能久留，便起身告辞。刚才从孙老师那儿得到了什么呢？我又为什么整天这样东奔西走呢？这一切都是为了什么？我陷入了沉思。

秋假还有两天。但是，家里的活儿基本上干完了，待在家里备课又不方便，还不如早些回学校呢。下午，二哥、海港小叔送我和弟弟到邹平上车。又要离开家了，每到这时候，我就有些眷恋。可是，我不能贪图安乐，留在亲人身边，也不能亲自孝敬父母，只有把这个责任托付给兄长。学校才是我应该去的地方，那里有我的可爱的学生们，那里有我所热爱的事业！

【关键词】行／挖掘资源　　行／事业为重

一三、《坐在窗边的小女孩》

这两日，别无他事，只是蹲办公室。我们几个都很会"蹲"，耐心很好。当老师这两个多月，几乎天天从早晨起床，除了吃饭、上课，在办公室一蹲就蹲到晚上十一点多。

10 月 12 日，星期六，晚上学校教职工开会，主要是点了点名。领导表扬我们政史组同志来得全。

然后，观看了电视剧《坐在窗边的小女孩》——献给辛勤工作在教育战线上的教师们！我很受感动，热泪几度要滚出眼眶。剧中的班主任郭老师，是那样关心体贴学生，爱护学生。而她作为一个人民教师，关心的仅仅是自己的学生吗？不，一个小学教师，却关心着社会上每一个学生的家庭，关心着与孩子有关的一切的人，关心着我们这个国家呀！

——位卑未敢忘忧国！

我也应该是这样的！我为我所从事的事业感到神圣，感到自豪，感到甜蜜。

【关键词】教 / 职业自豪

一四、青年教师的心

开学了，同学们都陆续回来了。我作为一个教师，第一次度过了一个假期。

以前，每到假期我总是心慌意乱，因为又要离开学校，离开这个习惯了的地方，又要到那个已感到陌生了的"家"中去；离开了彼此知心的老师们、同学们，又成为家中的"客人"。学生时代，我的假期往往是很寂寞，很苦闷的。

而这一次，我在家中不再感到是客人了，这就是自己的家，虽然我数月没回家了。我想，这是因为我已经成为大人了，我已从我那孩子般幼稚的心灵中解脱，或正在解脱出来。虽然我不满二十岁，我还只是个孩子样的老师。在学校里，不认识我的人，经常认为我是学生，恐怕两三年内，这种可能性还是很大的。

以前，我在假期中常常想念着我的老师们，想念着与我同窗共读的同学们；而今，我却常常思念我的同事们，思念我的学生们。俗语说"师生如父子""可怜天下父母心"。虽然这些比喻，对我和我的学生们来说，从年龄差距上来看是很不相称的，但是一个青年教师的所想所做……

有谁知道一个青年教师的心？

【关键词】教 / 心怀学生

两地书

1985 年 10 月 3 日，星期四，黄昏时候收到耿军同学的来信，足足六页纸。我很振奋，一气读完，十分激动，当晚写了长长的回信草稿。停笔已是十一点钟，残月升起，不太明亮的光洒在西墙壁上。

我为他有这样的转变而高兴。他是个很有抱负的人，他以前可能是看不起教师职业的，而今……工作会锻炼人的。

给耿军同学的信

耿兄：

你的一切都就绪了吧？！信已于10月3日收到，那是在我感到很无聊、很寂寞的时候。因为这时我离开了我的学生，离开了在一起工作的老同学和同志们，身边没有一个可以谈谈心的人——放秋假在家中。

我刚放下耙，一个小学生就送了你的信来。我急切地拆开信。啊，原来如此！

我曾多次听到、见到描写师生分别痛哭流涕的故事和文字，但今天却真为之感动了——这样的事是真的，并且就发生在我的同学的身边。

见到晋泉来信，知你被滨州师专录取，我们的心也凉了半截。我想象不出你接到通知时的痛苦，也无法帮你拿一个合适的主意——去念不去念？

今年高考录取很多。恕我大言不惭说一句：很多原先远不如咱的同学都进了高等学府，由尖子生组成的邹平师范学校1982级学生中的尖子生却只配读个"师专"？

可是你毫不犹豫地去了，开始了新的学习。我又一次见到了你，见到了你的果敢。我没有及时给你去信。你处于这样一种境况，我能说什么呢？祝贺，恭维？叹息，牢骚？安慰，勉励？都不合适。这些都不用别人多说，你自己最清楚。何去何从，只能你自己决定！

你的信洋洋数千言，我一口气读完。你说："经过这月余的教学生涯，使我坚定了从事教育的决心。"此时此刻，我想，这绝

师范学校同学耿军 1985 年致笔者的信

不是"决心书"，而是肺腑之言。你说，"学生们的深情厚谊"使自己坚定了决心。我想，这未免还有些狭隘。学生若没有深情厚谊呢？当然，这是不太可能的。

《高山下的花环》作者在题记中写道："记不清哪朝哪代哪位诗人写下这样一句不朽的诗：位卑未敢忘忧国！"虽然我们是不满二十岁的"毛孩子"，只是一个中师生，可是，祖国也是咱的。

我们政史组有位杨秉臣老师，四十来岁，已教了八九年书，至今还是民办教师。可是，我很佩服他，起码人家的课上得不错，他是惠民地区地理学会理事。更重要的一点，杨老师的思想觉悟很高。有些人觉得说句"马列主义"寒碜，而杨老师却当众演讲马列主义理论。但他绝不是个只说不干的人，他很有实干精神，他正在广泛推行综合程序教学法（由南京师范大学周靖馨教授提出），我是他的"信徒"。

我们三个在一个教研室，其兵和起震"垄断"了全校的历史教学。我教高二政治，也就是"辩证唯物主义常识"。"拧筋把力"是一点儿不假的，我们都感到力不从心，上气不接下气。

我的课虽不多，高二年级四个班每周共八节，但对于我来说，给高二上政治太难了。你还不知道咱在学校学得那一套什么水平？课本上有些话咱自己看着都不太明白，咋讲给学生听？备一节课，你知道得花多少时间？一页多的书要查几十次资料（包括一些自己感觉模糊的词语），搞清百十个问题，写十来页的教案。第一节课往往上得很糟。一堂课下来，我便重新修改教案，到最后一两节才能好点。若学生不注意听讲，讲课吸引不住学生，当老师的心里该有多么难受啊！

这样，我们拼着命工作，每天五点多钟起床，晚上近十二点才睡。晚上常常是教室熄灯了，其他办公室没人了，我们教研组的其他老师早已走光了，只有我们仨，我们仨并肩战斗着，战斗着，伴着秋夜唧唧的虫声。

我们仨分在一块儿是很好的，相互鼓励，相互帮助。多次相互听课、评课，只说缺点，不说优点。我们还常常吵起来呢，与学生时代没什么两样，只是现在是在办公室吵。

从你的信上看出，有两个地方，你对我理解得还不太准确。

一者，你说我曾认为考大学是不务教育之正业。我一直这样认为：若不管自己的本职工作，专顾自己"考""升"，这样是自私和卑鄙的。但我不反对教师掌握更多的知识。今天，我教了高中，更觉力不从心了。对于上大学，以前我也曾想过，如今感到更加迫切。我们知道的太少了，对许多东西的了解还是十分模糊的。我甚至想，国家以后不要再办中等师范了，学生在这儿学的东西太少了。大学生教小学生也不缺才。目前，国家的境况还很不好，当然不能有过高的要求。

今天，你有这个机会率先进入大学，这无疑很好。我想，你不仅学好自己的专业，也可学点别的，当教师不怕知道的东西多，大学是个很好的学习和锻炼的地方。我们也都渴望着这一天。

二者，你说我"可能因为没能回本乡教小学而懊恼"。其实分配之时，我也拿不定主意。离家远近没关系，教小学还是教中学，各有利弊。本来，我若"活动"一下，是可能留在中兴联中或本乡镇什么地方的，可是我没有。教了高中，我也没什么埋怨，只是暂时累点儿，这更有利于激励我掌握高等知识，去大学深造。

只有一点，我感到遗憾的是，我一分配就教了"政治"，可是我多么喜欢我的"语文"啊！难舍难分啊！工作之余，我常愿看点文学的东西，听点文学节目，这已是习惯了。我甚至想，若让我教初中语文，或高中语文，有可能比教政治效果更好点，因为我从没有感到语文学习难。而钻研政治理论，简直觉得不入门。当然，经过这一个时期钻研政治教材的苦思冥想，我也有些进步，我也渐渐地喜爱上了政治，政、语不分嘛！

我估计，我教政治只是学校的临时安排，因为现在缺政治教师。明年，将有脱产进修的政治教师回来，也许让我这个中专生改行，下放到初中（本校初中部有三个班），或外调。管他呢！

"做一天和尚撞一天钟"，现在咱这么理解这句话：干啥说啥，卖啥吆喝啥，既然教政治，就先努力把政治教好。即使以后不教政治了，学点哲学基本原理，对以后继续深造和做好其他教学工作也无不有益。

随着形势的发展，人人都会变化的，这是唯物辩证法的观点。我觉得，你就变了不少，我还从没见过你这么热情洋溢的文字！我也变了，从信中你能看出点儿吧？

耿兄，你最清楚，我这人头脑简单得很，心地也单纯得很。三年中，在许多事情上，你给我很大的帮助。我是永远忘记不了你的，无论过去、现在和将来。咱们的同学有八九十名，你又有自己的许多同学、亲友，不可能一一写信问候。与我来信，可见未忘其弟也！由是感激！

信上，我还能说些什么呢？对于过去，我们都相互理解和谅解了。对于将来，"我们永远是同一条战壕里的战友"，我们的目标、我们所要走的道路，是完全相同的。

你说，将来还要回邹平。愿不愿意来南北寺中学呢？这里是我们第一个工作单位，有我们第一届学生。说不定，两年后俺们还都在这儿呢！若真是这样的话，我们将高接远迎了。这是很有可能的，因为这里大多数是中青年教师，很大一部分是滨师和邹师的毕业生。当然，这里条件艰苦些，不像邹平那么方便。

明武曾说，我们都分配到祖国最艰苦的地方去了。一个中师生，竟也分配到了高中，虽有些荒唐，却也是事实。

只有经过若干代人的艰苦奋斗，才有可能改变这种状况。有些学生看不起教师职业。我真想在课堂上演说一场："你的政治老师为什么是个中师生？为什么没有大本生教你们？现在大中专招生，百分之五十的人要进师范院校。试想，只有另外百分之五十的大中专生才真正到了教育第一线。少得多么可怜！大中专院校培养来，培养去，只是培养了一部分教师。"

今天，虽然我们的同学各奔前程了，但目标是一致的，为国育人。谁也不会忘记，三年师范生活的甘苦，三年同窗的友谊。虽然今后，每人会有自己新的同学、新的同志、新的战友，但旧交不绝！

一怀离恨，锦书难托！等春节，咱到了李老师那里再谈。我拉着其兵、起震、怀光、景发、廷宾、本东、金华、玉宝、志鹍、明武等都去。李老师见到这桃李满天下的情景时，一定会很激动的！你说呢？耿兄！

祝你学习进步！

致以人民教师的敬礼！

老同学　韩兆恩

见信当晚——乙丑年中秋之际，夜深人静之时。

捧着厚厚的一叠信纸，我的心情很激动。我先起草，又誊抄出来，我怕有些话说不清、说不好。——发信赘述。

【关键词】行/同伴激励　　教/国家责任　　思/保存资料

领导听课

这一周，简直忙了个焦头烂额，饭不想吃，觉当然是不能多睡的。

教育事业本来是我最向往的事业，但今天，我为什么这样愁苦呢？

是应该振作起来！读万卷书，行万里路！

一、春心萌动

秋假后开学的教师会议上，孙校长下了通知，从本周下半周开始听新教师的课。我坐立不安起来。

1985年10月14日，星期一，中午我正在休息，忽而老同学张明武来到南北寺中学。啊！一别有三个月了，我们紧紧地拉着手。明武在这儿住了一天多，由于我备课很紧张，没多少时间陪他。

明武的到来，撩动了我的春心。明武已和刘学芹同学明确了恋爱关系，这是班主任李老师参谋的。我心里有些乱，晚上躺在床上，翻来覆去不能入眠。这时，已经是深夜十一点多，甚至快十二点了。我想，我还小，我还没有二十岁。我虽然当了教师，却还是个孩子。至少在两年内，我不能考虑这样的问题。我要学习，我要工作！

明武远道而来，我和明武却没有很好地谈谈工作，我感到遗憾。星期二早饭后，我和其兵送明武去临池车站。好不容易，明武才挤上车。车开动了，明武在拥挤的车厢里隔着玻璃向我们挥手，我们也挥起了手……

【关键词】行 / 事业为重

二、心神不宁

"成光明和郝恩波！"我突然发现，走在我们前面的就是两位老同学。他们回过头来，也惊喜地发现了我们。

"刚送走了明武，你们就来了！"

"是吗，明武来过？"

两位同学都分配到了新改办的九户农技中学。今天，他们是为招生出差的。两位同学在我们这儿吃了午饭，便又启程了。

这一天，我没有课。这样几乎玩了一天，课没备好，心神不宁。我真懊悔！眼下就要听课了，学校领导第一次听我的课，这可怎么办？

【关键词】思 / 时间观念

三、老师难当

10 月 17 日，星期四。

上完了两节课，批完了作业，我重新备课。明天校领导就要听我的课。这节课，我已写了十几页的教案。今天，我又字斟句酌，重写教案。晚上十一点钟，还没写完。这几天，太缺乏休息了，每天睡眠不足七小时。总想早点休息，却总是睡不成，只有这样拼死拼活地干！

工作在，学生在，我不能有丝毫的懈怠。我总感到，现在比学生时代压力更大了。那时，我的作业不做、偷懒，是我个人的事；而今，一堂课不备，一次作业不批，关系到全班同学，甚至关系到四个班二百多名同学。

我们的工作是很吃力的，这至少是由这样几方面原因造成的：一来，我们的文化水平有限，有些地方甚至不如高中生。所以，要给高中的同学上课，把东西讲出来，那就很难了。二来，我们初踏上工作岗位，教学经验一点没有，教学方法一点不了解，教学工作就更难了。三来，我们是刚来到这所学校，对学生很不熟悉。每周每班只有两节政治课；一个自习，又是四个班一起教——与学生接触的时间太少了。

青年人唯一富有的就是热情和干劲。我希望自己以后工作热情更高一些，干劲更猛烈一些！

应该很好地利用和支配时间。

【关键词】思 / 研究问题

四、努力方向

10 月 18 日，星期五。

今天上午第三节，在高二（一）班，学校领导和老师们听了我的政治课。由于备课比较充分，从效果上来说，比以往的任何一节课都好。这节课讲得比较简明，留了充分时间让学生复习巩固。之所以这样处理，一是可以让学生把基本内容掌握得牢固一些，二是为了应对听课，如果不这样，意见又会一大堆了。

但我认为，这一节课有个明显的不足，就是课堂气氛不很活跃。我想，如果这一节不是公开课，很可能有些同学的注意力就分散了。

领导和老师们所提的意见也很多。如教态和语言上，要面向学生，眼神和学生交流感情，说话必须抑扬顿挫，等等。我认为，这些还是很需要锻炼的，要注意创造活泼的课堂气氛，这是提高教学效果的重要技巧。

对于课本举例的问题，我认为还有待于进一步考虑。课本上的事例，有没有必要再给学生细致地讲，举例是否以课本上的事例为主？这是个重要问题。

这节课虽然不太成功，但我花费了很大精力。讲课之前，早饭我就没吃下去，这也许是应激反应。

下段时间，我可以比较自由地讲课了。我应该注意对学生的思想教育和辅导。

【关键词】教 / 充分备课　教 / 公开历练　思 / 及时反思

这一周

一、叫学生坐我腿上

1985 年 10 月 19 日，星期六，乘学校的客货两用车回家。同车的很多，有老师，也有学生。学生是去邹平参加化学竞赛和招工考试的。参加化学竞赛的，有高二（二）班团支部书记左建山、高二（一）班杨刚（化名，下同）等同学。车厢里很挤，我坐下后，便让孟军同学坐在我腿上，原先他站着却直不起身来，太难受了。

【关键词】教／心怀学生

二、张冠李戴

这次回家只为带点衣服，天气渐渐冷了，正赶上县里举行物资交流会，我买了一件厚厚的绒衣，十点九元，怪可惜的。事后真后悔。要不，这十多元钱可买两件绒衣，给弟弟一件。

本来想在家备点课，可是不成，还有点儿麦子没种上，星期天又干了一上午活儿。下午两点来钟，二哥就送我去邹平，等学校的车。

我理了发。两个多月没理发了。上次，我理得太短了，一到班里，学生直笑我。我觉得这是友好的，他们把自己的老师当作一个可爱的同伴了。

10月20日，星期日，下午四点半，学校的车准时到达县教育局，我和起震、西董乡的于凤英老师等上车。途中，我和左建山同学谈了他们二班的一些情况。那天课上我闹了笑话，错把调皮学生"崔前锋（化名，下同）"当成"由晓明"了，实际上由晓明当时不在。当时，我照着座次表喊"由晓明"的时候，正在专心读小说的崔前锋以为我叫他，便站了起来。我让他读课文回答"什么是质变"，他都反应不过来，惹得哄堂大笑。二班上课往往是没有多少生气的，这次可是个例外。

【关键词】教／心怀学生

三、你很难受吗？

10月22日，星期二，第四节课在二班上课。我先提问："元素周期率的内容是什么？请一个同学回答。"

"左建山！"他是参加了化学竞赛的。

左建山却没有说清楚。我本来不爱批评人，怕疏远了师生关系，而这次却口无遮拦地说了句："还参加化学竞赛呢！"左建山同学马上低下了头。我忙让他坐下了，心里想，这下失言了。这节课，左建山一直没抬起头来，他心里一定怪难受的，而我的心里更难受。我真想劝慰他几句，可这是上课呀！

我心里一直放不下这件事。我是不是该找左建山来谈谈？又该说些什么呢？向他赔情？可他也没回答上问题来呀！难道回答不上问题，就能被挖苦吗？他……他是个很有自尊心的同学。

晚饭的时候，我还想着这件事，考虑着最佳的处理方案，不要因这件小事，影响了与学生的关系。老师必须主动出击。

一上晚自习，我就进了高二（二）班教室。没电，同学们都在蜡烛底下学习。我背着手，踱到教室的后排座位，轻声问他："左建山，今天上午很难受吗？"

"没什么！"他微笑着回答。

我悬着的心放了下来，轻松地走出了烛光摇曳的教室，不小心把门碰响了，同学们都把眼光投向了我……

【关键词】教 / 心怀学生

四、教育课代表

星期二下午课上，高二（一）班政治课代表尹兆刚同学又睡着了。当我走到他身边时，同桌张复彬已把他叫醒。

"尹兆刚，站起来！"我轻声而又严厉地命令。我实在忍无可忍，他连续两次在政治课上睡着了。虽然声音不大，周围一些同学的注意力还是被吸引过来了。为了不影响上课，我走开了，课下再教育他。

说来气人：尹兆刚一是学生干部，二是本学科课代表，三是接连两次上课睡觉。这同学拖拖拉拉，上课睡觉是经常的。

当晚，刚上晚自习，我便把他叫出来。在教学楼的栏杆旁，我跟他谈了好久。"你要认识到这样做的危害和严重性。让别人怎么想？课代表，却在本学科的课堂上睡着。不但没起到带头作用，还起了反面作用，闹笑话给大家看。"

"在你的作业上，我曾提醒你：'人贵有自尊心、进取心，希望你不断进步。'"

"你有什么想法吗？谈谈吧。"

尹兆刚一言不发。

"今后，我对你提两点要求：一、上课不许睡觉；二、尽快把自己的学习搞上去。"

尹兆刚临走时，我要求他，回去写一份思想分析，明天晚上交来。

星期三晚上，是我刚规定的一班、二班每周一次的交作业时间。三班、四班是在星期五晚上交。政治课作业量较小，每次都交会浪费时间，我便"改革"了。交作业时间是根据上课时间推迟一天定的，这样，大家有精力、有时间做完作业。

当晚，尹兆刚来交作业。作业不过四十来本，而全班有五十七名同学。这几次，一班的作业都是交的最少的，我早想整顿一下了。

我问尹兆刚思想分析写了没有。他说没，写不出来。

我没发火。我不想吓唬学生，我认为，那是没多大效用的。我只是告诉他："咱班交上来的作业为什么这样少？这与课代表的表现有没有关系？"

我看到他有悔改之心，便不再逼他写思想分析，让他把作业再催催。

【关键词】教 / 立德树人

五、作业督促

时间到了 10 月 24 日，星期四。两节课上完后，我开始批阅一、二班的作业。晚上批完一班的以后，我把尹兆刚叫来，叫他帮我把没交作业的同学查出来，并把名单抄在教室黑板上，还叫作业有问题的几名同学来办公室改正作业。

课间，作业有问题的同学都来了，我逐一跟大家谈了话。有几个同学抄袭别人作业，我批评他们说："咱读了十几年书，到现在，还比着别人抄作业吗？"

为了督促其他几个同学赶快完成作业，我又到教室去了一趟，并个别辅导了几个同学。

二班的作业交得较全。

【关键词】教 / 立德树人

六、处室辅导

10 月 25 日，星期五。

早上起床号一响，我就起来了。远远地望见老师、同学们在操场上跑步，我多想加入他们的行列！可是，还有十几本作业没批呢！今早是政治自习，我必须把作业完全批完并发下去。

同学们下操的时候，我已批完作业。四个班一起辅导，太忙了。一个班走两趟，这四十五分钟就没有了。

我安排了一点内容，在早自习给一、二班讲了讲。三、四班只去走了一趟。三班王晓惠同学问我问题，也没得空回答。

为便于辅导，经与王爱玲老师商量（王老师教三、四班外语，早自习多是外语辅导时间），三、四班的政治早自习由星期五改为星期一，自第十三周（即下周）起执行。晚自习时，我分别到三、四班下了通知。这样，算是又解除了一块心病。

【关键词】教 / 改革创新

七、教师的作用

上周听课之后，老师们给我提了很多意见。其中有一点就是，我讲课不太自然。眼下，没有什么条条框框了，课堂是我的，我要怎么上就怎么上。现在，我讲课自如多了。

我是学过"教育学"的，尽管是中师教育学，学得不深透，但是一些朴素的观点还是明白了，深知它是科学的，并决心在实践中去认真贯彻执行。

我想，教师的作用无非是这样几点：除了进行思想教育外，在知识传授上，一是帮助学生理解，二是帮助学生记忆，也就是让学生以小的代价获取更多的知识。还有一点，就是教会学生控制自己、自我学习。教会学生学习这点还没有引起我足够的注意。当然，我的教龄还只有两个多月。

在这两个多月的教学中，可以说，我是不遗余力的：教学方法想尽量新鲜一些，给学生减少点负担；尽量讲明白，绝不能敷衍学生；和学生平等相待，让学生感到温暖。现在，我觉得，我和学生更亲近了，尽管我还不是班主任。我一到教室里，一些同学总是善意地朝我笑。

起震和其兵曾断言，我明年一定不能教高三，一定不能当班主任。我看也未尽然。我并不争取明年一定要当班主任和教毕业班，但我的工作还是应尽力为之。

【关键词】教 / 立德树人

八、教师日记要写啥

以前的日记基本上是流水账，特别是这几个月的"教师日记"没有特点，只是些个人的恩怨得失，没想到自己是学生的老师。教师的日记中，学生是不可缺少的，我想今后的日记，应重在反映这个特点。这样也使日记发挥点作用，帮我总结经验教训，促进教学。当然，我是个青年教师，青年人自有青年人的特点，这一点也不能忽视。

学校是个知识分子汇聚的地方，跳动着时代的脉搏，充满了时代的气息，日记还应该反映这个特点。在这个祖国中兴的时代里，光荣的人民教师怎样为祖国呕心沥血、哺育新人，有理想、有抱负的青少年怎样认真学习、茁壮成长，都是日记中丰富而有生命力的内容。

这两个多月的教学生涯中，我是谨慎的。但由于没有经验，也出了不少错误，闹了不少笑话。

放秋假前，一个星期五的早晨，我去高二（四）班辅导，学校的惯例就是星期五早自习进行政治辅导。我正给刘明同学讲一个问题，是关于矛盾的普遍性与特殊性关系的问题。这时，王爱玲老师进来了。她看了我一眼，便对全班同学说："大家准备好，上课了！"我毫不犹豫地走出了教室。

面对被无视的羞辱，满肚子的委屈，我真想痛哭一场。但是，我是教师，不是小孩子了，我强忍住气恼，使自己尽快平静下来。事后，我向教研组长杨老师反映这事，他又反映给教导主任寇堂贞老师。寇老师安慰了我一番，并再次明确，周五早自习为政治辅导时间。

之后，我又抽空给刘明同学讲了这个问题。实际上，这个问题我也不会，是向厉仁杰老师请教的。在第一次政治考试的时候，我根据这个问题出了一个题目，但刘明同学回答得也不理想，我再次给她讲了这个问题。从发现这个问题上，我看出刘明同学是比较聪明的，证明她对教材已有了一定的理解。我在师范学校学习哲学这个地方的时候，也曾提出这个问题，但一直没有解决，没想到今天在学生启发下给解决了。

【关键词】思／日记风格　　思／情绪控制　　教／教学相长

脚步轻轻

一、进步的体验

1985 年 10 月 29 日，星期二。

记到这里，我的教师生涯已有两个多月了。经过两个多月的训练、苦熬，我觉得自己有些进步。比如说，原先备一节新课，给第一个班上时，往往是一塌糊涂。而现在，我觉得不那么糊涂了，能够控制自己了。

备课，我也觉到轻松些了，起码不会再感到"狗咬刺猬——无从下口"了。以前备一节课，往往苦思冥想几个小时，不知该从哪里写起。当然，现在我的教案还只是闭门造车，我还没见到过其他教师的高中政治教案。这样，进步当然是缓慢的。

教态上和语言上，我确实存在着不活泼的缺点，我正在有意识改正。我应该让我的学生轻松地接受或获得更多的知识。

今后，我应该努力学习点教育学和心理学，认真分析教育现象，尽快提高自己的授课水平。

我应该永远进步！

【关键词】思／自尊自信

二、致远的宁静

11 月 1 日，星期五。

我本来应该迈着青春的富有活力的脚步，在广阔无垠的田野里奔跑，因为我是青年。

然而，今天我却踱着轻轻的脚步，走在这方丈的课堂里，因为我是一名年轻的教师。

咚，咚……咚，咚……

我走在课桌间的缝隙里，就像漫步在两旁长满野草、开遍鲜花的小径上……渐渐地，我的眼睛模糊了……

走在这鲜花点缀的草径上，我陶醉了，花丛中闪着一双双智慧的眼睛。我也如那悠闲的人，无忧无愁。轻轻，轻轻……

"老师，这……"

听到这一声呼唤，我才从神秘的王国中清醒过来，学生问我问题了。

这就是我的青春。当我从一名翩翩少年刚步入青年，并没有在鲜花绿草中寻找爱情的倩影，而是在咫尺的教室，点燃一盏盏智慧的灯。

当我还不满二十岁的时候，我有了自己的第一级学生，他们是高中二年级的学生。

我全身心地爱着他们，爱着我的第一级学生。当他们毕业的时候，我会激动地说："同学们，谢谢你。在我豪迈事业起步的时候，是你们第一次伸出了友谊的手。"

我时常觉得对不起他们，我太不称职了，因为我只是一个中师生。这也时时激励我奋起，激励我进步！

【关键词】教 / 职业自豪

第一次期中考试

一、催逼作业

第六课"量变和质变"快要讲完了，也临近期中考试了。可是近一段时间的作业很不整齐，六十来人的班只给我交来三十几本作业，我很是生气。学生不做作业，真是岂有此理！

我把高二（一）班不交作业的同学逐个教训了一顿；又把高二（四）班未交作业者名单抄写在小黑板上，让课代表崔义雄（化名，下同）放在教室里。我想，这该奏效了吧！

1985 年 10 月 26 日，星期六。下午放学后，我去教室走了一趟，心里那个气呀——你说怎样？不知哪个坏家伙，把黑板给涂抹了，只剩下最顶上的一行字"未交作业"……

学生成心跟我作对吗？是我伤了同学们的自尊心吗？我什么也没说，转身出了教室。教室有十几个同学，我不知他们有什么反应。

我很伤心，我的一片苦心换来的竟是这个！同时，我进一步感到，四班有些难管。以前我就有这样的感觉，这个班邻近操场，较偏僻，纪律不太好。晚自习往往有很多同学溜号。

星期天晚上，课代表一本作业也没交来，而我写明的是"希望这些同学，务必于星期日晚自习前，把作业交上"。

我坐不住了，到了教室。小黑板画得更不像话了，写满了乱七八糟的英文。是不是也有骂我的话呢？很可惜，我的英文很不精通，我只好装作没看见。老师的心啊！

我逐个同学查了作业。有的做完了，有的还无动于衷，有的根本就没来上自习，咋教育他（她）？真是！

团支书记尹鹏很不像话，作业没做，还向我请教问题。我严厉地批评了他："作业没有用？念了这么多年的书，连这个道理还不清楚？大道理不用讲。你比我都明白，你念的书不比我少，懂的东西也不比我少，有些地方甚至比我高明许多！你好好地想想。"

尹鹏终于不再嬉笑了，他低下了头。而我也深深地感到作业的危机、传统教学法的危机——学生不想做，不想学。呜呼！是应该改革了，作业也应包括在内。改革，势在必行。不改革，学生要造反了！

我这样想着，嘴里没有说。只是又在班里强调，要按时完成作业，无论如何，学生不做作业是讲不过去的。我还说了这样一句使我忘不掉的话："我不愿装模作样地给大家当老师。"意思是说，我不愿逼大家、吓唬大家，要求大家自觉。可我很怕学生理解出别的意思来——我不愿给他们当老师？

【关键词】教/教育尴尬

二、优秀作业选编

10 月 27 日，星期天，我没回家。回一次家太浪费时间了，回一下午，来一下午，时间都浪费在路上了。

我编了点儿题，刻出蜡版，准备印发给大家，好复习迎接期中考试。另外还别出心裁地搞了一份"优秀作业答题选编——关于量变和质变的事例"，都是从各班同学的作业上选摘下来的。当然，有些作业语句不通，我做了很大改动，有的甚至改得面目全非了。同时，我又一次尝到了当个"编辑"的快乐，我还加了"编者按"呢！我是不憷头写几句话、修改文章、编排版面的，因为师范学校确实锻炼了我。现在回忆起来，师范学校的生活是多么有意义，又是多么必要啊！

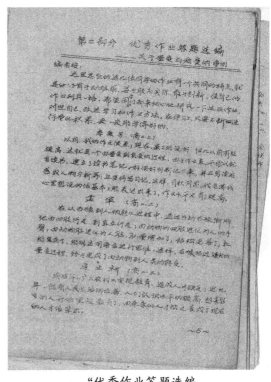

"优秀作业答题选编
——关于量变和质变的事例"

我搞这个"作业选编"有两个目的：一是给大家提供些复习资料；二是同学们对此挺感兴趣，因为是身边同学们写的，又这样正式地印出来，还郑重其事地加了编者按。甚至有些同学要数一数哪个班入选的最多，谁写得最好，大家在不知不觉中也就学习了这些知识。这样，对全体同学是个启发、激励，对入选的同学更是一种表扬、鞭策。在这样的学习中，大家的兴趣也提高了。

星期二下午，我便找了两位课代表，孟伟刚和崔义雄，来帮我印材料，当晚发给大家。这样，政治复习的空气基本上造足了。

当我去四班发题时，发现小黑板端端正正地站在墙根上，上面已擦净了。我心中一热，捎起黑板走了出来。原先我曾发愁，这块"沉重"的黑板，我可怎么拿回来？这太有失身份、有失尊严了！而今，一切一切的不快，都烟消云散了。

【关键词】教 / 改革创新

三、蜡版与油印

停课复习了，用不着忙忙碌碌地备课，我开始出期中考试试题。

出完题，又刻出版来。这次刻印得特别认真，我也挺满意，老师们都说不难看。我还替杨老师刻了些题目呢。

刻完，又马上印出来。要印八百余页，真费时间。因为是试卷，不能让学生打下手，起震给我帮忙，俩人整整忙活了一上午。

这次出题、印题，我是走在全校前列的。

【关键词】思 / 自尊自信

四、手下留情

11月3日，星期天，我又没回家，等到期中考试以后再回家吧。学生在考试之前是紧张的，而我这个老师为了组织好考试，也怪紧张的。可以说，我作为四个班的政治教师，比多数同学都要紧张。我考虑的不是一个人的问题，而是关系到四个班二百多人的问题。

11月4日，星期一，紧张的期中考试开始了。我给高二（二）班监考。实话说，我不太喜欢这个班，因为二班上课没有生气，在这一点上，比一班、三班逊色多了。既然学校这样安排了，也只有从命。同时，给二班监考的还有郭国华、王元溪老师。

我也会装模作样地监考了。有时正襟危坐，有时背手慢行在课桌之间，有时双眼紧盯着一个想搞小动作的学生。二班也确实有几个著名的调皮学生，简直是不偷看别人的没法考试。

在考物理的时候，我发现张统涛同学的试卷少一页，而同桌卢洪涛同学的试卷却多一页。我暗中看仔细了，过了好一会儿，他们还不好意思换过来。我便轻声让张统涛自觉把试卷要回来，而他不好意思；实在没法，卢洪涛只好给他递了过来。此事我没告诉班主任，也没告诉同学们，事后也没加深究。只是想让他们知道，老师不是没看见，也不愿意给他们丢面子，要求他们自觉。以后又考的几场，果然他们俩都很遵守纪律。张统涛的政治考得不错，92分。

11月6日，星期三，是期中考试最后一天。王元溪老师回家了，我和郭老师只好每场都顶上，这样就花时间了。

【关键词】教／教育艺术

五、试卷评析

政治是星期二下午考的。一考完，我就抓紧时间阅卷。每顿饭只用十几分钟，打饭、打水一并都成了弟弟的事，甚至在监考时也在批阅试卷，晚上阅卷到深夜。

这样，星期三晚上我把三、四班试卷批阅完毕，当晚发了下去，要求大家讨论评分是否合理，分析自我得失分原因。

11月7日，星期四，我一边给三、四班评析试卷，一边给一、二班阅卷。一班当天下午发了下去，二班到星期五早饭后才急急忙忙阅完。那时，天上正飘着雪，十分寒冷。这是一次骤冷。这次试卷评析，我只备了半小时的课，因为对这些东西早已弄熟了，也没有写十几页教案，只是在试题上简单地注了注。

阅卷过程中我很激动，因为这次考试大家的成绩不错。特别是三班文科班，成绩更是喜人，全班参加考试共七十一人，九十分以上者十四人，吕艳君、杨延芝两位同学考了99分。这时，我又想起了我的另一员大将——本班学习委员兼政治、历史课代表文竹（化名，下同）同学，假使文竹在（她生病在家），这份试卷又能答多少呢？我原先想等她病愈之后，让她正式答这份试卷并计分，现在想，恐不行了，因为她至今未到校。

我的课代表们都考得不错，最差的尹兆刚同学也考了89分。

四个班比较起来，四班差点。我认为有这样两个原因：一是本班纪律不太好，影响了学习；二是我曾对该班有点儿看法，也或多或少地影响了授课。

通过考试，发现了一些问题。有些同学之所以没考好，从学生本人角度来说，有这样两点原因：其一，不认真听课。或不上课，或迟到，或睡觉，或开小差。其二，看书不认真，学习不灵活，思维不活跃，这从答卷上都能很明显地看出来。考试及其成绩是对某些同学的很好的教育。

【关键词】思／研究问题

六、寒意

11 月 9 日，星期六。

昨天，纷纷扬扬的雪花满天飞。之前下了雨，雪花没落地就融化了。今早，天更冷了，突然结了冰，据说是受西伯利亚寒流的影响。

这一冷不要紧，各方面都发生变化了，你且看：人们一下都变"粗"了，穿了厚衣服；树叶儿一夜之间快要落光了，最可怜的是那些梧桐树，原先肥大的叶片郁郁葱葱，而今却只有光光的树枝，在寒风中瑟瑟发抖；杨树的叶子也冻得发青，像人们的嘴唇；那些小东西们，辣椒、小花等的叶子早已蔫了，再也恢复不了往日的生机。这就是冬天，冬天逼近了。

教导处下了通知："由于天气骤冷，今下午 12:50 预备，1:00 上课，下课后学生即可回家，明天按时到校。"

正好今下午高二（三）班是地理课，杨老师去滨州开会去了，我上了政治吧。我很愿意到高二（三）班来，我也很愿意多让他们学到些东西。

今天，我没讲新课，而是对前面学习的六课内容，和大家一起复习了一下。虽然这节课没有详细备课，但大家的注意力很集中。

当我提问一个问题的时候，几位同学都答不上来。我脱口而出："文竹！"她的位子空着，她还没到校。我想她可能答上来，因为文竹是挺聪明的。

复习完后，又让大家预习新课。离下课还有十分钟，有些同学就坐不住了，窗外也有他班同学的叫嚷声，许多人归心似箭，实在学不下去了，我只好宣布下课。

【关键词】思 / 热爱生活

尽快赶上

一、"周记"

1985 年 11 月 16 日，星期六。

日记太不赶趟儿了。实际上，我时时没有忘记日记。因为，生活中有许多丰富多彩的内容，有许多使我激动感慨的事情，需要把它们记下来。我是十分热爱生活的。同时，记日记可以帮助我们总结经验、吸取教训、不断进步，这正是日记的生命所在。

日记之所以这样间断，与工作紧张有关，但重要的原因是自己的懒惰。今后不能这样啦。简单说说本周的情况吧。

11月12日，星期二，晚上高二级教师在教导处开会，由寇堂贞主任主持，讨论分析了期中考试情况。寇主任说，高二升入高三时，基本上是原班人马不动。我想，我也可能送毕业班吧！也未可知，但我已是在为明年、下半年送毕业班而准备了。若是送毕业班，可真够我喝一壶的。我打算明年暑假，认真地攻读"政治经济学"。若不送毕业班，我将服从组织分配，最好改教语文。当然，也说不定多半年后我的思想有什么变化，是不是仍然感到教政治乏味又力不从心？是不是还那么爱语文？

对高二年级四个班的看法，老师们的意见基本一致，比如：一班学生比较活泼；二班很死板，上课没有生气；四班学生本来较好，但这次考试成绩却不甚理想；三班（文科班）学习气氛十分浓厚，学生听话，按时完成作业，考试成绩也不错。老师们一致认为，文科班大有希望。

11月13日，星期三，晚上学校各教研组召开办公会，李庆山副校长主持了政史组的讨论。政史组包括政治、历史、地理、生物四个科目，是全校科目最多、教师最多的教研组，最近新增历史教师李学，她是我们邹平师范学校的老校友，现在全组共有教师八位。

因为李老师进了政史组，教高一历史，所以起震的担子就减轻了。我和其兵都祝贺他，成为高二（三）班的"专师"了。实在不敢恭维起震以前上的课。我们几个新来的，几乎都是这样，知识水平低，没有教学经验。前段，起震上课多，课备不充分，就更糟了。我每周两个教案都很紧张，甭说起震七个教案，其狼狈样可想而知！现在起震得以解脱，真是大快人心。我说："我真羡慕你，就只教一个班，整天围着这一个班转，精力集中，效果一定很好。"

【关键词】思/日记风格

二、谁"出卖"了谁

许多同学不愿意听我和起震等几个新手上的课。王晓惠同学就曾对我说（她是比较信任我的）："上课时，我可爱走神了，历史课我还没听一次呢。"我很震惊，感到我们教学的危机。"我们是在耽误一代人呀！"。我曾这样有点儿危言耸听地告诉过起震，让他引起足够的重视，而他却不以为然。我急了，便把王晓惠的话搬出来激他。起震十分气愤，认为学生不听课，简直是"大逆不道"。他和王晓惠谈话时，管不住自己地质问道："你说过，没听过一次历史课吗？"他就这样把我出卖了。

当王晓惠向我说起这件事，埋怨我的时候，我无言以对。每当我看见她，见她脸上不自在的表情，一种失去信任的难言苦衷便袭上我的心头。呜呼！何以补救？

我怨恨起震。他不该这样直来直去，对学生的教育，毕竟要用让学生能够接受的方法。学生毕竟是学生，学生的多数错误，做老师的都是可以原谅的。何况是这样的事，更应从自己这方面找找原因，绝不能把自己的意志强加于学生。

难道我就是清白的吗？我很有理由责备别人吗？不是的，我做的一切，都很不够。我没有在听到王晓惠的反映后，及时地教育她认真听讲，也没有及时地把事情告诉起震，帮助他理解、认识这个问题，从根本上解决这个问题，并告诉他在同王晓惠谈话时要注意方式、把握分寸，等等。

一切都是由于我们没有经验造成的。请起震老同学原谅，恳请王晓惠同学原谅。愿我们心意相通，一起把教学搞好。

【关键词】教 / 教育尴尬　　思 / 自审自警

三、仓皇上阵

11 月 18 日，星期一。

昨天早上，在家吃了饺子，我和二哥就一起去城里了。他去工作，我到邹平一中找侄儿延祥。下课后，在这工作的师范学校同学杨道华好不容易才帮我把延祥找到，我从他那儿带回一本哲学书。我想好好地学习一些理论知识。

这次邹平之行，还顺便买了点东西，主要是给弟弟买了件绒衣。参加工作这几个月，我挣的工资有两百多元了，都用在我和弟弟的吃、穿、用、学上去了。

中午，娘没在家，去月河姥姥家去了，家里只有爹、二嫂和我三个人吃饭。饭后，二嫂就和我整理东西，两点多钟我才离开家，用自行车带了床被子，去了邹平。二哥再把我送到教育局门口，我便在这等学校的车。

这次坐车回校，虽然也有点晕车，但由于一车学生，说说笑笑，也很快活，所以不知不觉便到校了。

由于星期天回家，课没备出来，今天星期一，心里就有点毛。早饭后第一二节课，政史组的同志都说说笑笑，谈古论今，结果课没备下去，真把我急坏了，恨不得把书撕了扔了。烦躁得没法，到第三四节才写了点，这时头脑里乱得很，也不知该讲什么，不该讲什么，一句话该怎么说，不该怎么说。

结果，下午第二节给高二（三）班上的课效果很糟糕。我十分沮丧，这是怎么搞的？这样怎对得起学生？这不是误人子弟吗？我感到很惭愧。课外活动时，我都不好意思见到三班的同学。"这样的'老师'还玩呢？快去好好备一备课吧！"同学们若暗地里这样骂我，那也是活该。

这节课为什么这么糟呢？究其原因，主要是备课时精力不集中，准备得太差。在工作、学习上，懒不行，放松要求不行。

经过这一段时间的努力，我上课多少有点数了。上课的基本规则，知道点了。可是不能懒惰，因为现在我的水平离一个合格的中学教师差得太远。我只有持续地以比较快的速度前进，才能赶上党和国家对我们中学教师提出的目标。因此，我需要加倍地努力，克服"懒"字。

【关键词】思 / 自审自警

四、集中精力

11 月 20 日，星期三。

"当你对着讲台下几十双眼睛的时候，你敢让一句不负责任的话从你嘴里说出来吗？"我这样反问自己。

今天备课的时候，我不敢再和别人乱搭腔，集中精力设计教法。这节课算是备得较好！

最近学校制作、分发了小黑板，我和其兵、起震几个是"大用特用"了。小黑板的用处是很大的。

现在，我感到困难的是，还不能统观教材，有些东西很不清楚，教师不能居高临下。这样，若送毕业班就更难了。但现在，我已开始做些教毕业班的准备工作。真是这样的话，压力会很大的。教就教吧，其兵今年咋教的？明年我就不可以教吗？当然，我也想到，教完一届毕业班，再想改行（任教其他学科）就更难了。

现在，最主要的是学习、教学。

【关键词】思 / 迎接挑战

五、缓兵之计

11 月 23 日，星期六，下午我骑着庆山老师的自行车，和起震一起去了周村。上次离家时，娘嘱咐我买件大衣，我也想这么办。可在周村转了一下午，我和起震都没买到什么。我只买了一本书《中外著名教育家》。

晚上，在起震家凑合着吃了饭。因为起震家条件太差，饭后起震陪我到邻居家住宿，大爷自己在家。

次日早饭后，我们辞别大爷，又去了周村。在周村吃了点东西，就朝学校奔来。起震的情绪很不好，他什么事也没办成。起震是很爱美的，本来想买身西服或中山装之类的，可又没有什么合适的。我也惹他生了不少气。我太不尊重起震了！太不应该！

11 月 25 日，星期一，课又备不下去，下午高二（三）班的课我只好不上，让给起震了。我怎么向学生解释呢？因为你们的政治老师星期天去周村逛街，没有备出课来，所以不能给你们上课了？可是，什么是"星期天"？星期天也不是备课的时间呀！况且，我也没有去糊弄学生。我不能不负责任地给学生上课。这样浪费学生的时间，是万万不可的！

延迟了时间，这节课由于备得较充分，虽然内容较多，但讲得还可以。我甚至觉得，我上得好的课已达到相当水平了。

【关键词】学/购书藏书　　学/教育理论　　学/名人言行

六、难缠的四班

11月27日，星期三，课外活动时三班班长刘宝辉帮我印了两张练习题。蜡版刻得很认真，我很喜欢认真写字。一个人民教师的字，应该给学生以美的享受。我的字在南北寺中学来说还不算坏，很多同志还不如我写得好呢！我想，以后再下点功夫，练一练毛笔字。刘宝辉的"印刷"技术很高，我是给他打下手的。

晚上发练习题的时候，我向四个课代表宣布："今晚一定收齐作业！"

晚自习之后，一、二、三班的作业送来了，一班少，四班的作业一直没送来。四班作业常常交得很少。以前，我对四班没多少好感，上课讲到一个问题，有些同学竟能吵嚷起来，使我不得不停下来维持秩序。在别的班里，有时我还笑几声，可在这班就笑不出来。

当然，近几堂课好一些了。并且我发现，课堂气氛很活跃，四班学生的思维很积极。就在这个活跃的课堂里，有一个人与众不同，就是刘明。刘明同学几乎整天不抬头，只在那里苦学，真不愧是学习委员。前段时间我曾找她谈过，给她写了较细的改进学习的参考意见。我特别强调了一点："我们应该朝气蓬勃地度过自己的青春年华，而不应迷迷糊糊地生活；要活泼，要乐观，有勇气和信心创造一个新的局面。"近来，不知刘明同学的思想是否有变化？

11月28日，星期四，晚上我去四班找课代表崔义雄抄题，他不在，便让刘明来抄。刘明正趴在桌上算题呢。

当晚，我把四个班的作业批完，太多了。九点多钟后，教室已经拉闸断电，布满了烛光，我把作业送到了教室。

【关键词】教/心怀学生

七、杨老师转正

11月30日，星期六。

这周三晚上，杨秉臣老师在我们政史组讲综合程序教学法时，县教育局来了通知，批准杨老师成为国家公办教师。杨老师很高兴，我们都很高兴。杨老师当即掏钱，让我去买瓜子、糖、烟，请同事们"享用"。

星期六了，本应该回家一趟的，有些事情需要办了。我买的新单裤还没钉扣子，我多想立即穿上啊！弟弟上星期天从家回来说，娘又要给我做衣服，已买了布料，得回去量一量尺寸。还有，得从家拿点豆豉、咸菜等东西。

可是，我又不敢回家。回家一次，这一个星期天的时间就没有了。下一周又正是讲新课，开始一个新单元"认识论"，我对教材还很生疏。这样，星期天必须备课，否则，课前又得焦躁不安了。

午饭之后，我就躺下了。反正是周末，自由些吧！一觉醒来，已近三点，其兵已乘校车走了，起震也走了。政史组的同志都走了，我真急坏了，找不到一把钥匙，咋去办公室？走来走去，一下午什么也没干，只看了几篇《少年文艺》上的小说。

晚饭后，也很无聊，又不能立即睡觉，我便出去走走，到教室找学生谈谈话也好。

走到办公楼前，见有几个办公室还有烛光（没电），便凑了去。教导处有几个学生在做作业，我便从李校长的抽屉内拿出本政治教学刊物来看。

杨秉臣老师突然来了。我惊喜不已，当然我是不习惯于表达心情的。杨老师给了我办公室钥匙，我便坐下来备课。杨老师是来看看，组里的炉子是否还燃着。见炉子已灭，他便回去了。

我在冷屋子里，一直坐到十点来钟才回到宿舍，秉烛写下这篇日记。

【关键词】教 / 教育生态　思 / 时间观念

"认识论"这一仗

1985 年 12 月 3 日，星期二。

今天连上四节课，快把我累坏了。以前我从没一天上过四节课。当最后一节在四班上课时，我的嘴唇很干燥，嗓子早已沙哑，头脑也极度疲劳。可是，我作为一个老师，能中止自己的讲课吗？不能！我为了让学生听得更好一些，我还必须尽量使自己的语言更生动些。说来，一腔辛酸！

一、用好周末

11 月 30 日，星期六，完成一周的工作，晚上我就开始备下周的课，要开始学习"认识论"了。

星期天，上午分析了教学参考书。王晓惠同学来问问题，我倾囊相助。实际上，在星期天这种孤单的时候，我常常感到寂寞无聊。王晓惠同学的到来，给我不少的慰藉。

天冷了。中午，我打了点糨糊，糊了宿舍的窗户。这样一直忙到近三点，又去备课。晚上，开例会之前，我写了几个复习题，给高二各班送去，都是关于教学新知识的。教学过程应该是一个严密的过程，教师应该精心设计。

晚上教师会，没有什么大事。会后，大家看彩电。我无心观赏，退而备课。三班杨延芝同学来交地理作业，我和起震留下她，谈了一会儿学习的事。杨延芝学习比较好，这次期中考试全班第二名（第一名是吕艳君）。她学习很用功，可我有一种感觉，认为她可能不很注重灵活地分析问题，这样就丢失得分点了。

【关键词】教/充分备课　　教/心怀学生

二、光荣的"牺牲"

12月2日，星期一，我开始钻研北京师范大学等十一所高等院校联合编写的文科哲学教材《马克思主义哲学基本原理》关于"实践"和"认识论"这两部分。那次，我去请教孙丙南老师，他说："学点理论，很难。像读小说那样，是不行的。必须句句分析，句句理解。"此刻，我深深地体会到了。

作为一个中学政治教师，要上课，不比学生的知识水平高出一截，是不行的。一节课，如果我不认真备，就可能上不下去。我是个中师生啊！知识水平与教学任务多么不适应！我感到惭愧的是，自己是个很不称职的中学教师！可是我又有些聊以自慰的地方，在祖国这样缺乏教师的情况下，我们使出浑身力气，无怨无悔地肩负起重任，虽然没有很好地完成党和人民交给的任务，但毕竟比让这些学生待着、没人教要强些。我们是为了落后的国家而干了力所不及的工作，我们付出了自己事业上、生命上、爱情上的牺牲。但也只有这种牺牲的不断积累，才能奠定国家的坚实基础。

分析起课文来，就难了。怎么读懂呢？没有老师授课！我几次主动请教厉仁杰老师和李庆山老师。

我预料到，下午第二节高二（三）班上课之前，不可能把课较好地备出来，所以早做打算，且不忙着写教案，而是先尽可能地理清自己的思路。高二（三）班的课，简单分析了认识论的概念之后，我便让学生开始预习新课。而星期一早自习，其他班预习这一课时，我没让高二（三）班预习，而是布置他们复习第七课的内容。

晚饭后，坐在校门口，等候放电影的时候，我又让庆山老师，给我讲了一通"辩证唯物主义认识论是革命的能动的反映论"的含义。今晚电影，是著名的日本片《追捕》。

顺便说一句吧！因为电影不错，所以一贯蹲在教室里不出来的高三毕业班学生中，也有一些胆子大的出来看了。当然，班主任老师们便生气了："真是不知好歹！

老师辛苦地教你们，希望你们都能考上大学，可是你们却这样不懂事！眼看就要毕业了，还看什么电影！"有些学生被训了，又被老师们耐心地劝导一番。

老师们盼望学生成才的心是可以理解的。但是，学生的生活也确实太单调了。这样枯燥的生活，他们愿意过吗？他们都是些十七八岁的小青年，能心甘情愿地过这种生活吗？他们应该呼吸新鲜的空气，体验多彩的生活。我认为应该是这样！若我当班主任，我是否可以解放一下学生呢？

【关键词】学 / 学科专业　　教 / 国家责任　　行 / 重要他人

三、"满堂灌"的利弊

星期一晚上，看完电影后，继续备课。实际上，电影也看得不痛快，因为明天第三节开始，有四节课连着，若到时备不出课来，四个班的课都完了。这时，我真有些急眼了。但也不能不睡觉呀！明天，没有充沛的精力，是不可能上好课的。

次日起床后，我马上到办公室备课。早饭后，又抓紧备课。这时，效率最高了。这节课准备得比较充分，内容又比较集中，所以教案很快写完了。第二节快下课了，我抓紧时间抄小黑板，一写就是三面。匆忙写完最后一面，离高二（一）的第三节上课时间只有五分钟了。

这节课内容较难，容量又大，所以我基本采取了"满堂灌"的方法。为了提高教学效率和效果，我采用了小黑板，同时也尽量使自己的语气和谐一些，把话送到学生的耳朵里。

起震曾提过一个意见，就是我说话太呆板，语气太平和，学生不愿听。我也懂得，教师的语言没有感情色彩是不行的。前段学校领导和老师们听课的时候，我仍用了这种平和的语调上课。课后，王公金、李咸化、杨秉臣、李庆山等老师又一次给我提出这个问题，我才感到问题的严重性。由于此后上课比较自由自在，所以我在语气上也有些进步。我感到，这是近期一个不小的进步。

虽然我竭尽全力使学生愿意听，但从根本上还是"满堂灌"，小小的技巧是不好解决问题的。这样便出现了一些反常的现象：以往爱喊爱叫、课堂活跃的一班学生，现在这样一"灌"，没有一点生机了；相反，原先课堂不很活跃的二班，这种授课效果反而不差，多数同学直着脖子听。

以后可不能这样满堂灌了，这太可怕了。让学生只是听老师说什么，记住老师说的话，而学生的思维不能自主开动，到头来，培养出来的将是什么"人才"呢？

老师讲课当然累，学生要克制自己，跟上老师的思路，被动地跑，就更累了。所以，我讲到一个节骨眼上，都稍微停一停，让学生休息一两秒钟，然后再讲课。

午饭后，三班、四班，又是两节。这样，"认识论"的第一堂课就结束了。有谁知道"灌"了这堂课，我备了多长时间的课呢？

【关键词】思 / 自审自警　　教 / 尊重规律

四、奋斗的豪情

现在的我，首先是学习的过程，然后才是教学的过程。之所以学，是为了更好地"教"。

课外活动去打篮球，松缓一下吧！

今天晚上，写了这样长的日记，记述了这节课。此时，已是十点三十分。

对于我们来说，具有伟大转折意义的 1985 年即将过去。我们正进入一个新的时代，创造新的成果。

【关键词】思 / 自尊自信

雪中情思

1985 年 12 月 7 日，星期六。

今天没有课，上午批了一下作业。下午，没有别的事，对着茫茫的大雪天，想想心思。

一、英模报告

12 月 5 日，星期四，下午要听解放军英模报告，而高二（三）班下午还有一节政治课，班主任孙凡涛老师就让我临时改上上午第三节。可是，课还没备好呢。仓促上阵，结果使一节很重要的课上得很没水平，可以说达到了历史最差水平，这时候我又不愿意说话了。

真气人！这样的课以后再也不能出现了。我要适当提前备课，留有余地。

下午听解放军英模关于对越自卫反击战的报告，天很冷，可会场秩序很好。人们，包括这些学生们，绝大多数是有良心的，大家对在反击战中抛头颅、洒热血的将士是尊敬、爱戴和同情的。

【关键词】行 / 道德感动

二、雪田山寺

时间就这样流逝着。上次我回校时，是二哥送我的，他把我送到教育局门口，就匆匆地去工作了。这个情景，离现在已有三个星期了。

时间这样快地过去，又到了周末的时候（我早已等待着周末的到来，且写好了"家乡行备忘录"），我却不能回家，见见年迈的父母，见见辛劳的兄长，见见贤淑的嫂嫂，见见可爱的侄儿侄女——一场数年罕见的大雪降临人间。从昨晚就开始飘雪花，到今天中午方停，积雪尺厚。

面对大雪，我又想起了师范学校生活的情景。那时，每当夜间下雪，早晨同学们就早早起来扫雪，就连年近五十的班主任李老师也早起来，同大家一起干。"扫雪运动"中，我是不甘心落后的。

今天，我已是老师了。这样的雪天，晚起一会儿也没管着的，而我还是惯性般地早起，扫开门前厚厚的积雪。风正吼，雪正舞，我还想去看看各班学生扫路，帮一下忙，而他们早已扫完了。

我忽然想起一件事来，昨天（星期五）的一、二班早自习，咋忘了去上？当时只顾修改教案，竟把自习辅导给忘了。政治每周就只有这样一个自习，不去，学生将怎样想呢？韩老师干什么了？小心谨慎才是！

【关键词】思 / 热爱生活

山寺寒冬

一、带回温暖

1985 年 12 月 14 日，星期六，我乘坐学校的汽车回家。在月河桥下了车，还有五六里路，积雪还未化尽，我又穿着塑料底鞋，一步三滑，难走极了。

到家了，家仍是家的样子。今年棉花收成不好，家里也挺窘迫的。

娘拿出二嫂刚给我做的靴子，我穿上它，真暖和，真舒适。二嫂是个贤惠的好嫂子。

二哥仍在城里当木工，今天晚上五六点钟，天黑了才到家。他一吃了饭，就说去接嫂子，说让她来家洗点衣服。我想，还有一点，就是让我们叔嫂，在这个不常有的机会见见面吧！

这天下午，我去大嫂家找她给我做衣裳，见到侄儿、侄女。我教了他们一会儿，觉得现在的孩子们太需要有正规的教育了。我教小学是蛮能胜任的，可如今却是这样一种处境！

晚上，我抄了一份练习题，是关于"政治经济学"复习的。我准备明年送毕业班。

次日上午，娘和嫂子包了饺子。我每次回家，家里几乎都包饺子。

午饭后，我便打点好，上路了。踏着这乡间的小路，过了三八水库，便到了邹平。我便在这里，等待校车到来。

【关键词】行/关注社会　　行/热爱儿童

二、评价和反思

12月18日，星期三，学校组织各班部分学生对各位教师教学、作业、辅导做了评价，并提了意见。从高二级四个班的同学对我政治教学的意见中，我总结出这样几点：

（一）老师水平低，对教材理解不深刻，讲起来就更差劲了。

（二）还是由于水平所限，在举例说明事理上很差劲。一是举不出一些课本外的、生动活泼的、更容易为学生接受的事例，二是课本上的事例讲不透。

（三）多数情况下，上课过于严肃、拘谨，不自如。有的同学形容说："老师对我们太尊敬。"

（四）在作业、辅导上，大多数同学还是赞成的。因为在这方面，是下了功夫就能做到的。

其他方面，同学们就众说纷纭了。有的说我讲课生动，有的说是"教条主义者也"；有的说教学要改革，有的说"希望老师不要满堂灌"；有的评价我的课是"较好"，有的写上"特差"……不能一一列举。

对此，我只能这样去理解同学们的意见。因为他们还是学生，看问题不可能很全面，有些地方夸大了，有些地方抹平了，也是存在的。

总之，我对半年来的教学，自己心里有数。不管怎么说，我是尽了最大力气了。现在我的休息、活动时间，要比在师范学校时少得多。经过我这样艰苦的量的积累，一定会有所突破的。

我想，今后上课应注意以下几点：第一，深入钻研教材，不明白的地方不要放过，或参考高等学校教材，或请教其他老师。第二，上课放松些，尽量生动些。以后，改掉单纯用"讲解课文—学生读书"式授课，可运用一些直观教具，如图画等。这样，更有利于调动学生的学习积极性。第三，对学生要求再严格一些。把教学过程完善起来，不要使新的教学方法流于形式。第四，注意培养学生分析问题、自觉学习的能力。这是十分必要的，不能忽视的。

【关键词】思/深入反思

三、重做学生的渴望

12 月 19 日，星期四。

今天下午，学校举行越野赛。参赛的是学生，没有老师，不然我又会在这漫长的路途上"征杀"了。我很想这样，可我已不是学生了！

学校安排我和其兵巡查线路。起震虽然没有事，也骑上车子来回转悠。这些有很浓的学生气的老师，是很爱表现自己的。

过去的，就这样过去了，永远地过去了。以前并不觉得师范学校生活怎么样，而今我深深地眷恋母校。我记不清是哪位诗人，也记不清他（或她）是怎样说了，只是模糊地记得：当一个东西逝去的时候，人们才觉到他是珍贵的，过去的一切将变得可爱！

如今，我深深地体味着三年的师范学校生活，觉得她给了我许许多多以前未曾有过的东西，使我这个弱不禁风的孩子，竟也爱上了体育运动，竟也能在这体育竞赛项目上展现风流。

我多么羡慕我的学生们，他们能在同学们中间大显身手，我却不在这个行列了；而这种羡慕里，又带着些许嫉妒！

我再也不能成为学生了吗？我多么渴望，能有一天迈进高等学府的大门，重新有许多老师和许多同学，重新施展我浑身的解数。

【关键词】思 / 发展渴望

四、不能自谅

12 月 21 日，星期六。

今天，我要记的是昨天的事，一件使我很羞愧的事。下面请允许我这样地写下：

一九八五年十二月二十日下午，由于我睡着了，给高二（二）班的六十名同学耽误了十分钟的课。这是我今生今世无法抹去的错误，这是我不能原谅自己的第一件大事。

这几天，我太累了。每晚都到十一点多钟才睡觉，连续几晚和学生谈话。学校刚搞了"征求学生意见"，我便找了几个课代表来谈谈情况。

以前，下午有课，我也好躺下休息一会儿的，但多数情况下，我也睡不着，因为放心不下；或者嘱咐起震，到时叫我一下，还没出过事。

这次，我仍习惯地躺下了，想闭闭眼休息一下。若不然，上课头脑不清醒，话也说不成，学生会很烦，自己会更烦，有时甚至想跑下讲台来。

可是这次，睡神把我紧紧地抱住了，我忘记了看表，忘记了上课，忘记了高二（二）班的六十名学生……

当我猛地惊醒——啊？已经近一点四十了。我脸也不洗，提上鞋，跑进办公室，两分钟之后，便迷迷糊糊地进了教室……

不论怎样，这实属教学中的重大失误，是教师责任心不强的表现。

我没脸把事情的经过告诉同学们。我只是对二班班长兼政治课代表孟伟刚说了，嘱咐他，再有这种情况的话，及早找我。

【关键词】思/知耻后勇

五、规矩与修养

12月22日，星期日。

星期六下午，厉仁杰老师，还有其兵，我们三个去王村镇一个小澡堂洗了澡，挺舒服的。自从师范学校毕业，我还没有像模像样地洗过一次澡呢。有些学生也去了。

今天晚饭后，我蹲在办公室。

"报告——"响起了一声不太规矩的声音。

原来，高三的一个学生来倒热水。水开后，他灌上暖瓶，走了。我还告诉他，以后再用再来。这样，好几个学生来灌过水。

门"吱"地响了，一回进来两个"大"学生——高三级的吧，起码得比我大两岁。

我早已气坏了，但没有发作。只是平平地问："这是你们能随便进的地方吗？"

两个学生在炉子跟前转了几秒钟，尴尬地走出去了。

我想喊住他们（学生的生活太苦了，连开水也不够用），可迟疑的工夫，已不见他们的踪影。

由此我也想到，我教的高二级的一些同学，可能是由于和我太接近，或不好意思叫"老师"，往往见了面，劈头就问我事情。难道，我非要求他们天天把我尊为"老师"不可吗？我不可以做他们的知心朋友吗？

这些事情该怎样处理呢？

谁让我这样年纪轻轻地就当了教师，谁让我在开始当教师的时候，知识这样浅薄。我只有努力地学习！

【关键词】教/教育尴尬　　教/教育生态

六、中国人民的骄傲

12月28日，星期六，晚上在李学老师家，看了电视直播"中国队—世界明星联队女子排球赛"，经过顽强拼搏，中国女排以 3 ： 1 胜世界明星联队。

夜晚，全校师生几乎人人都跑到了电视机前。这是一个多么激动人心的场面和时刻。

每一个中国人都感到骄傲，每一个炎黄子孙都感到自豪。中国女排天下无敌！在这里，中国人民的勇敢、智慧和才能，得到了充分发挥。

1985年12月28日，中国人民的难眠之夜！

【关键词】行 / 爱国热忱　　行 / 榜样鼓舞

七、哪里有"病"

12月29日，星期日。

一天中，雾很浓，野外几步之外便什么也望不见了。空气湿漉漉的，不断地落雨点。

今天上午十点钟以前以至昨天，我的心情是惴惴不安的。

昨天下午，我和起震去临池医院一趟。这段时间来，我时常恶心呕吐，不知什么原因。同志们都担心我有什么病，劝我抽时间检查一下。实际上，这还是我第一次公费医疗。医院的刘大夫让我次日不吃饭去验血。

昨天晚上看完了电视，又想起我的"病"来。这时，我特别想，有个人在我身旁该多好啊！或父母，或兄弟，或将来的她……本来，我常一个人住在宿舍里，就够寂寞的了。

我心事重重地回到宿舍，杨华老师正躺在床上，我很高兴。杨老师难得在这里住上一夜和我做个伴儿，因为杨老师的家离学校很近。我高兴地对杨老师说："我真想你！"这一晚，若杨老师不在，我还不知咋睡着。

天明了，我想去做一下早操。可没做了几节，便想吐，但又吐不出来。真难受呀！

天阴得厉害。快八点了，我才骑上车子，再去临池医院。抽了血，给起震、其兵买了药，我便到外面吃点东西，又买了点零碎物件。

我的心一直是忐忑不安的。到底会有什么结果呢？

十点钟终于到了。我把化验单领出来，结果"正常，正常，正常"。我的心终于放下了。回校的时候，心情变得很轻松。

【关键词】行 / 战胜疾病

致母校师生的信

邹平师范学校的老师们，学弟学妹们：

在20世纪80年代第七个新年即将到来之际，我们三个——王起震、韩兆恩、段其兵，作为母校1985届毕业生，特向你们祝贺：新年好！同时，也向母校的老师们、同学们汇报近半年来的工作。

实话说，在这半年里，我们是不好过的。一是我们刚从学校走出来，对社会、对教学都十分不熟悉；二是我们又以一个中专生"连升两级"，去教高中学生。自从来到南北寺中学，我们三个都分在政史组，分别教政治和历史。

不怕老师和同学们笑话，我们的学生有些比我们这几个老师年龄还大。刚去以至现在，有些老师和同学甚至不认为我们是老师，有时去食堂打饭，师傅还不给。

我们的现有知识十分不够用，因为我们学的政治、历史就是高中课本，而要教的又正是它。其难度可想而知，我们常常望着课本出神——这个可怎么讲给学生听啊！

尽管如此，也不能"论堆"。一节课不备，六七十个甚至二三百个学生就要被耽误。一个人民教师的强烈的责任感使我们不能消沉，不能停步，不能知难而退！

于是，我们又静下心来备课了。晚上八点、九点，教研室的其他老师都走了，就只剩下我们仨相伴；十点、十一点，别的教研室都熄灯了，甚至教室里那些爱开夜车的学生的烛光也不见了，而独有政史组的灯光还亮着，还蹲着三个孩子样的老师。

就这样，我们仨相互陪伴着，相互鼓励着，备课，批作业，和学生谈话……

可是，看看我们的教学成绩，又不禁有些丧气，为什么洒下了汗水，换不来成果？这时，我们甚至怀疑：量变是否会引起质变？

今天，我们仍这样摸索着，艰难地摸索着……

当我们站在讲台上，说着不太流畅的普通话的时候，多想自己还是个学生，不在这儿受这份洋罪啊！

当我们在备课和学习中遇到疑难问题时，又多想重新变成个学生，坐在课桌旁，向老师请教！无时无刻，甚至做梦，我们都想再回到学生时代。

在这里，我们想告诉学弟学妹们的就是：你们一定要珍惜今天的美好时光、大好时机，努力学习！学海无涯，一个人的知识只不过沧海一粟。

过去我们也没觉得师范的学生生活怎么样，而今天却真正感到它的价值了。逝去的东西，才觉得它是珍贵的。

还有一点要说的，就是希望老师们、同学们永远热爱自己在进行着的或已选定的事业。当前，我们中国太需要教师了！以至于我们这样的中专生会到高中任教。

既然如此，我们理应勇敢担当起这副沉重的担子，这是历史赋予我们的光荣而又艰巨的使命！

当祖国需要大力发展教育之时，我们挺身而出，担当起这历史的重任，不觉得伟大和自豪吗？

老师们，同学们！我们永远是同一条战壕里的战友，让我们携手同行。

最后，祝贺老师们在过去一年里做出了巨大贡献，祝贺同学们取得了辉煌成绩，并预祝在新的一年里更上一层楼！

此致

尊师礼！

母校 1985 届毕业生：王起霞、韩兆恩、段其兵

一九八六年元旦于南北寺中学

【关键词】教/爱岗敬业　　教/职业自豪　　思/发展渴望

新　年

1986 年元月 1 日，星期三。

一、来到学生中间

最近几天，心潮汹涌。为迎接新年，各班已经准备了好几个星期，排练文艺节目就是一项不小的活动。

12 月 30 日，星期一，晚上学校放电影《代号 213》。由于很多教研组举行酒会，所以老师们看电影的不多。我们政史组八位同志，十分和睦融洽，共同度过这美好的时刻。孙兆俊校长、李庆山副校长、寇堂贞主任先后来我们组一叙，还特邀伙房王师傅来玩了一会儿。各教研组相互邀请，彼此祝福"新年好"。

31 日上午，继续上课，我抓紧时间给高二年级四、一、二班考试，内容是第八课"实践和理论"，三班已于 30 日考过。下午，学校文艺会演。全校从小学至初中、高中，二十个班级的文艺高手，汇聚于高一教室前广场，表演了精彩的节目。对于高二级的节目，我

特别感兴趣，特别是高二（三）班的节目是不错的。学习成绩不太好的翟保霞同学，在这舞台上成了活跃分子。这也是人才呀！四班的刘明同学，平时十分文静，只管埋头学习，今天也登上了舞台，使我大吃一惊！

晚上，各班开文娱茶话会，学校领导、班主任、班干部、文娱积极分子们忙个不亦乐乎！我先是到了高二（三）班，玩了一会儿。这时四班班长解新章跑进来，死活要把我拉到他们班去。三班班主任孙凡涛老师、班长刘宝辉与他争执了好一会儿，终于放我去四班。全体同学起立相迎，在大家鼓动之下，我讲了两个小故事。从四班出来，我又到了二班。我见气氛不很活跃，便壮起胆子，唱了一支歌《老师啊，看见鲜花就想起您》。从二班出来，我又被一班同学邀请去。班主任张成春老师正在班里，和他的学生们在一起。我把真心话告诉了同学们："我觉得，还是和大家在一起快乐。"同学们要求我表演节目，我便跑回办公室，找来一首诗《流亡大学》，朗诵了一遍。一会儿，杨秉臣老师来了。杨老师表演完他的节目，又到其他班级去吹他的大行市了，而我悄悄地、寂寞地回到了宿舍。一个人没有，只有炉子上的小锅，还冒着热气。

这样的时光，可怎么度过？这时，我要是个学生该多好啊！我是班主任也不错呀！而此时此刻，我什么也不是，我不能长久地和同学们在一起，不能长久地得到童心的欢乐。当各班同学们在尽情享受着集体的幸福之时，我一个人躲在清冷的宿舍吗？我一个人独自坐在办公桌前？

我终于坐在了办公桌前，然而是无聊地拿起铁笔，在钢板上划得"吱吱"响……

"报告！"

"进来！"

原来是三班的文竹和夏玉兰同学，请我再到他们班去。我心里热乎乎的，什么也没说，再次投入三班温暖的大家庭。在同学们一再要求下，我顾不得面前的许多音乐高手，同大家一起唱起动情的《送别》："……半间屋前川水流，革命的友谊才开头……"最后，孙凡涛老师提议，大家齐唱电影《甜蜜的事业》主题歌，在一片"我们的明天比蜜甜"的歌声中，联欢会落幕了。

向着明天，前进……

【关键词】教 / 教育初心

二、风雪载途

昨天晚上，我睡觉时已十二点多了，但没听上广播传送的新年钟声，感到很遗憾。今天在回家的车上，听孙凡涛老师描绘起那庄严时刻的美妙钟声，令人神往。

学校的车在今早近九点才开出，到邹平时已十点多钟，我还领着庆山老师的儿子——三年级小学生李峰。到了邹平二哥工作的临兴木器厂，一问才知道，因为二嫂生产，他已三天没来上班了。

我把李峰送回家，稍息片刻，便踏上了回家的路途。一路好艰难，从三八水库大坝下的雪里登顶上，越过大坝，进入布满沙坑、沙堆，坑坑洼洼的黛溪河底。在积雪、坑洼、乱草中足足走了十五分钟，靴子也湿透了。这时觉出了北风的寒冷，雪后的天没有不冷的。真是风雪载途啊！

到家已是十一点多钟了，娘告诉我，嫂子生了个小闺女。做了爸爸的人，二哥脸上笑眯眯的。虽然近几天忙前忙后，很劳累，脸色苍白，但毕竟透出一种内在的喜悦。

不知小侄女将起怎样的名字。一九八五年十二月二十九日，农历乙丑年十一月十八，我的第二个侄女诞生了！她的叔叔为此而高兴。待将来，又是一个聪明伶俐的小家伙。我为幼小的小侄女默默地祝福。

【关键词】行／困难考验　　行／热爱儿童

三、我若当了班主任

通过这半年的教学，我感到，当班主任是很必要的，学校的班级工作迫切要求一批得力的班主任去做。当一名班主任也是十分光荣，十分幸福，十分愉快的。因为这样，可以更广泛、更深入地接触同学们，了解他们的喜怒哀乐，从而做同学们的知心朋友；可以更大限度地发挥个人才能，为祖国的教育事业做出更多贡献，使自己的生活变得更丰富，更充实。

我想，我若做了班主任，起码可以先做好以下几项工作。

第一，把班级的思想政治工作搞起来。特别要告诉同学们，不要让高考遮住了眼睛。有希望的同学，不要把眼光仅仅放在高考上面，还要想一想："若考不上呢？"即使完全有把握考上，或侥幸取胜之后，也不能停止前进的脚步。因为这只是为投身社会做了点准备工作，要想真正为人类做出贡献，还要靠今后几十年的奋斗和求索。没有希望升入高等学校的同学，也不必灰心丧气，并不是没有生活的出路，仍可以在其他方面开创新天地。全体同学都应满怀信心，放眼远方，正确地看待社会和人生，勇敢地学习、工作和生活！

第二，要把班级的纪律抓好。我可以把办公桌放到教室里，和大家一起学习、生活和活动，一起讨论问题。我要求大家做到的，自己一定首先做到。我相信，若老师以身作则，同学们也一定会自觉遵守纪律的。

第三，建立一支健全的、有魄力的、能够全心全意地为同学服务的、积极协助老师做好工作的班干部队伍。

第四，调动全体同学的积极性，使每个同学都抬起头来走路，使每个同学都感受到集体的温暖，真正感到集体的力量。特别是对学习成绩不太好的学生，更应该注意发挥他们在其他方面的专长，使他们不灰心，促进学习成绩提高。对于学习成绩优秀的同学，应注意使他们全面发展，真正成为社会主义现代化建设的有用之才，不要成为书呆子。

第五，积极开展文体活动，至少是在不影响学习的前提下，多开展文娱、体育活动。歌声可以催人奋进，体育活动可以使人精力充沛。

第六，办好班内各种专栏，诸如黑板报、书法展览、文史小报、数理化小报等。今天，我想写点东西，积累点材料，为将来做这些事情做准备。

【关键词】思 / 发展渴望　　思 / 时刻准备

期末教与学

一、假日

新年在家三天，除了玩和吃，主要就只做了两件事：一者，读了柔石的中篇小说《二月》，这是向李学老师借的；二者，读了《马克思主义哲学基本原理》辩证的唯物论部分。

1986 年元月三日，星期五，十二点半我和弟弟一起去邹平，分别乘坐校车和公共汽车，回学校。

【关键词】学 / 语文修养

二、作息

元月 6 日，星期一。

到校之后，正是星期六、日，连上了两天课。雪未化尽，天气突然变得很冷。操场上的雪还未清扫，早操也未上。我去一、二班辅导早自习时，有很多同学未到，我很生气。上课时，我强调了按时作息的问题。

昨天晚上，我在高二（三）班发练习题时，也强调了这个问题，要求大家今天早自习按时到班。我从教室出来，见一个学生从远处跑来。我问他做什么了，为什么迟到。他很不严肃，甚至把我当小孩耍。原来他就是杨质彬（化名，下同），我第一次被学生气懵了。

本来，我就不是个十分称职的教师，学生不听我的话，不尊重我，是常有的事。而学生，特别是作为受了十来年教育的高中学生来说，应该深刻地懂得自己是干什么的，应该有自觉性和自制力。面对学生，面对自己无能为力的现实，我生气了，不知想说什么。

我早和学生说下，早自习要按时到。当然，我更要按时到。早晨醒后，还不到起床的时间，我就不敢再睡了——一旦睡着了，起不来，咋向同学们交代？我到教室，三班仍缺不少的人。而刘宝辉的同桌杨质彬，正低着头看书。大概他已感觉到我的到来，他以自己的行动，表示自己不是那种一贯不遵守纪律的人。

【关键词】教/立德树人

三、招干阅卷

元月6日，星期一，寇主任安排厉老师和我，下午去临池乡阅招干的政治试卷。

试卷答得很差劲，政治试卷满分一百分，有的同志竟才得八分。六十份试卷中，五十分以上的寥寥无几，而及格的只有一人，六十八分。国人的科学文化素质状况，可见一斑。

晚上，在临池乡政府吃饭。夜色里，与参加阅卷的王元海、孟祥宾、黄立岭等老师一起回校。

【关键词】行/社会责任　　行/关注社会

四、广泛涉猎

元月11日，星期六。

学习，学习，应该是我们的座右铭。我不想回家，虽然是周末。即使学习一点也是好的，也比不学强。

我作为一个中师毕业生，知识太不足了。为了尽快地提高自己的教学水平，不再误人子弟，我需要的是学习。

现在要学习的，当然首先是政治理论了。一边教，我一边把哲学往深里钻一钻。政治经济学也需要通一通，钻一钻。

除此之外，应再读点逻辑基本常识。今天下午，我就是学习了一点关于"推理"的知识，是高中语文课本上的。实际上，也是学语文。学生懂得的东西，虽然不属于自己教学的科目，老师最好也要知道。学习政治之外，我还愿多学点语文。

教师无能，学生受罪，国家受害。这是一个十分严重的问题，又不是一个人、一时能解决得了的问题。况且，越是像我这样不称职的教师，越是无力改革的，至少目前是这样。

现在的原则就是：玩上少用些时间，把时间多用在学习上。目的只有一个，自己太不像个高中教师了，应该尽快地改变这种现状。

【关键词】学/为用而学　　思/自审自警

五、思想政治教育的迫切性

元月 11 日，星期六，晚饭后同王晓惠同学谈了一会儿话。我感到很重要的一个问题便是，现在的中学生思想太狭隘，大家认为考大学是唯一的出路，若高中毕业考不上大学便是没出息到了顶，而考上大学的则"升了天"，一个天上，一个地下。

呜呼！青年人还不能正确地认识自己的地位和作用。

同时，我也感到思想政治教育的迫切和必要。然而，是不是所有的领导、班主任、政治教师乃至学生的家长，都注意到了要做好学生的思想政治工作呢？没有的呀！

提高学生思想认识，是一项十分重要的工作！

【关键词】教 / 立德树人

六、周末的寄托

元月 19 日，星期日。

昨天，我们几位，有李学、王爱玲老师，还有其兵，搭乘校车，到周村下车，转了一下午。其实，我啥也不想买，啥也不需要买，只是出来玩玩，休息一下罢了。我只买了一双袜子，一本书《政治经济学》和一个笔筒，总共花了四元左右吧。

晚上，我们乘坐公共汽车到临池时，已经六点钟了。

吃了晚饭，我看了几份试卷。近十点，我到李学老师家里，看起来日本电视连续剧《蔷薇海峡》。

十一点钟，睡在了孟祥宾老师的宿舍里，找个伴儿说说话。一个人太寂寞了！

【关键词】学 / 购书藏书　　学 / 学科专业

大　考

一、让学生多知道些东西

1986 年元月 22 日，星期三。

对我来说，一切都是第一次。期终考试就要来临，这是我参加工作后面临的第一次"大考"。虽然是学生考试，但我的紧张程度不亚于学生，这次是地区统考，据说还要全地区统计分数，这正是检查我的教学及学生的学习好坏的时候。等待吧，那个神圣的时刻，从星期天就要开始考试了。我的学生们将考出怎样的成绩呢？会使我兴奋，还是使我丧气？不得而知。

有一点是肯定的，成绩不会太好。单从我这方面来说，我讲的课最大的毛病便是不深不透，学生对许多问题都不理解，因为有些东西我也理解不透。我不敢有什么奢望，只希望大家不要考得太糟。

星期一、二课上，我讲了讲1985年的重大时事。实际上，我知道的就不多，学生和我的阅历差不多少，所以也没有什么可讲。时事政策题目是厉老师编辑，我刻印的，高二、高三两年级都用了。

我想从明年开始，实行开放式教学，得让学生多知道些东西（只要他们应该知道的），多思考些问题，不要把他们的眼睛蒙蔽起来，也不要把他们的头脑禁锢起来。不要怕学生知道得多，冲昏了头脑，学生知道得少，生发不出来。

【关键词】教／感性基础　　思／未来憧憬

二、羡慕学生

元月26日，星期日，期终考试开始了。学校要求很严格，高一、高二考场套排，学校要求监考教师认真负责。

我在高一（二）班教室监考，这里的考生是高一（二）班和高二（二）班的。上午考的是高一历史。几个学生有些作弊行为，一开考我就发现了这一情况，我去看一下他们的姓名，是"闻名"全校的调皮学生。下午考的是高二生物。我出考场后回到教室，于凤英老师告诉我，有个学生作弊。我一看，原来是崔前锋。又是你，这个调皮的崔前锋。他的卷子已被于老师没收了，连他抄袭的邻座王红卫同学的一张试卷，而崔前锋却不离开考场。过了会儿，王红卫交上剩下的一页，离开了考场。随即，崔前锋也到讲台边来，要求于老师还给王红卫试卷。于老师说："你没这个权利。"而他还不走。我怕影响大家答卷，下命令说："崔前锋，出去！"崔前锋走出教室，站在了门口。李庆山副校长巡查发现了这件事，教导处寇主任又问了情况。

下午考完后及晚上，帮杨秉臣、郭国华老师看了会儿地理、生物试卷。政治到星期二下午才考，还不知道我会多么忙活地看试卷呢！因为我一看就是高二年级四个班的！

期中、期末考试都是大练兵，每个老师、每个同学都十分紧张。当学生拿到试卷，"刷刷"地答卷的时候，我又十分羡慕他们。我比他们大不了多少，顶多两三岁。然而，我却没有答卷的权利了。我只是站在教室，或坐在椅子上，眼巴巴地望着小弟弟、小妹妹们答题。

这高一（二）班，有我同村的韩凤霞小妹和老家邻村的郭慧玲同学。我感到很亲切。

【关键词】思／发展渴望

三、"开卷"有益

元月 27 日，星期一，上午考了语文，下午考了化学。

刚吃完午饭，崔前锋来找我，我还以为是为昨天的事呢！

"韩老师，谢谢你！要不是那次你给我写在试卷上，我的作文就写坏了！"

崔前锋几句话把我给说懵了，这是哪回事？噢，我想起来了。那次政治考试，崔前锋自己打开了书。但交卷的时候，也已注明"开卷"。我阅卷时便写批语道："希望你常常'开卷'，不只是在考试的时候。"

"为了这句话，同学们还争论了许多。听说这次考试，我班有半数同学审错了题，把'开卷有没有益'理解成'开卷考试'和'闭卷考试'了。"崔前锋又说。

原来如此。说了会儿话，崔前锋走了。我想笑，可又没笑。他还对我解释了自己为什么作弊：只不过为了想考得分数多一点，过个好年，至于奖学金是不曾想的。

我忽然明白了一个道理，学困生也是有荣誉感的，只不过……

【关键词】教 / 立德树人

四、教师的享受

元月 29 日，星期三。

昨天下午，一考完政治，我就开始了紧张的阅卷。郭国华老师等，还有起震、其兵都帮我阅卷。百忙之中，晚上我仍没舍弃电视连续剧《蔷薇海峡》。看完电视剧已九点半了，我和厉老师又继续阅卷，到十二点多才去休息。躺下后，我满脑子都是试卷，辗转反侧好大一会儿，难以入眠。今天厉老师说，他回去也是长时间睡不着。

早晨起来，已近七点了。吃饭，又没食欲，硬往肚子里塞下了一个馒头，想看一会儿试卷再回来吃饭。可是一看起来就忘了，快晌午了，出来上厕所，才觉到肚子饿了，想起早晨只吃了一个馒头。

午饭后又抓紧来阅卷。今天是考试最后一天，本想下午最后一场去高一（二）班教室走一趟，这实在是作为教师的一种享受。然而又想到，我已告诉几个班的课代表，考完试后让他们帮我统计分数，还没阅完卷怎么办呢？于是我不敢懈怠，抓紧时间阅卷。

考完试后，尹兆刚、孟伟刚、崔义雄都来了，一直到吃晚饭才算基本整理完。

阅完卷，一种紧张之后的轻松感伴随着我。晚上，我躺在床上还想着，明天应该怎样给学生分析试卷。

【关键词】学 / 文史修养　　教 / 职业自豪

五、无颜面对

元月 30 日，星期四，一整天，我的心情都是不愉快的，因为考试成绩太糟了。我很悲哀，我对不起学生。这次考试，全年级二百多人，及格的不足五十人，平均分刚过五十分。这就是半年来我的教学成绩。我无颜面对我的第一级学生们，无颜面对我的同事们，无颜面对党的教育事业。我是一个没有完成教学任务的教师，尽管半年来我下了很大的功夫。春节时，我也无颜见我过去的老师和同学，我能向他们说什么呢？我辜负了老师们的培养，毁了同学们心中对我的希望。

我准备好了考试分析，第三节到教室讲评，可四班教室里只有几名同学。我的心一阵地悲凉。

天阴沉沉的，吹着北风，飘着雪花。四个班都没能讲评试卷。

我感到，我们的同学还缺乏一种很重要的东西——集体主义精神和刻苦学习的品质。然而，造成这种状况的，又不仅仅是学生的原因。教师的思想政治工作没做到家，难道不是一个很重要的原因吗？

晚上，学校放电影《八百罗汉》，我觉得俗不可耐。又去李老师家看电视剧《蔷薇海峡》。看完后，我和起震、其兵回到办公室，再学习一阵。十一点多钟，一起回宿舍休息。友谊，团结战斗的友谊！

【关键词】思 / 自审自警　　行 / 同伴激励

寒假行思

一、丰富的年货

1986 年元月 31 日，星期五，基本上没做啥事。对了，上午曾帮张局长搬家。张局长，女，原乃南北寺中学政治教师也。今年春，地区调她参加相关工作；毕，则调任县教育局副局长。同志们对此有的羡慕，有的嫉妒。我对此并无了解，不敢妄发议论。

三点来钟，学校的汽车启动了，送老师们回家。到长山，送下石玉海老师（高二物理，高二年级四班主任），然后又转向邹平。我这还是第一次经过长山乡。

到邹平，下了汽车，我可就走不了啦，因为携带的东西太多了。今年春节，学校给教职工买了些东西：每人一套"幸福餐具"，十斤鱼，十斤肉，一套挂历，还有二十斤大米。这次，我带着的还有以前买的五斤油和我的衣服、书籍。餐具已早由弟弟带回家了，我已告诉他来邹平接我。下车时不过五点，等了大半个小时，先是其兵和他弟弟各骑了一辆车子来。其兵还有点东西没带走，还想给我辆车子用。我们将要走，我老弟就来了。其兵原想留我在他父亲那儿，我们一起住一宿的，可是……还是回家吧！谢谢其兵的一片好意。

【关键词】教/教育生态　　教/职业自豪

二、信诉衷肠

2月2日，星期日，下午我去了邹平一趟。昨晚给明武写了信，想今天寄出，可偏偏忘了带，只好临时又简短地写了几句。主要是告诉明武，我这学期的教学成绩很不好；告诉他，我们仁初六要到班主任李老师家去，希望他也去，"年下我们一定要见一面"。然后，我去理发，正好遇上其兵，他这会儿马上就要坐车回焦桥乡西夏老家。他说，李老师年初五就可能要去济南阅卷，我们没机会到他家了。这又麻烦了，给明武的信已寄出了。

理发后，天已不早了，我又到怀光家，和他谈了好一会儿。我走时，怀光一直把我送过黛溪河，送到了孙家庄。

给张明武同学的信

明武弟：

你好。腊月二十二，南北寺中学就放假了。想必你那里也放假了吧！

你的一切，工作、学习、生活、爱情，等等，都很顺利吧？在你正满怀信心地工作和学习的时候，爱情的到来无疑是个巨大的动力。祝愿你们进步、幸福。对于个人问题，如果不是类似这样的良好机会，我想我暂时不考虑为好。我们还年轻，还缺乏知识，还正在做着"误人子弟的事业"。

说到这里，我就不禁又惭愧起来。我在日记中曾写道：我无颜面对我的第一级学生们，无颜面对我的老师们和现在的同事们，更无颜面对往日熟悉我的同学们。因为这次地区统考，我教的高二政治平均分刚过五十分，及格率只有20%。

怎么搞的呢？若是别的老师教，会不会这样？我想，至少不能这样惨！

半年来，对于工作，对于学生，我尽心尽力了，要说花在这上面的时间和精力，我问心无愧；然而，再看看自己的教学成绩，可以说根本没完成教学任务，就像打了败仗的将领，我是问心有愧的。

考完试第二天，当我忧心忡忡地走进教室时，却只见到五六名学生。我的心，如同今日阴冷而飘雪的天，十分地悲凉。学生，学生怎能这么没纪律呢？他们严重地缺乏必备的集体主义精神和刻苦学习心理。然而，这又能全怪学生吗？我们当老师的，工作不到家，不也是很重要的原因吗？我平时上政治课，不也是喊几句口号了事吗？学生根本不爱听。

我的心情很郁闷。照这样下去，学生的升学怎么办？到时候，独有我教的政治考得极不像样，同学们、老师们又怎样看我？原因很简单，一切由于我们文化水平低，没有教学经验。

然而凭着一年半载的工夫，这样边教边学，又不会有重大进步。我想，如果这时候，我是个高中生，该有多么幸福，毕业后就可以进入大学之门了。而我今天，却是这样的艰难。

不知你那里怎样。情况很好吗？

我们仨已商量好，大年初六到李老师家去，你这一天是否也去呢？最好是这样的，年下我们一定得见一面！

若没急事，就不用回信了！

愚兄　兆恩

乙丑年腊月二十三，于小李家中

【关键词】思/自审自警　　行/同伴激励

三、景发得了奖金

2月5日，星期三，下午我到起震家去了一趟。天很冷，我也顾不得了，既然已经做出了这个决定。到了苗家，起震却不在家，邻居说，他父亲去街上（周村）卖对联了，而他不知去哪儿玩了。

我在庄里转了好几圈，不见他人影，便又去了大河崖村徐景发同学家。景发说，他这学期的教学成绩不错，在他们好生乡，他在二槐联中教的初三物理和生理卫生，前者全乡第三名，后者全乡第一名，得奖金六十五元。这确实是值得庆贺的。刚踏上工作岗位，就取得这样辉煌的成绩，是我们同学的光荣，也是邹平师范学校的光荣。

景发和我再度来到起震家，主要告诉他，改为大年初三去李老师那里拜年。随后，我又写了封信，准备发给其兵，叫他也去李老师那里。

从起震家出来，已是五点半了，天黑了下来，冷得要命。我拼命地驱车往家赶，可还有近三十里路呢。看东西明显地感到吃力，不知咋的，我又近视了一些，这时候道上的坑坑洼洼也看不太清了。然而车速是相当快的，四十多分钟后，我到家了。

【关键词】行/同伴激励

四、学与教的计划

放假这几天，我一边玩，一边学习点东西。我先是把马克思主义哲学上关于"真理"的内容学习了一下，实际上也看不太懂。听奎浩言，朱军同学（在乐礼农技中学任政治教师）的高等教育自学考试已合格了两门，其中就有哲学，是 79 分，也不知他是怎么学习的。

然后，我开始读政治经济学的高中课本。我想先简单地通一遍教材，看一下教学参考书。我准备在下学期后半段，带领学生复习政治经济学。对于1984级学生今后三个学期的政治教学，我都已经计划好了，若让我送毕业班，就如此这般地进行。即使教不很好，也不会太差劲。这学期教学成绩不行，我害怕给学生批作业（全级二百多名学生，作业看一遍，要费很多工夫；我怕批改作业耽误备课，就只好少布置作业），也是一个原因吧！

【关键词】思／时刻准备

五、学习才能心安

丙寅年新春佳节就要到来了，我却如大梦初醒一般。我觉得，春节来得这样突然，以致老觉得茫然！然而，无情的季节变换，使我不得不相信，旧的一年已经过去，新的一年即将到来。

使我叹息的，并不仅仅是时间流逝，而是在这"时间流逝"中——1985 年的下半年，我没有做出点什么。我刚从学校走出来，又走向工作岗位，这第一次，便是这样以失败告终了。

然而我想：对于过去，我们应该总结经验教训，没有任何悲伤叹息的必要，更没有任何骄傲自满的理由。

所以，即使是春节——我国人民的传统节日，在这样一个热闹的节日里，我同样忘不了我的学生，我的学习。只有这样，才能使我心安理得，才能使我抽些时间舒心地过节。

我是这样想的，也准备努力这样做！我想，这应该成为我不同于别人的地方（包括我的一部分同学）。

乙丑年除夕下午五点半，自勉于家中。

【关键词】思／自审自警　　思／时间观念

六、讨论心理学

一场精心策划的师生会，按时上演。

丙寅年正月初三，早晨奎浩果然来叫我，一起去孙镇乡拜访李老师。到了邹平新华书店，由敬波早已等候在那里，这是毕业后我与老由第一次相见。于是我们仁马不停蹄，直奔孙镇乡。

十点多钟，我们就到了李老师家。李老师早盼着我们来了，他很高兴。不多会儿，李本东来了，起震、景发也来了。最令人惊喜的是，耿军、王明谋也从七八十里之外的桓台赶来了。

另外，大家所盼望的就是明武的到来。听说他这个假期要集中精力学习，准备参加自学考试，可能抽不出时间来。而我所希望来的人是段其兵，他和我都是在南北寺中学教书的，他来了，我更会感到亲切。然而他始终没有来，我给他写的信是大年三十发出的，大概还没收到。咳，误了大事！

从李老师这里知道，元旦时节我们仁给母校寄去的信被全文抄写在黑板报上，引起全校强烈反响，李老师也挺满意的。

回家路上，我和本东谈论起问题来，主要是他给我讲了些心理学的知识。本东确实不简单哪！他又是个十分谦虚、乐于助人的人。一直到十字路口分手的时候，本东还没说完，于是我们停下来，继续谈。我感觉到，毕业后以至以前、以后的很长一段时间，乐于思考、勤于学习的同学中，本东是挺突出的一个。

【关键词】行 / 不忘师恩　　行 / 同伴激励　　学 / 教育理论

七、尊师礼祝酒词

这第一杯酒，献给我们师生所共同从事的，祖国伟大的教育事业；

这第二杯酒，献给曾经辛勤地培育我们，并且仍给我们支持、帮助和鼓励的敬爱的老师们；

这第三杯酒，献给今天已经踏上工作岗位，并在教育园地上辛勤耕耘着的同学们；

这最后一杯酒，预祝我们的老师以及已成为老师的同学们，在祖国中兴的伟大事业中做出重大的贡献！

【关键词】教 / 职业自豪

八、看望班主任

正月初七，天很冷。早晨七点钟，我从家里出来。到东景贾红卫家一问，知道红卫去学校了，他是预备党员，要参加学习。

我也不怎么失望，去代庄叫上怀光。怀光又去叫文平，而文平也没在家。

我们要去的是初中班主任张安正老师家，他在南关村。刘成波也赶到了。

昨天下午，我和怀光去联络成波，他没在家，我们便告诉了他父母。我们又去告诉崔放梅——我们的初中同学，而今她已经成为大学生了。而她走亲戚还没回家，天都快黑透了。听她父母说，她明天早晨七点钟就要回校了，况且她在年前已到母校，拜望了老师们。所以，这里也落空了。

张老师很高兴。在我心里，张老师的形象又高大些、完整些了。张老师是个很正直的人，他讲的道理一直给我很大的启示。张老师又是个多才多艺的人，特别是他写的字远近闻名，隶书更是工整、秀丽。

【关键词】行／不忘师恩

九、沉不住气

正月十一，起震到我家。弟弟去集上买了韭菜，上午我们吃的饺子。起震玩到三点多钟，才回了家。

因为在家这几天只想玩，根本没法学习和备课，我便想早点回校，不想在家过十五了，尽管十五的月亮最圆。其实，上午吃的韭菜饺子也包含这样一层意义：给我和弟弟送行。娘早就说，叫我们俩吃了韭菜饺子再走。

正月十二了，离开学还有三四天时间，我得走了。上学期的教学成绩很不好，我一直过意不去。下学期，我得多在学生身上花点工夫，特别是在作业布置及批改、检查上。我得想个法子。

早饭后，我和弟弟上路了。夜里下了一场小雪，现在还未化尽。在邹平车站，等了不多会儿，我便坐上车去了周村。到了周村又正好有车，然而太挤了，我还带着两个包袱，一头是书，一头是衣服。管他三七二十一呢，我和弟弟挤上了车。十二点半钟，我们来到了学校——南北寺中学。

在学校的滋味并不多么好。可以说，我都有些后悔，不该早来，过这苦行僧般的生活。伙房只蒸干粮，不做菜，多亏我们带了些咸豆腐来。屋子里很冷，耐不住寒，煎熬了一天后，还是点上了炉子。无论到哪里，总忘不了家呀！只有家才是最温暖的地方。这一天多，我几乎什么也没干。

得备一备课了，学生快回来了。

正月十四，记于南北寺中学。

【关键词】教／爱岗敬业　　行／困难考验

一〇、一片苦心

丙寅年正月十五，皎洁的月光。

昨天，学校的汽车去邹平送老师们，而我没有回家，尽管是元宵佳节，团圆之日。晚上在校的老师不多，有孟祥宾（高一化学，一班班主任）、刘天华（高一物理，二班班主任）老师等。快晚饭时，王玉宝、李志鹃两位同学（早就恋爱了）来这里玩了一趟，谈得比较投机，我也没打上饭。晚上，我和弟弟只好下挂面吃，可是炉子又不旺，煮了一晚上。

今天，学生陆续到校。上午，高二（一）班郭传军同学来办公室找我玩。我正想备课，没多和他谈几句话，他在我旁边坐了大半个小时。当他起身离去的时候，我才觉到对他怠慢了。

下午，绝大多数老师们、同学们回来了，学校又是一个充满生机的春天了，我所渴望的沸腾的生活开始了。

老师们相互问好。当有的老师知道我是正月十二返校的时候，还很惊讶，可他们哪儿知道我的心哪！我的心是很痛苦的，我一直为期末考试而忧虑。每每想起这事来，心里就惴惴不安。

晚上例会之后，多数老师都回去抓紧备课了，而我心中有数，想看会儿电视。可又想起，今晚要开个课代表会议，于是就回来了。到四个班一看，只有三班课代表文竹在。我叫文竹到办公室来，比较坦白地分析了期末考试的情况，同时也讲了我立志改进教学的具体措施，并征求她的意见。我知道她这次期末考试各门课的成绩也不太好，便又勉励她几句。实际上，春节期间我一直放不下她，想写封信与她谈一谈，然而又想，也许不太合适，所以始终没有这么做。而我认为，文竹是有希望学好、考好的，起码政治这一门她每次都考得较好。

这就是我的正月十五。我当教师之后的第一个元宵佳节是在工作岗位上度过的，而不是在全家大团圆中。

从现在开始，我应该把时间抓得更紧一些。

【关键词】教/爱岗敬业　　教/心怀学生

炉　意

一、邂逅

1986年2月4日，星期二。

我的心绪颇不宁静，因为我遇到了初中女同学。

今天下午，我到街上送人，与崔放梅偶然相遇。她考上聊城师院，并且是本科，读的恰好是政治系。

我的思绪很乱，很乱。人生的道路是曲折的。东景联中毕业后，我和张怀光、贾红卫等五人考上中专了，崔放梅等同学连重点高中的大门也不曾迈进。而今他们普通高中毕业之后，却跨入了高等学府的大门。我等"高材生"进了师范，三年之后，便匆匆地踏进社会，结束了学生时代，停止了专业的学习。本来，中师生是要分配教小学的，然而因为国家的需要，我们中大多数没分配到小学，而是到了初中，甚至高中。

遇到这种境况，我们也只有立足于现实努力了。要想在中学站稳脚跟，真为国家教育做出点贡献，不学习是不行的。所以，我想应该少玩点，多学些。这才是一个有出息的青年应走的道路。四年之后，人家就是大学本科毕业生了，他们会是十分合格的高中政治教师。而我呢？我想四年之后，我给予别人的和我所创造的将会更多。四年后，我的水平是会达到本科水平的，我绝不会落伍（当然不一定有文凭），而且在这四年之中我将拥有我的几届学生（他们也都如我们一样，是祖国建设的人才），积累一些教学经验。同学，你想是这样吗？

想过去，望未来，我认为我是幸福的，踏实的。前景是光明的，而要从艰苦的现在做起。

1989 年，20 世纪 80 年代最末一年，那时候，我们比试比试吧！

【关键词】思 / 竞赛意识　　思 / 自尊自信

二、来信

3 月 30 日，星期日，我接到崔放梅同学的信。信只有一页，意思大概是年下我和怀光去叫她探望张老师，而她当时没在家，且次日回校，对此表示遗憾。另外谈到小学至初中我们的同学友谊，最近她的学习又如何忙等。

我说些什么呢？当时，当时我是有些耳热心跳的。我们俩是邻村人，从小学五年级就是同学，一直到初中毕业。之后我上了中专，毕业后当了很不合格的中学政治教师；而崔放梅读高中，考上大学，将来会是合格的中学政治教师或机关干部。

事情既已如此，我没有什么想法。我只是埋头努力着。今年，明年，后年，大后年……那时候，崔放梅同学大学毕业了，我也是有四年教龄的中学教师了。

这个差距一时是难以缩短的，然而我有决心也有信心和能力去缩小这个差距。五年不能解决问题，十年呢？十年大概是可以的吧！

人人都是在不断变化的，人人都是在不断发展的。现在我应该坚持的原则是：保证教学不出大问题的情况下，努力挤时间学习！

【关键词】教 / 质量互变　　学 / 学习关键

三、飞鸿

4月5日，星期六，下午回家之前，我给两位同学写了回信。

前几天，崔放梅同学来信。我想了很多，认认真真地写了封回信，主要谈了我的想法和做法。信中我含蓄地、挑战式地点出："将以有为也！"

我又给明武写了封信，说明自己对教政治与语文的看法。我想，明武会理解的。

给崔放梅同学的信

崔放梅同学：

信已于3月30日收到。感谢你百忙之中还记着我，给我写信。年初六下午去叫你及其他的同学，主要是想让张老师他老人家高兴高兴。然而，很不凑巧，只有成波和怀光两个人与我去了。

过去的，自不必说。我们相处中，你给我的帮助，我是永远忘不了的。对于你上大学继续深造，我更是感到由衷的高兴。到目前为止，你是咱们同学中最有出息、最有前途的一个。

这也使我想到了我自己。三年师范学校生活过后，我便急匆匆地走上了工作岗位，且又鬼使神差地到高中来教政治。你大概还记得，我一直是比较喜欢语文的，在师范学校期间也是这样。本来想，毕业后教个初中语文就不错了，然而……

现在来说，教高二的哲学是相当困难的，即使使出浑身解数，也不能胜任。然而立足于现实，目前也只能这样苦熬。一想到自己是个误人子弟的教师，见到班上那些睁大的眼睛，因我说不出什么"道道"来而失去了光彩，我的心比针扎还要难受。相比之下，你也许不会有这种想法和感觉。

我的学生，虽然我教不好他们，他们可以骂我无能；然而，我对他们是有着深厚感情的，他们毕竟是我的第一级学生，尽管我不配成为他们的"老师"。

事物都是不断变化发展的，每个人也都是在不断进步的。我们国家也会因十亿人民的奋斗，而不断富强兴旺起来。

我不悲观，更无自满之理由。现在唯一的出路，是在努力完成教学任务的前提下，多挤点时间学习，学习！就是这样。争取几年之后能够参加函授或离职进修大学课程。学业既成，将是十年之后的事儿，那时我也将三十而立了！

自学的困难是很多的，比不得大学优厚的条件。你比我活泼、乐观，比我拥有更丰富的知识，也比我更有所作为。衷心祝愿你事业成功。今后，也恳请老同学对我的工作和学习多加指教。

谈这些的时候，我明显地感觉到，我们都变了，都由小孩子长大成人了。你的字迹，在我的脑海里竟一时"挂不上号"。

这不就是我们的理想和未来吗？到今天才有些具体的眉目了！

祝你不断进步！

同学　韩兆恩

一九八六年四月五日，于南北寺中学政史组

【关键词】教/国家责任　　学/学习关键　　思/理想现实

开学之初

一、知耻而后勇

1986年2月24日，星期一。

我的心情很沉重。以前，我总以自己的某些思想不清晰为由，没有把我心中的话告诉学生；而今我认为，学生应该知道的，我必须努力使自己的思想清晰起来，然后再讲给他们听。他们知道的不是太多，而是太少。多知道点东西没有坏处，怕的就是什么也不知道。

新学期的第一堂课上，我怀着很沉重的心情，以很严肃的态度，很客观地分析了期末考试的情况。我说："我们高二年级的同学是有潜力的，现在的平均分是五十多分，及格率是20%左右，多数同学分数在四十至六十分，我们至少有二十分的潜力可以挖掘，即平均分提高到七十分，及格率提高到80%。

这节课，我在四个班分析得较透彻，许多同学很振奋。

【关键词】思/知耻后勇　　思/深入反思

二、以学生为榜样

2月27日，星期四，起震叫了高二（三）班的几名同学来谈话，我顺便与吕艳君同学谈了一些问题。期终考试，吕艳君同学的政治考得不算好，其他的课程也不太好。我见她情绪低落，一直想与她谈一谈。从谈话中我感到，吕艳君同学是很明事理的。她对学习的态度，学习的勤奋程度等许多方面，让我自惭形秽。

要自强不息。不然的话，谁也瞧不起你，因为你是碌碌无为的。晚上，我一时睡不着，还在想着这些事。

【关键词】教/教学相长

三、想家

3月2日，星期日。

到校没有十天，我就很想家了，主要是我想回家带点咸菜之类的来吃。

昨天下午三点钟，我坐车回家。月河桥下车，沿小运河行五六里路，便到家了。不知怎的，这点路我并不觉得讨厌，我很喜欢这样步行一段。

到家，见到侄女小雪又长大了。晚饭吃的是菜包子，喝的是热乎乎的小米粥，不是酒肉款待，但比在学校舒服多了。

今天上午，我整理了会儿书，又去教大侄女迎芬学数学。下午，睡了半个来小时的觉，三点来钟，二哥来送我。当时北行逆风，骑车很难，可二哥坚持送我到邹平。我在新华书店待了会儿，本来我让他回去的，可他还在不声不响地等着，再陪我一会儿。

我有这样的好哥哥，心里热乎乎的。我应该努力工作。只有这样，才对得起父母、兄嫂……

当晚十点，记于南北寺中学。

【关键词】行 / 热爱儿童　　行 / 道德感动

四、寻找学习机会

3月9日，星期日。

昨天下午我去邹平师范学校，打听到孙丙南老师确实正在教育局办"哲学讲座"。

今天，我吃完早饭走的时候，娘把"二月二龙抬头"的蝎豆装在包里，让我带回学校，和弟弟吃。赶到教育局三楼会议室时，孙老师已上课五分钟了。我在门外听课听了一个多小时，始终没有进去。等到下课时，我才去见了孙老师。

来学习的有好几个同学：刘以波、孙宝国、王淑东、袁淑芹、丁金华等。中午，我就在颜廷宾老同学那里吃饭。下午，又去听了一个多小时讲座，然后才坐校车回来。

【关键词】行 / 挖掘资源　　学 / 学科专业

五、锻炼普通话

3月11日，星期二。

从这周上课开始，我决心再开始使用普通话。开学以来的一段时间，由于课备得不很好等原因，没有用普通话。刚开始说普通话，还觉得有点拗口。

虽然我没有到小学，也没有教语文，但普通话我是不忍心放下的。一者，只要坚持说，要不了很长时间，就会说得流利的；二者，这也是表达的一种本领，面向未来的教学、交流，这是必要的。当然，普通话还说不习惯，今日我又连续上了四个班的课，是比较累的。

今天上课，我结合讲"认识过程的第二次飞跃——由认识到实践的飞跃"，对中学政治课教学改革做了简要介绍，同学们感触不少。

【关键词】思 / 规范意识　　教 / 改革创新

六、教学与自我

3月20日，星期四。

今天检查作业时，发现绝大多数同学没做。我很伤心，为了让同学们少费点时间，为了引发大家学习的兴趣，我把一些比较有质量的练习题印发给同学们。可是，他们……

一种不合适的教育方法，把学生的积极性给扼杀了。这是很可悲的。在今后的教学中，我应该严格地管理一下学生，若不严一些，以后更不好办了。

实话说，我是愿意把这级学生送到毕业的。第一，这是我的第一级学生，我对他们有着特殊的感情。第二，由于我的水平问题，可以说是耽误了学生，对此我只有用以后的加倍努力来弥补，我不能给学生一个无能又不进取的印象。第三，这对于我自己无疑是个很好的锻炼。

我想，经过这样一次"全程培训"之后，对于一般的问题，我便可以从容自如地解决了。那时，我就不会像现在这样窘迫了，我更有条件进行一些教学方法上的改革，那时中学政治教学也将发生较大的变革，不知会是怎样的新局面呢？

向着美好的未来，前进！

【关键词】教 / 立德树人　　思 / 未来憧憬

七、帮学生写作文

3月20日，星期四。今天，发生了一件让我找到自信的事。

晚上，四班的刘明和尹燕同学来找我，并不是问我政治课的问题，而是为了写作文。语文老师布置写一篇《"按图索骥"给我的启示》，她们俩想让我再讲几个相关事例。

我说："这样的作文，立足点不是让你去论证'按图索骥''纸上谈兵'等理论脱离实际的做法怎样错误，重要的是用这些道理去分析和解决一些问题，做到古为今用。"

从这些学生身上可以看出，他们所需要的不仅仅是课堂上的东西，他们急于了解这个广阔的世界，然而却没有优越的条件和得力的导师。我也看到，高中生毕竟是受过十几年教育的人，他们中绝大多数是有志向、决心干点事情的，我感到欣慰。

我也为学生的信任而欣慰。当然，目前我所表现出来的，更多的还是不足。

【关键词】教 / 联系实际　　思 / 自尊自信

考试改革

一、作业创新

1986 年 3 月 20 日，星期四，我调了调课，一天上了三节，很累。同时，我给学生布置了一个作业——写一篇哲学小论文《认识发展的规律给我的启示》。如何写这篇小论文，我做了简要说明，鼓励学生认真完成这次作业。我将从同学们的论文中选出一部分好的，刻印、发放给全级同学欣赏、学习。

我觉得，只要敢于教给学生些新东西，敢于向同学们讲真话，教学一定会出成绩的。

【关键词】教 / 改革创新

二、程玉珍的支持

3 月 21 日，星期五，我了解了几个同学写小论文的情况，知道有些同学已开始准备。高二(三)班的程玉珍同学说，她还准备多写几篇。这样的骨干分子，我当然是很赞赏的。这次小论文还是有希望成功的。

我还问了程玉珍，自己上课用普通话是否合适。她很坦率地说："不好听！倒是本学期前几节课，没讲普通话的好。"然而她又说支持我这样做下去。我是下定决心，并且有信心和能力把普通话说好的。根据教育发展的形势，这是很必要的，标准的普通话更容易教育、感染、熏陶学生。

我应该给我的第一级学生留下美好的印象。这是我的心愿！

【关键词】教 / 培养骨干　　思 / 规范意识

三、小论文列入考试

4 月 15 日，星期三。

最近，我公布了一项教学上的新决策——政治期中考试分为两部分：第一部分开卷考试，试题是前面曾经布置过的小论文写作；第二部分为闭卷考试。

目前南北寺中学的一部分学生，有几个不太好的表现：一者懒，不知道学习，一有空就想玩，没有毅力。二者浮（或骄），认为自己了不起，不肯虚心学习，实际上是无知的表现。三者空，不懂知识的重要性，知道的东西太少。四者能力差，单说作文能力，他们还不及较好的小学生。当然，这些不是普遍现象。

前面我布置的让全级学生都写的哲学小论文《认识发展的规律给我的启示》，至今只有半数的学生写了。我分析：一方面，有些学生能力不及，或对怎样写小论文还不了解。这些学生作文水平本来就差，不愿作文，不愿说"正话"（有个别学生废话是不少的），更不会写哲学小论文。另一方面，有些同学很懒，不听指挥，根本就没想认真完成作业。

这种新型的考试方法，一方面可以全面地检查、正确地衡量学生的水平和能力，另一方面也是督促学生认真复习基本内容、完成作业的好方法。我认为，这是绝妙的一招。课上我又进一步说明了怎样写小论文，并且读了各班的范文。

今下午，我刻印了开卷考试的试题，写明了答卷要求，各班发了下去。

这次阅卷就麻烦了。我还准备批阅之后，选出一些优秀小论文刻印出来，这又是一件很费力的事情。

【关键词】教 / 改革创新

四、开水招待

4月20日，星期日，晚上我到高二（三）教室去了一趟，找了张维强来。他的小论文是抄袭的，我让他重写。

我回到办公室的时候，高二（三）班的张保平、李先锋，高二（一）班的李淑平、郭传军、尹兆刚等同学来了。我招呼大家到我宿舍，闲聊了一会儿。这几个同学大概也感到星期天的寂寞，所以来找我玩的吧！我去打了热水，让他们喝。

现在的高中生确实苦了些。吃饭、住宿条件都较差，文娱活动也少得可怜，一时又不好解决。快十点的时候，他们走了。我想让他们多玩一会儿呢！这些年轻的朋友。

【关键词】教 / 心怀学生

五、被开除的恋人

4月22日，星期二，下午学校召开高一、高二学生大会。会上，李校长宣布了学校关于开除高二（一）班学生杨刚、侯兰芬（化名）学籍的决定。

这两个也是我的学生。前些日子就听到一些关于他们谈恋爱的言语，没想到这一对竟到了如此严重的程度。学校领导、班主任和其他师生先后做过他们的工作，然而二人不肯悔改。杨刚的学习是不错的，他被开除，我感到怪可惜的。前天，我刚在班上读了他的哲学小论文《师傅领进门，修行在个人》。然而……

今天，我又听其兵偷偷地对我说，高三（三）班的班主任王公金老师叫他陪同去山洞里搜寻，发现了本班一个女生的纸条……

这些事情，作为老师的，应怎样理解和处理？又应该想些什么？

学生自身意志不坚强，失去理智，是一方面。可是，作为教师的，若早教给他们战胜自己的方法，给予他们控制感情、克制欲望的理智，培养起他们坚强的意志，那他们还能做出这样的举动吗？

他们（也包括青年教师）对许多事情感觉神秘，可是得不到解答。

【关键词】教／立德树人

六、一张一弛

期中考试从 4 月 24 日星期四开始，连续三天，我在高二（四）班监考。监考，往往是我认识学生的极好机会。因为同时教了二百多名学生，以前只从相貌上认识，某个学生是谁，哪个班的；有很多学生，甚至只知其名，不知其人。通过监考，就可认准一些人了。不过有些习惯捣蛋的学生，总不肯先把姓名写在卷面上，这样就一时不好弄清他是谁。

政治是在星期五下午考的，这是按高考的科目顺序进行的。这次，我出的试题比较有水平，一是量可以，学生不能一会儿就跑出场；二是试题有一定难度，选择题不容易，就连最基础的填空题也是够学生思考一会儿的。

考完试当晚，在其兵帮助下，我把高二（三）班试卷阅完了。之所以先给三班文科班阅，主要是我较喜欢三班的学生。考试时，理科三个班都有许多同学提前交卷，可是文科班的同学一直坚持到最后一分钟。我由此便很欣喜，在心中赞美三班：坚持就是胜利！相反，其他班的学生骄躁情绪比较严重。荀子《劝学》中说："蟹六跪而二螯，非蛇鳝之穴无可寄托者，用心躁也。"说的正是他们这样的人。

为了阅卷，星期六我没回家，起震也没回家。其兵去益都亲戚家去了，他把一串钥匙留给我，里面有办公室钥匙。

下午睡觉起来，先结束了一班的阅卷。晚上，开始阅二班的试卷。

4 月 27 日，星期日，上午阅完了二班的试卷，就去玩了。其兵宿舍里有部手风琴，刚一拉，一个姓安名静的老师出来阻止，原来人家在复习，准备参加成人高考。

我和起震就去打排球，其兵不很愿意打。活动活动还是挺好的。

话说下午，几个同事邀我去打扑克。权衡得失，还是没去，倒不如睡一觉痛快。一觉醒来，已三点半钟，我来到办公室，起震早已来阅卷。

我提笔记下这篇日记，已四点半钟。开始阅卷吧！

【关键词】教／爱岗敬业　　思／日记风格

七、班风有异

试卷在 4 月 27 日星期日晚上全部阅完。这次期中考试，我做了一下改革，分两部分进行。

先是开卷考试，题目是让学生写哲学小论文，占二十分。我之所以这样做，一是可以比较真实地衡量学生的政治水平，二是可以督促同学们按时认真地完成作业。我曾布置让大家写小论文，可很多同学没写或写不出来，我是生了气的。这次作为试卷的小论文，多数同学是认真完成的，但质量并不很高，不客气地说，只有少部分同学写得像个小论文的样子，但大家毕竟写出来了。不管怎样，我是第一个引导学生写政治小论文的教师。他们长到这么大，读到高中，还从没有接触过这种学习方式。我虽没有多大能力指导、帮助他们，可毕竟点拨了他们。

第二部分是闭卷考试，题目是八十分。试题较难，难度与上次期末试题不相上下。考试前我告诉大家，一定要认真地做考前练习题。现在高二年级的学生令人头疼的便是自觉性差，懒。迫于考试，多数同学"听"话。这次，全级同学八十分题目的得分和上次一百分题目的得分差不多。这也说明，大家正在逐步接近那个使平均分达到 70 分的要求。

星期一，我开始在各班评卷，但三班和一班的情绪比较低落。出乎我意料的是，二班学生很认真地听了这节课。我发现，二班有许多同学是比较有头脑的，比较乐于接受系统的理论东西，而一班学生却没有耐心听讲。

【关键词】思 / 研究问题

八、珍贵的教案

5 月 2 日，星期五，开始备下周的课。怎么复习呢？"哲学"一本书，全面细致复习？不太可能，我也讲不出啥新东西来。不细致复习，又起不到多大作用，水过地皮湿。这是一个很难把握的"度"。

这半周如此紧张，还有一个重要原因，就是 5 月 4 日星期天我回家了。以往，星期天可是备课的好时光。从这一天起，我国开始实行夏时制。

5 月 5 日，星期一，当我一筹莫展的时候，两个月之前邮购的《中学政治课教案〈辩证唯物主义常识〉分册》突然来到了。我盼了多长时间了？前天我还写信，询问北京师范大学出版社是怎么回事了。我如获至宝，欣喜若狂！近几天，我一直专心致志地研读这本教案。

到 5 月 8 日，星期四的黄昏，我才松口气，抽出点时间来，记一记一周来的生活。而这个时候，多数人（包括学生们），是在自由自在地欣赏"夕阳无限好"的。

上一周，讲完了试卷。本想选出一部分优秀小论文刻印，可又考虑到，本次小论文写得好的不多，只有高二（三）班文科班的部分同学写得较为像样，其他班写得好的实属凤毛麟角；再者，刻印也要耗费很大的人力物力。所以就罢了。我从高二（三）班找了二十来篇较好的小论文，让班主任孙凡涛老师搞个专栏，也算得上是对这些同学的鼓励吧！

今天下午，高三毕业班预考结束，举行毕业典礼。这里有其兵的第一届学生。

明年，我的这届学生就要毕业了。然而，我很可能没有机会送他们毕业，我黯然神伤。

【关键词】思／日记风格　　学／购书藏书　　行／挖掘资源

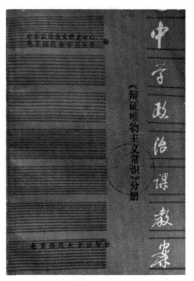

《中学政治课教案〈辩证唯物主义尝试〉分册》

笔者辅导学生写作的地区比赛获奖小论文（原稿）

九、小论文获奖

1987年12月12日，星期六，我接到地区教育局的通知，前段由县教育局选送参加比赛的哲学小论文，原高二（三）班（1984级）王慧的《"庖丁解牛"给我的启示》、刘宝辉的《成才与条件》均获三等奖。我感到很兴奋、很欣慰，这是学生的智慧结晶，也是我参加工作第一年的劳动成果。

学习和工作是艰苦的，但是艰苦的努力，会带来胜利的甘甜。

【关键词】思／自尊自信

又要听课了

一、加班备课

1986年3月24日，星期一。

我早已打定主意，星期六和星期天哪里也不去，在学校里专心备课。因为，这学期学校又开始听新教师的课了。这是领导和老师们对我们的检查督促，也是我们汇报工作的重要机会。

实际上，这节课我从本学期开学就已开始在思想上做准备了，但直到上周二基本结束了第九课，才集中精力开始准备——第十课"真理"问题。备课是很困难的，因为对这些问题，我的理解也并不深刻。

备课，盲目地下手是不行的。起先，我只是读书，读大学课本，各种各样的参考书。就这样，除了上课，就是干这件事儿，做些撰写教案的备忘录。这样一直到星期六，还没有满意地完成。

星期天，基本上完成了教案草稿。

今天，我刻印了练习题，让杨老师用毛笔给抄写了《为真理唱赞歌》诗歌挂幅。最后，又抄写了小黑板"真理与谬误举例"。下午第一节在高二（三）班进行试讲，效果还可以。不过还不完美，不和谐。明天听课之前，我还得修改一下。

为真理唱赞歌

马克思说：最好把真理比作燧石——它受到的敲打越厉害，发射出的光芒就越灿烂。

哦，真理！
多么熟悉的名词，
多么美好的字眼！
你是有钱难买的无价之宝，
你是铁面无私的特级裁判，
你是智慧的结晶，正义的象征。
你像光芒万丈的明灯，
划破愚昧和偏见所造成的黑暗，

照亮人们生活的征程。

多少年，多少代，有多少志士仁人，

热爱你，追求你，

捍卫你，坚持你；

又有多少英雄豪杰，

为你探索，为你生存，

为你斗争，为你献出宝贵的生命！

然而，曾几何时，

真理的出现，

如同石破天惊，震世骇俗——

许多人觉得不可理解，

许多人竟不屑一顾；

又曾几何时，真理的呼喊，

被视为洪水猛兽，异端邪说，

竭尽压制、攻击、迫害之能事！

可是，

正如伟大的文学家高尔基所说：

"人需要真理，

就像盲人需要明眼人引路一样。"

真理，

是人们前进道路上的可靠阶梯……

（录于《中学政治课教学》1985 年第 10 期）

【关键词】教 / 爱岗敬业　　教 / 充分备课　　教 / 感性基础

二、一次考验

3 月 26 日，星期三。

昨天第三节在高二（一）班，听了我的课，学校领导和政史组的老师们都来了。这节课备了老长时间，花费了不少精力。但有一点是我自己也感到不满足的，就是上课形式单调，多是我自己说，没有注意和学生的感情交流。

今晚，杨老师主持政史组教研会，开得很好。一个重要议题，就是讨论新教师的课。

同志们提出，我在课上说话有些快，平时没觉得，今后需要留意改正。厉老师说，讲课不要太受教科书的约束，要按自己的思路、自己的理解去讲。我也认为极是，只不过我现在还不能很好地驾驭教材。

这又是一次考验、检阅，又是一次促进。

【关键词】教/公开历练　　思/听取意见　　　行/重要他人

三、时政教育

3月27日，星期四。

星期二晚自习结束后，九点钟，我召集各班课代表开会，主要是商量学习时事政治的事儿。究竟怎么让同学们学习时事政治？现在我只是想到，可以在各班黑板报上抄些时政内容。

我之所以要这么做，是有"天才"的想法的。现在的老师动不动就责备学生什么也不懂，学生没有必备的文化素养，实际上这与我们落后的教育内容、教育方法、教育形式有很大关系。要改变这种现状，对学生的教育就必须开放一点，及时进行时事政策教育是很有必要的。当教师的，不能懒得在这上面花时间。现在亟待解决的问题，是把任务安排给各班板报组的同学。

一不做，二不休。既然这件事是对同学们有利的，那么我应该努力地坚持下去。在会上，我安排一、二班课代表，先联系一下工作，要求他们两天内完成，向我汇报。可至今没得到消息，我准备整一整。现在令我头疼的一个问题是学生干部不得力，不精明强干！

【关键词】教/立德树人

不负春光

一、后悔

1986年3月30日，星期日。

昨天星期六，因天气不太好，没有回家。晚上在其兵宿舍里，为他祝贺生日，喝了一点酒。之后，我们与孟老师、起震打起扑克来，一直打到后半夜两点。当时玩一玩是痛快了，可事后呢？想一想，自己又虚度了那么多光阴。

我觉得，目前我的心态很急躁，急于求成，可是又"求"不出什么！我又觉得，自己还似乎有一些"知识分子"的臭气，很有些名利思想！

虽然是二十来岁的人了，已当了大半年的教师，然而我仍是一个小孩子，很不成熟，很不懂事。我应该尽快地成熟起来，充实起来。

我二十岁的年轻的心啊！

【关键词】思 / 时间观念

二、少唱催眠曲

4月5日，星期六。

星期五下午，第一节是高二（二）班的政治课。第二节是"劳动"，不劳动便是自习了。我事先与班主任王老师商量，若不上劳动课，我便等到第二节上政治。这主要是因为第一节课由于学生刚起床，不少学生还有些迷糊，上课效果不好。第一节不上课，有些同学想继续睡会儿觉也可以，自觉的不睡觉的同学上自习，精神也会好一些。现在，老师们的课，相当一部分是催眠曲，政治课也如此。

努力备好课，多想点法子，让学生课堂上少睡觉，也少受点累，快乐地学习更多的知识。

【关键词】行 / 挖掘资源

三、学生的追赶

4月15日，星期二。

我完成眼下工作，一静下来，或是在做着一些应酬、闲谈之类的事情时，都会想到自己"应该学习"！这种想法一直是存在着的。

当我想到自己的学生，杨刚、李翠娥、程玉珍、徐运伟、郭永、刘恒营、吕艳君、杨延芝、文竹、崔义雄、刘明等将来的发展，我更不敢懈怠。作为老师，若一懈怠，就立刻会落伍。时代在前进，世界在发展，我应该努力地追赶时代的脚步。何况今天，我作为一个中学教师，应该具备的许多品格还都不具备。

我的口号是：学习，学习，还是学习！

【关键词】教 / 教学相长　　学 / 学习关键

四、早春

5月10日，星期六。

春天的早晨，凉风习习，又夹带着几分暖意。我想，这不正是我读书进步的好时光吗？

我作为一个青年，且是青年之中的青年，恰如这一年伊始的春日清晨。

我有我的活力，像早晨八九点钟的太阳那样朝气蓬勃。而更多的是我的不成熟，我还是个二十来岁的孩子，虽光彩照人，然而还不是光芒四射、照彻天宇！

我有好学之心，这是十几年来作为贫苦农民的儿子，守本分而不坠青云之志、寒窗苦读的良习；同时我又是个青年，又活泼好动、玩心不羁。在我的脑海里，学习与玩耍，常常展开激烈的冲突，使我徘徊犹豫。在我身上，体现着它们辩证的统一。

太阳像母亲一样，用她柔和的光芒抚摸着大地，亲吻着每一棵小草、每一个生灵——爱得那样深沉、甜蜜。我的爱，也由此而萌生，且是那样的激烈。这是对世间美好事物的爱，对人民的爱，对事业的爱，是对学生的爱。作为青年人的那种爱，燃烧得同样剧烈，只不过被我深深地掩埋在心底。

虽处今天之境，但我不悲观，我深信前途之光明。正像那轮冉冉升起的晓日，必将把整个天空映照得五彩绚丽。

同时，我又比谁都清楚，美好理想的实现，靠的不是敲锣打鼓、空喊口号、三分钟的热度，而是埋头苦干、脚踏实地。

于是乎，我的生活便有了独特的诗意：

清晨的凉风中，有我的身影，那是我在锻炼身体，是青春活力的喷涌；

寒冷的冬夜里，办公室的灯光还亮着，那是我在备课，是那样的精细。虽不免幼稚，在大人物们看来不值一提，但毕竟凝聚了我的心血；

酷热的夏日傍晚，该是人们纳凉的时机，然而我还有一节课没备好，我仿佛见到了上百双眼睛中闪烁的"求知"，于是乎，我没有了纳凉的心思；

在我的词典里，"星期天"要重新定义，星期天是"备课、学习的好时机"。

我也是个人，头脑健全，感情丰富。那美好的爱情，对我也散发着无穷的魅力，时时冲击着感情的大堤。那是怎样一种撩拨人心的力量啊！我也有过对美好未来的设计……然而，我又马上回到现实，这是多么没有出息？！难道自己忘了现在是什么时候？20世纪80年代的中期，世界将跨越到一个新的世纪！于是乎，我又平静下来，思考我的"辩证法"与"唯物主义"。冲击，冲击，冲不毁我思想上坚实的坝基！

我的头脑中形成了一个真理：最根本的任务，就是工作、学习。

我正在沿着这条路走下去，放射着青春的活力。怀着对未来美好的憧憬，奋斗不息！

在我的生活里，没有多少扑克、象棋，没有多少无聊的谈资，没有……

有的只是——我的青春，我的活力，我的工作，我的学习！

【关键词】思/热爱生活　　思/理想现实　　思/自尊自信

春风里的运动会

一、春风

1986年4月18日，星期五，一天里，狂风大作。学校本来计划下午运动会开幕的，可没能如愿，操场上的白色跑道线都埋没在深深的尘土里了。

下午只好临时改为上课。我到高二（二）班的时候，坐着的学生不过十几个。这早在我意料之中。我没说什么，嘱咐大家复习，便坐在一个空位子上。外面大风呼呼地刮，玻璃沙沙地响，学生不时地来到，守门的杨光同学不得不一次又一次地开门、关门。

但是，室内却是一个完全不同的世界。大多数同学在安静地学习，有个别同学听不到风的怒吼——睡过去了。

【关键词】思／热爱生活

二、当广播员

4月19日，星期六，运动会在春风中开幕了。

组委会安排我与厉仁杰老师和其兵、起震在终点掐表计时。由于是初次干，不熟悉，两次掐表都掐错了。好在事不关大局，不影响比赛结果。

我正想认真地学一学掐表呢，杨秉臣老师来告诉我，说主席台上的校长、主任找我，让我当广播员。我坐上了主席台。宣传组里有团委书记李咸化老师，小学吕秀梅老师，初中语文张春荣老师，还有高一年级四班高青秀（化名，下同）同学。吕老师、高同学是播音员，我也要充当这样的角色。

我从没有在话筒旁说过话，所以坐在一边，迟迟不敢对着话筒读稿子，只静静地听着高同学那脆亮的女声。不过读错的地方，我还是能听出一些的，主要是语调错误。当然，在这种场合，在这样的社会大环境下，也没有人去苛求，大多数人也觉不出有什么问题。

过了好长时间，在咸化老师和高同学一再催促下，我才试着读了几篇，但总觉得不好，有些自惭形秽。况且，许多小文章、小诗歌还不够通顺、优美，我也不爱读。

下午，除了学生项目外，还有师生的4×100米接力赛。参加接力赛的有艺体、理化、政史等教研组代表队，语文数学外语三科教研组联队，滨州师专实习教师队，还有学生联队。共六支参赛队伍，我们政史组得了第四名，是厉老师、起震、其兵和我跑的，我最后一棒，没把第三名追上，感到很遗憾，但也是力所不及。

学生的运动会，我作为一个老师，也并不轻松。

【关键词】教 / 一岗多责

三、快乐的联想

4月20日，星期日，运动会又开了一上午，我仍是到宣传组工作。多是我和咸化老师阅稿，高青秀同学播音。最后，我也播了几篇。就连咸化老师也壮心不已，用普通话广播起来了。

在这里我还做了件好事，就是为高二（三）班吕艳君同学争得了一个"优秀通讯员"奖。原先统计个人投稿数时，吕艳君的只有两篇，可据她们班团支部宣委刘恒营反映，她写了不少，我也觉得广播了不少。经过核查，"优秀通讯员"增加了吕艳君，我签发了她的笔记本奖品。

运动会潦潦草草地结束了，我感到不满足。我也有新的想法，若明年运动会还让我当广播员或宣传员的话，我将会比今年工作得更出色。感谢杨秉臣老师的举荐和栽培。

我还想，若明年我和其兵都当了班主任，我要和其兵商量一下，我们是不是也可以参加学生的运动会，给本班争得些荣誉呢？当然，在这方面我不如其兵。

我的心是很激动的，因为有了今天。在师范学校时，我的普通话可以说是名不见经传，在优秀同学面前相形见绌，而今天却有了出头之日。

【关键词】思 / 未来憧憬

漂亮的西服

一、物质与精神

1986年4月13日，星期日。

昨天下午，我之所以不怕晕车的痛苦而回了家，主要是想回家把新衣服拿回来。上周回家时，二嫂已给我扯了布，准备做一身西服。我多么想尽早地穿上西服呀，我也是爱美的。当然，也不要花费更多的钱，穿得不太坏就可以了。

西服没做起来，家里大嫂忙，二嫂又不会做。我也不说什么，只是这次回家的意义便由此减小，甚至化为乌有了。

今天走的时候，爹把煮好的盐水花生给我装上当咸菜，这是家里商议了许久的。兆增弟送我到邹平。我在邹平买了好几本书，买了一双白球鞋，还有一袋洗衣粉、一把梳子，这就花了十元多。

回到学校，我把煮花生送给起震父子一点，他们缺少这样的东西。

【关键词】行 / 困难考验

二、养精蓄锐

4月21日，星期一。

星期天没回家，我在学校默默地待了一天，主要是休息。

前天晚上来玩的几个同学，七嘴八舌地说，回家没多大好处。

"不回家，看点书就比不看强。"

"不看书，也比回家强……"

"来回两趟，两天精力都不好！"

我说："认识到这一点，太好了。"

【关键词】思 / 时间观念

三、穿上了西服

4月28日，星期一。

昨天下午六点多，弟弟才回来。我盼望多长时间了？终于盼来了，弟弟把我的西服捎来了。我当即找来起震——我认为他在生活上是"百事通"。在他的指导下，我穿上了西服上衣。

本来是做了一套的，但我没都穿上。若上下一身新，我到了班里，同学们就没法看别人了。还是让他们慢慢地适应吧。

我心里美滋滋的，因为第一次穿上这样漂亮的衣裳。

西服引起不少人的注意，因为我以前的穿着是比较朴素的。今天早自习，我到班里发卷子的时候，有些同学在笑。我早意识到这点，所以自己抑制住了，仍沉着地、不露表情地讲话。学生

笔者身着西服与学生在校园合影

见我对此不感兴趣，也就没有再笑的了。还有些学生在衣服上说闲话，我一语不答，他

们也知趣地不说了。

【关键词】思 / 热爱生活

榜上无名，脚下有路

一、心灵共鸣

1986 年 5 月 11 日，星期日。

我不愿回家，可弟弟回不来，我只好骑了杨秉臣老师的车子回家接他。当我回到家时，他却已坐车回校了。

晚上，我去找延祥。高考预选已结束了，延祥这是第三次参加预选。根据他的描述，我估计他选上的可能性很大。

我们俩围绕着升学、就业等问题谈了很长时间，直到快十一点。延祥不愧念了十几年的书，是个很有见识、很有思想的人。他说，如果这次再选不上，便从此了结考大学的心思，准备先在家观察个一两年，然后想些法子成才致富。

他谈了许多学习方法，我觉得是很有道理的，这是他在长期的学习中摸索出来的。我想，延祥若考不上，当个小学或初中的教师还是蛮合格的。延祥是从世俗中跳出来的一个好青年。

【关键词】行 / 同伴激励

二、不坠青云之志

6 月 4 日，星期三。

听到老侄儿延祥名落孙山的消息，我心情很沉重。三年来，延祥屡败屡战，而这第三次，又是榜上无名。大学之门，对他来说，是这样难以叩开。

5 月 31 日，星期六，晚上他来家里找我。我该做延祥的知心人。对于高考，他早有思想准备：考不中，今生今世，便不再走这条路，另谋其他成才之路。他想订些报刊。我去师范学校，找留校的同学帮忙，果然找了一份目录来，昨天中午，匆匆地给他放下了。

我佩服延祥，屡试不第，却不坠青云之志。论知识，我有许多方面不如延祥，而我却教书了，延祥在家。当然，也不能简单地说谁的处境好，谁的处境坏。

愿延祥走出一条崭新的路。我在热切地盼望着延祥的成功，他将给一代青年带来深深的思考和启迪。

【关键词】行/关注社会   行/同伴互助

三、助力创业

7月4日，星期五，延祥来我家，二哥给他做了两个试验架底座。延祥说，他已基本准备好了仪器，要进行猪苦胆的提炼，制造一种药物，价格很昂贵。又说，还差几种仪器，他曾上张店、济南等地方，都没买不到，问我能不能到邹平师范学校借用。我说可以，因为实验员就是我的同级同学李敬贤。

次日早饭后，我便和延祥去了师范学校。廷宾正好在，他还没放暑假。廷宾又去找敬贤同学，敬贤答应得很干脆，很快就借好了仪器，就只缺一支分液漏斗了。

【关键词】行/社会责任

"轻松"的两周

一、面对"问题"和"主义"

1986年5月17日，星期六。

这一周，过得比较轻松。

下周就应该复习唯物辩证法的内容了。对于唯物辩证法的科学体系，应该让学生有个简明的了解。可是，我对这些东西还不甚了解，需要去研究一些"问题"和"主义"。

哲学上的"问题"和"主义"实在太多了，每一个对于我来说都是巨大的障碍，都必须攻克、突破。先是在我自己的思想上突破，然后再考虑怎样让学生搞清楚。所以，我在课堂上说的每一句话，都是付出了很大的代价的。除了吃饭、睡觉，几乎我的全部时间和精力都用在这上面了，有时连吃饭、睡觉也不安宁，因为课还没备好。

这几天，我主要揣摩了一些唯物辩证法的内容。

【关键词】教/充分备课

二、心中的希望

清晨，军号嘹亮，喇叭高唱，我起床，上早操。别人还在睡懒觉，我已蹲在办公室里，开始了一天的工作。晚饭后，夕阳无限好，人们散步、登山，我已伏在昏黄的灯光下。晚上，人们下象棋、打扑克兴致正浓，我已和同伴们开始了自学。

这就是我们的生活。我们的生活枯燥，但不空虚；我们的生活艰苦，但充满信心；我们的处境欠佳，但前途光明。

这便是我们心中的希望。

干吧！

【关键词】思 / 自尊自信

三、"龙骨"变"象牙"

5月21日，星期三。

今天我走出校门，干了一件大事。回来已精疲力竭，迷迷糊糊的。忽而想起，该写点日记了，便竭力从麻木的头脑中搜寻，自上次日记之后我做的和发生在我身边的事。只记得：

周末没有回家。星期六的晚上，躺下时已十二点多了。可我和其兵谁也睡不着，三年师范学校生活给我们留下的记忆（包括美好的、丑恶的，学习的、工作的，还有"爱情"的）成了聊不完的话题。师范学校的三年啊，从整体上是令人满意的、值得骄傲的。就这样，我们一直说到三点多钟，一个多钟头之后已是黎明。

星期一、二，各班结束了"辩证的唯物主义"复习。

今天没有课，我和其兵便办"大事"去了。听说，临池乡东台村民在建房挖地基时，发掘出了恐龙化石。杨秉臣老师昨天去察看，拍了照，写了新闻稿，准备递给济南《大众日报》。这激发了我们的好奇心。

我们到东台村的时候，主人家已将地基遮盖了起来。下午，我们从周村回来又去看，见到在一个约两米见方的坑里，有两根长近两米、直径三十多公分的骨头；另外还有些石头样的东西，也许是骨头吧。我们也不知是不是恐龙化石。

在周村，我和其兵买了两瓶花，算是我们五个人（还有李钦成、郭国华老师，再加起震）送王淑奎老师（英语教师）的新婚礼物。我们又买了一套《红楼梦》《三国演义》，还各买了双凉鞋，看了立体电影《靓女阿萍》。

【补记】后来，听杨秉臣老师说，经山东大学专家鉴定，东台村出土的不是恐龙化石，而是黄河象化石。

【关键词】行 / 实践学习　　学 / 科学素养　　学 / 购书藏书

四、孤独

5月24日，星期六。

使我最忍耐不了的，便是孤独。孤独，特别是在星期六的晚上，像魔影一样紧随在你的身旁，它和你做伴，只能使你越发感到惊悚。

我时常感到过早地走上工作岗位的不幸。一是中止了自己正常的读书学习；二是我不能教好学生；三是我失去了那个给我欢乐和安慰的班集体，失去了那些朝夕相伴的同学——我是多么怀念班集体生活。

有时，我听到教师宿舍前排女生宿舍里传出的清脆的笑声和嘹亮的歌声，脑海里便又浮现出师范学校生活的美景。我多么希望自己还是个学生，再回到那么多人中间。虽然今天我也有那么多的学生，可我却是这样地倍感孤独。

我能有什么办法呢？我自己的修养差得很远很远，我又不会去做学生的工作。我只有这样苦苦地熬煎。

家庭会把你的孤独感驱走一部分。当然，这个家庭，有父母支撑的家庭，更包括未来的小家庭。

我有过许多美好的理想，当老师就是其中最主要的一个。如今已经实现了，然而今天，却使我这样不如意。我所想象的，自己应该是一位知识渊博、热爱并关心学生、被学生信任和尊重的老师。

我在其他方面也有过许多想法，未免有些想入非非。也许是时过境迁吧，有些人与事已不再是我所追求的目标。时代在发展，人心在变化，我相信这是宇宙间的一条真理。

我必定会从这困境中，从不快中走出来，走向一个美丽的世界——那里有我所追求的神圣的事业，有我二十来年中忘却不了的亲人和老师、同学，也有我的"爱人"……

【关键词】思 / 发展渴望　　思 / 理想现实　　思 / 自尊自信

麦收时节

一、亦生亦师

从 1986 年 5 月 31 日至 6 月 4 日，学校放麦假。我到家后，两天之内，和二哥把玉米套种上，便没活干了。

6 月 3 日，星期二，上午我到师范学校去找老师和廷宾同学。本来想请教个问题："为什么说唯物辩证法（唯物主义、辩证法）和认识论是密切联系、不可分割的？"但老师们闲聊起来，我一直没有机会开口，只得作罢。到十二点，我便在廷宾处吃饭。

这次我找廷宾，目的有二：一者，我拿了廷宾的几本书，问他看不看。他回答我："你看吧!"二者，侄延祥高考落选，托我找一份报刊目录，他准备订阅些报刊。我又托廷宾，廷宾当然还是帮忙的。

再在家待一天，也是浪费一天，我决定走。去汽车站买了票，回到家已两点多了，而车是四点钟的。我睡了一会儿，起来，已是三点半，天正热，天气预报说是36～38℃。二哥骑自行车载着我飞速跑，提前三分钟到达邹平站。哥哥走了。哥哥本来可以比我更有出息，可是……

五点多钟，到了临池，步行二十来分钟，我到了学校。

晚上，吕艳君、仇凤兰同学来借小人书看。前几天买的十来本半价小人书，都已带回家了，我便把其兵的找来，给了她们。

把一张题刻完，我到高二（三）教室去了一趟，已有八九个学生在这学习了。这都是些有心人、意志坚定的人。他们的精神，连他们的一些老师也无法比的。但愿他们能永远保持这种好学精神。

我若不抓紧时间学习进步，便不如我的学生。我至少是不能在学习态度和精神上不如学生。我这样暗暗地下决心。

我在学生中，爱做些正面的思想政治工作。这样，我和他们又玩了一会儿。

【关键词】行/挖掘资源　教/教学相长

二、大本营

6月4日，星期三，杜卫国老师（教导处副主任，高三年级二班班主任）叫我随高三学生去邹平体检，填一些有关高考的表格。

十一点多钟，我随学生坐汽车到了邹平。有些学生说，自己还从没到过邹平县城。这也难怪。我在分配到南北寺中学之前，也没到过"周村"这样有名的地方。和学生在一起是快活的，车厢里回荡着欢声笑语。

快晌午了，吃饭不好安排。我和杜老师说了一声，便又去师范学校找老颜。我鼻子有些酸，然而想到即将受到老颜这样宽厚和气的同学的接待，又感到无比的欣慰。

老颜果然在，他正要去打饭，见我来了，便又多掏出些饭菜票。

我为有像老颜这样的一帮从不讨价还价的同学、同事和挚友而感动。其兵形容说，老颜这里（邹平师范学校）是我们的大本营，奎浩、本东那里（地区教育局）又是我们的信息源，这是其兵突然闯到这里发的高论。

我在本东留下的空床上，无忧无虑地睡了一觉，下午再到县招生办公室，帮助杜老师把考生的表格填好，一直忙到近六点钟。六点半，我们坐上学校包车回校。

高三的学生毕竟是可爱的。虽然他们未曾受到十分高级、完美的教育，但仍不愧是祖国的一代人才。

面对着学生，我说不出是怎样的感情。诸多方面都有吧！有自豪的，有惭愧的；有怜惜的，有羡慕的；有生气的，也有爱慕的。我说不清。

【关键词】教 / 一岗多责　　行 / 挖掘资源

三、难舍难分

6月8日，星期日，我又给在魏桥高中教政治的明武同学写了一封信，再次说明我对事业和学习的观点。

前一段我曾想，到高三，也许我不教这级学生了，在行动上有些放松，至少是思想上有些懈怠。但现在想，似乎一切并不那么悲观。说不定领导会让我送毕业班呢！我有信心争取吗？我是不是先把教材教法过关考试搞好？这也是显露锋芒的一次机会。无论如何，我得考好，至少是绝对保证及格，敢于和厉老师比一比，争取考过明武等教政治的同学。这是我的目标和心愿。

我之所以不愿离开这级学生，原因我以前曾说过了，他们是我的第一级学生，我不能灰溜溜地离他们而去。我又想离开现在所教的政治，是因为我有更强烈的爱好和更出色的才能——语文，我一直放不下、忘不了我的语文。若我教完毕业班，上两年政治课后，也许今生今世永远也教不了语文了。岂不遗憾乎？我语文的灵感，我朗诵的激情，我……这一切对我又是多大的诱惑！

怎么办？有兼顾的办法吗？

【关键词】思 / 竞赛意识　　思 / 方向选择

四、夏的热烈

小麦熟了，临池周围割完麦子好几天了。我星期天没回家，不过家里的麦子也该差不多收完了吧。

夏日自有夏日的装束。女老师和女同学们穿着各色各样的裙：红的像火，白的如雪，轻的是纱，柔的似水……一个多么美丽的世界呀！

在这个美丽的世界里，但愿人人都舒畅地生活。

6月9日，星期一，晚上学校放电影《迷人的乐队》，挺有意思的。这次我占了好位置，比较靠前，看得较清楚。我该配眼镜了，至少在看电影、电视时得用。

【关键词】思 / 热爱生活

五、由睡得太晚想开去

6月10日，星期二。

晚上，我从办公室回宿舍的时候已近十二点钟，可是好些女生宿舍还亮着灯，熄灯的也吵吵嚷嚷，夹杂着活泼而羞涩的歌声，回荡着不太整齐的小合唱。读高一的老弟说，他们男生宿舍睡得更晚，总是在十二点钟以后，差不多一点才能睡着。

这样是很不好的，学校领导也早已注意到这个问题。学生休息不好，必然影响学习。可一到晚上，大家又觉得想说、笑、玩。应该肯定，这是青春活力的表现，可是没有在适当的地方和时机迸发，"泄露"在了他们唯一的"用武之地"——宿舍。

学校领导一再强调，要按时休息，不允许学生在宿舍打扑克等，并且有干部检查，但总不能彻底地制止。领导管理一松，立刻又乱得不得了。

我认为，解决这些问题的方法在于合理的疏导，而不是强硬制止。学生除了枯燥的文化课之外，再也没有更多的精神寄托，他们必然需要一些不计后果、一晌贪欢的活动。

若我当班主任的话，一定多组织些课外活动，诸如具有趣味性、知识性、故事性的读书演讲、时事学习、体育锻炼等。这些活动开发学生的智力，释放多余的能量，更能给学生创造良好的心境。

教师应关心体贴学生，主动帮助学生解决学习、生活中的困难。在帮助学生的工作中，教师也必然享受到乐趣。

【关键词】教 / 尊重规律　　思 / 时刻准备

六、表哥

6月12日，星期四。

雨不停地下，已有一整天了，这是今年的第一场大雨。家中不知怎样了，麦子割了吗？割了可不太好。

上午最后一节课下课后，我从高二（四）班教室出来，冒雨跑回宿舍。刚一开门，一个年轻人就闯进来："你就是韩兆恩？"

我"啊啊"地应着，忽地想起他是谁了。此人大名李忠宏，是我叔伯姑姑的儿子，我应该称他表哥的。表哥颇有才气，只因腿有点毛病，两次高考过线都被大学拒之门外，今在西董乡会仙联中，当民办老师。今天，他是来给学生报名，参加南北寺中学招生考试的。因下起了雨，便来我这里。

我们吃着饭，谈了会儿，知道我的师范学校同学孙吉会调到了会仙联中教物理。这样围着饭桌吃饭的就有四个人：除我们俩外，还有弟弟和李庆山校长的儿子李峰（李校长回家收麦子去了）。

次日，雨还是下，只不过稍小点。上午，我上课的时候，表哥悄悄地走了。我的眼前闪现出这样一幕：那样泥泞的路上，表哥一瘸一拐地渐行渐远……

【关键词】教 / 教育生态

一双鞋垫

1986 年 6 月 7 日，星期六。

我很早就想写点文字，说一说我的大嫂。大哥兆庆与大嫂爱荣的结合，既带有新时代中有见识的青年人的爱情婚姻的特点，又不乏中国几千年来传统的特点。这些，我在一篇习作小说《哥嫂的爱情》中已经写了，并且得到师范学校王学古老师称赞。

至于他们结合以后，对于这个穷困家庭的影响——他们如何挑起家庭的重担，把弟妹们拉扯成人，我在小说"尾声"里一笔带过了："现在一切都好了。"具体怎样过来的，我还想写一篇小说的，小说名叫"鞋垫儿"。可是小说没写成，我已从师范学校毕业，当起老师来了。之后是没有时间，没有心思写，也没有导师教诲。所以，一直搁笔至今，我心里的话，就在这儿粗粗地说一说吧。

那是三年以前的事了。那时，我刚考入邹平师范学校，算是出门了，嫂子便把一双她给我哥做的鞋垫送给了我。只记得她说："你哥在家也穿不出好来，你就穿了吧。"我双手接过来。

从此，我就有了我的第一双鞋垫。在洗刷的时候，我时常欣赏起来，这双布满了均匀而美丽的小花的鞋垫。我十分喜爱这双鞋垫，平时不舍得用，只是在参加体育考试或运动会时，才垫到鞋里。那么柔软，那么合适，那么舒服。我曾穿上这双鞋垫，参加越野赛，为班集体争得荣誉；参加体育考试，考出优秀成绩。我心里充满了对鞋垫的无限感激之情。

后来，我买过几双鞋垫，可都没有几天就都穿破了，而嫂子送的鞋垫却一直完好。

一次，我把鞋垫精心地洗刷好后，放在宿舍窗外晾晒。不料，过了一夜鞋垫不见了，夜里刮了一阵大风。我真恨自己麻痹大意，夜里明明听到风声，却懒得起来收拾东西。我到处找遍了，也没找到鞋垫。我完全失望了，我对不起嫂嫂。

过了三四天，我偶然在垃圾堆旁发现了我的那一双鞋垫，鞋垫仍由小夹子夹在一起。我心里不知有多大惊喜，就像失散多年的亲人，又忽然来到面前。我默默地把鞋垫捡回来，重新洗净。

从此之后，我就更加爱惜这双鞋垫了。可是我发现，鞋垫渐渐地破旧了，表面那些均匀而美丽的小花，已磨得只剩了些红的、黄的、蓝的线点，只有紧贴脚心的地方还是原样。我忽然想起来，这双鞋垫已陪伴我度过了三个春秋，因为我马上就要从师范学校毕业了。我不忍心继续穿下去，把鞋垫小心翼翼地洗刷干净，放进了书箱。我将永远地保留着她，作为一个纪念。

由此，我也常常想起哥哥、嫂嫂。我在外念书，他们在家劳动。他们不正和鞋垫一样吗？默默无闻地辛勤劳作着，支持着这个穷苦的家。我又有什么理由，不像他们那样，像鞋垫那样，勤勤恳恳、脚踏实地地努力呢？

我们这样一个泱泱大国，就像一个巨人。这个巨人，要威严地站立起来，需要有多少人去支撑他啊！正是像哥哥、嫂嫂这样的平凡的人们，为我们共和国的崛起奠基！

今天，我已是一名光荣的人民教师了。人民教师好比人梯，让攀登高峰的健儿踩肩而上。为了中华民族的伟大复兴，我们甘愿做不知名的人梯！

【关键词】行／道德感动　　教／职业自豪

与首届学生告别

一、最后一次课代表会议

1986年6月20日，星期五，晚上我召集各班课代表到我宿舍开会，一班的尹兆刚同学不知为啥又没来，这次还是我事先亲自通知他的，可能他又忘了吧。上一次早自习他旷课，我批评了他。这……

我们不等了。我与三个课代表环坐一周，向他们征求教学意见。大家说，复习不应把主要精力放在"辩证唯物主义常识"的前头，而应放在后面。我对这个问题估计的却恰恰相反，认为后面的"认识论"部分是刚学的，又进行了期中考试，现在不需要多复习。这是我主观臆断的结果。而学生的实际情况是，一放下就忘了许多！这不能不说是一次重大失误。

我还问了他们各人的爱好。孟伟刚同学，我早就了解，他是喜欢数学的；崔义雄同学比较喜欢化学；而文竹同学究竟爱好什么，她不说，我也无从知道，也许并没有什么特别的爱好吧！我只是告诉她，你的政治还是学得不错。但是，此时此地，要培养一个学生对政治的爱好是难了，何况我都没有长期教政治的打算。

时间的脚步不会慢下来，现在已是午夜一点二十分了。当我说"回去吧"的时候，我忽然感觉到，他们还不太想马上离开，因为他们的行动很迟缓。我后悔不该这样武断地宣布"散伙"。

我把他们送下台阶。

【关键词】教 / 了解学情　　教 / 心怀学生

二、养精蓄锐的周末

6月18日星期三，我曾回家一趟，周末我就不想再回家了。养精蓄锐，努力学习和工作。

星期六、日两天，主要做了一件事——草拟期末考试题。这次出题，灵感不多，看来不如期中试题灵活丰富，但比以往的试题更成熟些。一年来，我基本上把握了命题的原则与方法。我注意到：命题一方面应内容活泼，试题有意思，特别是多有故事、寓言等；另一方面形式趋于标准化，不使学生为难。所以，我的题目是比较受同学们欢迎的。

这也是工作的进步吧！这是使我聊以自慰的。我无愧地说，这一年的时间全部地奉献给了我的第一级学生。当然，我还必须抓紧提升各方面的修养，知识的学习、能力的锻炼，都是当务之急。

【关键词】思 / 自尊自信

三、了却一桩心事

6月22日，星期日，下午我叫起震当参谋，在临池买了一件夏令上衣，花了九元。我第一次没觉得在吃穿上多花了钱，因为这了却了我一桩心事。

前段时间刚做了一件夏衣，太小了。我想再买一件，不想再叫家里做了，年后我做了好几次衣服了。

前天到邹平时，身上带少了钱（丢钱后吸取了教训），没买成。起震于星期五去邹平自考报名时，托他买，又没买到。

今天下午再次拉上起震去，我自己买不了。当我们将要失望地回校时，在一个不很起眼的小店里，找到了我要买的褂子。

其实，我的要求并不高：褂子、夏天穿的、男式、大一点、颜色差不多，就可以了。

我穿上了新褂子，心里美滋滋的。

【关键词】行 / 求实消费　　行 / 同伴互助

四、第一年

6月23日，星期一，上完课，我开始写总结，参加工作的第一学年就这样过去了。对于过去，不应也不必有任何的懊恼，重要的是以更充沛的热情，更合理地安排时间，做好以后的工作。

次日，总结写完了，准备交给学校领导。就要转正定级了。

1985—1986学年度工作总结

我于一九八五年七月毕业于山东省邹平师范学校，被分配到南北寺中学任教。如今，已执教一年，现对这一年的思想、工作和学习诸方面做一总结。

（一）思想政治觉悟的提高和事业心的增强

1. 思想政治觉悟的提高。这一年，主要自学了马克思主义哲学基本原理，提高了马列主义理论水平，促进了思想政治觉悟提高。

2. 时事政策的学习。为了增强对党的路线方针政策的理解和满足教学需要，我加强了时事政策学习。我仔细阅读各期《半月谈》杂志，坚持阅读《文汇报》，做了时事政策学习笔记。通过学习，较深入地理解了党的方针政策的重要性和必要性，并从哲学角度去理解其科学性，增强了宣传党的方针政策的自觉性、责任感和紧迫感，了解了社会主义现代化建设的成就，更深刻地认识到社会主义制度的优越性，增强了爱国主义情感。

3. 事业心的增强。一年来，在学校领导和老师们的启发帮助下，在学生的影响下，我更加坚定了终生从事教育事业的信心。

（二）教学工作和学生工作

本学年上高二政治课。

1. 备课

（1）认真钻研教材。在同学和老师们的帮助下，参照教学大纲和教学参考书，基本理清了教材结构、基本内容、重点和难点等。要求学生做到的，自己首先做到。

（2）在钻研教材和了解学生的基础上，精心设计教学方法和过程。刚踏上工作岗位，我对教学十分不熟悉，在备课上是下了一番功夫的，教案写得很细致。本学年，包括教案草拟、正式教案、练习题集锦、时事政策学习材料、教学笔记等，共用去15个备课手册。

2. 课堂教学

基本上采取传统教学法。但在组织教学上，我注意到以下几个主要方面：

（1）采取谈话法、读书法教学。课堂上讲授、问答一段后，及时让学生读书巩固，使学生在一种兴奋、紧张而又活泼的气氛中掌握知识。我借鉴杨秉臣老师的教学经验，尝试运用综合程序教学法。

（2）加强教学趣味性。哲学原理抽象难懂，我千方百计地寻找有趣味的故事、寓言、格言、诗歌等，激发学生学习兴趣，帮助学生理解，使学生信服政治道理。为了备出趣味性强的课，我先后阅读了几种高中政治的教案，研读了《通俗哲学》等书，还参考了同行老师们的教案。

（3）采用小黑板、图表等教具。小黑板的运用，减少了课堂板书，节约了时间，也容易集中学生注意力。图表等形象、直观，能使学生对教学内容形成鲜明印象。

3. 作业批改、辅导和考试

（1）刻印了一部分练习题和讲义，做到堂堂有作业，假期有作业，作业量适当。作业有抄写书本知识和做练习题等形式，特别是将习题刻印给学生，发挥了较大作用。及时检查作业完成情况。按时辅导自习，有时进行课外辅导。

（2）搞好期中考和期末考，尽量减少小考或不进行小考。考题尽量标准化，有利于指导学生学习，调动学习积极性。

（3）做过两项主要的作业、考试改革。一是上学期搞过"优秀作业、答题选编"。整理加工学生作业中能够说明"量变和质变辩证关系"的生动事例，印发给全体学生，交流学习。二是下学期期中考试开卷和闭卷相结合。开卷考试的题目是写一篇题为《认识发展的规律给我的启示》的小论文，要求学生理论联系实际，加深对原理的理解，分析、解决现实生活问题。试后进行了总结评比，各班进行优秀小论文交流，还在高二（三）班文科班组织了优秀小论文展览。

4. 时事政策教育和学生思想工作

（1）中学生必须关心和了解国家大事和世界潮流，下学期决心加强对学生进行时事政策教育。由于课时和各方面条件的限制以及备课不足，本学期只是在期末，集中进行了两课时的时事政策教学。

（2）平时注意做学生的思想政治工作。特别是通过与学生个别谈话，申明自己的观点，纠正学生对政治课的偏见。帮助学生端正学习目的，特别是不要认为只有升学才是唯一出路。教导学生遵守纪律，按时完成作业。

5. 教学改革

我认为，教学改革势在必行，这已渗透在前几个方面之中。关于教学方法、考试方法等方面的改革，我做得微不足道。一年来课堂教学中，努力应用普通话。

（三）遵守纪律，为人师表

本学年，严格遵守学校各项制度纪律，坚持上早操，坚持晚上办公。刻苦学习，态度严谨，有上进心。认真上课，尊重学生，平等相处，教风正派。团结同志，虚心向同志们学习。

（四）存在的问题及今后的奋斗目标

由于我学历低，又是初次上课，没有经验，再加上高二政治教材深奥难懂，我对哲学原理理解不深刻，在备课、上课、辅导的质量上有待提高。虽然我一心扑在教学上，使出了浑身解数，也难有较好的教学成绩。这就成为日后急需解决的重要的问题——继续努力学习政治理论，提高自己的思想觉悟。还要钻研教学法，创造一套适合教材特点和学生特点的教学方法，努力提高教学质量。对学生管理不严、不善，这一点也有待于改进。

我决心在以后几十年的教学生涯中，努力奋斗！

我愿意为学校、学生，做更多的工作！

【关键词】思／深入反思　　思／自尊自信

五、最后一课

6月25日，星期三，我和其兵、起震把工作总结交了上去。

本周还有两节课。第一节，我印发了一张时事政治题目，讲了讲，学生都很喜欢听这些东西。我知道的也不多。

第二节，是本学期、本学年的最后一节课，也许还是我给这届学生上的最后一课。其实，我没有"上课"，只是陪着学生复习了一节。我坐在下面，看着书，听着满教室琅琅的读书声。

政治期末试题

期末试题在星期一刻了出来，星期二就印好了。这份试题的拟定和刻写凝聚了我的心血，也体现了一年来我从一个学生到一个高中政治教师的转化。我感到很满意。我给老同学李本东寄去半份，让他看一看我的教学进步。

这几天，就这么过来了。我报了高教自学考试，已着手学习。先是凭着自己的兴趣学点语文，近几天学习了欧阳修的《醉翁亭记》和《秋声赋》。

6月29日是本学期最后一个星期天。还是不回家了吧！政治将在星期一进行期末考试，学生都在复习，也许他们需要我。果然，先后有一些同学来问我问题。

周末，我和高二的一些同学打了好一会儿乒乓球。他们太渴望体育活动了。如果让他们充分活动的话，他们中会有许多人成为出色的乒乓球运动员，因为我见到他们的水平都不低，我时常败在他们手下。输了球，不免脸红，但我也会控制自己。和学生打球，开始心情紧张，昨天打了几局，多数都输了。今天有好转，我心里镇定下来了。与学生交朋友是不错的。

吃过午饭，高二(一)班的张伯华同学来借球拍。他苦苦哀求，我就借给了他，叫他一会儿就送回来。我理解他们的心情。过了会儿，他果真送回来了，这样的同学是守信用的。

【关键词】教/爱岗敬业　　行/同伴激励　　思/保存资料

六、期末考试

6月30日，星期一，我监考一天。考完政治，我就开始阅卷，到星期二晚十二点，终于将四个班的试卷全部阅完。阅卷十分紧张，累得我脑袋直疼，但也只有硬着头皮继续看。这次看的速度，还是比较快的。

统计了分数，我一下子高兴起来。阅卷过程中也高兴过了，因为看到了不少高分。这次的成绩确实不错。我曾在分析上学期期终考试的悲惨状况后，与全级学生立下奋斗目标，争取及格率达到80%，平均分达到七十分，而今这个目标基本达到了。

若到高三，学生努力些，老师再抓得紧一些，我认为没有多大问题。我还是可以送毕业班的，至少我这样认为。

我进步了！

【关键词】思/自尊自信

七、人心

考完试后，人心不安，许多同学借故请假先走一步，更有不辞而别者。我突然觉得这里的学生缺乏一种"向心力"。许多人没有认识到，自己处于一个班集体中，自己应该怎样向着、紧偎着自己的集体，而不是想要尽快地飞出"樊笼"，去得到"自由"。学生的学习目的、学习态度都存在较大偏差，学习方法只是为了应付考试，不少人思想上更是一塌糊涂。我感到很伤心，是我们的教育方法，我们的老师害了学生，因为学生毕竟还是孩子啊！

7月3日，星期四，安排评卷。班里人并不多，也就有一多半学生吧，我只好把三、四班拢成一个班。教室里安静不下来，我大喊大叫也不管用。稍微静一静，我就开始讲题了。实际上，也不是讲题，只是简单地说说，学生根本没有心思听老师的长篇大论。

我总结了全级的成绩，告诉同学们，我们的奋斗目标已经基本实现，及格率已达83%，平均分近七十分。我为此而高兴，同学们也高兴，我们毕竟没有说空话、说大话。我第一次体验到实现这样一个"伟大"目标的快乐感。我还点名表扬了全级考过九十分的七名同学：三班四个，四班两个，二班一个。

最后，我说了几句：

"我给同学们上了一年课，但我没教好大家，我觉得对不起同学们，请同学们原谅！

由于本人水平有限，大家又面临毕业了，高中毕业是一件十分严肃的事情，所以也许和同学们的相处就到此为止了。

当然，我们无论到什么时候，何种地步，都是要学习的，并且是要努力地学习。学习是我们的第一任务，大家一辈子也不要忘记学习。

今年的暑假比较长。有规划的同学，并不会想在暑假中如何痛快地玩一玩，而是早已想好了，要复习哪些、学习哪些。

我给大家布置个暑假作业，就是把《政治经济学常识》上册，即资本主义部分的课文读一遍。课文不长，七十多页，读一遍没有问题。希望同学们按时完成作业。下学期，不管哪位老师上课，都会先复习政治经济学。

就到这里吧！"

我向同学们敬礼，昂然走出教室！

我的心又是怎样的呢？

7月4日，一人独坐办公室而记。

【关键词】教 / 立德树人　　思 / 自尊自信　　学 / 终身学习

舞弊

一、揭露

1986 年 7 月 4 日，星期五。

阅完卷，我让四班课代表崔义雄和尚学习（化名，下同）同学把分数统计下来。可是，他俩分别把自己的成绩由 83、80 分改为 87、84 分，各加了 4 分。我发现后，很是气愤，立刻找到班主任王爱玲老师，说分数册上有涂改痕迹。两个同学挨了一顿批评。崔义雄仍然不坦率，想让我保护他。我怎么能这样做呢？我托付二人，二人却背我而行此事。这是个原则问题。若不坚持原则，这样的同学以后还会找你的麻烦。于是乎，我坚持不动摇。这是 7 月 2 日，星期三晚上的事了。当晚十一点多钟，尚学习向我赔不是。我宽慰他，作为学生，对分数这么重视（本学期有奖学金），一时犯糊涂，是可以理解的。只要认识到错误，以后不犯类似错误，就可以了。尚学习点头答应。

现在想来，我对这件事情的处理急躁了些。想到两位同学受到班主任的严厉批评，我觉得不该冒冒失失地把事情捅出去，而要先对两位同学做工作，劝其自动改正过来。

这又一次暴露了我年轻无谋。

【关键词】教/教育艺术　　思/深入反思

二、抚慰

暑假中。7 月 11 日，星期五，上午给崔义雄同学写了封信。这孩子聪明，但不"老实"。我也告诉了他这一点，并且告诉他暑假作业要求。放假前，我曾让尚学习同学转告他，一定要去听我评卷，尚学习去了，但他没去。

给崔义雄同学的信

义雄同学：

你好！

今天，主要想和你再谈谈放假前发生的那件使人不太愉快的事情。我首先向你道歉。你也许会怨恨我，也是理所当然。我对这件事的处理过于急躁了！好的方法，应该是我先向你和尚学习同学说明利害关系，把分数改回来，不应该一下子就把事情捅出去。这样伤害了同学的自尊心。

但是，错误毕竟是错误，不能不批评指出，这是个原则问题。在这里强调任何理由（比如有的同学考试作弊，有的同学也偷改了分数等），都无济于事。遮遮掩掩，巧辩理由，不是正确对待错误的态度。在错误面前，态度很简单，就是知错认错，吸取教训，痛改前非。

当然，作为学生，把分数看得重了些，有时甚至头脑一热，犯点小错误，是可以理解的。所以，不必念念不忘，没有什么大不了的。今天我来信的目的也即说明，要放宽心，愉快度假，认真复习、学习些东西。也许你早把这事忘了，那就好了。

义雄，我对你一直是抱有很大希望的。你聪明活泼，思维敏捷，具备成才的条件。你对自己也怀有十足的信心，对吗？

不许忘了一个重要任务，就是要刻苦努力地学习。不踏踏实实学习，"聪明"是靠不住的。期末评卷时你没去吧？我看到尚学习同学去了。在家可把《政治经济学常识》（上册）读一遍。新学期，无论哪位老师上课，都会先复习它。

我算不上你的老师，许多地方还需要向你请教。说这几句，仅供你参考。

另外，请你对我的教学多提意见。

祝你暑假愉快，学习进步！

兆恩

7月11日，于小李家村

【关键词】教 / 立德树人

三、回音

暑假，天天待在老家。7月21日，星期一，我往崔抱李中心小学去，和崔中华老师聊天，并打乒乓球。一会儿，邮递员送书报信件来，一翻，有我的！崔义雄同学来信了！

崔义雄同学信中说：放假前，曾和尚学习同学一起去找我谈话，但未找到。这次来信，除谈了那件事情外，主要给我提了几条教学意见，集中在一个字上便是对学生要"严"。我认为极对。放松对学生的要求，只靠学生"自觉"，教学成绩不会好！

自此后，我的"不了"之事就"了"了。

【关键词】教 / 立德树人　　思 / 统筹兼顾

终生难忘的课代表

一、少了那一双眼睛

1986年7月3日，星期四。

我的心情，正如这阴晦的天气。

6月30日，星期一，上午十二点半政治便考完了。午饭后，本想睡一觉就起来监考、阅卷，可我睡不着。起来，跑到办公室，先拿出三班文科班的试卷，翻阅几个比较好的学生的试卷，大家得分都很高。可是唯有我的课代表文竹同学只考了70分。我说不出是什么滋味。是惋惜，是气愤，是恨铁不成钢？总之，一时交杂在一起了。

平时，我对我的四个课代表，是比较关心的。我努力端正他们的学习态度，开阔他们的视野，帮助他们运用正确学习方法提高成绩。

文竹的政治成绩，在全班以至全年级都是名列前茅的。我想在政治上多给她些鼓励和帮助，将来她也许是个出色的政治专业大学生。我上课，她也很认真，常常随着大家笑，但是无声的。我讲的东西，她绝大部分都能理解和记住。

可是她在其他学科上就不行了，我也不太了解情况。她不笨呀，为什么考不出好的成绩呢？当有的老师和同学说"文竹不中用"时，我感到气愤，好像我是她的什么人似的。

而使我不解的是，这次她的政治，为什么也这么糟呢？我告诉她，期末考试完全结束后和她谈一谈。据其兵说，星期二下午约五点半（考试全部结束后半小时），她曾来办公室门口站了会儿。大概是见我正忙于阅卷，就悄悄地走了。一直到现在，我放不下心。

7月2日，星期三，晚上送走来办公室玩的陈晓惠等同学，起震忽然告诉我，陈晓惠说，文竹报名参加县招待所招工，已于星期二下午回家请示父母去了。

又是一个莫大的冲击！我简直有些接受不了。文竹，文竹，未来的大学生啊！我认为她是有希望的。就这样了吗？与本班几个学习很差的女同学做同事了？简直是不可思议！

若事情真是这样的话，又怎么办呢？我有什么办法！我只不过是个比她大不了一两岁的所谓的老师。

一直到现在，没有消息，不见文竹回来。我想见到她，我对她还有话说。若见到她，我当劝她不要想别的，集中精力念完高中再说。

也许她的选择是对的，我不知她是怎么想的。起震和其兵也说，文竹干什么都是有出息的。

我的眼前，少了那一双眼睛。

【关键词】教／心怀学生

二、苦苦地等待

7月3日，星期四，上午分析试卷，我把三、四班合二为一，这样也不过六七十人吧！向讲台下望去，我心里忽然觉得缺少了什么——台下没有了那张笑脸，没有了那双眼睛。此时此刻，她在哪里？当我表扬九十分以上同学的时候，没有她的名字。

下午，我呆呆地坐在办公室，没有别人。其兵回家了，继而去邹平参加高考监考。起震大概还在睡觉。没有人和我说话。文竹是怎么想的呢？我当了她一年老师，却不了解学生的思想。

时光就这样消磨着。晚上，忽然停了电，几个老师在外面说话、纳凉。学生宿舍的姑娘们开始小合唱，洋溢着青春的朝气。十二点多，我和年轻的老师们才摸黑睡下。

天又亮了。吕艳君同学说借我几本书看，我给她找了许多。我这些书都不错，只是她读不完，因为有十二本之多。就慢慢地读吧，文科生。若文竹也这样多读些，就好了。

7月4日，星期五了，学校就要放假，也不见文竹回来。我开始乐观地去想：不论就业还是升学，对于文竹来说，前途都是光明的。我又何必担忧呢？劳神苦思又不顶用，为什么这么不明智呢？还自称是什么"唯物主义者"呢！

临近中午，学校匆匆开了大会，学生已差不多走完了。天阴沉沉的，开始下雨。学生们归心似箭，这点雨已不是雨了。

回到家次日，我给文竹同学写了封信，简单表示了我对她学习、工作的关心，并谈了意见。我去邮局送信，两三天后她就能收到了。几天之后，我便可以接到回信，知道她的消息。耐心等待吧！

【关键词】思／情绪控制

三、忘不了的是学习

7月7日，星期一。

我忘不了一件事，那就是学习。学习，已成为我的习惯了。不仅在我的学生时代，而且在目前这个事业和人生的困难时期（不久将会过去的，因为我在不断地学习、努力），以至将来，这都将是我的习惯。不学习，没事干，自己心里也过意不去。

现在重要的是，如何充分利用时间，快学、学好的问题。我想把初中课本《法律常识》复习一下，计划两天略读一遍，果然如期完成。现在想来，初中学这些东西时，还不算差，印象还蛮深的。我记得自己考中专时，政治考到出类拔萃的 90 分。师范学校毕业后自己阴差阳错地当了政治教师，原来早有基础啊。

今后，开始学习《政治经济学》的资本主义部分。另外，穿插学习《大学语文》，读《三国演义》。若暑假还有时间，便学习"历史唯物主义"，读读《中学政治课

《中学思想政治课教法》《中学政治课教学法》

教学法》，复习《关于经济体制改革的几个问题》。不要急躁，但要抓紧时间。

在家学习不太安静，晚上还常没电。听廷宾说，今年暑假，他们多数时间在学校。我是不是可以到那里去呢？我学习和生活了三年的地方。那里太好了。家里又没有多少活干。再说，我在那里也可以听到点别的课程，诸如函授面授啦，学习班啦。这是个不错的想法。

怀着对美好未来的热切渴望和强烈追求而坚韧地生活于今天，这就是信念的力量。

我忽然悟出和理解了这样一个道理：在这个世界上，人们之间需要相互帮助、相互爱抚（包括最崇高的母爱、师爱、情爱等），才能生活得下去，生活得更美好。

人们特别是青年人应该以"爱"为动力，努力学习和工作，让"爱"这种纯洁、美好而伟大的力量，去战胜贪玩与懒惰。你若不好好学习，不努力做人，就对不起心爱的人。

【关键词】学 / 学习关键　　思 / 热爱生活

四、意稍舒

7 月 21 日，星期一，下午我去崔抱李中心小学，找崔中华老师聊天。崔老师年轻时受工伤，被机器锯去半只胳膊，难找对象。崔老师告诉我，如今对象有眉目了，自然是喜事。

邮递员送书报信件来，一次就有我的两封信：文竹同学来信了！崔义雄同学也来信了！

我很激动，当即拆开文竹的信。她在信上说，我的信，她七日就收到了，只是没及时回信。文竹主要地说了自己的学习和今后的打算：她不明白应该怎样学习，考试

成绩不好，有些沮丧，所以早回家"可以少些烦恼"。她告诉我，今后仍会去学校学习。

我不感到惊奇，因为事情本应该如此。只是感到，信中见到的文竹同学，比平时老练得多，话也很诚恳。信写得挺认真、工整，她平时的作业还没有这样好呢！好像打了草稿。

于是乎，我放心了，我没有什么可以挂念的了。我应抓紧时间，认真学习，教好学生，对得起我的学生，也让我的学生瞧得起我。

【关键词】教 / 心怀学生

五、欣慰地笑

1988 年元旦临近，我收到第一届几名学生的贺年卡和信。我很高兴，很欣慰，一是因为他们都进步了，二是因为虽然我不给他们上课已有一年半，他们离开南北寺中学也有半年了，但是他们还没有忘记我。这些同学有：郭勇、于磊、文竹、吕艳君。

我给文竹同学回了信，她正在本县长山中学复读。

给文竹同学的信

文竹同学：

见到那跳动的笔迹，我就知道是你了，心中感到很快慰。半年多不见你，不知你在做什么。上次王起震老师去长山中学听课，我还问他是否有你的消息。如今，总算清楚了。

我不是什么老师，只不过是一位普通的朋友罢了。想起来，那段朝夕相处已是两年前的事了。那时，我刚从师范学校毕业，什么也不懂，却硬要给同学们上课。每当看见同学们求知的眼睛失神的时候，心里真不是滋味啊！就在那种情况下，你每次政治考试也能得好分数，你是那种"心有灵犀一点通"的人。

然而我不明白，后来的事情究竟是为什么。我们许多同学过早地考虑了那些不该早考虑的事，想早早地品尝那颗蜜果，其实不知它还不成熟，是苦涩的。而我似乎又多少理解、多少明白一些大家的心思了。

我们在这个年龄若沉溺起来，不思上进，将来会后悔的。见到你的介绍，我很高兴，我们的同学毕竟还是能够掌握自己命运的。

你读高三时，杨秉臣老师曾十分关照你。他对同学们说："每个同学都应该有考上大学的理想，都应该拿出最大的本事去试一试；即使考大学的希望不大，也应多掌握些知识，三年的高中学习不能白费，走到社会上，也要出人头地，大刀阔斧地干一番事业。

你说是吗？还是做两种准备，留有余地为好！

这两年多来，我在工作之余，自学了大专课程，参加高教自学考试已合格七门，再有五门就毕业了。现在，我又担任了高二（二）班班主任。奋斗是艰苦的，但带给了我们享用不尽的知识和快乐；沉溺，可能暂时是迷人的，但会让我们后悔莫及。

看到我的"空头政治"，你或许会发笑了，还是不说了吧。

祝你在新的一年里，不断进步！

兆恩

一九八八年元旦

【补记】文竹同学没有考上大学。婚后育有一双儿女，夫妻进城开店经商，过上了安稳的小康生活。2005 年春，文竹遭遇车祸，不幸罹难。闻讯，令人肝肠寸断。

【关键词】教 / 立德树人　　教 / 爱生一生

都是兄弟

一、兄弟相争

1986 年 7 月 9 日，星期三。

为了使这个家有一点文娱生活，自私一点说，也为了我能够比较愉快地度过暑假和以后许多假期，在二哥去邹平时，我掏钱让他买了副象棋。

到现在，象棋已到我们家三天了。以往，棋、扑克之类，我家是没有的。一者，经济条件不允许，买些这个也过意不去。二者，也没有多少人喜欢，爹对这是一窍不通。

有了象棋，兄弟们便抽空下起来。下，就不免有胜负之分，总是胜者喜、败者恼。我的棋术一般，下不过哥哥，更下不过弟弟，也就是偶尔能赢个一盘。所以，我总是要恼，特别是受不了弟弟那股傲慢劲。当然，现在大了，即使恼了，也不会动起手来。

从下棋的失败我又想到，打乒乓球，我可能更胜一筹。过几天，再从学校回来的时候，一定带回乒乓球拍，到小学的乒乓球台上去一决雌雄。我认为，我准是冠军。

这几天干活很少。本来想暑假半工半读的，这下"半工"是不足了。少干点活也是好事，可以多读些书，我已开始读《政治经济学》。

没想到这几天，过得如此平静。我似乎又长大了点，学习，事业，做人。明天我就要回校了，我总认为，在学校生活得更充实、更有意义。

【关键词】思 / 竞赛意识

二、倾诉衷肠

给何晋泉同学的信

晋泉吾兄：

从毕业到现在，整整一年不得相见，甚是想念，不知我兄生活得怎样，事业上、学习上又有什么重大的进步。甜蜜的爱情，是否也已闯入你的生活？

听父母说，正月十五那天，你从师范学校到过我家。不巧，我已于正月十二回校。我很是恨自己，失去了一个好机会，其实当时并没开学。父母还说，你将给我写信。从此便日夜等候你的佳音。我每次回家，父母都问我："你的同学来信了吗？"几个月后还忘不了这事。我告诉了其兵、起震，我们都想念着你。

你怎样了？恨只恨，远在异地，不知道。

于是，我们也就只能猜测。从你平时对学习、生活、事业的态度，我们不难想象：晋泉兄肯定还是一个刻苦好学、热心事业、乐观豁达的人。

老同学们都很清楚，你的分配结果不理想。一个滨县，一个淄博市，有天壤之别。如今，我才感到它的严重性。我们也都理解，你心里不痛快。

实际上，我们仨又何尝痛快呢？一年来，忙忙活活，备课上课，连个自学都顾不上报，到头来，看一看教学成绩，又令人失望！

我总觉得，我们这伙人过早地走上了社会，是在硬撑着做人。本来还都是孩子，却经受着社会生活的风雨。

但我又相信，只要我们不灰心，坚持不懈地努力，总会有出头之日。你说是吗？就把我们比作不久就要腾飞的"卧龙"吧！

我们仨的情况，你大概知道些。其兵送毕业班，我和起震都教高二。下学期具体干什么工作，现在还没有数。关于送毕业班，我既有勇气信心，又感到困难重重。送毕业班是个锻炼，不送毕业班则更有时间学习和提升自我。

我们仨都报了自学。不知你报了没有，或者已考及格几门，或者你有别的打算。请来信告诉我们，在寂寥的暑假中，也会增添不少慰藉。

紧握你的手！

兆恩

7月10日，于小李村

【关键词】行／同伴激励　　思／自尊自信

招　生

一、两次买书

1986 年 7 月 10 日，星期四，下午两点多钟，我从家出来，骑车前行，目标是南北寺中学。在这七十多里的路途中，我几度落脚：邹平南关李校长家，给他送下伞；邮局，给晋泉同学寄了信；师范学校廷宾处，送下钢笔，避会儿雨，说了几句话，知道其兵终于又见到了他的心上人——杨柳（化名，下同）同学，但廷宾对其兵批评了一顿；邹平、周村新华书店，各停一次，各买一本书，分别为《相对论的故事》《唐诗选注》。经过这一番之后，我才一口气跑回学校，其兵、起震早到了。

7 月 11 日，星期五，下午去临池中学，贴好我所监考考场的考生号码。今年，我校招考规模很大，七百八十名学生应考，设考场二十六个。我监考第九考场。

【关键词】学 / 购书藏书　　学 / 科学素养　　学 / 语文修养

二、与学生比拼

7 月 12 日，星期六，全省统一的高中招生考试开始了。我在临池中学监考。第一次参加这种严肃的监考，刚开始，不免有些紧张。

监考是教师的工作。我是一名中学教师，也免不了。但监考又是费时间的，至少是在看着考生答题时，自己不能学习。所以，我又觉得时间耗费不起。

空余时间，特别是这晚上，学生在休息，老师们也在尽情地休息。一时"扑克事业"兴旺起来，教工宿舍门前，好几处摆开了扑克摊子。有几个小青年，心中颇为矛盾，这就是起震、其兵和我。一方面是极具诱惑力的玩，另一方面是自己的学习。我们都想学习，因为知道的太少，可以说还不能较好地完成教学任务。

玩——扑克等对我的诱惑力已不太大了。我想这个时候，若能克制住自己，抱起书本来，安静地想几个学术问题，就是一种进步，就是难能可贵的。要想不落伍，要想进步，需要踏踏实实、坚持不懈地努力！

我的学生中有几个是颇能干的，至少是在学习精神上，我不应该逊色于自己的学生，且要给他们做出榜样。只有这样，才能对得起学生，对得起事业，对得起生活，对得起自己。

一个热闹的世界……

【关键词】思 / 时间观念　　思 / 竞赛意识

三、阅卷与"够级"

7月14日，星期一，高中招生考试结束了。这么多应考的同学，只可惜招生名额太少了。

紧张的两天阅卷，到7月16日，星期三下午基本结束了。这次我们政治组只剩了李校长、唐作义老师和我三个专业老师，其他阅卷人都是临时上阵的。大题就由我们三个负责，很累。今天午饭后休息时，我才感到头疼得厉害，简直不敢动弹了。

我的任务很重，紧忙活慢忙活，下午4：45终于全部阅完了。这次阅卷，事关考生命运，不比往常，要十分认真，至少我是这样的。

这几天时常应邀"够级"（一种扑克游戏）。这东西几乎人人都感兴趣，一打就上瘾。这时，我头脑中有一个光点在闪烁：学习！然而，我并没有沉浸在打扑克中，而去啃《政治经济学》。

这几天也确实太累了，休息一下吧！

【关键词】教 / 爱岗敬业　　教 / 教育公平　　思 / 时间观念

四、美好未来的展望

7月16日，星期三。

到20世纪末，21世纪初，将是我们这代人三十而立、大有作为之时。

到那时，我国已稳步走上社会主义建设的新路子，我国人民的生活消费已达到小康水平。

到那时，我自己也不再会像今天这样，是个不合格的高中政治教师，我将是大学本科毕业生，堂堂正正的中学教师。或许，我已开始在教育事业上有所建树。

我那美好的爱情之树，也许已经开花结果，使我尽享生活的甘甜。

而这一切的实现，都要我和我的同龄人为之努力奋斗。

【关键词】思 / 未来憧憬

五、吉会

7月21日，星期一。

昨天下午，我看水（浇玉米）回来，已三点来钟，正想睡会儿觉，忽然听侄儿等小孩说，有人来找我。我一下就猜到是我的同学，但会是谁呢？我刚走出门，迎面便撞见一人，是孙吉会同学。

吉会是从邹平过来的，回家（西董乡）路过这里。整一年没见了，吉会没大变样，还如过去那样谈笑风生。吉会剖开带来的西瓜，我们一边吃，一边听着他的高谈阔论。

吉会见识多，说起话来滔滔不绝。

他来的主要意思，是了解一下他妹妹孙红霞能否上高中的事，但是我帮不了多少忙。他走的时候将近六点，不知不觉三个小时过去了。我送他到街上、村头，吉会三番五次喊我回去。

到今天，放暑假整两周了。两周里做了两件大事：一是参加学校招生的监考、阅卷，二是学习政治经济学。

今后，还有约四周时间。先去师范学校和廷宾联系一下：若师范学校有什么可以旁听的函授面授或其他的学习班之类，可以学一学。即使没有，家中若不忙，我住在师范学校，可以更集中精力学习。

一个人若忘记了学习，整天浑浑噩噩地生活，是十分可悲的。

【关键词】思 / 热爱生活　　思 / 规划谋划

同学，同学

一、都上"大学"

1986 年 7 月 22 日，星期二。

今天下午，我去师范学校，主要想见见颜廷宾同学，和他商量一下，以后有时间就在他这儿学习。可是老颜很忙，我一直没把话说出口。出乎我意料的是，我见到了我们 1982 级的十几名同学，他们都是来参加山东师范大学在邹师举办的函授专科数学专业面授学习的。

我从楼梯走下来，在楼厅遇上了何晋泉同学，晋泉一下扑过来，把我抱住。又先后见到宋祥成、郑建军、朱锋、成光明、郝恩波、张荣贞、张同、王洪田等同学。同学分别整一年，再次相见，十分高兴。朱锋同学自学法律专业已及格四门，小家伙很能干。

一直聊到近七点钟，我才辞别众人，回家来。而今天的学习计划却未完成。

现在我觉得，有个比较明确的计划是不错的。按时完成了计划，自然心情舒畅。若没完成计划，便抓紧时间补上，又锻炼了自己的意志。岂不美哉？

【关键词】行 / 同伴激励　　思 / 规划谋划

二、学风自律

7月23日，星期三。酷热，高温三十六七度。

昨天，见到参加函授的那么多的同学，心情颇不平静。他们三年之后就要毕业的。我已报考自学，若抓紧时间，每学期考及格两至三门，三年之内是能够专科毕业的。在这上面，我不打无准备之仗，也不穷于应付。学就要扎扎实实地学好，不但有了文凭，更重要的是自己有所长进，不能徒有虚名。

这样，我在近两三年内，还是决心教政治。或许，我永远不能转到语文上去了。但是，我将永远保持语文这个爱好，努力提高语文水平，促进教育工作和自身发展。

生活的前景是美好的，让我们去热爱生活，开拓生活。

【关键词】学／真才实学　　思／理想现实

忙碌的父子

1986年7月24日，星期四。

一、辛劳的父母

今天是农历六月十八，邹平大集，娘又去集上卖鸡蛋，这是我家的一项经常性收入。来回步行二十多里，娘都是快六十的人了。

我又想起爹来。昨天，大热的天，他去邹平换面，来回推着二百多斤。昨天写日记的时候，想到其他的方面去，竟忘了记下爹的辛劳。

【关键词】行／道德感动　　思／日记风格

二、胜利的喜悦

今天，我读完了政治经济学的资本主义部分。一种"求知—得知"的快感，占据了我的心田。这是今年暑假中我完成的一大任务。这样先对资本主义经济关系有个简单的了解，以后继续学习本科或教学都方便了。下学年第二学期，我就准备报自学考试"政治经济学"这门课了。

从明天开始，我要再学点"历史唯物主义"。然后，读一读政治教案，简读教学法。这几部书，必须抓紧时间学完一遍。

我自己觉得，在我的日记中，少不了一些声嘶力竭的喊叫，还有一些自我的"高度评价"。这也许是自尊心、自信心和进取心的表现吧。但让别人看来，也许会发出笑声！

李白诗曰：天生我材必有用。我还不是"材"，怎能"用"呢？我又要声嘶力竭地喊一声：我要成材！

【关键词】思 / 自尊自信

戴上了眼镜

一、配眼镜

1986 年 7 月 17 日，星期四。

昨天下午阅完卷后，相当一部分老师就已回家了。而我和起震在没走之列，因为要做今天的事情。

今天早饭后，起震陪我去张店，我要配一副近视眼镜。今早走时没吃饭，在车上就直干呕，但没有什么可吐。

到张店已十点多钟，我饥饿得了不得。吃了蒸包，肚子里踏实多了，有了些精神。我们上小站车，到了市第二医院，而医生马上就下班了。于是，我们又坐上车，去新华书店。翻了一个多小时，我和起震都买了几本书。然后，又到公园待了段时间。忽然下起雨来，人们都躲进商店等地方。

雨停后到医院，不到一个半小时就办好了，只等几天后取眼镜。

回到学校，我想学点东西，不能让一天就这么空虚地过去。可缺我一个，这里的几个同事便不能"够级"，所以两次被他们请出来。我沉不住气，没陪他们多久。

【关键词】学 / 购书藏书　　思 / 时间观念

二、眼睛，眼镜

7 月 26 日，星期六。

放假这几天，我觉得自己的视力下降得很厉害，可能是不注意休息和晚上看书的缘故。家里常没电，电灯瓦数也小。我很不安，又有什么办法呢？眼不好使，我很痛苦，因为大白天里，几步之外，认不出熟人的面容。

我明白，解决问题的根本办法只有不学习。不学习，不读书，视力不会下降的。

可是,对于我来说,没有别的可以,没有读书学习,简直不可想象。我只有适当注意一些。戴上眼镜后,许能解决些问题。想到自己今后将戴眼镜上课,又觉得不好。

总觉得眼睛不好受,疼,总想闭上眼睛休息一会儿。

眼镜快来了吧！已配了十天了。

【关键词】行／困难考验

三、一人、一杌、一书、一笔、一马扎

8月1日,星期五。

昨天想好了,今天去起震家拿眼镜,多半也是为了玩玩。我在家又没事,只是读书、读书,政治、语文,烦死了。累了的时候（主要是眼睛）,也静静地想些心事。想着想着,便激动起来,或者是忆起了一年中课堂上的笑话,或又有什么新的教学灵感,或又想到什么美好的未来去了。

于是乎,一种奋斗的豪情、胜利的愉快和学习的紧迫感又占据了我。我深知,我是什么水平。假若不努力奋斗,将是无用之人；假如我在工作岗位上努力奋斗几十年（特别是青年时代的三年五年,八年十年）,又是何等的前途光明！

于是,我忘记了疲劳,重新捧起书本,圈圈点点。我的学习用具很简单：放书的小杌,一支钢笔,一个本子,坐着的小马扎。多少年之后,也许还能回忆起今天这个情景。我的许多书,就是这么读的。

能像我这样读书的人还是不多的,我有一种优越感。这里有两方面：一是假期我不需要去干多少活,从而有读书学习的时间；二是有时间,我也不空虚地磨过,我有点毅力,一直在学习。

又说远了,由于夜里开始下雨,天明时还下得急,所以起震那儿没去成。

现在天好了,就明天去吧！出去休息一天,好继续精力充沛地学习。

【关键词】学／学习关键　　思／未来憧憬

四、光明的世界

8月2日,星期六。

今天,我果然如愿以偿。

娘去月河走亲戚,我把她送到庄头上,然后往起震家去。

进门的时候,大爷在家。说起震在邻居家看电视,便去叫了来。我的眼镜,起震已托人从张店取回来。我戴上,立刻有种新感觉。啊,我眼前的世界,原来是这样一个光明灿烂的世界！人的衣着、面貌,树木、庄稼的枝叶,远山近水,一目了然,清

晰可爱。

我和起震去了周村，起震给父亲买了件上衣，我买了镜套。

回来，我躺在起震的床上睡着了。醒来的时候，钟表时针已指向五点。又和起震下了盘军棋，出乎意料，我赢了。

天已六点，我得走了，娘还在月河。有件事，没空去见见景发，畅谈一番，到人家门口上了。时间都睡去了。实际上，睡一觉，也有我的用意，可以不影响明天的学习。

月河上，亲戚家正要来送我娘，我就到了。

【关键词】行 / 同伴互助　　思 / 时间观念

五、《杜鹃啼血》观感

8月7日，星期四。

昨晚村里放电影，片子叫《杜鹃啼血》，我认为是一部很好的电影。里面几个人物在特殊历史条件下，特殊环境中，言行都很得体。他们的苦难遭遇，是旧社会千千万万人民受苦受难的集中体现。他们人穷志不短，充分展现了英勇无畏、纯洁善良、互助友爱的高尚品德。我以崇敬的心情，向与旧社会不屈不挠斗争的父老们致敬！

化作啼鹃带血归！

昨晚的电影，我是戴眼镜看的，感觉比较清晰。实在说，我好久没这样真切地看场电影了。以往，学校的电影都是模模糊糊地看，人物形象一个也没记住。今后就好了。

【关键词】行 / 道德感动

劳动·学习·思考

一、"打夜作"

1986年7月28日，星期一。

从昨晚开始，我们这一大家族在北坡的玉米地浇水，我在地头守着。可是，困意袭来，我便躺在道旁的麦穰麦糠上睡着了。早晨四点钟醒来，正好大嫂从地里出来，一看水小了，原来是停电了。到西机房查看一番（离浇的地二里多），送上电，才又浇起来。天快亮了，大嫂让我回家休息，我便躺在炕上睡了个数小时。天亮了，又去浇地，到上午十一点钟，终于浇完了。

午饭后睡一觉，醒来学习《孟子·齐桓晋文之事章》，我就要考试"大学语文"了。

近几天，学的东西不多，只是学习了几篇古文。

【关键词】行／劳动锻炼

二、时刻准备着

7月31日，星期四。

到现在下了六次骤雨，天仍阴着，似乎雨下得还不尽兴。蝉在雨后重新开始了的闷热中，发出不休止的噪鸣。

暑假中，我整天在家学点什么：政治经济学，大学语文，历史唯物主义等等，也在兄弟们有空的时候下象棋。还听广播，中央人民广播电台的《科学知识》《学习节目》《国际时事》《阅读和欣赏》等，山东台的《科学与生活》等，还有新闻，这些都是我常听的。

《大学语文》教材

若有电视机，学习条件就更优越了。我家何时有那个条件呢？

我经常觉得，现在的教学工作让我感到十分吃力，我不能胜任。然而，我已为之做出了怎样的努力啊！我的学生，年龄、阅历和我差不了多少；若和他们比起来，我的所想、所做，又足以使我自满了。我没有理由消极无为，也没有理由妄自菲薄。所以，努力是继续的！

没想到，在我当了老师之后，学习成为第一任务了。没想到，我作为老师度过的第一个暑假，充满了浓厚的学习气氛！

我正在做着多种准备：教毕业班的准备，过关考试的准备，自学考试的准备，还有许多更长远的准备……

【关键词】学／学习关键　　学／文史修养　　思／时刻准备

三、啃下来

8月3日，星期日。

整天在家学习政治理论，有些头昏脑涨。在圈圈点点的过程中，我也明显地感到，政治理论不那么高深莫测了，这与一年或半年前的情景大不相同。那时，我常常是对着教材发呆，对着大学课本发愁，对着全班同学空有一腔热情而无话可说。

一边教，一边学，我感到政治书籍我能读一阵了。啃着政治课本，把政治理论硬往头脑里塞，好使自己慢慢地"充实"起来。我已下定决心，最多三年，自学完政治教育专业专科课程。然后，或者函授本科，或者离职进修，或者改教语文，再来个语文进修。

我的学习计划已够庞大的了，要六七年才能完成吧！也许那个时候，我已忘记了今天苦学的情况呢。

光辉灿烂的前景，在召唤我们。

再有十几天就要开学，就可以知道下学年我的工作了。不论怎样，我都要搞好工作和学习。从资历上，我虽是不合格的教师，但从实际教学上，我不愿做不合格的教师。

【关键词】思/自尊自信　思/规划谋划

四、巴望开学

8月6日，星期三。

今年家里只种了一小块地的棉花，在于印水库边上，所以活就少了，不如往年有活干，暑假生活越发单调。每天早晚两次打水，我便与父亲抢着干。天旱，自家井里枯了，队里机井每天早晚两次抽水，供乡亲们吃用。

整天家没有别的事，只是小板凳、书、笔，圈圈点点……只看书，又没精神。

在这寂寥的生活中，我算计着，还有十来天，就应该返校了。我又想起学校生活的情景：上课前几分钟，与老师们一起，捏上几支粉笔，抱着讲义夹，悠然地向教室走去；而同学们见到老师来，便蜂拥进了教室……

我想，我不必挑剔什么了，听从领导的安排吧！若教毕业班，我当拼尽一腔热血；若教高一，我可以详细学习一遍政治经济学；若仍教高二，有上年的积累，更有时间研究教学，搞好自学。

当我们遇到困难或因长期奋斗而困倦的时候，应当这样想：不努力奋斗，就会永远落后，永远不合格，永远不起眼，我们应振作精神，奋发向上，永不松懈。

古人云：文武之道，一张一弛。在这否定之否定的过程中，我们的事业、学习曲折前进。

我有信心、有能力成为一个好教师，只是需要一个过程。努力地去缩短这个过程吧！

【关键词】教/职业自豪　思/时刻准备

五、学这个干吗？

8月12日，星期二。

暑假中，许多老同学来师范学校参加函授面授，也有到别处参加函授等学习的。

这本来是件好事，我不想多说什么，避免大煞风景。

可有些现象，我不太满意。这些同学中，大部分人所学专业与目前工作并不对口，纵使以后做些调整，恐怕也不能人人都合心意。本来是专科数学专业，可教语文、政治等的也都来学了。之所以这样，大家不过是看到了毕业证上鲜红的印章——大学文凭有用啊！他们急于提高自己所谓的社会地位，可以说有点儿饥不择食。文凭，竟使这样多的追逐者，糊涂到了如此地步。

我们都很年轻，何必这么心急呢？俗话说，心急吃不了热豆腐。更何况，学习应该是为了党和人民的教育事业，把工作干得更好，培养的人才质量更高。岂能学非所用，华而不实？岂能沽名钓誉，自欺欺人？

这样的学习，恐怕只是对个人有点"意义"，难有社会效益。为了这种目的去学习，一旦取得了文凭，你便会停滞、消沉。应该看得更远大一些，不能让青春和生命虚度，不能做无谓的牺牲。

愿老同学们深思。

【关键词】学 / 为用而学　　学 / 真才实学

六、下雨与灯亮

8 月 12 日，星期二。

燥热了一天半，终于下起雨来了，不知能下大否。

自从十几天前下了那场大雨后，旱情一下子解除了，人们不用争抢着浇地了。农村的电，多是用来抽水浇地的，晚上需要照明了，有电的时候却不多。虽然电价提高了，农民也付得起照明电费，但是电供不应求。

现在好了，不浇地了，照明也就有电了。我在电灯下读点书，有时下盘棋。

这里体现了世间事物的一种联系：

天旱—用电浇地—无电照明

下雨—不浇地—有电照明

把这个过程简化就是：下了雨，晚上电灯就亮！

今天的雨没下大，下了有十几分钟吧。

【关键词】行 / 关注社会

七、愿望盘点

8 月 13 日，星期三。

近几天，我的活动内容和方式是：看点书（《大学语文》），休息，谈话，观察，备课。

也许又要接新班，甚至要挑更重的担子：送毕业班、当班主任等。我应以新的姿态出现在同学们面前，以更高的热情去迎接教学和工作任务。

若是送毕业班，明年我就暂不报名参加自学考试了，或者只报"政治经济学"一科。当然，今年的两科，我已下了很大力气，再下点力气就可以考及格"大学语文"和"哲学"了。我估计，可能及格不难。要是教毕业班，我就有可能忙不大过来了。

本来想读一遍《政治经济学教案》和两册《标准化练习题》，可是一读，又觉得没有什么意义，就不想读了。所以，这几天的计划，就不用执行了。于是我摸摸这个，翻翻那个，什么也没有看，只是粗略地学习了几篇文章。

明天，我就回学校吧！我从起震家回来的时候，起震还说，他也许早去学校几天。我估计，他不会早去，一想到孤独的老父亲，他就走不开了；不到实在不能不走的时候，他是不会离开那个家的。

今天下午，我去北坡水池上挑了三担水。这些天，挑水是我的任务。我走后，又是父亲挑水了。暑假中，没有多少劳动，真是闲得慌，挑担水，出身汗，就是我很好的享受。

暑假中唯一没有实现的愿望，就是没能去打乒乓球。一是常下雨，场地不好；二是也没人有空陪我打。恐怕刚有点长进的乒乓技术，又落下去了。还是到学校再练吧。

我总觉得，生活还是枯燥了些，需要建设得更充实、美好、幸福。这是我们所有人的心愿。

【关键词】思 / 规划谋划　　思 / 及时反思

第二学年（1986—1987）
二十岁 站稳脚跟

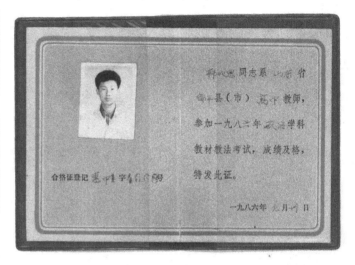

笔者 1986 年获得教材教法考试合格证，是走向合格教师的第一个里程碑

临池乡政府教师节赠送南北寺中学教师的笔记本

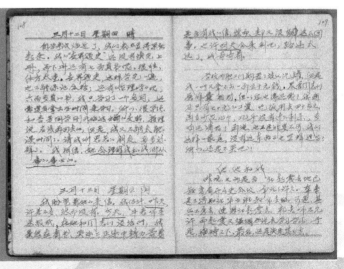

笔者 1987 年 3 月日记页面

过 关

一、很难度日

1986 年 8 月 16 日，星期六。

前天下午，我和其兵，还有田金刚老师（体育教师）一起从邹平坐车回学校。可是，学校没饭吃。当晚，在由明吉老师（数学教师）家里吃了点。第二天，只好到村里代销点去买麻花、点心。杨秉臣老师知道后，晚上叫我们到他家，吃了一顿很可口的面条，又看电视剧《在任 240 天》到十一点多。

本来，开学这几天，是应该好好地玩玩的，可是玩不成了。一到校，起震就告诉我，17日就要进行教材教法过关考试，我心里就是一惊。早知道这样，暑假中我多准备准备了。哎呀，都耽误了！我怎么能甘心考不及格呢？怎么能甘心考不好呢？我教不好，自己考也考不好吗？

所以，这两天我就又把政治经济学读了一遍。好在以前《关于经济体制改革的几个问题》代用课本，我已略读了一遍；哲学已教了一遍，没什么问题；还粗略地读了一点政治教学法。想到明天就考试了，自己又没充分复习，多少有点紧张。

很多老师，特别是年青老师也忙起来了。

【关键词】行 / 困难考验

二、新的岗位

前天早来，来对了。昨天连降一天暴雨，宿舍庭院中间一米多深的小池塘，早已灌满了。也好，这样的天气能使人坐住。

下午，我正在宿舍写日记，杜卫国老师来告诉我，学校安排我教高中一年级的政治。

我早有思想准备，暑假中我的大部分精力花在读政治经济学的大学课本和分析中学课本上了。所以，并没有惊慌。

虽然不能送第一级学生毕业，但对于学生，对于我，都是有利的。他们有名师指导，我也就没有什么可说的了。尽管内心有些不舍，但我是唯物主义者，能正确理解和对待这个调整。

我教高一，两年后再送毕业班。那时，教育的形势将有重大转机，我期待着那一天。我想，我的教学就应该开放些，不要叫学生讨厌了政治课，应多给一些他们应该知道的东西。

教高一，我还能更好地准备自学考试。今年的两科没多大问题了。下次，我就报政治经济学吧，再斟酌一至两门。

【关键词】思 / 及时反思　　思 / 规划谋划

三、教师过关考试

8月17日，星期日，早晨6：45，参加教材教法过关考试的教师坐上校车，去邹平一中考点。

考试题目十分简单，我估计能得八十分以上。

一同去考政治的，还有唐作义老师和杨承玖校长，他们都脱产进修完，刚返回单位，被安排教毕业班——唐作义老师教理科班，杨承玖校长教文科班。

道路泥泞，但许多学生都返校了。杨延芝、尹红霞和文竹几个同学已到了。

从此，我就全力备课了。我觉得，我的备课已有不小的价值；有些同事备课，不过是不动脑筋地抄课本、抄教案。

自信，是生活的极大的动力。

【关键词】教 / 教育生态

四、两不误

8月17日，星期日，晚上在东楼会议室召开全体教职员工会议。杜主任首先介绍了刚分配或调动到我校工作的老师们，其中有来自我们母校邹平师范学校的毕业生吕丕刚老师，他任实验员。还有滨州师专中文专业毕业生吕秀娟老师，进政史组，教地理。再加上唐老师、张百林老师（亦是进修归来者，教政治）、朱文业老师（进修归来，教生物），政史组壮大到十名同志了。厉仁杰、郭国华老师，分别调到邹平一中和东关联中工作。

介绍完新教师，杜主任将全体教职工点了一遍名，气氛庄严。孙校长讲话，寇主任宣布教师任课安排。我负责高中一年级政治，共四个班。

1986年南北寺中学教职员工名单

我充满自信，可以说，我内心里从未屈服过，从未失去过奋斗的豪情。可是眼下，我只是一个十分不合格的中学政治教师。

学习！自从 8 月 14 日回校，《大学语文》等高教自学考试科目都没有学，也确实没有时间。要经常听一听《阅读和欣赏》，提高语文素养。

近几天，得先备下点课，不能再像上学年，搞得那么紧张了。只有备好了课，才有可能抽出时间来学习。我现在这个备课方法，是不好抽出时间来的，必须精简一下。当然，也不能太简。一者，教"政治经济学"，对我来说是第一次，要积累些素材，备以后查用；二者，我的语言表达还不是很顺利，若不事先写一写，理一理思绪，恐怕话说不顺。又是一个要"统筹兼顾、把握分寸"的事情。

我想很好地教教这个年级，这级学生质量也好于以往几届。除了教授课本知识外，我还想多给他们提供些丰富的时事知识、课外知识。现在高一的课程比较松，我有可能争取到每周三节课。可是如果这样，我自己学习的时间又少了。总之，教高一年级不好处理教学和自学的关系。

到了高二年级，我的任教班数可能会减少，也应是自学突飞猛进的一年，我准备在这一年考合格五或六科。加上高一这一年考合格的三四科，自学专科就已近尾声，到高三年级我就可以比较轻松地送毕业班了。

实际上，在日常教学过程中，几乎没有更多时间自己学习，假期时间，特别是暑假是教师进修的大好时机。

下一步，理出个头绪来之后，学完《大学语文》，复习一下哲学，争取考合格这两门。要一次成功。

【关键词】思 / 自尊自信　　思 / 规划谋划　　思 / 统筹兼顾

五、难舍的情怀

8 月 18 日，星期一。

一遇到备课，我的心情又沉郁起来，如同这阴晦的天气。我叹息："备课难，难于上青天！"

我心情烦躁也不仅因为这个原因，实在是旧情难却啊。我的第一级学生！唉，有什么办法呢？客观的现实，我不能不承认。我送一届毕业班，也许没啥大问题，上学年高二的政治教学不是不差吗？然而，更有高手，我应该服从领导安排。

我现在发现，平常觉得备课、上课那样难，是对自己要求太高了。我一个中专生，学过的内容与高中生一样，没把学生放了羊，就算不错了，我不应企望自己现在的课，能达到让别人"称好"的地步，优秀教师不是一下子就优秀的。我只要坚持不懈地努力下去，总有一天，会有人说我的课"很好"的。小学的课就讲得不错，只不过教高中，知识的储备差罢了，我是有潜力的。

现在急也没有用，只能降低工作学习的效率，导致无谓的牺牲。倒不如平心静气地读书，分析教材。还是不要急躁吧。上一年我都过来了，今年相对容易的教材，还有什么可畏惧的呢？

乐观、向上，两者是联系在一起的。

对于上一级学生，我算是"下台"了，但不应有不愉快的心情。遇到旧日的学生，心上不免疙疙瘩瘩的，我顾不得那么多了。我本不是什么老师，我算不上他们的老师。也许日后他们不理我了，但我没什么可说。这时候，我不知自己是一种怎样的心情，"矛盾"一词最能概括。

【关键词】教 / 质量互变　　思 / 情绪控制　　思 / 深入反思

六、自如

8月19日，星期二，我开始上课了，先给高一（三）和高一（四）各上了一节。这堂课没讲正式内容，算是个谈话吧。

我先做了自我介绍："我叫韩兆恩（板书）。这个名字不太好听，特别是乍一听起来。（笑声）时间长了，你会觉得我的名字里有深意。"

接着谈了学习政治课的要求。然后讲了"石油输出国组织的油价仗"，激发学生学习政治经济学的兴趣。最后预习新课。

我觉得，现在给高一的学生上课，比给高两级的上届学生上课自如多了。三尺讲台就是我的战场，愿我能成为一匹纵横驰骋的骏马。

我很有信心教好送好这级学生。三年中，应该注意联系实际，多给他们些思想教育，使他们成为聪明、活泼的学生，不能把学生培养成书呆子。我呆气十足，要教育学生，首先必须改造自己。

【关键词】思 / 自尊自信

七、险些打杂

8月20日，星期三。

我和李学老师坐对桌了，她还是教高一历史，正忙着准备自学考试。我和起震、其兵几个，抽不出时间来自学，需要忙过一阵之后再说。教学和进修应该配合起来。下一步，先搞几本权威性的大学课本，一边教学，一边研读，我的学习不应被"六十分"限制住。即使考试合格了，为了教学提升，为了事业长足进步，也应该继续深入钻研。

闲谈中，偶然听到李学老师（杜卫国主任夫人）说，学校领导曾想把我调到教导处工作，脱离教学；后来惠民师范毕业的侯老师来了，进了教导处，才罢休。我心里想：好险哪！没想到领导曾这样想过，怪不得杜主任偶尔会给我点小差使呢！当时我可没想到这方面的含义。我对李学老师说："我不愿意当职员。"

我觉到自己宏伟目标的实现，时时有被搁置的危险。我是十分不愿意离开讲台的。

【关键词】学 / 真才实学　　教 / 教育初心

八、充实的星期天

8月24日，星期日。

我早就打算好，新学期的第一个星期天，不回家。

昨天晚上和今天主要是看了点书——《大学语文》。我算了一下，还有不到两个月，就要参加第一次自学考试了。现在教学上基本可以"抵挡"一阵了，在提高工作效率的同时，抽出时间自学。抓紧时间吧！先搞完语文，最后把哲学理论背一背，特别是准备几个名词解释和几个基本问题论述。

厉仁杰老师又回来了。中午，在李学老师家里，为厉老师饯别，到场的除政史组杨秉臣组长等，还有其他学科的孙凡涛、王玉宝、张成春、王生等老师。

【关键词】思 / 时间观念

九、新的感触

从这个时候，我的生活发生了点变化，我已是一个有一年教龄的教师了，有了第二批学生。此时此刻，对于工作、学习，我有许多新的感触。

我的教学工作不是那么忙乱了，特别表现在备课上，有很大长进（与教学内容也有很大关系），现在大半天就可以写一个教案了。把握一点，一定要休息好，写教案时要集中精力，不要优柔寡断。

我也预感到，从现在开始的一年，两年，三年，甚至六七年，是我在知识、能力等方面突飞猛进的时候。我已打算好，三年之内一定要拿下政治专科。然后再看情况，或者离职进修，或者继续参加自学考试。我对自己的要求是：真正学到东西，成为一名真正合格的、受学生欢迎的人民教师，而不是沽名钓誉。

离开了原来的学生，每当我路过高三教室前，就会不好意思、难为情。但总体来说，近来心情是愉快的。给高一年级上的课，学生反映还不错，我也自以为还凑合。

以上说到的两点，还有第三点（我想应该是"她"了），就构成了我今后几年生活的主要内容。这些美好心愿的实现，我很明白，要靠奋斗！

【关键词】思 / 规划谋划　　思 / 自尊自信

一〇、平静中的增长

我感到了生活的平静。但这平静，却是存在于一种紧张的节奏之中的，这平静中暗含着一种不平静的增长。这种不平静的增长达到一定程度，必然会发生质变，这便是我学习和事业上长足的进步。

今年高三毕业生的大学、中专录取通知书，陆续来到学校。办公楼后的小黑板上，不断地出现高材生们的姓名、录取院校，有的还是名牌大学，小黑板前经常围满了人。

我不好意思去看。实际上我也不感到怎样的惊奇，心里更没有多少羡慕之意，虽然我还处在这个敏感的年龄段。我只是觉得，既然走到这条路上来了，也没有什么可抱怨的。假若我读了高中的话，可能比今天出现在这里的优秀学生，还要优秀！

我不想多说什么，一切都是空话。我只是有一个信念，要尽快地充实自己，使自己成为一个合格的，至少是水平上合格的中学教师。

路漫漫其修远兮，吾将上下而求索。

【关键词】教 / 质量互变　　思 / 竞赛意识

一一、权衡

8 月 28 日，星期四，上了两节课。课上得不错，只不过为了上课，又没干什么。精力不太好，有些迷糊，可能是这几天没睡好的缘故吧。前十几天是比较紧张的，情绪可能进入波谷了。过了这一阵，就会好吧！

工作、学习这样紧张，精力不充沛怎么能行呢？在困难的时候，要努力地控制住自己。一方面，要保重身体；另一方面，又要保证最佳效率。

晚上，有人为李咸锋老师去惠民地区教育学院进修饯行。我的两个同伴——与人家没有多少瓜葛的其兵、起震也去了吧？晚饭后，办公室只有我一个。

去喝酒，一次就两三块钱，没多大意义，又浪费时间，破坏精力。百弊而无一利，还是不去的好！

【关键词】行 / 求实消费　　思 / 时间观念

一二、第一个里程碑

9 月 4 日，星期四，教材教法过关考试的成绩来了，我的政治是 86 分。起震、其兵的历史分数都不错，分别是 95、98 分。我们展示了自己的力量。

近几天，除了上课，其他时间就学习《大学语文》。我时常感到，自身"才美不外见"，只能当个不合格的政治教师。可又一想，自己又有什么"才"呢？只有坚持不懈地学习，尽快丰富自己，努力锤炼自己。

11月5日，星期三，发下了教材教法考试合格证。这是我从一名不合格的高中教师，走向合格教师的奋斗历程中的第一个里程碑。

【关键词】思 / 自尊自信

第一次自学考试

一、动心

1986年5月13日，星期二。

这几天，我明显地感到学生对我很烦。实际上，学生烦的不仅是我，还有这门在人们心目中没有地位的政治课。我无力劝说我的学生们去学习政治。一者，这是一个充满变化的年代，这个课本再过几年可能就换了。二者，我还不知道下学期我的去向，教毕业班不太可能，领导和学生不信任，我自己也没有十足的信心。

我之所以不愿离开现在的学生，是因为我从心底爱着他们——我的第一级学生。我幻想着未来，特别是未来将扑入我心扉的充满诗意的爱情。我又承认，现在这只是一种幻想，更确切地说，是一种痴心妄想。

我期待着暑假之后对我的工作安排。无论何时何地，我是不能够放弃学习的，暑假是学习的大好时机。我必须开拓前进，学习，学习。

今天接到张明武同学的信，说他的高教自学考试很可能要及格两门。我和其兵也动了心，也要报自学考试。我或者报汉语言文学专业，或者报政治教育专业。

【关键词】学 / 学习关键　　学 / 贵在自学

二、以"教"定"学"

6月19日，星期四。

昨天，我和其兵去邹平县教育局，高教自学考试报名，还叫上颜廷宾同学一起去。我报的是政治教育专业，今年报考两门——"哲学"和"大学语文"。我认为，先考这两门对于我来说，还是比较容易的。

实际上，直到现在，我还没有决定要教一辈子政治。本东来信也说，不一定教什么考什么。可我应该首先是一个"好老师"呀！尽管我现在还做不到，但我一直是在努力的！

中午，我从邹平跑回家，吃了饭，睡了一觉，就又匆匆地走了。家里的麦子已经收拾完，没受到多大雨害，我放心了。感到不足的是，没有见到嫂嫂和侄女小雪，嫂子回娘家了。

很累。晚上十一点多钟就睡了，可是睡不着，身上很痒，很不是滋味。我两次开灯检查是啥原因，终未搞清。看手上，胳膊上，腿上，脚上，起了好几个又大又红的疙瘩，一摁，硬邦邦、麻木的感觉。

现在想来，是蚊子作怪吧！于是今晚，我吊上了蚊帐，又是一番苦心经营。

【关键词】思／方向选择　　学／为用而学　　行／困难考验

三、一年的设计

9月6日，星期六。

近两周来，抓紧自学《大学语文》，到今天《大学语文》的篇目已略读一遍。实际上，我这一遍，就等于复习百分之六七十了。

从下周开始，转移重点，复习哲学，有些问题需要结合上学期的"辩证唯物主义常识"教学深入研究一下，并向其他老师请教。总之，争取有所进步，有利于今后的教学。在复习哲学的过程中，仍穿插复习语文，主要就是读课文，课本我已做了简单注释，这样再复习一遍，就差不多了。

十月下旬自学考试以后，我计划学习"政治经济学"两部分（资本主义和社会主义）。同时，穿插读"中共党史"。读完一门教材之后，再续以"科学社会主义"。明春的自学考试，准备报这三门。若时间紧，报前两门也可以，留下"科学社会主义"，等到暑假集中读。

明年八月，有个教师学历过关考试，考哲、经、党、社四门。这样学一遍，我估计这一"关"也不难过。

这是近一年的自学计划，又是一年生活的基本设计和展望。

最后仍是那句话：奋斗不止！

奋斗过程中含辛茹苦，胜利之后是无比的喜悦。

在对生活做出这样紧张而美好的设计的时候，我心里充满了希望，忘掉了忧愁。

我相信，若干年后，我们的智慧必将大放异彩。金子毕竟是金子，铜铁只能是铜铁，虽然某一时间，铜铁也许会比金子光亮些。

生活的道路固然曲折艰难，但绝不能放弃对理想的追求。

【关键词】学／稳扎稳打　　思／自尊自信

四、自觉良好

9月9日，星期二。

生活是这样的平静而又不平静。生活的基调是昂扬的，节奏是坚实的。

在奋斗中，看到希望的曙光，以增强继续前进、不达目的不甘罢休的信心！

我觉得，我的政治经济学课已经有点水平了，无论是对讲课的深度、难度的把握上，还是趣味性上。教一遍，除去这种幼稚性，课定会大有长进。现在我并不比别的老师差许多，我认为是这样的。

功夫不负有心人！

【关键词】思 / 自尊自信

五、工学协和

9月12日，星期五。

到如今我才觉得，生活有了一个正常的秩序。一方面，作为一个普通教师，教书育人是我的天职，在这方面我不敢懈怠，我的自尊心也不容许我不负责任。我还要求自己，在尽可能短的时间内，成为一名合格教师。另一方面，我很年轻，还很缺乏知识，是个很不合格的教师（至少学历上是这样的）。目前的一个重要任务，是像学生一样地抓紧学习基础知识。

然而，二者之矛盾明显表现出来了，特别是在辅导学生上。若完整地对学生进行辅导，几乎剩不下自学时间，因为我一教就是四个班二百多名学生。经过上一年的锻炼，走了一年曲折的教学与自学之路后，我渐渐地走上了教师专业发展的正路——既不耽误教学，又不荒废学业。

近几天，我去辅导，见学生学习的积极性很高。我觉得，高一的这四周课还是能吸引学生、调动学生积极性的。对于学生提出的疑问，我的回答还是令他们满意的。我计划每学一小节，一两周时间，集中做一次作业。这样有几方面的好处：一是平时学习，学生有时间看书，做笔记；二是集中作业，节约批阅时间；三是作业题可作为以后的复习提纲；四是让作业成为阶段性小结巩固。

作业已做两次，全批全改。当然，每一次四个班的作业批一遍，耗费时间不少。

【关键词】学 / 贵在自学　　思 / 统筹兼顾

六、时间都去哪儿了

9月15日，星期一。

一个人学会很容易，而要让许多人学会（教会别人），就不知要难多少倍了。

现在，我自己的学习是很顺利的，可以说势如破竹，问题迎刃而解。然而要上一节课，却要拿出那么多的时间备课。

学生是很幸福的。我至今忘不掉，自己应该是个学生！

总结参加工作这一年多，我觉得自己思想还太孩子气，特别是自上一学期期末考试至今的两个多月里。我还小，我应该静下心来学习，不能没出息地耗费时光和精力。

上一年，由于刚参加工作，高二的教材又比较艰深，我的时间几乎全用在教学上了。如今，我的教学较之前已从容得多，这当然与我上学年的努力有关。

我粗略地估算一下，每周我直接用在学生身上的时间（包括备课、上课、批改作业、辅导等）约三天多一点，那么一周（连星期天在内）剩余的三天多的时间，就是自己的学习时间了。当然，有时也要星期天回家，还要处理点事务。

但我考虑，单这每周三天多的学习时间，就不亚于离职进修人员的学习。平时的备课上课，也是一边学习、一边实践的过程（不断地摸索、积累教学经验），所以我可以自信地说：我是在"读大学"！

我更加坚信一年来的想法：当读本科的同学大学毕业的时候，我的知识水平也会与他们相当，我已是有四年教龄的人民教师了。我估计，四年中我将有两届学生，其中一届是毕业生。前景是美好的，我将以自己的努力去争取。重要的就是今天能够坐下来，不骄不躁，踏踏实实地去工作，去学习。

我觉得有点拘谨，还是个"老师"呢！学生精神上、思想上存在着顾虑、负担，就更自然了。作为一个青年教师，无力解决学生的思想问题，自己思想上的问题也亟待解决。

以实际的行动——刻苦的学习、优雅的谈吐，展现自己青春的活力、进取的精神！只有这样生活，才会问心无愧！

当我们默默地工作和学习的时候，我们的意识之外或之中，正有许多双眼睛在注视着我们，或是激励，或是羡慕，或是热爱……

【关键词】学 / 贵在自学　　思 / 深入反思　　思 / 竞赛意识

七、甜蜜与浪涩

9 月 16 日，星期二。

我们的生活应该有全新的内容，不是高雅的浪漫，也该是身心的健康，青春的朝气，生活的舒展。努力改造现实，创造未来的生活！

过五关，斩六将，方显英雄本色。想到明年八月份的学历过关考试，我就有些激动。我还是有把握的。那时，人们会以新的眼光去看待我们这些中师生！

百炼成钢，青年人是不怕什么"关"呀"隘"的。越是锻炼，成长越快。明年的八月，我将以一个新的形象，站在师生们面前。

在甜蜜的遐思里，我啃着手边艰涩的书本。

在困难面前，强者勇敢地挺直腰杆，去战胜困难，获得胜利的果实；弱者怯懦地低下头去，寻觅一时的安逸。

但愿我和我的同学们，都成为强者。

【关键词】思/自尊自信

八、关于荣誉的思考

9月17日，星期三。

大多数人（包括我的许多学生）也许认为，我是一个"文静"的、没有什么脾气和想法的"清淡"人物。熟悉我的人，才会深刻地了解我。在我心中，也是十分不平静的：我有我的理想，我的追求；我有我的志气，我的力量；我有我的感情，我的意志……

我也是个不甘寂寞、不甘落后的人。学校的优秀教师评选，今年没我，明年也不太可能有我。因为要当选为优秀教师，必须有这样一些特征：送毕业班，是学校干部、组长、班主任，年龄大、教龄长、学历高，等等。可是在近一两年内，我是不大可能具备这些资历的。

正因为如此，我对这个所谓的"优秀教师"，没有多大的追求和羡慕。我只是想，踏踏实实地去做工作，教好学生，别放松自己的学习，这就足够了。至于荣誉，是不能企求的。

【关键词】行/为人师表　　思/理想现实

九、教师的欢乐

9月18日，星期四，中秋节。

我正在办公室，读自考教材《辩证唯物主义和历史唯物主义原理》，刚进入状态，高一(一)班的李晓、孙波同学来找杨秉臣老师，杨老师是医生，孙波牙疼。我放下书本，领孙波去了北寺村杨老师家。

杨老师给孙波同学扎旱针，我们在一边看着电视。看完病，我领两个学生走出门外，正是皓月当空，一片皎洁。我心中满是惬意。

一个教师，他的欢乐在关心学生、帮助学生之中，在上好一节课、学会一点东西之中。

【关键词】教/职业自豪

一〇、买词典

9月20日，星期六，本没想回家，可同志们走得差不多了，家里正忙，我还是动摇了。

下了汽车，健步如飞，不一会儿就到家了。我忽然悟到：我有两条健壮的腿，就是上师范学校以来，在四五年间辗转奔波中练就的吧！

来家没干了多少活，活已忙得差不多了。

星期日下午，步行去邹平，先到书店买了一本《政治经济学词典》。坐上车来到学校，已六点半多了。

【关键词】学/学科专业 学/用足工具

《政治经济学辞典》

一一、前进的趋势

9月22日，星期一。

敢于向命运挑战：敢于正视自己的渺小而不自卑，敢于蔑视别人的轻视而不自狂。

下一步的教师学历过关考试，至关重要。不论如何我也要闯过去。只许胜，不许败。若真是这样的话，我这个高中政治教师，从此也就名正言顺了。

当然，我不是那种浅薄之人。学习的根本目的，不在于搞个"凭证"，更重要的是真正提高自己的学业水平、教学水平，至少是首先让学生喜欢上你的课。

我相信我目前的点滴进步，也相信日后的一天天的继续进步。虽然起点低，矮别人一截，但有这种永远前进的趋势，一切都不足畏惧，一切都是大有希望的。

【关键词】思/自尊自信

一二、我的"大学"

当政史组的灯光又亮起来的时候，人们（老师们和同学们）就会知道，那几个特别能学习的青年教师又开始学习了。

也许是今生今世，我与大学无缘，在我读完了中专之后，仅19岁就走上了工作岗位。我今天才痛苦地感到，"我"与"大学生"之间没有"是"这个词。

然而，我从小就向往的大学，我不甘心放弃。我也在读"我的大学"。只不过，别人的大学是在高等学府里读的，我的大学却是在我的学生中间，在教研室里，在南北寺中学读的。我没有优秀的导师，没有完备的设施，没有优美的环境，更没有充裕的时间——这就是"我的大学"。

这种特殊条件下的坚韧的奋斗，虽然历经艰辛，却使我满怀欣慰，充满希望。

我怕羞，不愿出头。不过那是小时候的事了。当我到了青春期，一种异样的感情在萌动，我变得敢于和善于表现自己。在美好的生活中，本不应该拘谨。应努力发展个性，使生活更富有色彩。

近来，我偷偷地喊了不少口号，有时也在办公室出声地高喊几句。这表现了上进心，更重要的是敢于从"消磨时光的活动"中自拔，把最好的时间与精力用在读书学习上。

【关键词】学 / 贵在自学　思 / 自尊自信

一三、"明智"的一课

9 月 25 日，星期四。

今天下午，学校要放秋假。而今天我有两节课，正是四、五节。由于下午不上课，第五节四班的课没法按时上了，正好今早有个自习，我便在自习时间提前给四班上了课。

第 4 节三班的课，我很"明智"地想到，本来这个第四节就不好，学生饿得慌，再加上马上就放假了，面对"最后一课"学生更安不下心。于是我就抓紧时间，用三十五分钟讲完了课，然后说："剩下的时间属于大家了。同学们可以做一做作业，也可以整理一下东西。若要提前离开教室的话，请不要吵嚷，别的班正在上课。"这节课，就这样让学生高高兴兴地上了下来。

下午三点钟，我坐校车，到月河桥下车，步行回家。我戴着变色镜，提着学校发的气压水壶，大家都不知道我是干什么的了。

家里的活不多了，我得抓紧时间学习哲学和语文。哲学这一遍学好了，明年学历过关考试再复习时也就容易了。我不仅有信心过关，甚至有信心超过同学科的其他老师们。

不断地学习、进步，这是年轻人唯一的优势，也是最可靠的优势。

【关键词】教 / 尊重规律

一四、入"寺"修炼

9 月 27 日，星期六，一直忙到大黑天，家里的麦子（大块地）种上了，标志着农忙基本结束了。

来家这两三天，也没干多少活。这样拖拉不利于学习。于是，我决意回校，虽然还有一周才正式开学。

9月28日，星期日，下午我要去赶车时，下起了小雨。四点十分了，再不走就晚了，我背上书，就上路了。

四十多分钟后，越过干涸了的运河堤岸，到了月河桥。五点刚多点，张永洞师傅就开着校车来了。车去了好几处，送人、接人。一直到七点来钟，才回到学校。同行者有：高瑞平（化学教师）、高瑞芹（语文教师）年轻夫妇和他们几个月的小女儿，王公金、孙凡涛、张成春老师，还有起震（回来护校）。

此时是9月29日，星期一。我想着小侄女，以往只要有谁逗她，她就笑，如今好像认人了，由于我不常来家，和我都生疏了。她嘴里呜呜啦啦的，像要说话。小侄女一定会很聪明的。她的爸爸因病没有机会上大学，侄女二十年后会争气的。

【关键词】思 / 敢于吃苦　　行 / 热爱儿童

一五、有失有得

今天是三十七周年国庆。

到今天，我较详细地学完了大学教材《辩证唯物主义和历史唯物主义原理》，总体来说这次复习用了二十多天时间，基本上按计划完成了。下一步，我想先备一备课，备下十节八节的，也就是"第三课 资本家剥削工人的秘密"一大课吧。这样期中考试（特别是我的自学考试）之前的课就比较从容了，自己可以抽出时间复习。我打算，把《大学语文》重新读一遍，约用两周吧，最后一周读哲学。还有三周时间就要自学考试了，这个时间安排是很紧张的。我对自学考试题目的难度还没把握，但只要学通了，记熟了，怎么考都好办。经过我这样的努力，大概不会不及格吧！

现在想来，今年我若给高三上课，可就真够喝一壶了，备课、上课占去了所有的时间，自学考试也就全泡汤了。今天这一步走得更踏实。

【关键词】思 / 规划谋划　　学 / 稳扎稳打

一六、与困难做斗争

10月9日，星期四。

教室——办公室——宿舍，这就是我们的活动轨迹。

这周，我开始第二遍学习《大学语文》。学习是单调的，很累，眼睛不开，打盹儿，想睡……我又体会到了学习的艰难。可又不敢放松，还有两周多就要参加考试了。难道甘愿不及格吗？绝对不能，我有自尊。

有人在这学习的困难面前退却了，有人根本不敢去挑战一下困难。我敢于与困难做斗争，然而与困难做斗争的历程，又是多么困难！

吴伯箫说："与困难做斗争，其乐无穷！"

【关键词】行 / 困难考验

一七、伙伴不在的时候

10 月 11 日，星期六。

天有些冷了。这一星期，从周二到周五，其兵、起震去沾化一中参加历史教研会。政史组少了两个人，感到颇为凄清。平时，只要半天见不到他们俩，我便会有一种孤寂感。现在，他们俩连续外出四天，我的日子真难熬，晚上想学点东西，也苦于没有伴儿，而不得不早回宿舍睡觉了。

谁也不能不承认我们之间深厚、诚挚的友谊，从上师范学校起，我们已朝夕相处四年多了。特别是来到南北寺中学后，我们从学生变成了老师，为了工作，为了学习，为了生活，我们团结得更紧密了，几乎分不出你我。无怪乎，别的老师区分不开我们仨。

今天，李咸化老师给参加自学考试的老师们捎回了准考证，10 月 23 日就要去滨州考试了。昨晚，我给在滨师读书的耿军同学写了封信，实话说，我想去滨州稍微玩一玩。

我不贪多，这次只报考两门。还是我算得准，报多了没用的，考试成绩下来时就会知道。到现在，我基本上是按时完成了学习计划，只不过有点前松后紧。还有许多东西我认为应该学，可是已没有多少时间了。我报的这两门，确实不太容易考。特别是语文，我用了大部分精力去学习，只抽了四个星期的时间读哲学。

自学是很苦的，主要是没有导师，甚至连一个可以商量问题的人都没有。自学若不集中精力，没有毅力，效率是很低的。当然，经历了一番努力，也会获得相当的收获。现在觉得，我的文学知识水平多少有点提高。

以后的"政治经济学""党史"等，我认为较容易学。

自学的气氛，又浓了些……

【关键词】学 / 贵在自学　　行 / 困难考验

一八、量力而行

10 月 13 日，星期一。

自学之难，难于上青天。

大概由于学习紧张，近一两天我觉得精神不好，好像"病"了。可是，我认为如果稍有不适，就说是病了，因而浑浑噩噩，无所事事，一心养病，那也不好。这样，不利于养病，更不利于学习。当然，有些小病，如果不注意它，一心只是盲目猛劲地学，也是行不通的，这样反而会使小病"长大"，耽误学习。在这种情况下，还是要注意休息，量力而行。

考试临近了。考试就像经历一场大劫，是对我们的考验。现在我想，考试没有什么可怕的。还有不到两星期，我们就会顺利地通过考试——凤凰涅槃！

不要神经紧张，我们都不是小孩子了。近几天，能学多少是多少，学会利用最佳时间。语文必须尽快地结束，哪怕是复习得再简略些，尽可能多复习一两天哲学，哲学不及格不行。当然，我希望两门都及格，并且我有这个信心。

努力吧！

【关键词】学 / 贵在自学　　学 / 稳扎稳打

一九、弟弟的"特殊化"

10 月 15 日，星期三。

考试一天天地临近。复习起来，仍是很劳累。实际上，我并没有死命地去学，那样也学不进去。我想抓紧结束对语文的复习，再用两天吧。得抓紧复习哲学，哲学若考不及格，就麻烦了。

李庆山老师去北京师范大学中学政治教育研究中心进修班学习去了，每月工资都是我寄给他。昨天下午，我去邮局寄十月份工资，却跑了两趟临池，因为头一趟到临池时，忘了带钱。

从上星期六开始，弟弟在班里入了伙，不和我一起吃了。忙的时候，我甚至忘了弟弟的存在。学生的饮食很艰苦，每天只是馒头、蒸锅水，有的自己带点咸菜来。弟弟不知受得了受不了这份清苦。

弟弟不愿跟我吃，原因有两个。一是我有时会说他几句，他认为这样不自在。二是他自己很有"志气"，决心去试试。当我忽然想起弟弟来，又觉得对不住他，回家又怎么向父母交代呢？可是转念又一想，这样也许对他更有利，使他不至于养成依赖性，不能吃苦。绝大部分的学生不都是这样生活的吗？为什么让他特殊化呢？

而他现在倒有些"特殊"了，因为老师子弟们几乎都是随家长吃饭的。我不知应该怎样办。他这一月的伙食吃完了，硬让他回来吗？

【关键词】行 / 家庭责任

二〇、美丽的梦

10 月 19 日，星期日。

星期六，不免有些寂寞、冷清，一种莫名的哀愁。绝大多数老师、大部分学生都回家去了。我也想家了，但不能走，得抓紧复习……

在这紧张的工作、学习中，我多么期望一个星期后考完试的那个时候。那时我就轻松了，就可以拿出更多的时间去辅导我的学生们。奋斗之后的快乐，只有奋斗者才能知道。

今天早晨，我一直到七点过五分才起，又暖又软的厚被窝，太舒服了。我真不愿起呀！要不是七点钟开饭，说不定我会睡到八点、九点。

我也是这么贪睡呀！多睡会儿，睡个舒服，睡个痛快；做一个美丽的梦，梦见我的幸福，梦见我喜爱的人……

我在做一个美丽的梦，但愿醒来的时候，她也是真的……

我二十岁时的美丽的梦啊！

【关键词】思 / 时间观念　　思 / 未来憧憬

二一、尽责

10 月 20 日，星期一。

夜间开始下雨，早晨还继续下着。考试已迫在眉睫了。李波老师（高一代数教师）回家后还没回来，我就先上了一、二班的课。我刚想坐下来看会儿书，一班（正是李老师当班主任的班）同学来办公室报告，有个同学病了。我请校医王子久老师到宿舍去看看。学生叫宋拥军，烧到四十度了，王老师给他打了一针。我又端来暖壶。我就这么一个暖壶了，去年义务劳动时发的那一个，找不到了。

然后，我去找韩凤霞的姐姐，告诉她，中午去我宿舍吃饭。她这次来，是帮凤霞转学到黄山中学。

这样一上午就差不多过去了。跑到办公室没看了几页书，就到午饭时间了。我忙去打菜、打饭，好不容易把凤霞姐妹俩劝去吃了饭。凤霞的同学们送她，出了校门，一直送到村口大路上。

【关键词】教 / 心怀学生

二二、第一次见黄河

我已经不那么拼命地学了，考试临近，休息好要紧。

10 月 23 日，星期四，早上我们整装出发。我让起震、其兵替我背着包先走的工夫，跑到高一年级三、四班的教室各嘱咐了几句。

从临池坐上公共汽车，由敬波同学也去考试，碰上了。早上六点钟出发，上午十一点多钟才到了北镇（滨州）。还没吃早饭呢。

车穿过滨州黄河大桥时,我第一次看见了黄河,魂牵梦绕的母亲河! 不到黄河心不甘。

【关键词】思/热爱生活

二三、连考两门

在地区教育局的孙奎浩、李本东等同学，热情地接待了我们，真像到家一样。耿军同学也来了。一会儿，丁金华同学也到了，她也是来考试的，耿军和丁金华已明确了恋爱关系。

10月24日，星期五，开始考试了，当天我没有科目。到星期六下午，我考了哲学。我觉得，单选和多选题没多大问题，就是问答题答不准确，估计及格还是有可能的。本来考试之前是可以把书较详细地读一遍的，可是我虎头蛇尾，粗略地翻了一遍。课本上有明确答案的题目，也答不完整，答不准确。当然，在许多人看来，只要及格就达到目的了。

星期日上午，我又考了"大学语文"。作文题目是"人生的考场何止一个"，我颇发表了一通议论，只可惜限一千字，不能洋洋洒洒地写。看来，语文成绩虽然不如哲学，但我也较有把握及格。

考完试了，该是我早就盼望的轻松一些、好好照顾学生的时候了。我准备明天返回，从邹平走一趟，到物资交流会上买点东西。再有空就回家待一会儿，三个星期没有回家了。

两只脚已经踏出去了。我在自学上初见成效，并且得到了一点经验。我决心沿着这条路继续走下去，坚韧地走下去。

下半年，我暂想报两门："政治经济学""世界史"。因为还有学历过关考试，我还想学习党史。可以根据情况变化，随时调整，但有一点是不变的——学!

10月26日，星期日，于惠民地区教育局招待所记之。

【关键词】思/战略定力　　思/日记风格

二四、副教授的报告

10月27日，星期一。

考完了试，一种轻松感遍布全身。星期日一下午没事，晚上一直玩到十一点多钟，耿军、奎浩、吴波(师范1982级2班同学，在地区教育局工作)都在，我们又是过去那样，无所不谈。

邹平师范学校1982级同学，这次来参加自学考试的有近二十人，参加函授学习的也有二十人左右。那么我们八十几名同学中，现在已活动起来的，就已有四十名左右了。我们的学习精神没有丢。

今天早饭后，我到惠民地区教育学院，找蔡秀娟老师，她在这儿进修英语，她丈夫朱文业老师让我给她送棉衣。经蔡老师介绍，我在学院听了一个副教授关于国际形势的报告。

十一点多钟，奎浩送我去车站，我和起震坐了四个小时的车回校，其兵已先行一步。下车的时候，已下起雨来，我的眼镜被打湿了。

这一行整整五天，是我第一次去北镇。

下一步，先做好期中考试的有关工作，然后开始仔细学习大学政治经济学教材。虽然这门课不太难懂，但是如果没有较高的理论修养，教学很不容易，也不出成绩。我必须踏踏实实地学习。

【关键词】行／挖掘资源　　思／规划谋划

二五、追赶

11月4日，星期二。

青年人总是气盛的。我本想猛下点力气，到明年一下子就"学历过关"的。但是仔细想想，又觉得自己太莽撞了，这个计划是不切实际的。作为教师，我没有充裕的自学时间，而要考的还都是些陌生的科目，需要花大气力学。再说，我也不是那种不负责任的人，咋能丢下学生，只顾自己呢？学习条件也不具备，具体的学习和考试要求、教材还都没有，我又能忙活什么呢？不是到现在还在等吗？我打算明年先考"哲学""政治经济学"这两门主课。若有空，读一读"党史"也无妨。

自学的道路是很宽广的。虽然这次考的两门还没下发成绩，但我估计没多大问题。脚踏实地，务求必胜。不但拿到文凭，更重要的是学习真本领，促使教学效果更好一些。以后，若可能的话，我就每次报考三门，甚至四门。这样再考四个学期，即到1988年的秋天，我就可以大学专科毕业了。那时，我可以离职进修本科课程；若没有离职进修机会，我将继续参加自学考试，再经过三个学期，即到1990年春夏之际，即可大学本科毕业。而我的同学们，最多比我早一年本科毕业。这条路走对了。

关于个人问题，我不想急于解决，且看事态的发展。我在变化、发展、进步。我的同学们，我所喜爱的人，周围的一切人也都在变化。也许随着这个变化发展，我的心思也会改变，我的爱好、希望也会改变。我相信，这个变化是逐渐趋向于美好、成熟、合乎实际的。

我总觉得自己的活动能力差了些，书呆子气太浓。要想改变，只有多见、多看、多学。敢于去接触不同类型的人，去做自己未做过的事。

【关键词】学／稳扎稳打　　思／统筹兼顾　　思／深入反思

二六、学习的盘算

近两天，冷了。

11月15日，星期六。没事我便在学校读点书，自学必须抓紧。11月份还剩下半个月，争取结束政治经济学自学教材的资本主义部分；在元旦以前，再读完社会主义部分。

若刘宝兴老师给买了《世界通史》来，我便从元旦后开始学习，得学习四十天（含寒假）吧。之后，再学习"伦理学"，也需要约四五十天！这样就到1987年的3月底了。之后，若有教师学历过关考试，我就只考"哲学"和"政治经济学"两门，主要的精力放在教学上，并抓紧准备自学考试。那时到自学考试还有一个多月时间，应抓紧时间，将政治经济学、世界史、伦理学这几门再复习一遍。1987年上半年的自学考试，就报这几门。

【关键词】思 / 规划谋划

二七、初战告捷

12月12日，星期五，本东来信了，告诉我们仁自学考试的成绩。其兵及格两门；起震及一门；我及格两门："哲学"83分，"大学语文"73分。我没想到，成绩是不错的，这也充分说明我们的力量。

既定目标，如愿以偿。又有新的任务摆在面前，有更大的目标等待我们去实现。奋斗的路上，多的是艰险苦涩，而胜利却带来欢欣鼓舞。

【关键词】思 / 自尊自信　　行 / 信息沟通

论"金钱关系"

1986年10月7日，星期二。

秋假后，开学第一节课，讲了资本主义社会中人与人之间的金钱关系，我联系到今天，说了一些话：

这种金钱关系渗透到了我们的学校中——这最圣洁的地方。

学校办学很不容易：

银行的钱不能不花，

煤矿的炭不能不烧，

粮所的粮不能不吃，

打电话不能不通过邮局，

生病不能不到医院去看。

学校坐落在南北寺，不得不受附近村庄的影响。

学校作为一个单位，不能不受上级主管部门的管辖。

要想办学，就必须去处理一些社会关系。我们的校长、主任整天忙碌，去和这些单位交涉。为了办学，学校领导要拿出许多的精力，协调这些关系。

每一位同学，不管你是怎么来的，没有必要感到抬不起头来，你们没有责任。同时，有关同学又是有责任的。有少部分同学，不懂得这一点，甚至想通过家人的威风显摆自己。开学两个月了，个别同学竟没交一次作业。

总之，大家来到这里的目的都是学习，都应该好好地学习。

说完这些话，我自己的心情也很激动。下一步，对于作业，我要采取记分制。

【关键词】教/立德树人　　教/教育公平　　教/联系实际

作业记分法

一、"变法"

1986年10月30日，星期四。

我将从全年级四个班里，选出一部分优秀作业，在各班进行巡回展览，目的是要同学们相互学习。我认为，这是取得学生信任、激发学习积极性的好方法。

期中考试之后，我想实行作业记分法。每次作业根据量的大小定为一分或两分，学生只要做全，比较认真者即可得满分。期末累计，加到个人学期总成绩中去。这么做的好处是：第一督促学生看书、复习；第二强化其做作业习惯，加强学习纪律性；第三适当拉开成绩差距，鼓励大家勤奋好学。

另外，有必要加强对学生进行思想教育和时事政策学习。目前情况下，课时少，我能力有限，还要自学，不大好办。高一这一年，可只在期中和期末集中学习几节课，也可以在一节课主要内容学完后，随即学习，灵活安排。从高二开始，可以每周增加一节时事政治课。

这些都是改革政治教学、促进学生健康成长、提高学习成绩所不可缺少的。我徒有美好设想，一时还难以全部落实。教学改革路子十分宽广，十分有前途，我有信心在这方面做出突出的成绩。而在三五年内，我的主攻目标是学习马克思列宁主义各门科学的基础知识，争取在教学改革上小有起步。在我取得本科学历证书之后，会在改革的路上大步前进，争取对教学改革做出应有贡献。

昨晚和四班罗公队同学谈了会儿。他躺在被窝里（他在其兄罗公钱老师的宿舍住宿），我就坐在他床头。听他反映，我讲的课还可以，我自己也觉得比上学年教高二时强多了。他说，我去他们班上课，同学们喜欢笑。笑是个好事，课堂气氛活跃嘛！当然，还有一层含义，同学们笑我年纪小。

我自豪，我这样的年龄，却做着这样的事情。

【关键词】教／改革创新　　教／了解学情

二、坚持改革

1987 年元月 20 日，星期二。

从昨天我就开始到处跑，请示校长，请示主任，商量各班班主任，找抄写分数的学生，这都是为了把作业分数加到学期总成绩中去。为了做一点好事，就不能不遭受一番辛苦。

期中考试之后，为了督促学生完成作业，我印制"作业记分卡"，贴到每个同学的政治作业封面上，并认真记分，作业状况有很大好转。但也有少部分同学无视纪律，仍不认真完成作业，甚至有几个同学一次作业也未做。认真做了作业的同学也担心，问我是否真会加到总分中去。我问答："我骗过谁啊？"并在最后一次作业批改后仍强调，没交作业的同学还可以补交。所以，今天我无论如何不能不兑现了。若不然，以后我还怎么向同学们发号施令，怎么推行改革呢？

虽然受到挫折，但是我的做法和要求毕竟是正确的，无论走到哪里，都是讲得过去的。所以，我敢于一直坚持下去。

实际上一直到现在，我的感情仍那么脆弱，看来是本性难移了。一受点小挫折，甚至发生几句口角，就受不住，就想掉金豆，真不像个男子汉。

作业记分法是对的，下学期要坚持下去。从这次考试的经验和教训中，让同学们认识到作业的重要性，进一步强化作业完成和批改。为了适应形势，可以在具体的作业形式、记分形式上做些改动。

【关键词】行／敢于斗争　　行／重诺守信

三、改革深化

2月24日，星期二，我用油印机把全年级二百多位学生的作业本，一本本地印上了"政治作业记分表"，从此开始新学期的作业记分。上学期的作业记分结果，我坚持加到期末考试总成绩中去，但是没能实现，学校领导给出的理由是政治成绩已经比较高了，并且大多数同学的作业记分累计也差不多。我不好意思向学生说明原委，尽管我以最大努力争取了，但说到没有做到。

这学期的记分，至少要加到期中考试成绩中去。

【关键词】教/改革创新

四、受到鼓励

天开始热了。

4月5日，星期日，晚上例会，教导主任寇堂贞老师在总结学生作业抽查情况时，表扬我采用的作业记分法效果好。

我准备把作业记分加到期中考试成绩中去。我已出好了期中考试题。这次命题，自己的"发明"偏多，因为我手底下没有什么资料。同时我觉得，我已开始向一个比较合格的高中教师迈进了，我的教学工作基本上已经步入正轨。

【关键词】教/质量互变　思/自尊自信

外铄与内生

一、到县里开会

1986年11月13日，星期四。

星期一下午，期中考试结束后，全校高中教师坐车去邹平，参加全县高中教师会议。实际上，开会的效果不大。甚至有的老师说，开会是来坐会儿不花钱的车，吃点不花钱的饭，睡点不花钱的觉，看点不花钱的电影。

开会期间，我抽空看完了高一（三）班的试卷。在这之前，我已将一、二班试卷阅完了。昨天星期三，会议结束，下午到校后我又狂阅四班卷子，直到晚上十一点钟阅完。

今天整理一下，备备课，我准备用两节课较详细地分析试卷。今天要上四个班的课。

这次考试的成绩令人满意。一是说明这级学生确实有实力，二是这半个学期的教学，我确实努力了。我也发现，学生差别很大。有些聪明学生，还有些学困生，学困生学习成绩很差。全级最高分九十三分，是二班的李学芹同学，而最低分却只有十三分（四班孔晶晶同学，化名）。

说到这里，话有些远了。今天上午，在这里读高二的延涛的大爷兆祥哥来找我。延涛回家时说，初中部一帮无聊的学生随便抓人、打人，打了高中部好几个学生，差一点打到他。兆祥哥急急忙忙的，杨承玖副校长已亲自过问这事了。这部分打人的学生，多数来自地区煤矿（即崇山煤矿）。

考试作弊现象很严重，我亲手处理了四人。特别是三班的杨秋水（化名）和穆子虚（化名）同学，试卷严重雷同，我已将两人试卷都判零分。

期中考试结束了。下一步，我一边上课，一边还要学习政治经济学。学习一刻也不能放下。

【关键词】教 / 教育生态　　思 / 保存资料

二、再用普通话

11 月 18 日，星期二。

冬天来了，很多老师宿舍、办公室都生起炉子来了。

今天上新课，我再次讲起普通话，好长时间不讲，有些别扭。有时候不方便用普通话，一是讲课内容比较零碎，如讲评试卷；二是备课不熟的时候不敢用，生疏的教学内容，再加上"南腔北调"的普通话，课就会上得一塌糊涂了。

普通话是必要的，必须坚持不懈，认真地说下去。说的时间长了，就流利了，三五年后，可能就不用老考虑普通话发音这个问题了。

还是坚持用吧。眼下能说的人还相当少，使用普通话讲课是个特色。

【关键词】思 / 规范意识

事 业 与 爱 情

一、远大的理想

1986 年 11 月 17 日，星期一。

大半个学期中，我的心情是郁闷的，我几乎看不到一点美好爱情的光亮。

当然我的理想更大更美好的地方，在于事业。学习成功，事业进步，我就感到自己的愿望实现了。学业、事业，我有充足的信心，使其必然成功，一定要成功。而我所追寻的爱情，却没有什么把握。纵使好事不成，也不过是美中不足。到今天，我更加明确了这一思想。

教学不必多说，自有成绩在。期中考试已经结束，我对学生的成绩是满意的，对自己的教学也是较满意的。学习进步也比较明了，自学考试成绩就要来了。

总之，我希望自己摒弃杂念，发展个性，成为一名有才干的人民教师。

【关键词】行 / 事业为重

二、迟疑

12 月 13 日，星期六，下午我到家的时候，娘忽然对我说："你大山哥给你说媳妇了！"我一点也不觉得突然，我已到了那个年龄。只记得娘告诉我："姑娘姓杨，在邹平县电动工具厂工作，国家正式工，已有三年工龄。对了，她今年 21 岁，家庭条件也可以。"

按说条件是不错的，"媒人"也说，当天就可以去见见面。而我又不想去。一者，我的自学刚开始，若真正谈上了恋爱，必然牵扯精力，学校离邹平那么远。二者，我也不会随便对哪个姑娘都有那种特殊的"爱"的。我想通过自己的努力，解决自己的问题，我心中有所希望的"她"。

【关键词】思 / 理想现实

三、甘当"和尚"

12 月 14 日，星期日，晚上开完例会回到教研组，我和杨老师谈了很长时间。杨老师谈了他的生活经历，特别讲了他怎样教育学生。我很受启发，感到杨老师是一个颇有觉悟的人。

有人介绍对象，我向杨老师征求意见，还让起震、其兵当参谋。他们都是一个说法，让我去谈。从我自己的思想上，到现在还是不愿去的。我想通过自己的努力解决问题，争取更大的幸福。

然而，我也考虑到，我在这种"苦相思"的情况下，能否更高效地学习呢？倒不见得。在相爱过程中，双方都会给予对方更大的鼓舞。更何况这是一次不错的机会，若错过了，也许以后再也没有了。

话又说回来，真是交往起来，我两星期就得回邹平一次，那自学和工作肯定会受到较大影响。也许两三年内，我就必须调到邹平附近工作。然而，我是多么热爱"南北寺"

呀！有人说南北寺是"和尚庙"，小伙子连媳妇都难找。但这儿毕竟是我的第一个工作单位，我对这儿有深厚的感情。许多人都希望赶快调入城里，可我还没有这种想法。南北寺中学正是用人之际，我多想多在这里工作几年，甚至为南北寺中学干一辈子。我本是镇上人，完全有理由和条件调回去，可是我不愿那样做，因为南北寺中学是我们青年教师学习知识、磨炼意志、掌握本领的最好的地方。我也舍不得丢下我的学生，特别是现在这一级，我准备送他们毕业了。

我就是考虑了这些，才犹豫起来。

【关键词】行／事业为重

四、自我鼓劲

12 月 17 日，星期三。

我思想斗争的结果，最后还是"谈吧"。若元旦有机会，我当去见我的第一个女朋友。

知识分子走一条与工农相结合的道路，向他们学习，是很好的。何况我出身于农民，是地地道道的农家子弟，现在根本谈不上是什么知识分子。

努力地，以饱满的热情，开拓生活的崭新道路。

让我用这人间最美好的爱情之火，烧掉一个过去的我（包含着自私、幼稚、怯懦），炼出一个今天和未来的我（有才、宽宏、成熟……）。

生活中有爱，爱走进了生活。

【关键词】思／热爱生活

五、我应有的品格

1987 年元旦。

我带上新定做的毛料西服（学校福利）回家，是想借这个节日会"朋友"的。当娘说"人家没再提起"时，我的心中不知是什么滋味。

我有些庆幸，至今我仍是个清静的人，可以很好地参加自学考试，可以在更大的范围内去爱我所爱的人。

我应该有值得一个有知识而又俊俏的姑娘爱的优良品格：刻苦进取的精神，宽广深厚的知识，高雅诙谐的谈吐，宽容礼让的气度，健康结实的身体。我应该抓紧时间，通过学习、锻炼、修养，让自己尽快具备这些品格。

【关键词】思／人生优化

第二次自学考试

一、任务与时间

1986 年 10 月 28 日，星期二。

今天临时备了节课，就给学生上，效果反而不算差。总觉得，自己现在不那么紧张了，可以自由些了。我得好好地整顿一下教学。

但是，学习的任务仍十分艰巨。第一次自学考试的胜利，只是万里长征走完了一小步。下学期我准备报三门：马克思主义伦理学、世界通史、政治经济学，重点学习和保护对象是政治经济学。

现在是十月底了，恐怕三周之内没时间学习，因为要期中考试。除去三周，那么1986 年的学习时间也就是还有四十天，到明年四月份考试，总共约五个月的学习时间。

【关键词】思 / 规划谋划

二、大战的磨炼

11 月 17 日，星期一。

从现在到期末，将是一个平静的阶段。教学，学习，都是好时期。我要按着教学进度，尽量好地完成教学任务，同时按照自学计划，刻苦自学。

大战，大战！每一次参加自学考试，就是一场大战。我计算着，即使每次考试考至少三门，也至少要考四五次，才能专科毕业。大战是艰苦的，但能磨炼人的意志，增长人的才干，使你经历多次磨难之后，终能成为一个铁骨铮铮的人。

【关键词】学 / 贵在自学　　思 / 敢于吃苦

三、解燃眉之急

11 月 21 日，星期五。

到今天，我学完了政治经济学大学课本的资本主义部分。算起来，第一次自学考试后到现在已近一个月了，基本完成了学习计划。但我明白，这段学习不如学哲学时精力集中，也没有认真做笔记，学习效果当然不太好。只有考试之前，多拿出些时间来，重新认真读书。

这之后，我准备继续学习政治经济学社会主义部分。我自知，我这老师不合格，缺乏必备的知识。教政治经济学"资本主义"部分，老师应该首先懂得"社会主义"这部分内容，可是我只是教之前才学点，并且还有很多地方搞不懂。

我自己也明白，在教资本主义部分时，教师如果能够站在高层，有意识地和社会主义部分的内容对照起来去讲，更能使学生增强热爱社会主义的思想感情。但我做不到，目前我对社会主义部分的内容连"一知半解"也称不上。所以，我的学习一开始就有两层含义：一方面是自我进修，而更重要的一方面是为了教学，两者是完全统一的。

政治经济学、哲学，都是高中政治课的主要教学内容，必须十分认真仔细地学习相应的大学教材。自学了这几门课程后，教学应该会有明显长进。

教学相长也！

【关键词】学 / 为用而学　　学 / 贵在自学

四、几十页《政治经济学》没了

11 月 25 日，星期二。

星期六下午，我坐车回家。本不想回家，只是怕星期天一个人在校太孤寂了。家当然是温暖的，晚上躺在被窝里，我和弟弟谈了许久。他说这次期中考试，在高二（四）班考了第十一名，不如过去考得好，主要原因是学习上马虎。我叫他多读书，争取对学习内容准确地记忆。

小侄女已过了一周岁生日。星期天吃得挺好，临走娘给我拿了许多麻花，带回学校吃。一天几乎没干别的事，只是多少看点书，和大侄子、侄女玩。

下午一点半，我到郎君村刘成波同学家，问他给我买了皮鞋没有。皮鞋厂里，他有认识的人。在他家玩了一个多小时。之后我到南关，给庆山老师放下工资，就去赶车。

到校时已五点多了。我拿出麻花、咸豆腐，和唐作义老师、起震、其兵，一起吃起来。

星期天就这么过去了。若在校，虽然生活上清苦些、寂寞些，但可以读好几十页《政治经济学》呢！

【关键词】思 / 时间观念

五、一天的效益

12 月 21 日，星期日。

这个星期天，实在不想回家。但是，必须去邹平报名自学考试，所以又一天就要白白浪费了——坐车、等车、走路，总之不是学习。

昨天下午，到邹平时已近四点。到招生办公室报名，填完表已五点多，天快黑透了。要不是师范学校 1981 级的老同学王正友负责这事，恐怕这事就干不完了，因为早到了下班时间。我急匆匆地从三层楼上跑下来，皮鞋敲得楼梯"当当"地响。

到师范学校，找上廷宾，在他这儿住了一宿。多少次来麻烦廷宾，我都说不清了，这就是老同学的情谊啊。

早晨，我到南关李庆山老师家送12月份工资，然后回家。家永远是个温暖和安乐的地方。

吃了早饭，又吃了午饭，我就该走了。到邹平转了几个地方，买点东西，等车。这就是一天。

这样的一天，对学习来说，效益是不大的，应尽量减少这样的一天又一天。当前学习的重大意义，可从这么两个方面去理解：一是我们的知识很不丰富，在教学上不够用，必须抓紧时间武装自己。二是我们风华正茂，不在此时努力学习，更待何时？

岁月将在我们的额上刻下深深的痕迹。但我不希望那样，因为那是苍老的表现。

【关键词】思 / 时间观念

六、学时的盘算

12月23日，星期二。

你的聪明呢？你的才智呢？显示出来吧！在那样艰苦、复杂的环境中，你能不失进取之志，尽最大可能发展自己，就不失为一条好汉子。

到今天，我读完了大学教材《政治经济学》下册（社会主义部分）。这次读的《政治经济学》，虽然从总的篇幅上来说不算短，但我总觉得这个教材的内容编写得不太好：本来应该简单的地方不扼要；应该详写的地方，如关于"经济特区""社会主义的货币发放和回笼"等内容，却忽略了。再加上这次读不够认真细致，也没有做笔记，所以我很不放心。到教高一下册"经济体制改革"时，要一边教，一边深化理解有关内容吧。自学考试之前，还得拿出一定时间复习政治经济学，一定要保住这门课，并且考好。

下一步，我准备学习《马克思主义伦理学》。学习时，要抓住要点，理出头绪，整理笔记，对于必须记忆和理解的东西做到心中有数。也就是说，要把书读"厚"，而同一过程中，也要把书读"薄"。这本书要一遍成功，若没有特殊情况，就不详细复习第二遍了，实际上也没有这个时间。这次凑得巧，报考的三门课的教材篇幅都比较长，全部读完一遍就很紧张。特别是我安排最后学完的《世界通史》，若读现在准备的教材，其篇幅是前两门课之和，有一千三百多页。要读完，两个月是不够的，实际上已没有两个月的时间去学《世界通史》了。

时间已过去两个月。我想再用四十天，至多五十天（要放寒假了）学完《马克思主义伦理学》，最后用两个月学习《世界通史》。时间很紧，政治经济学的补习、复习只能穿插其中。

【关键词】学 / 辩证思维　　思 / 统筹兼顾

七、助学

1987 年元月 4 日，星期日。

今晚例会上，孙兆俊校长谈到，要为自学、函授的同志学习、考试提供方便。于是，我又想起了我的学习计划。

明年可能有大学函授招生，但我不想报，因为自学考试更能缩短获得学历的周期。我决心风雨无阻地自学下去。

这次报的三门，我已豁出去了，争取全部及格，这是有可能的。看现在的学习，《马克思主义伦理学》考及格还是有希望的；如果能提前学完，多拿出点时间学习《世界通史》，这一门也不难及格；而《政治经济学》是任教科目，资本主义部分较容易复习，关于社会主义部分，下学期还要边教学边学习一段时间，问题也不很大。

若这个目标达到了，我将会有更大的信心，会以更高的热情投入到自学中去。1987 年下半年，若有可能我就报考四门：以八月份的学历过关考试（争取四门专业课过关）为界，分为两段，前段学习"科学社会主义"和"中国共产党党史"，后段再学习两门，从"写作""形式逻辑""国际共产主义运动史"里面选。这次考试之后，剩余的几门，将在下一次大战中予以全歼。

【关键词】教 / 教育生态　　思 / 方向选择　　思 / 自尊自信

八、搁浅

元月 14 日，星期三。

昨天开始期末考试，我在高二（四）班教室监考，有本班学生，还有高三（三）班学生。怎么形容我这一天的感受呢？我不知道怎样去行动，怎样评价我的行动，才是道德的。我只是知道些最基本的原则和教条：年轻人有追求爱和自由的权利，也应该有追求爱和自由的勇气。我还知道：应该学习，无论什么时候，学习都不能放松。

参加教学工作已有一年半了。第一年只是啃课本备课，很不和谐、很不正常地运转。这学期，教学已基本步入正轨。由于教学效率提高了，节省出较多时间，可以自学其他的内容。自学的成果是显著的，当年已及格两门。特别是哲学成绩较好，当然这与我上学年的哲学教学有很大关系。现在的学习是有计划的，并且略快于计划。自学的前景是很乐观的，根据这个趋势，1987 年将是自学中至关重要的一年，我计划考试六或七门。

但我也考虑到，我已是二十岁的青年，一些问题自然摆在面前，甚至说这一年对我的个人生活将起决定性的作用，我有这样的预感。当然，人的思想是一步步成熟的，人要一步步地走自己的路。眼下，对未来生活还不能有更明确的预见，我只是心中有期望。

如同一条蛟龙，困在这小潭里；如同一艘轮船，搁在这浅滩上。

【关键词】思 / 自尊自信　　思 / 战略定力

九、大学之梦

3 月 4 日，星期三。

我从《中国教育报》上看到，中学教师有三年教龄，可报考高等院校，脱产进修。到现在，我已快够两年教龄了。我应该努力工作，争取明年时机成熟的时候离职进修。我最渴望的就是离职进修，重新当学生，我多么希望那一天早一点来到啊！我准备再自学一年，到明年这个时候，专科就考得差不多了。然后再离职进修，若能直接考个本科就好了，这可算是一条捷径。

近几天，在《世界通史》学习上抓得紧了点，很累。我开始体会到学历史不是什么容易的事了。我不敢懈怠，一旦有考不及格的科目，将会给以后考试带来更多麻烦。

据说 3 月中旬，滨州师专实习生将来我校，可能给高一上政治课。若是这样，我就是名义上的指导教师。我没有正规、系统地学过政治理论，必须多向人家学习。这段时间，我正好可以集中精力自学。

【关键词】思 / 发展渴望

一〇、出师不利

4 月 26 日，星期日。

今天下午，自学考试最后一门"政治经济学"考完后，这次北镇之行的使命就结束了。为了考试，经历的曲折可多了。

4 月 23 日，星期四，上午阅完高三预选政治试卷，下午就急匆匆地去临池赶车。由于交通事故，到周村的公共汽车不通车了。天很热，李学老师和小段都很着急。我们只好又回到学校，骑上自行车上周村。到周村寄存自行车，换乘汽车去张店。赶到北镇，已是晚上九点多，奔波了大半天。

我到地区教育局找孙奎浩同学，正好，我初中的赵精良老师调到这里工作。有老师，有同学，我感到生活在这里十分自由、舒适。

25 日，星期六，我一天考了"伦理学"和"世界通史"两门。次日下午，又考了"政治经济学"。我觉得，"世界通史"不及格已确定无疑，而"伦理学"也悬！

几天来，和赵老师谈了不少。

【关键词】行 / 困难考验

一一、决心学"党史"

5月30日，星期六。

这个星期，基本读完了大学教材《科学社会主义原理》。下一步自学，以"教育学"和"心理学"为主，以"写作"为辅吧！教育学、心理学多用点时间学学，一是为了这次过关，二是明年还准备考专科起点的进修，三是长远需要，作为一个教师不懂得教育学、心理学的基本理论，是无法做好教育教学日常工作的，更谈不到教育改革了。

再就是"党史"了。我一直想学习学习，但是自学考试又未开考。学习党史是很必要的，无论是对于教学，还是考进修。所以，今年10月份自学考试之后，不管自学考试开考与否，我都要学习党史。

【关键词】学／教育理论　　学／贵在自学　　学／为用而学

一二、难堪的成绩

6月11日，星期四。

本周第一节，结束了功课（学完本学期新课）。第二节，我讲解了一下印发的时事政治教育材料。今天三、四班的课本来在第四、五节，我调了一下，赶早上完。十一点钟，起震骑自行车送我到周村，然后他回家，我坐车去邹平。

估计麦子熟得差不多了，我想回去帮忙，顺便到县教育局，打听自学考试分数。这次，我考得很糟，政治经济学七十三分，伦理学六十四分，世界通史不及格（只有四十五分）。这有它的必然性。

一者，这三门课的教材篇幅都很长，加起来，我一共读了近两千七百页书。贪多必然嚼不烂。

二者，由于分量重，更由于我的骄傲、懒惰、侥幸心理，学习不够仔细，几乎没有认真地做笔记，只是"水过地皮湿"地读了一遍教材。

三者，所用时间的绝对量也少，精力也不够集中。刚开学不久，就确定了和李芳同学的恋爱关系，这学期我几乎每周都往回跑，星期天时间浪费严重。虽然说恋爱对我有很大鼓舞作用，但毕竟是占用了时间，分散了精力。

四者，"世界通史"按我的两遍学习法学下来，不及格也不会差几分。但是考试内容只是古代中世纪、近代史，没有现代史，我事先并不知道，把现代史当成学习重点，对占相当大比重的古代史只是在两个月以前读了一遍，到考试时印象已没有多少了。又加上用的不是指定教材，读的篇幅长达一千三百多页，却费力不讨好。这门课的失败与客观因素有极大关系，我感到委屈。同时也怪自己，不注意、不早了解一下学习范围。

"世界通史"这一门，暂时我不打算再考，上学期只是因为没有别的开考科目。优先选择自己喜欢的、与政治教学关系密切的学科，下半年，我准备报考"科学社会主义""写作""法学概论"这三门。

我该怎样把这样的成绩告诉她呢？

【关键词】思 / 深入反思

课堂改革的生机

一、"睡觉课"后的反思

工作进入第二个学年，自以为自己是"老教师"，所以在备课上不如第一年下的力气大。1986 年 11 月 24 日，星期一，下午第一节是高一（二）班的课，上了个一塌糊涂，最后竟讲得全班只有几个同学抬头听课，有的同学已经睡着了。我好不气恼！可是我有什么脸面发火呢？我讲的就是这种"睡觉课"。

第二节课，我调整了教学内容和方法，课堂气氛好多了。

由此可见，备课仍是一项十分艰巨的任务，不可偷懒。虽然有一年教龄，但今年教的仍是新课呀！

【关键词】思 / 自审自警

二、激发主动性

11 月 27 日，星期四。

昨天开始在一、二班讲"经济危机"。由于内容陈旧，且多数已在初中学过，所以课堂气氛不活跃。

于是，今天我在三、四班上课时进行了改革：提出问题来，让大家在 10 ~ 15 分钟内读书解决；然后一边提问检查，一边讲解学生以前没有学过的内容。这样就使课堂气氛比较活跃。

从这堂课上，我得到一条经验：对于学生有所了解、教学难度不大的内容，可以采取"学生自学—回答问题—补充讲解"的教学方法，激发学生的学习主动性，这样会比平铺直叙地讲下来，效果好得多。

只有改革，才能带来生机和活力。

【关键词】教 / 改革创新

三、主观不努力

11月28日，星期五。

这个星期的政治自习上，学生没有多少事做。实话实说，只强调让学生读书，我也不好意思开口。这时候，我若准备点与政治课有关的时事政治内容讲一讲，是不错的。以前，我说起学生没有系统地学习时事政策时，理由是没有课时，实际上是我主观不努力呀！

【关键词】思 / 自审自警

四、倚靠杨老师

11月29日，星期六，在校读点书，备点课。可是，这样的人太少了，唯有我和我的师范老师王玉宝。王老师年纪不小了，至今还孤身一人。

晚上，我到北寺杨秉臣老师家看了一会儿电视，到十点钟就回宿舍休息了。杨老师是个好人，思想进步，作风正派，积极乐观，乐于助人。

星期日，我安心地备完下一次课。杨老师在办公室，我感到就像在爹娘身边。

生活，往往会给人们带来些苦恼。应善于从苦恼中解脱出来，进行战斗。寂寞的生活，由于充满了战斗的气息，而不再寂寞。

刘允伟同学为我捎了皮鞋来，是成波从皮鞋厂替我买的，花了二十六元。我有些后悔，太贵了吧！省个七八块，就可以干点别的。

12月1日，星期一，晚上看电影，我第一次穿上了皮鞋。同志们都说皮鞋不错，我也觉得挺暖和，走起路来颇有风度。

【关键词】行 / 重要他人　　思 / 良心不安

五、不服气

12月3日，星期三，在高三（三）班（文科班）听了杨老师一节政治课。杨老师只是给同学们画出问题，强调读书、背课文，并没有什么多少分析说明。

此时我就觉得，在现有条件下，这级学生的政治要出最好成绩，必须由我来。然而却没有。领导这样安排，一方面是担心，一方面是对我的照顾，让我慢慢来，给我个较好的学习机会。

事实也正是这样，现在我的学习、工作还是很有节奏的。送毕业班，我就只能认真钻研那些高考内容和习题，个人学业上进步就慢了。

【关键词】思 / 自尊自信

六、"黑话"

12月4日，星期四。

《政治经济学常识》的第四课，到今天就讲完了。从下周开始，进入本学期最后一课的学习。

昨天，在一班上课没有讲完，只好在今晚，借尚桂芹老师的一段语文自习再讲。可是刚讲了几分钟，突然停电，一句长话没说完，只好在黑暗中，闭着眼睛说完了下半句。说完之后，我自己就禁不住笑出声来，同学们也都大笑起来。大家点上蜡烛，一位女同学送到讲台上一支，我当时没注意她是谁。本想讲十分钟的，实际上却讲了近二十分钟。晚上同学们的兴致很高，我的话也就多了点。

【关键词】教 / 职业自豪

七、学习他人

12月6日，星期六，下午地区教育局视导团到我校。为迎接视导，我校已准备好几个星期了。这周五、六两天，我集中精力备课，读教学参考书，查资料，写了十几页，才备完一个课时。

由于上级视导，星期天不休息，继续上课，我开始讲"帝国主义论"，这是本学期最后一部分教学内容。

紧张的备课、批作业，逼迫自学搁置了几天，我觉得缺失了什么似的。学习必须抓紧，《政治经济学》下册到现在尚未学习一半，一定要在1986年内学完这一册。

视导期间，我跟随听了几节课：黄立岭老师的语文课、尚桂芹老师的语文课、唐作义老师的政治课。多学习别的老师的授课方法，是尽快提高自己教学水平的重要途径。

【关键词】行 / 实践学习

八、"快乐政治"的理想

12月9日，星期二。

政治课往往被人们误解，不能不到政治教育工作者和学校政治教师身上去找找原因。因为，这些人中的相当一部分，他们自己也不懂或不真懂马克思列宁主义，而在开展政治教育工作时，就只有囫囵吞枣，照本宣科，大喊大叫几句了。这样人们对"政治"还会有什么好印象呢？

我下了决心，要改革政治课教学。现在，有些教育家、教师正在研究"快乐教学法"。这对政治教师是个很大的启发。我准备从下学期开始，把这个口号提出来，在所有学生中造出舆论。让学生相信：他们这个年轻的老师，思想是活跃的，不是保守的，能带领他们快乐地学好政治课。

我有责任，尽自己最大的努力，让学生得到全面发展。

【关键词】教 / 政治责任　　思 / 理想现实

九、可爱的课代表

12 月 17 日，星期三。

今天有政治早自习。我好长时间没上早操了，本想早起几分钟上操，不想推开门却是一片银白，夜间下了雪。

我到办公室整理好炉子，写了几句话之后，就到了班里，同学们已扫完雪，上早自习了。雪还下着，我进教室的时候，披着许多雪花。

同学们都很认真，多数都在学政治了。昨天晚上，我和三班课代表吕厥福同学谈了好长时间。我听同学说，他很喜欢文科。他入学的政治成绩是八十多分，这是很少见的。我也想起自己来，考师范时政治是九十分，也许是全校最高分了。

我问他，对咱们的政治课，同学们有什么反应，他说没有。政治课时少，也不被人们重视，即使闲聊时，也很少涉及政治课。

【关键词】教 / 心怀学生

一〇、和平年里话政情

12 月 19 日，星期五。

昨天和今天，利用下午的自习，我在各班宣讲了《半月谈》上的一篇文章《和平年里话政情》。在我读的时候，同学们聚精会神地听着。这是第一次专门学习时事政治，每班只有十五分钟时间。

学生是该较系统、较及时地学习点时事政治的，但却不能够。因为学校领导不重视，老师们瞧不起政治课，有些同学认为没必要学习这些东西，只要学会课本内容就可以了。所以，一直没有时事政治专用课时。殊不知，要想真正学好课本内容，不了解国内、国际重大时事政策也是不行的，更何况说时政本身就是高考内容。

别的老师，没有想到给学生讲点时事政策，或对此不屑一顾。我想到了，但等于没想到，因为我几乎是无能为力的。一是我的业务还很不合格，需要抓紧学习；二是我手底下也没有丰富的时政材料。只有一年之后，我的教学比较熟练了，一切正常的教学方法才能得到较好运用。

【关键词】教 / 立德树人

一一、两条腿走路

12月24日，星期三。

今天，上完了《政治经济学常识》（上册）的最后一个主题"帝国主义是垂死的资本主义"，1986年的教学任务基本完成了。近一段时间内，教学内容不太好处理，学生学习兴趣不大。当然，我现在不像上学年那样，情绪那么容易受学生左右。学生不想听，趴在课桌上的时候，我也不气恼，但为了尽到责任，该说就说，有意地坦然一些。

比起上学年来，这半年的教学顺利多了，自学上也取得了些成就。当然，上次考试的"哲学"与上学年的教学锻炼密切相关，"大学语文"和学生时代打下的深厚的语文基础有关，考起来得心应手。而这次报的三门，难度相当大。这三门一攻克，会进一步丰富自学的经验，为以后争取再考两次或三次，将剩余的七门学完创造条件。

下学期，一方面抓紧自学，另一方面要进行教学改革。首先要丰富自己关于社会主义经济和政治的认识，在课堂教学改革上，征求学生意见，学习其他老师的经验，闯出一条新路子。改革的目的，是让学生改变对政治课的偏见，愿意学政治，把政治学好。

【关键词】教/教学相长　　思/统筹兼顾

一二、新课代表的冷水

12月28日，星期日。

昨夜下了雪，天一下冷了许多。今天下午，杨秉臣、朱文业老师，还有其兵、起震都回来了，他们是去北镇中学"取经"的。天冷，我冻着了。

为了过新年，这个星期天就不休息了，按星期四的课表执行，有我的早自习和课。一早，我就起来，给三、四班讲了几个题目，人数不很齐全。我准备再找点题目，印发下去，让同学们在假期里也做点。

令人高兴的是，教职工的毛料服装终于做起来了。今天刚运到，同志们都穿上，大家评头论足的。我做的是西服，杨老师用俄语说："很漂亮！"

高一（四）班的政史课代表杨孟同学转学走了，已由李雪梅同学继任课代表，是任历史课的李学老师推荐的。听李雪梅说，看看她政治课听不懂，我感到很惊讶，很惭愧。得好好跟她谈一谈，看

笔者20世纪80年代末身着校服于南北寺中学留影

看她政治课的学习方法是不是有问题。

【关键词】教／教育生态　　教／了解学情

一三、学习方法的引导

12月30日，星期二。

昨天，学校举行第二届教工代表大会。校长的工作报告中有几项是特别鼓舞人心的，比如1987年将要扩建伙房、建造浴池，恢复理发组、缝纫组等，使学校发展社会化；增加职工福利，教师吃、穿、住做到基本统一。

这几天颇有节日的气氛，各班都在积极地排练节目，校园里歌声嘹亮。今天下午，从小学到初中去表演。

我印发了一份《政治经济学》的选择题，加了编者按"题目前头的几句话"。题是让同学们元旦放假期间做的，所以最后刻写了一句："祝同学们节日愉快！"

题目前头的几句话

好的学习方法是学好的重要保证，掌握或摸索出好的学习方法，会使学习取得事半功倍的效果。在政治学习上，希望大家注意：不要迷信提纲，要重视系统读书；读书时看到的不应该是一个个孤立的概念、原理，而应该是一个知识体系。遇到一道练习题，你想的不应是哪个提纲出现过相关内容，而应该想到与课本哪个地方有联系。若还没想清楚，那请你再翻一翻课本，做到不瞎猜，做题有理有据。你说是吗？

【关键词】教／教育生态　　教／教育艺术

一四、怎样复习？

1987年元月5日，星期一。

一结束新课，我就犯愁了，怎样带领学生复习呢？算来，我已教学三个学期了，对于复习课，还摸不着头脑。

今天课上，我串讲了《政治经济学常识》上册。讲的并不多，想让学生对全册内容有个整体了解。

关于复习课的上法，以后应注意研究，多向有经验的老师们学习。自学上需要有好的导师，教学上同样需要有良师的指导。

【关键词】思／研究问题

一五、班主任

元月 8 日，星期四。

我若是班主任该多好啊！和同学们在一起活动，和同学们谈心，生活会更加充实的。只是，我还要抓紧时间自学。

今天上了两节正课，另外还上了三节自习课，简要讲解了 1986 年以来的国内外重大事件。我讲得挺带劲，同学们很有兴趣。不过，这一天挺累得慌。

【关键词】教 / 立德树人

一六、不自满

元月 9 日，星期五。

昨晚，杜老师告诉我，在评教活动中，学生们对我的评价不坏，大家说我上课态度和蔼等。

我很受鼓舞。我做得太不够了，特别是在对学生做思想政治教育和时事教育上，达不到一个政治教师的要求。若下学期增加一个课时的话，要加强时事政策教学。

【关键词】教 / 立德树人

一七、临时突击

元月 14 日，星期三。

学生正在复习，我也在学习。我放下书本，去教室走一趟，绝大多数同学在复习政治。实际上大家并不是看到政治课重要，而是平时下的功夫少，只好临时抱佛脚。

从下学期，我决心着手改变这种状况，督促学生搞好平时学习和复习。当然学生应有的其他良好习惯，也要逐步培养。

【关键词】教 / 方法引导

一八、工作总结

元月 14 日，星期三，我完成了学期工作总结。要点如下：

（一）教师专业素养和思想觉悟不断提高

1. 时事学习正常化。经常阅读《半月谈》等刊物及报纸。这学期以来，加强对学生进行时事政策教育，讲清时事政策学习对于学生个人成长的重要性，说明学习时政与政治和其他课程的关系，逐步改变为高考而学时事的传统思维。

2. 较系统的专业知识自学已经打开局面。从今年 6 月份开始，较系统地学习高等教育自学考试"政治教育专业"课程，现已取得两门单科合格证书。自学是艰苦的，但我准备继续学下去，争取在两三年内，考完专科段全部课程。

3. 对党的认识更加深刻。作为一个中学政治教师，责任感促使我不断学习、加强自身修养。政治教师理应引导学生，使其正确认识我们的党。我希望自己将来能够成为一名光荣的共产党员，但我觉得现在还差得很远，我对党和人民的事业还没有丝毫的贡献。这个信心，促使我不断地努力工作。

（二）课堂教学基本上步入正轨

我的专业文化水平低，刚参加工作时，教学任务十分棘手。但是在困难面前，我没有退却，认真阅读教学参考书，阅读大学教材，向老师们请教。我艰难地度过了参加工作后的第一个学年，本学期有所转机，我上的课基本有个模样了。

（三）教学改革方向和规划

加强思想政治工作，改进课堂教学。在新形势下，思想政治工作应该以更新颖、更令人信服的方式出现。

【关键词】思 / 及时反思　　思 / 自尊自信　　教 / 政治责任

一九、"教条"一点

元月 20 日，星期二。

期末考试开始了。元月 15 日，星期四，上午考了政治，同学们说考得不错。根据县教育局安排，各校交换阅卷，我校老师给魏桥中学阅卷，大家成绩也不错。只不过给外校阅卷，老师的积极性差些，总不如对自己班的学生亲切；这么做，也不便让老师们掌握自己学生的情况。

昨天下午，阅完的试卷从教育局运回来，大概是长山中学老师给阅的。一看成绩，和魏桥中学的差许多，但与我的估计差不多。我的教学水平、同学们的学习水平，也就是这样吧！

从这次考试中得出一个结论：在今天这种考试制度下，只让学生在课堂上哈哈一笑，还是不够的，还必须"教条"一点，也就是说平时把基础知识学好，在总复习时必须有必要的练兵，特别是在问答题上，几个典型的题目要讲一讲，还要教会学生答题的方法。如此这般，学生的扎实功底、认真态度、规范方法培养出来了，分数自然也会有所提升。

【关键词】思 / 研究问题

爹的心事

一、老爹出门

1985 年 7 月 23 日，星期二。

爹在 20 世纪 60 年代初回原籍之前，在淄博马尚农场工作。那时，国家财政、人民生活都困难，全国几千万职工下放，我爹即其中之一。近来，中央下了文件，说要解决精简下放的老职工生活困难的问题。得到这个消息，爹很兴奋。

现在，这个农场已撤销了，申请政府帮助的事，办理起来并不容易。爹先到户籍地邹平镇政府询问，镇政府签字了，再找原工作单位的接管单位去办理。

爹是昨天早饭后去淄博的。他上路后，我就一直挂念着他。他一向艰苦朴素，想到这些，我就感到羞愧：我往日的生活，我出门的时候是怎样花钱的？虽然觉得俭省，但比起爹来，还是大手大脚得多了。爹的孩子们，包括我在内，不能为他分忧。他年纪大了，还要出远门，路途上又不舒适。

我的家，以至我们的祖国，还都那么贫穷。我今后几十年的奋斗，为国又为家。

今天上午，我正在饭屋里打浆糊（制作天文望远镜），忽然听到爹说话，忙跑出来，原来是爹到家了。

事情办得真顺利呀！爹一找，组织上就给解决了，说让在家听信。爹是在周村车站上过夜的，他舍不得花钱住旅馆。娘也说，昨晚她"想关门又热、不关门又怕"的矛盾心理。虽然两个人一辈子断不了吵吵闹闹，可在这样的时候，也是彼此挂念啊！

【关键词】思 / 良心不安

二、心事的了结

1987 年元月 2 日，星期五。

爹多次去原工作单位的接管单位——淄博良种繁殖场，询问下放老职工生活补助问题，单位说没钱，一直拖到现在。爹的文化水平不高，也给单位写了信。终于，场里来信了，让 1987 年元月 5 日去办理这个事情。

爹的心事终于要了结了。为了这个，几年来，年迈的爹整天在家念念叨叨的。

他接到场里的信之后，连忙准备好了照片、印章等办手续必要物件，还买了花生，将要带给自己的老领导。人家叫 5 号去，而爹说当天可能办不完，不如早一天去等着。

【关键词】行 / 道德感动

幸福的寺院

一、读完《三国演义》

1986 年 12 月 2 日，星期二。

今天，我全部读完了《三国演义》。这部小说，在我读师范学校一年级时就开始从图书馆借阅，但是越读越不想读，后来搁置了。今年 5 月份，自己购买了一套。本来早就可以读完的，由于我二哥读、弟弟读，还有其他的人想读，我自己又参加自学考试，所以拖拖拉拉，一直到今天，前后已有半年了，才算读完。古典长篇小说，我近几年就只读了这部《三国演义》，再就是在师范学校时读的《红楼梦》。

【关键词】学 / 文史修养

二、《凯旋在子夜》

12 月 11 日，星期四。

今天很暖和，以致我们组的炉子没人管，差点灭了。

寂寞的生活中，我们寻求着欢乐和幸福。这几天下午，教职工们开始体育活动了，或者打乒乓球，或者打排球、羽毛球等。师范学校的王玉宝老师，在我们分配到南北寺中学时，也调动到这儿。王老师仍像往日那样，很关心我和其兵、起震，常与我们一起活动。今天下午课外活动，就是和王老师一起打的排球。

晚上，总想看点电视什么的。昨晚，到李学老师家，看了电视剧《凯旋在子夜》第七集，还有《民歌大荟萃》，很不错的。

【关键词】行 / 体育锻炼　　学 / 文史修养

三、热闹的元旦

1987 年元月 1 日，星期四。

今年的元旦过得很热闹。昨天，我整整忙活了一天。早晨到教室转了转，看了看一、二班的政治早自习。

吃了早饭，打开《马克思主义伦理学》，正想读几页的时候，组长杨老师派我去给组里买菜。我和朱宝华老师（数学教师）等人，在周村街上转了一个多小时，买了几样菜——牛肉、生肉、青蒜苗等。最值钱的一样要数烧鸡，一只三斤多，花了近九元。

下午，学校举行越野赛，我们组的同志差不多都去当裁判员了，我是转折点裁判员，只留下杨老师一两人做菜。五点来钟大家陆续回到办公室，准备吃团圆饭。当天早饭后，杨老师和他的学生吕秀娟老师吵了几句，这会儿吕老师还没来。我专门去吕老师宿舍，请她来相聚。唐老师家中有事先回去了，其余九位就座。虽然没有多少人能喝酒，也没喝多少酒，但大家都很痛快。

从七点来钟，我和李学老师一起，去高一各班教室串门，和同学们欢度新年。我实在没有什么好节目，只朗诵了普希金的诗《假如生活欺骗了你》，讲了个小故事。

之后，又到高三（四）班、高三（三）班去玩，但气氛都很沉闷，我有些忍耐不了，准备好的诗朗诵也没往外拿。

十点多钟了，我和起震、其兵到了高二（二）班，张百林老师当班主任，他是我们政史组唯一的班主任。百林老师班的活动组织得很好，气氛很活跃，虽然不是我的学生，但我感到在这里轻松多了。突然停电了，节目只好草草收场。百林老师对半年班级工作中的优秀班干部、积极分子进行了表彰奖励。与百林老师相处的这些日子里，我们感到他确实是一位很好的老师，他的班主任工作是很出色的。

到宿舍，摸黑睡下，我的一颗年轻的心，仍在那样激烈地跳动。

【关键词】教 / 教育生态　　行 / 实践学习

四、惊天动地

元月 3 日，星期六。

前场雪还未化尽，又下了一天一夜的大雪。雪片漫天飞舞，大哥说这真是"鹅毛大雪"啊！

大雪之后，公共汽车不通了，可怎么返校呢？今天下午，我和弟弟从家去邹平，在小道的雪窝里、泥水里跋涉。我穿着高跟皮鞋，十分不得劲，一瘸一拐的。皮鞋里面已被汗水和浸入的雪水湿透，一时还感觉不到凉。鞋面上的雪水晾干之后，冒出一层白白的东西。

我和弟弟到邹平旅社等校车，早有好几位老师和许多同学等在那里了。老师们好几次去打电话询问学校，车还来不来。

到三点四十，车终于来了。我和起震老师与十多个同学都在封闭的后车厢里，连个座位也没有，或蹲或站，一路上说说笑笑，好不热闹。一个老师，再也没有比和学生在一起更快活的了。韩店的张海燕同学说，昨天高三的好几个同学，等了一天的公共汽车也没等上，天黑了，大家一起跑步回了学校。学习多么难呀！而与困难斗争，其乐无穷！

其兵是怎样从焦桥乡老家回到学校的呢？完全是步行！从昨天上午十一点钟走到晚上，到了临池乡古城村，在李明绪老师家住了一夜，今天又走到十一点，才到了学校。

整整二十四个小时。

见到朱文业老师，他是今天上午跑了两三个小时，从古城家里来的。这就是我们的老师和同学。

这是南北寺中学发生的惊天动地的事情。

【关键词】行／困难考验　　教／爱岗敬业

五、难过的周末

元月 11 日，星期日。

本来想星期六回家，拿点咸菜什么的。可是，校车不开了，只好作罢。

晚上，停了电，我买了蜡烛来，正想看点书，朱文业老师来了，加上华东石油学院讲师团的宋全友老师，我们三个去了北寺杨老师家。

我一直是很尊重杨老师的，虽然有时和他开几句玩笑，杨老师也经常以长辈的身份，教导我和起震、其兵几句。于是乎，有的同志就说我们俩像父子一样。元旦宴会上，有的同志又这么说起，杨老师马上推辞，而我半开玩笑地说："杨老师，我们认了。敬您这杯酒，感谢您对我父亲般的管教，母亲般的疼爱！"

谈了会儿话，不到八点钟，就来电了。看了会儿电视，介绍电视连续剧《红楼梦》，很好。

回校，我到语文组玩了会儿，王玉宝老师正好在。又一次突然停电，天已不早了，我就回去睡下了。就这样过了个周末。

我想买台收音机。

我们在年轻的时候，做的每一件事，也许都包含着幼稚的因素，甚至过后我们自己也不禁暗自好笑。但我们又确实佩服自己，因为年轻时的奔放热情和奋斗豪情。

【关键词】行／重要他人　　思／热爱生活

六、丰厚的福利

元月 22 日，星期四。

一个多星期来，一直没有认真地学习。晚上睡得很晚，早晨也不早起，不大有精神。

就要放假了，老师学生都忙个不亦乐乎。今年老师们发了许多东西：每人十斤鱼，十斤肉，十斤花生米，二十斤大米，五斤葵花子，还有一顶鸭舌帽。

昨天上午开了大会后，学校放寒假了。下午，学校派两辆车去送老师们，我和弟弟上了过西董去青阳、明集的"130"，夫村的李勇、明集的王新媛同学也上了这辆车。风好大呀！

晚上，我的感冒厉害起来，一宿出了好几次大汗。夜里四点钟，一家人都起来"出豆腐"，就只有我躺在被窝里。天明，找医生看看，拿了点药。这会儿轻快些了。

将晌午的时候，其兵从邹平跑来问我："正月初三到班主任李老师家里去吧？"

这点小病，我估计很快就会好的。今年寒假，我想主要做两件事：一是学习（学完"伦理学"，"世界史"教材争取读三百页）和备课（读高一下册教材"经济体制改革"），二是拜访老师、同学和邻里乡亲。老师就是我小学、初中和师范学校的三位班主任老师，还有李庆山老师；同学中包括现在正在读大学的崔放梅同学，我要虚心向人家请教，决不能落后于人家。

【关键词】教 / 教育生态　思 / 规划谋划

我的大"金鹿"

一、生活水平的标志

1987 年元月 24 日，星期六，已是丙寅年腊月二十五了。我和二哥在邹平转了大半天，千挑万选，买了辆自行车——金鹿牌的。算是我买的自行车。我和弟弟都在南北寺中学，没辆自行车很不方便。为了买自行车，其兵借给我 50 元。起震也说买自行车，其兵还借给起震 50 元呢。不过，这 50 元没花到，因为自行车只花了 180 元，我自己攒的钱就够数了。

本想要辆小轮自行车，轻便又中看，可是市面上没有名牌的小轮自行车。再说，过几年，我若成了家，也不能没有一辆大轮自行车呀！

这样，我家就有了两辆新金鹿自行车，这是家庭生活水平的新标志吧！

【关键词】行 / 求实消费

二、牌照难挂

丁卯年正月初十，星期六，上午去邹平镇派出所给新自行车挂上了牌照。为这事，我曾于年前二十八大集和年后初八去了两次，这次才办好。

【关键词】行 / 关注社会

吃完饺子再下手

一、想练毛笔字

1987 年元月 28 日，星期三。

这几天，天气真好。昨天是腊月二十八，去邹平赶这一年的最后一个大集，买了一幅字画，买了几张年画。

今天已是除夕。回家这几天，我一直没闲着，书看了不多。本来头前可以很轻松地读完《马克思主义伦理学》，可是由于磨蹭，直到我记日记的时候（大年夜九点），还有十多页书没看呢！

读完了这本书，我的这次自学计划已完成了三分之二。一过了年，我就开始学习《世界通史》。《世界通史》不但要读一遍，还要记住，不容易呀。学习中，要多向起震、其兵、李学老师等请教。

昨天下午，我去东景找贾红卫同学。他母亲说，贾红卫还没回家，在韩店工作的学校学习呢。由衷地钦佩！据说红卫的自学考试已及格好几门，这与他的努力是分不开的。

过年，家家户户都愿意贴上幅新对联，红红火火的。前几年我家的对联都是二哥自己写，有时他还给邻里乡亲写几幅。可是近几年他不上学了，当起了木匠，字也生疏了，所以不好意思自己写了。正好怀光到我家来，他父亲写得一手好字，我就拜托怀光了。还有几个叔伯家，让我给写春联，可是我根本提不起毛笔来。我早就想好好地练练毛笔字，平时教学也很需要啊！常立志，不如立长志。开学后，无论怎样，也要练毛笔字了。先在教学上认真地运用，这样用上大半年，写个普通的对联，甚至写个请帖也凑合了。我的钢笔字还凑合，毛笔字要认真地靠靠体，柳体字就不错。

【关键词】思 / 日记风格　　学 / 语文修养

二、向书本学习

丁卯兔年春节。弟弟五更就起床了，我可是六点多才起。吃了早饭，我们这个大家族的年轻人集合起来，共十人，大家一起去给乡亲们拜年，好有声势呀！

今晚上，把大哥、大嫂、侄儿、侄女都请了过来，全家十一口，吃团圆饭，气氛很融洽。

春节过了，仍然要继续学习。世界通史，我苦于没有自己的课本，不能随心所欲地在书上写写画画。

一个人，再也没有比没有知识而造成的空虚、烦恼和愚昧，更可悲的。我的同学和学生们都在努力，我也在紧随。我认为，我还是有能力不落后的。

而这，只有抓紧学习。向社会、向人民群众学习，在实践中学习；目前，更为重要的是向书本学习，因为书本是知识的结晶，这是青年人尽快武装自己的一条捷径。

【关键词】学 / 学习关键

三、交友的思考

丁卯年正月十四，星期三。

对于青年人来说，广泛的交际是十分重要的。社会实践是我们学习的生动课堂，它是一部内容丰富的大书。多结识些朋友，多了解些情况，无论如何是有益处的。要善于巩固老朋友，又善于结交新朋友，因为事情都是在变化发展的。

我从小只知道读书，交际不多。我小时候，或者说一直到现在，都有个腼腆的毛病，怕见生人，怕见女性。这怎么能行呢？我试图改造自己。人大了，更缺少不了交际，我已认识到交际的重要性了。

后天就开学了，我就要见到我的同事和学生们了！

新的学期，我的重点任务是：努力完成教学任务，在教学改革上争取有所突破；继续参加自学考试，争取考及格已报的三门。若有教师专业知识过关考试的话，不妨考几门。这是进一步显示我们力量的一个重要学期。

在个人问题上，我多少有个打算，或者只是幻想。这学期，暂不采取重大行动吧！条件、时机还都不成熟。从下学期开始谈恋爱，也不迟呀！

【关键词】思 / 人生优化

四、抓紧，抓紧

正月十五元宵节，虽没吃元宵，但吃了一天饺子。

正月十六，星期五，一大早娘就起来，给我和弟弟补衣服，煮咸菜，下饺子。之后，我到邹平等校车，弟弟骑自行车去学校。

一个假期就这样过去了。虽然是整天学习，但是实际学到的东西真少，少得可怜，还不如平时在校，一边教学一边自学更快。过了大年，我开始学习世界通史。本来，照在校的速度，这半月能读三百页吧，可现在只完成了一半，并且效果也不一定好。

我听到有些人说起崔放梅大姐，说她学习时如何刻苦、勤奋。我也曾经把时间抓得紧紧的，并且想长期坚持下去，但是我的视力衰退，意志也衰退了。

这学期我报了三门，如果考不及格，那将意味着什么？我自己也会不痛快的。还是抓紧一切时间学习和工作吧！

【关键词】思 / 时间观念

代用课本

一、总结教训

1987 年 2 月 14 日，星期六。

今天好冷啊！昨天回校的时候，娘一遍又一遍地说，让我和弟弟都穿上棉袄回校，怕变天。可是近几天很暖和，我们就是不愿穿。娘再三劝说，我就又带上一件绒衣。没想到立刻就冷了，我穿上绒衣后，才觉得差不多。真是不听老人言，吃亏在眼前！

晚上，召开全体教师会议，孙校长总结了期末考试情况。校长说，这次考试总体来说，我们学校的成绩是"偏低、较差"。全县高一共十六个平行班，我任教的四个班政治成绩分别是第九、七、四、五名，即三班最好，一班最差。这样平均起来算，我的教学成绩大致是全县第二名。我估计第一名是魏桥中学，因为我的学生中没有一个90分以上的，而魏桥中学却有二十名。昨天一来，听到同志们说考得不好，我很担心，这下子我放心了。我的教学成绩还可以嘛！这学期还得好好干。

这次期终考试，我总结出两点教训：一是我对学生要求不严格，只是希望学生"自觉"。这点很明显地表现在简答题上，本来这些题目都已做了作业，做错了的我已批改了，可是学生仍然答不好。二是我对问答题重视不够，只重视标准化命题。综合性题目一定要注意，别再让它失太多的分了。

今后改进以上两点，每个同学平均提高 5 分，还是很有把握的。

【关键词】思 / 自尊自信　　思 / 研究问题

二、好教法的标准

2 月 19 日，星期四。

开学两天中，集中分析了试卷。从星期二开始上新课了。现在学习"经济体制改革"新编代用课本，我一下理不清头绪，备课很紧张。

这学期，我的重要任务之一，就是要摸索出一套教学新课本的经验。什么是好的教学方法？能调动学生的学习积极性，提高学习效果，就是好的教学方法。我不能不管学生是否听讲、是否接受，硬讲下去。

作业十分重要，必须严格要求，并且要发挥作用。

算起来，开学到现在，自学几乎没有推进，我不知世界通史什么时候才能"通"完。自学，必须再制订可行的计划，不然学不完了。

【关键词】教／尊重规律

三、"四无"的摸索

3月4日，星期三。

天很暖和，一个明媚的春天就要来到了。

我越来越感到教学改革的必要。使用现在的新教材，要上好课简直是困难重重：无教学大纲，无参考资料，无练习题，无教学经验。我只有摸索，一个办法在这个班行不通，在其他班就再换招数。

高中代用课本《关于经济体制改革的几个问题》

上星期三、四的自习时间，我在一、二、三班分别召开了全体同学讨论会，同学们讨论了"教学方法、学习方法、作业方法"等问题。其中有一条就是，要求每学一段落要做一个小结。这样做确实很好，这个星期的第一节课，我就先小结了第一课的内容，然后引入第二课。

【关键词】教／教育生态　　教／教育民主

初　恋

一、喜上心头

1987年3月8日，星期日。

昨天星期六，下午一点钟，我就从学校往家跑，以往我都是等到三点钟坐学校的车回家，而这次是骑自行车。因为有一个特殊的使命——我要去同所谓的"对象"见面了。

我到了家，喝了口水，就去找媒人米爷爷。米爷爷只知道她的乳名"喜儿"，邻村东景的，和我是初中同学，我想该是"她"吧。米爷爷很热心，骑上车子就去了东景。我心里只是想，作为老同学，不能摆那么大架子，要客客气气地向人家说明情况，委婉地辞掉就可以了。目前，最重要的还是集中精力，抓紧时间学习。

米爷爷一会儿就回来了，说她刚下班回家，让马上去见一面。于是乎，我回家换了件衣服，买了点糖，就去了。我的心情并不愉快，只是苦于人家一片好心，不好简单谢绝。

我们在她邻居家会面。来到的竟是李芳同学，她表妹陪她来的。我很是惊喜，原先想错了。在这一霎，我竟产生了一种激动的心情，自己也由抑郁转向乐观。原来是她！

别的人都走了，这世界就只属于我们俩。三年同学，我们并不拘谨，只是回忆了几年来的简洁经历，别无他话。一会儿，她起身说要走。我原以为她有许多话要说，但也只好起身相送："以后有事，给我写信吧！邹平南北寺中学。""邹平染织厂准备车间。"

回来后，我小心谨慎地走着路，因为皮鞋的高跟在慌乱中撕裂，快要掉下来了。那可是怪让人难为情的。

我准备给她写封信：

李芳大姐：

您好。昨天相见，太仓促了。我觉得我们该有说不尽的话，初中三年同学，又有四五年没常见到，加起来，相识已有近八年了，那时我们还都是小孩子呢。今天我们仍然是孩子，应该有孩子的纯真和热烈。

这么多年来，你没有忘记我，我由衷地感激。一个人活在世上，知心的朋友有那么几个，应该十分满足了，更何况有一个姑娘。

我又有什么值得你忘不掉的呢？初中毕业后，我念了三年师范学校。师范学校毕业，分到初中教语文是我的心愿（中师生按规定应该教小学，这已是我的奢望了）。然而，我却来到了南北寺中学。南北寺中学正是用人之际，我一去就教了高二年级四个班的政治。自己教的内容就是刚刚学过的东西，很难。但我不甘心当个不合格教师，不希望我的学生在背后骂和他们年龄差不多的老师，所以我把学生时代学习的劲头全用在了教书上。咱们见面时，我没好意思戴眼镜，其实工作一年以后，我已戴上了眼镜，两眼分别近视150度和200度。

经过一年的锻炼，我现在给高一学生上课从容多了。同时，我也抽出时间来，学习些东西。我正在参加自学考试，4月下旬将要到北镇再去考一次。近几年内，有机会的话，我还准备去外面念几年书。不为别的，只是觉得现在的知识还很不够用。

我大体知道你这几年的工作、生活都不错。希望你来信详细谈一谈。

我们的关系，首先是同学关系。以后无论怎样，同学友谊是永存的，不论何年何月，我忘不了你，你也忘不了我。在此基础上，是否有所发展，进到更深一层，有待于我们去努力。

但我们也不能不考虑其他的，诸如经济条件、人品等。说起来不怕你笑话，我的家是个"烂摊子"，生活上只能说是饿不着、冻不着，比不得好人家。我们家世世代代都是些老实人，老实得过分。今天日子不好，明天也不一定很好。当然，我们还是尽力过好，谁不希望这样呢？

生活需要有一定的物质基础，人人都希望有安乐。如果只是一时的冲动，当严峻的生活告诉你，这并不是那种安乐舒适的生活时，我们会怎样想呢？

当然，我们一旦确定了恋爱关系，我将会义无反顾的。不管将来是富贵，还是贫寒。既然我们走到了一起，便要甘苦与共。

大姐（大概是这样吧），第一次写信，我就说了这么多，你别见怪。我是教政治的，也许说话的时候，又像板起面孔给学生上课的样子了，你也别见怪。我只是有什么，说什么。

谨祝你工作顺利，心情愉快。

同学　兆恩

一九八七年三月八日，小李家中

【关键词】行 / 重诺守信

二、最是一年春好处

3月10日，星期二，上午我上完课后，把杨老师请到我宿舍里，买了带嘴的芜湖烟，请他抽。我对杨老师说了我的恋爱故事，他很赞成。

那天，我们在一起的时间太短了，以致我现在一没事的时候，就竭力去回忆她的音容。3月16日，星期一，我给她写了第二封信。

给李芳的第二封信

芳姐：

你好。来信今天收到。首先，感谢家中老人和你的热情与诚意。

4月下旬要考试，我得准备准备。这个周末，我不准备回去了。你能理解我吗？我的学习希望能得到你的支持。

人总要不断进步，不断发展。当我想偷懒的时候，希望你能提醒我。我也希望，你在业余时能读点书，写几个字。还是不放下这些好。你说是吧？

两周后的星期六（3月28日），我一定去找你，你有空的话，请等我。

我母亲说，找米爷爷商量商量"见面钱"什么的。我想，你应该不会看重这些吧？当然，老人自有他们的心思，这些小事我们顺从就是了。你说呢？

在我的那些同学们还在为"找媳妇"犯愁的时候，我已深深地感受到生活的温暖，我是很幸福的。我更希望你也能感到真正的幸福。

紧握你友谊的手。

你的弟弟　兆恩

1987 年 3 月 16 日

【关键词】思 / 体味幸福

三、三年不遇

3 月 28 日，星期六，吃了早饭，我就和唐老师往邹平走。唐老师有自己的事情，我也有自己的事情，最重要的就是去见我那亲爱的"姐姐"。

中午，在廷宾那里吃了饭，本东正好从地区教育局回来。

我感冒还没好彻底，加上奔波了一上午，很累。午饭后，想睡会儿觉，但是廷宾帮本东大包小包地整理行李，我也没睡成。

我和廷宾把本东送到车站，三点钟便来到染织厂的门口，比约定的时间早近半个小时。

我焦急地等待着，等待着……

她终于来了。我们俩来到县城东南的黄山上。她说自己从初中时就注意我了。她说，我考上师范学校时，她开始去厂里上班，每天都走在从家到县城的这条路上，竟然一次也没遇见我，心想，也许这辈子再也见不到我了。

听了她的话，我更加激动了。我竟被一个姑娘深深地惦记这么多年，我又该怎样感激她呢？

下山的时候，我是那样地恋恋不舍。我们第一次并肩走在众人面前，众人以怎样的眼光看着我们？其中必然有羡慕吧！

路旁有劳作的人们，我们分手的时候，竟连握手的机会也没有。若不是那样，我不知自己会怎样地忘情，也不知她会怎样地忘情。

多少年的思虑，多少年的相思……

【关键词】行 / 道德感动

四、囊中羞涩

4 月 18 日，星期六，下午我去厂里找她，可是没能见到，不知她会不会生气。我感到很内疚，又让人家受着精神上的折磨。当天下午以至星期日，我一直想去她家找她，我们的家只隔二三百米，可是我一直没能去。不是我害羞，也不是怕她不欢迎，只是我手头上没有钱了，无法带上点儿礼物。

什么时候，我们能够在一起呢？长久地在一起！我渴望着那一天。对有真诚友谊的异性朋友的这种渴望，又有多少年了？我在初中时，就强烈地幻想过了！

我马上给她写了信："两个星期后，无论如何，我要见到你！"

等待着，等待着，当我们紧紧地拥抱在一起的时候……

【关键词】行/困难考验

五、赠笔

5月30日，星期六，下午我去厂里找她，她正在呢。实际上，我都没有多大的信心，因为星期二才发出的信，她有可能收不到。

我们又来到山上。她说："光来锻炼身体。"有什么办法呢？我们这儿又没有公园。从她厂里出来的时候，她的同伴们吵嚷着要糖吃。我早就预备好了，便拿出了高粱饴。我们在石头上坐下，她又拿出了剩下的糖。

才五点来钟。这一回，谁也不觉得拘束，因为世界是属于我俩的了，话一开头就滔滔不绝。谈到了我们的过去，也谈到了将来。初中那么多同学，现在干什么的都有，这样的，那样的。

天黑下来了，到了非走不可的时候。走到她们村口，我把一支银色笔杆的新钢笔赠送给她，望着她远去。

【关键词】学/学习关键

六、我还有一句话

6月20日，星期六，天很热。我早和李芳约好，四点半在新华书店见面，于是我像往常一样骑上车子，冒着暑气上路了。过了周村，又是顶风，走不快，头顶上骄阳似火，风也是热的，包围着你。可巧，车子鼻完全断了，我只好去修车。

到了邹平，已四点钟了。我抓紧到教育局，自学考试报名，还替尚桂芹和李学老师报上名。我报过好几回了，这些手续都很熟悉，所以相当麻利，不到半小时就填好六张表，交上费用出来了。我抓紧往新华书店跑，她已等在那儿了。

我们俩骑上车子，并排往前走。旅社门口，起震、其兵早已等在那儿，我的两个同学都很想见见我的女朋友。李芳去买了糖。他们俩没待多久，就急匆匆地走了。我们俩再也不拘束，自由自在地谈天说地。我们都意识到，已彼此属于对方，不可分割了。

晚风中，我们慢慢地往回走。到她们村口，我那么不情愿地离开她。我多么希望，月光下的晚上也属于我们。她的背影消失的时候，我真想再追上去，对她说："我还有一句话……"

【关键词】行 / 重诺守信

七、托校长送情书

7月4日，星期六，校会之后，放暑假了。学校有劳动任务，我想在这儿干几天。一是没有别的事，二是可以挣点钱。手头太紧张了。看来，招生工作完成之前，我不能回家。我已有两个星期没有见她了。上次她说，不要我花时间给她写信，于是我便没有再写。这阵子，需要写封信了吧！

7月6日，星期一，凌晨一点给她写了信，告诉她，我近几天不能回去看她。天明后，杨承玖副校长要去临池坐车，到邹平组织学生参加高考，我用自行车送他到临池，并托他把信捎到邹平邮局投递。

之所以半夜给她写信，是因为我值夜班。我留校劳动，穆生智（化名，下同）主任安排我和杨承英同志护校。这两天，朱文业、张永海等老师也在校劳动，打扫校园卫生。

这样夜间到处看看，不能多睡觉。早晨和上午休息，下午仍可以读点书。可是，《教育学》到现在还没有读完。

人与人之间，应该有深厚的温情；男女之间，应该有持久、强烈、纯真的爱。

【关键词】行 / 困难考验

八、约会的筹划

7月18日，星期六，午后想先休息一会儿，但是咋也睡不着，因为我俩约会的时候就是下午五点钟。我干脆爬起来，用心地将沾满泥水的自行车擦了又擦，然后上路。

先是到了南关李庆山老师家，给他送下工资，谈了会儿。得知他今年仍回南北寺中学工作，并向他借了新编高中教材《政治常识》。

五点钟，我准时到达染织厂宿舍区。刚一放下车子，就有人认出我来，有的问"这是谁呀"，有的喊"李芳"。我不认识，也不理睬，径直朝三楼310房间走去。

两辆车子并排走在路上。天不作美，落起雨来了。我们跑进百货大楼，我买了个皮包。出来再一看，又晴了半边天。"我说下不起来。"我们相视一笑，往山上走去。

石头上，她倚靠着我，坐了下来。此时此刻，多日来的冲动又涌上心来。

下山来，八点钟看电影《直奉大战——冯玉祥在1924年》。看到一半已是九点多，外面已黑透了。她还要上夜班，说不愿看了，我们就起身离开，我对这个历史片有些不舍。

晚风中，我们俩的车子慢慢地前行。到厂门口停下来，她说自己下星期上中班，再下星期上白班，那时候下午五点钟就有空了。最后我们定下，下下星期的星期一下午五点半，我到厂里去找她。而那之后的再一个星期，她上夜班的时候，我们俩就可以到周村去玩了。

"走吧，你走吧！"黑暗遮住了含情的双眼。

我骑上车子，往家走，一路上几乎遇不见人。夜色朦胧中，我因为近视吃力地盯着前方、左右。到家时十点多了，娘早等在了大门口。

【关键词】学 / 文史修养　　思 / 体味幸福

九、没有自卑有自信

7月22日，星期三，下午娘让我去卖点槐米，我就去了邹平。

卖了槐米，我又进了师范学校。这个季节，一部分同学正在面授学习，想去会会他们。遇上李凤军同学，他已与师范学校同班同学靳新丽结婚了。跟他到邹平一中的家玩了一会儿，我已两年没见靳新丽了。

从他们那里出来，已六点来钟。在黛溪商场，遇上张安正老师买菜，张老师叫我到他家去玩。

张老师摆上几盘简易的菜，我们师徒俩一边喝点酒，一边说话。我曾写信告诉张老师我和李芳的事。张老师对她有很高的"评价"，李芳知道了准会高兴的。天不早了，我起身告辞。我走远了，老师还站在门口，望着我。

老师的厚爱，我是终生难忘的。我将更加努力地工作与学习，不辜负老师的期望。

张老师还告诉我，崔放梅同学在假期内，将要给东景联中七年级补习外语。看来，大学生参加社会实践，已是一个十分重要的课题。我想抽个时间找她谈谈这段时间来的学习和生活。我们是老同学，然而道路、处境却十分不相同了。我丝毫没有自卑的感觉，而是充满自信心，努力地追赶他们。

在两年的教学过程中，我也自学了些东西，当然这些毕竟不如上大学所得的多。然而，两年来对祖国和人民的奉献，又有什么可比呢？

【关键词】行 / 同伴激励

一〇、《喀秋莎》

8月2日，星期日，她不上班。我去叫她。到周村玩去吧！车子轻快地在马路上行进，我们俩肩并着肩，一路上，说说笑笑。这是自由的时刻啊！在东门商场里，我们俩来回地走。她要给弟弟扯一条裤子，可转来转去，没有相中的。我说："你真是行家，眼光高啊！"

我要给她买条裙子。夏天里，女同志穿上裙子，再漂亮不过了。我不知道，我的她穿上裙子之后，该是怎样的美丽动人。我反复说，你愿意买啥样的就买啥样的，带的钱足够。然而，她只是不肯买，一会儿说没有好的，一会儿说自己穿上不好看。

我们看了一场电影《湘西剿匪记》。买了一斤水饺，她也不多吃，我好不容易才全吃下去。

我们在公园玩了一会儿，翻看着新买的书。在新买的日记本上，我给她写下一首《喀秋莎》：

> 正当梨花开遍了天涯，
> 河上飘着柔曼的轻纱。
> 喀秋莎站在峻峭的岸上，
> 歌声好像明媚的春光。
>
> 姑娘唱着美妙的歌曲，
> 她在歌唱草原的雄鹰；
> 她在歌唱心爱的人儿，
> 喀秋莎爱情永远属于他。
> ……

天真，稚气，无拘无束，毫无保留。公园的连椅上坐着一对有情人。

我忘掉了忧愁，忘掉了酷热，忘掉了疲劳，似乎也忘掉了自己的存在……

天不早了，这次是我催她走，她却懒洋洋地坐着，不愿动。我要伸手去拉她的时候，她才不好意思地站起来。回来的路上，我又想起其兵，我曾告诉他说，我想给她买条连衣裙。昨晚，弟弟冒雨从学校跑回来，说其兵在学校，很高兴。也许他的调动办成了。我当即写了封信，让弟弟捎给他。

半年来，手头一直很拮据，又不好问父母要钱，家里也没有钱。我盼望着假期。可是，她……此刻我无限感慨地对她说："我有一个长久的愿望没能实现，感到很遗憾。"

走出一条新路来，不当父母的傀儡，不走大人们早就设置好的路，这些都是庸俗的，都是扼杀真正的爱情的。

【关键词】行/困难考验　思/人生优化

一一、还是要读书

8月11日，星期二。

我不想读书，心中忘不下她。可是我也不甘心时光就这么白白地流走啊！

我清醒地知道，我应该从儿女情长中挣脱出来，去读我的书。她希望我成为理解、体贴她的人，更希望我在事业上有所成就。

考试就在眼前，可是我没有一点紧张感。考试对我来说成了家常便饭，比平常还平常。

哦，1987 年的暑假哟，是我幸福的时候。

她对我说，她没有理想。其实，她能想到这一点就已足够了。她还说，将来要干一番大事业，我有些好笑，不知是说玩笑话，还是动真格的。

【关键词】思 / 情绪控制

一二、喜事新办的心思

8 月 15 日，星期六，大哥承包的机井开钻了，我去帮忙。由于常使用锨，手指头很累，夜里歇过来，感到手关节就像要错开似的。还有几天就考试了，我不想干了。

累了。但是晚上，还要学习。

我是个大人了，摆在面前的问题很多。也许我很快就要结婚了。现在，我的事情都是我自己做主。和芳谈起来，她不能完全支持我的想法，这使我感到很为难。我想结婚时，尽量少用点钱，以后少还点账。尽可能买台电视机或录音机，家里人喜欢看和听，我也得用这些先进设备帮助学习。

父母养我到这么大，目前我还无力回报父母。他们都老实，日子过得紧巴巴的，我不能再给他们添更多的麻烦了。芳是个通情达理的人，我应该多和她商量。

【关键词】思 / 人生优化

一三、资助

终于熬到了那个时间。8 月 17 日，星期一，下午不到六点，我提前十多分钟到了她的宿舍。记得前几次约会，分别的时候我想与她握握手，还不好意思呢。

这回不知怎么了，她执意要去看电影，也不嫌晚。电影是八点的。入场之前，她跑去买了吃的，我也不和她争抢，她付钱就她付呗，反正我也抢不过她，何必装模作样呢。电影是《巧配鸳鸯》，倒是挺合题的。

看完电影已是十点钟了。快到东景了，路不好走，我们推着车子慢行。她忽然塞给我一样东西："这点钱，你拿着去考试吧。"我执意不要，说自己有。"有，是你的！"我没话可说了，紧紧地攥着带着姑娘香气的钱。

已是十二点了，她一直送我到村头。我不知她要说什么，做什么，她只是迟迟不肯离去。我抚住她的肩头，她又躲开了。我轻声地说："回去吧。我到了学校，就给你写信。"我推着车子走出老远，她手中的手电筒还在给我照亮。

【关键词】行 / 道德感动

一四、秋月秋声

9月12日，星期六，晚上我到了她家。近来太忙碌了，有些疲劳。但见到她，我顿时精神焕发。在我的眼里，她太可爱了。

时间慢慢地流逝。已是十一点多了，她来送我。月亮刚刚升起，微亮的光。月光下，秋声中，我们俩紧紧地拥抱在一起。我童年中的梦幻，我少年时的遐想，我青年时的热望，在这时都化作了现实……

她说："心情很矛盾，愿意我常回来，又怕耽误我的学习。"

【关键词】思／体味幸福

他、他和我

一、三兄弟

1987年3月13日，星期五。

昨晚，政史组为是否让起震去地区教育局参加历史教学会议，争论了许久。本来是上级下通知让毕业班教师去的，可是连上两年高三的其兵不愿去，便想让起震去。组长杨老师不允许，而起震又强调说想去学习学习，于是僵持不下。最后，还是决定其兵去。

今早，我起来要送其兵去车站。而学校的车正要去北镇，可以捎其兵到目的地，我就省下了。

起震一天没有精神，说是感冒了。睡了大半天觉，中午饭时却去打扑克，晚上又去喝酒了。

我们同学三人，三年同窗共读，两年同事，友情自然是深厚的。年下，我买自行车，其兵就借给了我50元。但我也有些矛盾，学习上、工作上、生活中的，都有。

【关键词】行／同伴互助

二、值得尊重的大哥

3月27日，星期五。

这几年，和起震、其兵等一起学习和工作，我们之间可以说不分你我。但矛盾也不是没有，有时甚至很尖锐，达到彼此要争吵的程度。特别是由于我经常会不分场合、没轻没重地批评起震几句，所以起震很不满。我以前没有充分认识到这样做的严重性，也体会不到起震有多么生气。

今天，李钦成老师提醒我，我方明白了这个道理，以后给起震提意见时，应以尊重人为前提。我们三个中，起震年纪稍大点。他也确实值得我们尊重，起震不是经常帮助我们吗？他是一位值得尊重的大哥。

【关键词】思 / 深入反思

三、不舍的盟友

8月22日，星期六，上午九点半学校召开全体教师会议，寇堂贞主任公布了教师工作安排情况。我任高二年级政治课兼高二（二）班班主任。起震受命于危难之际，负责高三毕业班，兼高三（二）班班主任，担子也是很重的。其兵已调到邹平县实验学校，从此我们的三人同盟就剩两个人了。为了调动工作，其兵不知经历了多少周折。

8月25日，星期二，同志们为其兵送行，我也陪他喝了几杯酒。他说，这时候自己却又十分留恋南北寺中学。我只是觉得，这位好友离开过早了。人有悲欢离合，我们还都年轻，今后再交这样的知心朋友也许会很难。我和其兵这些年来的交往，对彼此都有很大裨益。

他就要坐车去上任了。我给李芳写了封信，让其兵鸿雁传书。

稍一轻松下来，我就又想起了她。我有我的工作，不会太寂寞。可她等我几个星期，也许像过了一年一样。但又有什么法子呢。

【关键词】行 / 同伴互助

四、失恋的打击

1988年7月11日，星期一。

昨天下午，我正要骑车赶回学校，天上下雨了。我便改了主意，去坐校车。临出门，娘问我是否还需要带上十块钱。其实，家里只剩这十块钱了。我说："不用了，前天给我的五块钱还一点没动呢。"是啊，和怀光喝酒的时候，我没敢大方地掏出来，抢着给小店主钱。回家的路上，也没给侄女买块冰砖，尽管我就早有这个心愿。弟弟高三这半年，花钱多，饭得吃好点，我和芳还去了趟张店，结果竟花得一点不剩了。

回校的车上，家住实验学校的李波老师说，其兵由于对象跟他分手，服了不少安眠药，但经抢救脱险了。我心里不知是同情，还是气愤。我得抽空去看看他。

【关键词】行 / 困难考验

五、同盟解散

听说起震调到礼参职业中专，我感到十分遗憾，"王、段、韩"三人同盟终于彻底解散了。1988年8月17日，星期三，我抽空跑到起震老家，哥嫂热情地接待了我。起震去职业中专教美术，终于找到了他的归宿，他在师范学校时就十分爱好美术，也有一定功底。说了大半天话，下午我回到家时，已是六点多了。

8月18日，星期四，早饭后我与弟弟去邹平面粉厂换面。叫弟弟排队的工夫，我到了其兵的学校。他现在精神头不错，只是对我还说些"胡话"。我只是听着，也不多答话。这个时候的人，需要有人听他说话。

应其兵之邀，8月20日，星期六早饭后，我去邹平实验学校找他，一直玩到下午。张明武也在（他已从魏桥中学调来两年），又是一通忧国忧民的谈话。他说，他家乡九户一带的庄稼淹了，村民们不重视教育，学校已破败得不像样，等等。最后慨叹道："社会的进步，太艰难了！"

【关键词】行/同伴互助　　行/关注社会

六、来看我

1990年5月23日，星期三，上午来了一位不速之客——老同学王起震。起震调到礼参职业中专工作之后，我们便不能常见了。这次他来南北寺，除了有点别的事情外，主要是来看我的。

我先是到翟师傅处买了一盘肉，又去拿几瓶啤酒，再泡上已在纸里包了一年的茶叶，就这样招待了这位远道而来的长兄。

直到我送他走出校门时，他还说："你有空，可一定要到我那儿去玩啊。"还是那样热心肠。

【关键词】行/同伴激励

实习生导师

一、"精彩"亮相

1987年3月17日，星期二，上午第二节我在高一（四）班上课，滨州师专的两位实习老师——柏翠岭和赵卫方听课。四班课堂气氛比较活跃，这主要因为四班的政治课是四个班中的最后一节，教学效果当然就好一点，久而久之，学生可能不太烦政治了吧！

这些实习老师是前天到南北寺中学的。柏老师和赵老师实习内容高一政治和班主任，我算是"指导教师"。其实，指导什么呢？我还没有人家掌握的东西多。

这段时间，将有实习老师们替我上部分课，但我仍轻松不了。不过，我应利用这个机会，和老师们共同进步，特别是多向人家学习。

自学"世界通史"已进入下册，但是推进仍较慢。怎么办呢？只有抓紧了。我给芳姐的信中说，自己考不好，没有脸去见她。

【关键词】教／公开历练　　行／为人师表　　行／挖掘资源

二、上课的诀窍

3月19日，星期四。

这个星期我比较认真地讲了两节课，因为滨州师专的老师们见习，学校同时组织听课。两节课都是在四班上的，我总认为四班比较活跃。

上课时，我注意了这么几点：第一，要发挥学生的主动性，让学生读书解决老师提出的问题（根据杨老师倡导的教学改革方法，编制的综合程序问题）。第二，运用图表展示等直观教学方法。第三，举几个和现实生活有密切联系的生动事例，帮助学生理解理论内容，活跃课堂气氛。第四，教学内容集中，重点突出，不拖泥带水。第五，使用普通话。

总起来说，这两节课还是基本成功的，老师们也都说可以。而我自己明白，我的基础知识、实际知识还十分浅薄，今后需抓紧时间学习，尽快地丰富自己。

据说，专科或本科函授并不难考。我打算，若有合适院校的话，就去考一考。现在我还在准备自学考试，还是要抓住自学考试不放松。考函授不过是去试试，我想直接考专科起点的。考不上也不要紧，还有自学，再说我还准备，明年若有机会就离职进修呢，即使考上了函授，还要继续参加自学考试，达到专科毕业。

【关键词】思／及时反思　　思／自尊自信　　思／规划谋划

三、一本正经地"指导"

3月23日，星期一。

滨州师专实习老师柏翠岭和赵卫方，来这儿一周多了。两位实习老师的年龄和我相仿，我们原先是一级。尽管名义上是指导老师，但实际上我只是个中专生，并没有专门学过政治理论，而实习老师们却经过了两年的专业学习。由于是同龄人，我们谈得很投机。上一周，他们俩见习、备课，我们合作得很好。

从今天起，他们开始上课。下午，柏翠岭老师给二班、一班各上了一节课。第六节，她在一班上课的时候，我去听课。课后，和柏老师交谈的时候，我指出她的教态比较自然，课堂语言比较流利，内容分析也比较清晰。我又提了几点建议：第一，说话不要太快。说话是为了让学生听懂，不是为了走过场，太快了容易给学生造成老师背书的感觉。第二，可适当地安插学生读书，比如读教材上的一些事例，不要一味"讲"下来。第三，要把学生读书、思考可以解决的问题下放给学生，让他们独立去解决。

明天，我准备再去听她的课。

【关键词】教／一岗多责

四、教授之梦

3月24日，星期二。

天不知怎么了，早饭时忽然飘起了雪花。一天都阴阴沉沉的。

上午一、二节课，柏老师给三、四班上课。还是昨天的教学内容，今天她上得比昨天要好许多，特别是在四班，同学们的精神状态很好，这节课最成功，正应了那句话——熟能生巧！正好，她的带队教师王豫鲁来听课，柏老师会为自己的老师听到了自己高水平的课而得意吧！当初，我劝她连上四个班的时候，她还不乐意，经过了好一番交涉才答应下来的。

现在我是不合格的中学教师，而我自己并不甘心停滞不前。目前的事实，又怎么不能证明我们将来能够成为大学教授呢？

路就在脚下……

【关键词】思／未来憧憬

五、教学评价

近几天感冒了，很不是滋味。直流鼻涕，害冷，头疼。我起初以为近来学习较紧张，累的，其实不然。前天，到校医王子久老师那里拿了点药吃，没大管用。

到3月27日，星期五，柏翠岭老师的实习政治课基本上就完结了。总体来说，柏老师作为一个初登讲台的老师，课上到这个程度，还是不错的，只是有些教学内容的挖掘还欠深度，理论联系实际也做得不够。

【关键词】教／一岗多责

六、认真的班长

4月1日，星期三，下午赵卫方老师给高一（二）班上课的时候，我去听课。有几个同学没到，我就让班长崔利去查一查谁没有到。

晚上，我陆续和这几个同学谈了话，我并不想板起面孔批评学生。女生阎凤，原来是去替高三的同学参加体育测试，今年高三预选之前加试体育，有些毕业生就作弊了。男生周亮，说是回家拿药去了，眼疼。过了会儿，崔利陪贾善才同学来了，贾善才同学病了，没去上课。我心中暗想，崔利也太认真了，连生病的同学也给请了来。

这两周，我只是配合两位实习老师上课，没有多少事，所以便想整顿一下各班的政治学习纪律。昨天晚上，我请高一（一）的李晓同学来谈话，他上课不认真听讲。

这段时间，我开始练习毛笔字，不过沉不住气，只是乱画。对桌的李学老师告诫我，慢慢地练一练，还是可以的。我想下一步，在工作累了的时候，就坚持拿起毛笔来写几个字，不过要认真，还要临一临字帖。我有一个打算，到春节时开始写对联，说不定几年之后，毛笔字也能多少像个样。

写毛笔字的同时，学点唐诗宋词。不能停止语文的学习，要不然时间长了，语言水平、作文水平都会不适应教学的。

【关键词】教/心怀学生　　学/语文修养

七、讲政治不容易

4月8日，星期三。

师专老师们的实习结束了。昨天上午，我把给柏翠岭和赵卫方两位老师的实习评语交给了他们的带队指导教师王豫鲁。昨晚，在东楼会议室召开了实习茶话会。我说了几句话："许多人瞧不起政治，认为上政治课不过是喊口号，实际上这些人还没有真正地理解政治。当然，这也与思想政治工作者和政治教师水平不高有关。政治是真理，但要把政治讲好，使一般人也能接受，实在是不容易。两位实习老师能把课上到这个地步，值得赞赏，对我也是一个很大的启发和鞭策。"当我想在教学上偷懒的时候，一想起这些老师，也就不敢不努力了。

今晚，在实习老师办公室里举办了话别酒会。人多，话也说不过来。我只是其中一个人，坐了会儿，我就回来了。我只是觉得应该这样做：献给老师们两杯酒，一来祝贺老师们实习圆满成功，二来感谢老师们的热情帮助。

【关键词】教/政治责任

代理班主任

一、有模有样

1987 年 4 月 10 日，星期五。

高一（一）班班主任李波老师因爱人生产，4 月 6 日星期一回家了，级部主任杜卫国老师让我代理班主任。我不知怎么做，但却怀着对学生的强烈的爱，愉快地接受了任务。星期一下午，我去上课的时候，同学们很整齐地起立表示欢迎。我简单说了几句："班里的日常活动由班干部和同学们主动、自觉地处理；需要我的时候，我当尽力帮忙。"几天里，我都坚持早上跟操，晚上到班里去走一走，问一问。生病的同学，给写个条子，去拿药；有事的同学，问明情况，准假。

昨晚电闪雷鸣，大雨瓢泼。九点多了，还不见雨小，我只好冒雨跑到教室去，大部分同学还没回宿舍。我只说了这么几句话："天不好，同学们尽早回去休息吧！明早不上操了，但必须在六点四十之前按时来上自习。"

今早，我去教室的时候，除马军同学旷课回家之外，全班同学都在，同学们还是很有自觉性的。

晚上，我到教室，发现有五六个同学不在，有的生病，有的有事情，马军同学仍没回来。我跟大家说："明天星期六，若没有特殊情况，希望同学们不要回家了，我也不回家了。一者，回家一趟会弄得很疲劳。二者，下周要进行期中考试和运动会，同学们可以抓紧时间复习和锻炼。三者，上周末清明节刚回家，而下周考试和运动会后高三预选，高一还可能放长假，同学们有的是玩的时间。若实在要回家，或有事情去做，一定要请假。"

我说着，同学们乐呵呵地听着。我刚从教室回到办公室，吕常乐和由俊渭两个同学就找来，说刚才去送三班的赵业宾同学，他砸着脚了。我没有批评他们，只是说，有事告诉班干部和我一声。

我想，后天即星期日晚上，做一做思想动员，让同学们积极而有秩序地参加期中考试，让几个比较在行的同学带领运动员训练训练。高一（一）班的实力比较雄厚，前天晚上开了个运动员会，从报名情况看，有希望受到学校团体表彰（全校前五名）。

【关键词】教/临时任务　　教/教育民主

二、用人之际

4月12日，星期日，晚上教职工例会之后，我到班里布置了下周工作——两大任务：一是期中考试，一是运动会。

关于期中考试，我要求同学们自觉遵守考试纪律和日常作息纪律，没有特殊情况，不允许不参加考试。刚从王村转学来的王雷同学问我能不能不考，我没有答应。当我阅完了政治试卷时才发觉，他没参加考试，这时只剩最后一门——外语未考了。我再次告诉他，要考这最后一门。考试结束时，果真见王雷同学交了试卷。由于我只是代理几天，所以对个别违反纪律的同学耐心劝告了几句，没有过重地批评。自己在同学们中还没有多少威望，说多了反而起坏作用。比如，星期三早晨，我和班长李兵同学去查男生宿舍，有三个同学——赵方伟、董呈宾、毕恩德还躺在被窝里，没有去上操。我很生气，因为昨晚我已申明，期中考试期间要坚持上操。按我的脾气，真想在晚自习时在全班同学面前点名批评他们，但是我没那么做。这里还有一个因素，就是赵方伟、董呈宾同学是运动员，正是用人之际。

关于运动会，我进行了展望，我们班拿团体总分前五名的希望是很大的，这里有一个关键因素，就是我们班拥有全校最优秀的女运动员金凤仙同学。我要求运动员同学，为了集体的荣誉，抓紧有限的时间锻炼，由体育委员宋拥军和金凤仙两同学分别负责，组织男、女两队训练。

【关键词】教 / 教育艺术

三、讷于言而敏于行

期中考试中，我在高一（二）班监场。

高一（一）班的同学历来是比较遵守纪律的，考试中并没有出现任何大问题。

上周回家的马军同学已于星期天返回，确属生病。不过，鉴于他纪律观念比较淡泊，作旷课处理。

屈传祥同学生病回家，我希望他早些回来，参加后面几门考试也可以。但他迟迟没有回来，大概病情还没好转吧！

4月13日，星期一，下午尚未考完化学，杜老师找我，叫我组织一班同学去山上浇树。考完试后，劳动委员吕常乐同学做了安排，四、五、六组同学去劳动，留下所有运动员去训练。劳动任务完成得很好。吕常乐同学很憨厚，我让他布置劳动任务的时候，他费了好大的劲，才说出一句话来。当然，他对工作是十分负责的。

【关键词】教 / 心怀学生

四、备战运动会

期中考试结束了，现在是星期五上午。下午，就要开运动会了。在这之前，我们做了一系列的准备工作：

——继续组织训练。

——星期四晚上，进一步做了思想动员工作。我要求全班同学在运动会期间，人人遵守纪律，积极主动热情地为运动员服务，给运动员以物质和精神的鼓励。

——成立通讯组。由语文课代表吕常乐和积极分子刘伟带领，组员有李兵、宋峰、赵秋波、孙波、尹哲基。

——做好运动员号码布和代表队旗帜。

五、弃权

4月17日，星期五，下午南北寺中学1987年运动会开幕了。我们高一（一）班代表队十二名男女运动员，在旗手董呈宾带领下，在雄壮的乐曲和锣鼓声中入场。

我们班的男运动员是：刘安军、赵方伟、刘伟、董呈宾、王波、李洪亮、李国富。（共七名）

女运动员是：金凤仙、宋爱娥、刘淑会、李卫、吕青。（共五名）

我本想在运动会上跑前跑后地关照一下本班的事情，但是组委会安排我当计时员，没办法脱身。

这天下午，我班共得十八分。其中，金凤仙同学一百米第一名得七分，吕青同学女子跳高第二名得五分，做出了主要贡献。晚上，我简要总结了头一天的比赛，陈述利害，激励运动员同学继续努力，夺取总分前五名。

然而事情总不那么尽如人意。由于兄弟班级争执，金凤仙同学的一百米第一名被改为第二名。这下，金凤仙同学受不了了，所有项目都弃权（包括稳拿第一的二百米和女子接力赛）。我考虑到，全班有很大希望夺取总分前五名，便耐心教育金凤仙同学，不计较个人的恩怨得失，以集体利益和荣誉为重，继续参加和组织好一切项目，何况说这个一百米第一并不是没有希望再争取过来。但是金凤仙同学并没有重新走上跑道。

在这种情况下，我也考虑到全班弃权。然而，我们又有什么资格和权利，做出如此消极的选择呢？有这个必要吗？不就是因为运动会上的一个争端吗？我号召大家，一定要把所有项目都坚持下来。女子4×100米接力跑决赛时，周丽萍临时替补上场。虽然我们班是最后一名，但这也是奋斗的成果。

男子项目也取得了不错的成绩，刘安军三级跳远取得了第二名，李洪亮在五千米和一千五百米中分别取得第四名和第六名。董呈宾同学虽未取得名次，但坚持跑完五千米全程，精神可嘉。洪大业（化名，下同）同学腿疼，但坚持参加了男子接力赛。

女生张丽同学，积极参加接力和运动会的服务工作。男生李晓跑前跑后，为运动员服务。班长李兵默默无闻地为运动会出力，受到大会宣传组的表彰，但是买了麻花来时，他却一口口地啃着馒头……

这就是我们的集体，这就是我们的同学。我们还有什么不满足、不欣慰呢？

【关键词】思 / 情绪控制   教 / 心怀学生

六、"吃了饭再走"

4月18日夏令时下午一点，运动会闭幕式，高一（一）班代表队整装上场。大会纪录长侯念庆老师宣读成绩：

第一名，高二（四）班，106分。

…… ……

第六名，高一（三）班，53分。

第七名，高一（四）班，48分。

第八名，高一（一）班，43分。

当听到这个成绩的时候，我的心情十分沉重，高一（一）班同学没有一个不难过。我们又该想些什么呢？

在我们的总分中，吕青同学跳高第二名的五分被抹去了，因为这是替补的。还有……心中的不平，强烈的不平！

运动员退场时，我把他们招呼过来："我们做得很好，我们努力了。宋拥军买麻花去了，大家吃了饭再走。"

七、"老师，哪怕你只吃一根"

我回到宿舍，弟弟已打了饭来。可是我一点食欲也没有，只是累了、渴了。两天来，脸被黄沙、狂风和阳光整黑了，嗓子也干渴得难受。整整两个半天，紧张的工作，没喝一次水，暖瓶让给运动员同学们了。我摸了摸运动员刚送回来的暖水瓶，空的。我猛然想起，同学们还没水喝，便提起暖瓶，灌上水，去了同学们的宿舍。

同学们吃着饭。洪大业同学硬塞给我一根麻花："老师，哪怕你只吃一根。"我还有什么可说呢？我无声地咽着麻花。刘伟同学说："老师，太让你失望了。""……"

在同学们面前，我没露出一点沮丧的情绪。然而，当我找到杜卫国老师，向他交代这两周的班主任工作时，难过地说："我太窝囊了！"杜老师安慰我说："事情不怪你。

李波老师回来后，我向他交代。"此时此刻，不曾流出的眼泪夺眶而出，我再也克制不住，一转身走出了教导处。杜老师追上来："小韩，不用难过！"

回到宿舍，我的泪水如泉涌一般，刷刷地淌湿了枕头。多长时间，我没有这样痛快地哭过了。哭吧，哭吧，洗刷掉我心灵上蒙受的委屈，洗刷掉一个二十岁班主任的天真。

我远远地看到金凤仙同学，她低下了头。

虽然我的班级没有取得好名次，我的一番动员都化为泡影，但我所在的政史组在教工 4×200 米接力赛中得到第二名的好成绩。接力赛中，唯有我们政史组有自己独立的代表队，我跑了第一棒。在参加运动会之前我认真锻炼，并且为了不脚疼，一个星期来，我没有穿高跟皮鞋。赛前同学们说："老师，你好好跑，我们给你加油。"我确实跑得不错，我们班的同学也受到鼓舞。

【关键词】教 / 爱岗敬业　　行 / 重要他人　　行 / 为人师表

八、心潮澎湃

4月20日，星期一。

运动会后，我没有做什么总结，同学们也不会认为我说了大话，尽管我们班是最后一名。

高三预选，高一学生放一周假，回家了，我很想念他们。在我第一次当班主任时，遇到了这么多的好同学，我忘不了这两周的班主任生涯。我想，在开学后的班会上，这么说：

同学们：

上周召开的运动会，我们班的较高目标没有实现，最低目标——不做最后一名，也没有实现，我们到底沦落为最后一名。然而，我没有一点沮丧，我们的同学也没有一个灰心。因为，我们自己明白，有许多对我们友好的人也明白，这最后一名也是全体同学苦战了两个半天夺来的，这个苦甚至比拿冠军的还要"苦"。

但最后，我们是失败了，至少是从名次上。失败有它的客观原因，包括一些不友好的因素。

然而，我们有没有从自己这方面找找原因？为什么第八名偏偏是我们高一（一）班，而不是别人？

从我自己这方面考虑，作为班主任，我没有足够重视、采取得力的措施。甚至还有得过且过的思想，直到最后，运动会离近了，才不得不去勉强照应。我没有最大限度地把全班同学调动起来，把运动员团结起来、组织起来。这是我们班实力没有得到充分发挥的一个重要原因。

在运动会的关键时候，抽了我们的支柱的又是谁呢？是兄弟班级吗？是我们自己。第一天，我们的总分已有十八分，第二天又稳拿了三十分。按理说，我们的目标已基本达到了。可是，由于个别运动员放弃了拼搏的机会，把最有希望拿到的分数拱手让给了别人。

实际上，这种举动有什么必要呢？有什么大不了的？不就是运动会中极其平常的一个争端吗？难道就连这点肚量也没有？一个优秀的运动员就只值一个第一名？南北寺中学的第一有什么了不起？这样做又带来了什么结果呢？不正是合了人家的心意吗？然而，这给我们的集体带来了多大的损失？在关键时刻，有的同学不是为集体忍辱负重，而是计较个人恩怨得失，意气用事，致使全班的荣誉，全体同学集体奋斗的成果付诸东流。

事情已经过去，无须多说什么，只是希望我们都注意这么两点：一者以集体荣誉为重，二者任何选择都要慎重。

运动会之后，我们得到的是沉痛的教训，同时也激发了我们的斗志，增强了胜利的信心。愿全班同学不灰心、不沮丧，继续努力，最后的胜利是属于我们的。

【关键词】教 / 立德树人

九、烟消云散

4 月 21 日，星期二。

昨天下午和晚上下了大雨。今早，我听到起床号声时，早已醒了。起来一看，天晴了，下弦月还挂在西边的天空。空气真新鲜呀，树叶也水灵灵的。这就是春天吗？

我一切的忧愁和不快都烟消云散了，我的心情十分舒畅，我要抓紧学习了。

【关键词】思 / 热爱生活

一〇、老学生情怀

4 月 22 日，星期三，高三预选考试结束了。下午六点毕业典礼，可是场面很冷清，一部分同学早跑回家去了。料想，杨秉臣老师那篇激动人心的演说稿，也会因此没有多少生气了吧。

晚上，高三各班开毕业晚会。三班班长刘宝辉来叫我，我只好去了。但气氛很冷淡，我闷坐了会儿，便出来了。随即，二班的张统涛和王学军两位同学来办公室，我们谈到十一点半多。

学生毕业了，但是带着沉重的包袱，我们当老师的未能把包袱给他们解下，让他们轻松愉快地毕业。我们的工作太不到位了。

【关键词】教 / 心怀学生

一一、忘不了

参加完自学考试，4 月 27 日，星期一，早上八点，我和李学老师一起从滨州踏上了归途。赶回学校，已是下午三点多了。我洗了把脸，喝口水，就到班里分析试卷。

我在高一（一）班上课时，简单总结了运动会，没有像 4 月 20 日日记上准备的那样长篇大论。自己不过是短暂代理班主任，说多了不好。我本想把本班运动会各项目得分整理一下，抄写出来，公布到班里，但没有，李波老师已回校了。

就这样，我结束了两周多的代理班主任工作，我忘不了这段经历。

【关键词】教 / 临时任务

心境的转换

一、继往开来

1987 年 4 月。

此时，第二十一本日记本用完了。这本日记的主旋律，仍然是我的教学和学习。教学上较之以前已有长足进步，前不久学校组织的听课中，得到老师们的肯定，我已基本胜任教学工作，可以算是个中学教师了。自学的事，暂不多说，很快就要参加第二次自学考试了，到那以后再说也不迟。

在这激越昂奋的主旋律中，不乏一支支优美的插曲：在我想象中的爱情幻灭的时候，真正的恋爱生活已经开始，一个我爱的姑娘向我表白了她对我的爱；与滨州师专政治系实习老师们共同研习的情景，还不时浮现在眼前；至今使我激动不已的，是两周多的代理班主任工作……

这段生活中，我的"成人味"渐浓了些，我觉得自己在人们心目中的地位似乎重了些。

接下来的第二十二本日记，将记录从现在开始至暑假后一段时间内的活动。下学期，我有这么几点打算：第一，跟班到高二，在教学改革上继续前进，把政治课上成生动活泼，富有知识性、教育性的课。第二，若学校领导安排我当班主任的话，我将痛快地接受下来。邹平师范李玉杰老师曾经说过："当教师，就要当班主任。"我还是有这个信心和能力的。当班主任，不仅不会影响工作和学习，反而使生活更充实，为学生多做些事情，更能让学生感到学校和班集体的温暖。第三，若学校安排我负责高三毕业班，我也可以顶上去，并且我有信心，学生们不会考得太糟。第四，继续参加自学考试，报考两三门。第五，参加教师专业知识过关考试。

【关键词】思／自尊自信　　思／规划谋划

二、自信增长

4月30日，星期四。

工作进入了正轨，我仍然是一边教学，一边自学。

前些时间，工作上花的时间少了点，特别是对学生的辅导上。再就是对时事教育放松了，或者说根本就没有抓起来。必须加强自身的学习，同时以"时事专题"的形式组织各班学习，动员课代表、积极分子讲话，大家相互取长补短。总之，时事教育必须很好地抓起来，形成学习的习惯和风气。

若下学期领导安排我当班主任，我将欣然接受。干班主任工作，多和同学们接触，做好学生的思想政治工作，创造一个生动活泼、民主自由的班集体，是我的心愿。真是这样的话，我定要干出个样子来。

从现在起，我必须重新开始自学。由于8月份有教师专业知识过关考试，正考"科学社会主义"，所以我想先学这门。另外，"世界通史"必须继续考，有机会的话，我要去听听起震、其兵的课，或许收效快。另外，还要学习"写作"，毕业快两年了，这门课不抓紧考，只能越拖越不容易考过。若还有时间，再学"法学概论"。这样，总起来就是三四门，学习任务比较艰巨。我还有个想法，若上了高二，能让我只上两个班，我愿给初中部上"法律常识"课，这样更有利于促进自学。

【关键词】思／及时反思　　思／规划谋划

三、感恩师友

考完试，回校安顿下来，我给地区教育局的赵精良老师和奎浩等同学写了信，表示感谢。

给赵精良老师的信

赵老师：

您好。近来工作、生活都顺利吧？

考试这几天，麻烦您很多。我真不知说什么好。

想不到，我们师生一别，已有五年了；而我最初跟您上学，已是八年前的事了。这些年的风风雨雨，您挺过来了；并且人们都清楚，您的路是越走越宽广，越走越光明了。在这些方面，学生永远是不及的，应该永远努力向您学习。

初中时，我和同学们都还小，不懂事。若不是您和老师们严加管教，循循善诱，哪里会有我们今天的发展进步。每当谈起在我们那样一个三十多人的小班里，能出五个中专生时，人们都惊叹不已。您教的政治课更是突出，无怪乎毕业分配时，让我教了政治。

可是以前我没有系统学过政治理论，起初教学十分困难。所以就一边教学，一边自学，许多东西是为了直接服务于教学而学习的。希望老师继续给以教导。

过去，我在您的直接培养下长大；今天，仍在您的教导下继续成长；将来也一定仰仗您的指教。老师，学生永远忘不了您的恩情！

祝愿您前途光明，生活幸福！

学生　兆恩呈上
一九八七年五月二日

【关键词】行 / 不忘师恩　　行 / 榜样鼓舞

四、自我要求

5月6日，星期三。

星期一下午，学校召开"社会主义祖国好"主题演讲会，我是评委之一。同学们讲得很好，高一（四）班王兰贵同学获得第一名。

为了参加这次演讲会，各班同学们做了很多努力，许多同学包括弟弟都来问我找材料。但是，苦于平时积累不多，未能充分满足他们的要求。我离一个合格的政治教师还差很多，特别是知识储备上还很不充足。

【关键词】思 / 自审自警

五、要学法律

5月9日，星期六。

昨天下午，临池派出所正、副两位所长给全校师生作了法律常识报告，讲得很生动。下半年自学考试中，我准备考"法学概论"。作为一个政治教师，没有较高的法律水平，特别是还不了解社会主义法律的基本内容，是十分不合格的。我决心较详细地学习法律知识。

昨晚，给高一（三）班秦翠娥同学补课。听张百林老师说，她曾来找我，我就让宋全友老师上自习时把她叫来。原来，她去邹平参加农民歌手大奖赛，并且获得总分第一名。

自学考试后，我觉得精力应该再挪一部分，用于辅导学生。作为教师，教学是基本工作，自学当然也不能放松，这就要求自己要更有效地分配和利用时间。

【关键词】学 / 学科专业　　教 / 心怀学生

教学改革行与思

一、试卷分析的改革

1987 年 5 月 7 日，星期四。

期中考试后我就想，试卷分析是否也改革一下，因为老一套的办法，老师费力讲，学生却不爱听。于是，我就"变法"。在四班上课时，我首先让同学们自己分析试题，把答错了的题目改正过来。然后，我在黑板上写几个思考题：

1. 这次考试的题目哪些比较好？举例说明。

2. 哪些题目没水平，或不该考查，或题目本身有错误？举例说明。

3. 你认为还应该增加哪些类型的题目？

我让大家就这些问题展开讨论，并各自列出发言提纲。到了早自习，让同学们逐个发言，先让万龙（化名，下同）、李洪波两个同学进行示范。同学们演讲得很认真，提出了好多宝贵建议。诸如，要求平时注意时事政治学习，题目要理论联系实际，可以再出多项选择题，等等。今天早自习继续讲，全班同学个个都讲了，我做了简要总结。

同学们认为，这种分析试卷的方法是可取的，我打算继续坚持和逐步改进。

【关键词】教 / 改革创新　　教 / 教学民主　　教 / 培养骨干

二、系统改革的雄心

5 月 26 日，星期二。

星期天从家回来到现在，两天了，那股乏劲刚消散。今年收成不好，家里的日子不会有多大好转。眼看着我要花大钱了，我只是想，能尽量少花的钱就少花，给家里欠账，我心里过意不去。

昨晚，看了电影《父与子》，很有意思。只可惜，我的眼镜度数不太够了，看不太真切。

教学、自学，按部就班地进行。本学期课程快结束了。下学期我有多种打算：一是兼班主任工作，二是负责初中法律常识等课程，三是送毕业班（尽量不这样），四是继续给这级学生上课。若是继续给 1986 级学生上课的话，我想让学校一周给我安排三课时，适当加快"哲学"教学进度，期间进行小论文写作和考试制度、讲评方法、作业方法等的改革。结束课程后，或者复习已学内容，或者学习新教材《政治常识》。

自学上，很快就读完"科学社会主义"了。我想在这之后，再开始读"教育学""心理学"，大约一月读一本，同时穿插学习"写作通论"。8月20日专业过关考试之后，再开始学习"法学概论"，约用一个月时间，或更长一点；那么，到10月下旬自学考试前，还有约一个月的时间，就用于复习这几门课。我估计，再考合格这三门，还没多大问题。

至于说以后，自学科目中还剩四五门，我将继续把他们考完。等到明年春天，看是否有进修名额。若可能离职的话，我当然全力以赴；若不能，我就报考专科起点函授，这样三年之后就大学本科毕业了。

【关键词】教 / 改革创新　思 / 规划谋划

三、老电影的教育意义

6月2日，星期二，晚上为庆祝"六一"儿童节，学校放映电影《闪闪的红星》。

虽然电影主人公的语言，在今天看来，显得有些过时了，但还是十分感人的，电影是很受欢迎的。有些人特别是青少年学生，认为有些话"好笑"，只不过反映了他们对中国的历史，特别是中国革命史还不了解罢了。

【关键词】教 / 教育生态

四、使出浑身解数

6月18日，星期四。

天很闷热，但是又落不下雨来。

功课结束之后，布置学生开始复习，我并不做很多的指导。每当考试之前，政治课复习，学生都是很自觉努力的。我也没有什么招了，这学期学习的代用课本"经济体制改革"，上级没有具体的教学要求，上课不过是学了个大致。我的浑身解数，几乎都使出来了，学生时间又挺紧，我不愿加重大家的学习负担。

我早就想过，要编写一份具有模拟试题性质的综合练习题。经过平时积累和近两三天的努力，已经编印出来。我想，大家期末考试成绩应该不会太糟吧！

【关键词】教 / 爱岗敬业

五、完成任务的欣慰

6月30日，星期二。

夜间下了一场大雨，到现在（早晨七点钟）还没停。

星期日下午，期末考试考了政治，地区统一命题，题目比较简单。经过一天多点的时间，我把四个班的试卷全部独立阅完。学生的成绩还是可以的，平均分接近七十分。不过也反映出，平时我对学生要求不够严厉，部分学生答题语言不够准确。

毕竟是完成了教学任务。本学期用的是新课本，大半学期连教学参考都没有，辅导材料一点也没有，教好教坏都是我一个人瞎闯。即使在这种情况下，教学没离了大谱，我尚能聊以自慰。

试卷讲评时，我想采用讨论法，让学生动起来。上次期中考试之后，已在四班试验过，效果不错。可先拿出半小时，让学生把题目再完整地通读一遍，研究出正确答案。然后一边公布参考答案，一边组织学生发言。话题可以是：本次试题中哪些题目好？哪些题目不好？还要增加哪些题目？你的题目为什么答得好或者不好？

我还想对同学们说："你们务必要相信，咱们所学的政治即马克思主义理论，和其他学科一样，也是真理。有人怀疑马克思主义，只不过因为他还没有深刻认识真理。"

我将简要回顾，这一年来给高一年级上课的情况，说明下学期我将推行的"快乐教学法"。

我还想说，我和同学们年龄上差不了多少，思想也是相通的。我十分愿意成为大家的知心朋友，也殷切希望同学们能把我当成一位知心朋友看待。

【关键词】思/自尊自信　　教/充分备课　　教/立德树人

名校风范

一、终未省下一块一

1987年7月9日，星期四。

昨天，校车到邹平为教职工灌液化气，同时学校领导去考点看望高考师生，好不气派。我随车来邹平，想回家一趟。

这已是高考第二天，十一点钟，数学考试结束。在邹平一中考点，考生一边议论，一边往外走。我望着这情景，心中不免有些激动，自己却不能有这种经历了。我心中又十分不服气：我的大学啊！

从大集上穿过去，正遇上我娘，和娘一起回到家。午饭自然吃得香甜，娘炸了花生，又做了西红柿汤。好长时间没这么舒服地吃一顿了。

临走，娘让我带上剩下的花生和香椿芽。到邹平等车。本来说，校车要去县委，到审计局送技术员。到这里一问，看门的大爷说，车正好进去，我骑着车子在县委大院巡了一圈，却未见车的踪影。我想，他反正会出来的，就跑到师范学校，放下借来的车子，出来等车。然而，我在邹平大街上来回走了好几趟（很热的天），焦急地等待了两个多小时，却不见校车的影子。

到饭店，买了五个火烧吃了，再等会儿吧！事实是令人失望的。我无力地拖着双腿，进了师范学校的大门。这里，我不知出出入入过多少次。留校的同学廷宾、董杰（1983级）等都在。我们在一起无话不谈，一天来的疲劳、苦闷，完全忘掉了。我们漫步在操场的草地上，回忆着当年的情景。

晚上，看了电视剧《红楼梦》。廷宾把床让给我，睡在了地下。当他和董杰还在吵吵嚷嚷的时候，我已进入了梦乡。

次日醒来，已是七点钟。在丰盛饭店吃了饭，我乘公共汽车去临池。

在这一天的旅行中，我若是带着一本书的话，也不会这么焦躁。我的手头若宽裕些的话，也不会为了省一块一的路费而无把握地去等校车。

【关键词】行／困难考验

二、复兴的希望

7月13日，星期一。

从昨天开始高中招生考试。这次考试后，县教育局将给我校划拨一个重点班学生，学校还可以自己招收一部分较好的学生，所以南北寺中学倒是有复兴的希望。其实，这几年我们学校教学成绩一直居全县各高中第二位，并没有比别人落后，南北寺人是做了艰苦努力的。

由敬波同学领弟弟敬宾来考试，吃住就在我这里。老弟挺聪明的，也很活泼，只是基础稍差点。

我们师范学校的同学还来了几个，他们都是带队教师。由于领导安排我夜间值班，所以我不能监考和阅卷了。这几天值班，觉得挺不舒服。夜里不能睡，白天人又多，得照应，觉睡得少，也不踏实。有人说我黑了，若李芳见了我，真说不明白。

今天收到她的来信，是她8号收到信，下中班后当天夜里回复的。我感到她对我的深情，而我也无时不想念着她。

【关键词】思／体味幸福

三、兴旺气象

7月15日，星期三。

蝉声中，我在写日记。

这次招生考试，学校组织得蛮有水平。这几天的伙食、住宿，都是可以的。昨天下午考试结束后，校车把北方的考生送到邹平。

教职工的夏令服装来到了，这是学校福利的一部分。在考生还未离去的时候，高音喇叭通知各教研组去领服装。

考完试，我送走敬宾，而他哥哥敬波又回来了。敬波不仅是为弟弟而来，还有件重要的事情——到南寺村，参加王玉宝和李志鹃同学的婚礼。从念师范学校时，两人就恋爱了。玉宝正好来叫，我们并不推辞，簇拥而去，把新娘迎出来。胡立辉同学（师范学校1982级2班）已经早到。

家人们敬酒一遍，我们出门的时候，已是十二点多。夜色里，晚风中，我们倾吐着对新人的美好祝愿："两颗心的吸引力是巨大的，使距离不断缩短，最终变为零。"

【关键词】思／热爱生活

四、长远的教学计划

7月17日，星期五。

由于我参加学校保卫工作，未参与招生阅卷。

昨天下午，考上函授大学的王淑奎老师（外语教师）和起震同学炒了几个菜，打了啤酒来。围着长长的水泥饭桌，坐了十好几个人，大家举杯祝贺。

晚上，我去找总务处副主任吕丕福老师，今晚我就不值班了，睡个好觉吧！十几天来的劳动报酬，七扣八扣之后是25元。

有空要去李庆山老师家一趟。一是给他送工资去，二是借他的新教材《政治常识》读一读。我准备下学年，给高二年级的同学提前一点上高三新教材。

【关键词】思／规划谋划

交流和静思

一、不愿吃闲饭

1987年7月19日，星期日。

今天，本家万光小叔举行婚礼，我不得不去。其实，有事无事的人都往那里凑，帮忙的连三分之一都用不了，只不过吃闲饭罢了。我对此是不太赞成的。

我忽然想起来，下学期若让我当班主任就好了，可以督促我练一练毛笔字。眼看半年过去了，毛笔字根本没有起色。也不能怨我笨，主要是没有拿出时间来，认认真真地练。当了班主任，许多时候要用毛笔写一写，所以就容易坚持下来，在实际应用中才会进步。我的钢笔字，主要就是因为备课和刻钢版才有所进步的。

练好毛笔字，有很大用处。这样就可以多给人家帮点忙，也真正算是个角色。春节写个对联也不用找人，还可帮乡亲们写写。更重要的还是用于教育学生和学校活动，可以出壁报、办专栏，等等。

我也蛮可以当个账房先生。收入支出的事，凭我肚子里这点墨水，还是可以搞清楚的。我开玩笑似地对老侄延祥说："你结婚时，我给你管账。明年堂弟兆义结婚，我也可以去管账。"

总之，我越来越觉得，我是大人了，应该多做些对人们有益的事。事情由我来做，不一定比别人做的差，甚至会好一些。

【关键词】思 / 人生优化

二、深夜长谈

7月26日，星期日。

近几天，一直很热，也没活干，我只是读点书。读烦了，就想跑出去玩玩，找一找同学们。

昨天下午，我告诉娘，要去买暖瓶胆，就骑上车子出来了。到了邹平，买好了东西，转悠着上了师范学校。刚好耿军来了，他大学毕业，今天来听候分配，已安排到县教师进修学校。晚上，李玉杰老师炒了菜，同学们买了酒来。

天不早了，我应该回家了，可是何晋泉等同学劝我不要走。一边是父母的挂念，一边是同学的情谊。我考虑再三，还是明天早上回去吧！

我和晋泉说话，一直说到下半夜两点半。我们彼此交谈了这些岁月的思想和感受，特别是恋爱生活。他已开始和师范学校的同学杨君兰（化名）谈恋爱了，当年他们是各自班的数学课代表。

六点，在清晨的凉风中，我辞别了迷迷糊糊送我下楼来的晋泉同学，朝家奔去。

【关键词】行 / 同伴互助

三、思与行

7 月 29 日，星期三。

我有个毛病，就是想的比做的要多得多，以致一些乱七八糟的东西都在头脑里翻腾起来，这大概是可做的事情太少的缘故吧！当然，由于事先都要做充分的准备，特别是思想准备，所以我做的事情大部分都成功了。

在丰富多彩的社会实践中，会减少不必要的疑虑，创造出更多的价值。

【关键词】思 / 自审自警

四、说说知心话

7 月 30 日，星期四。

从昨下午开始，我和二哥到黛溪河底筛沙子。真不是个好活，没有几分钟，身上就像水浇了一样，大汗淋漓。若连续干，不过一小时，就会累得浑身没有一点劲。

尽管如此，还是要干的。一是可以挣点钱，二是可以锻炼身体，调节精神。体力劳动虽然艰苦，但是劳动之后的轻松也是一种享受。我只是觉得，没有机会多参加些体力劳动。

今上午，我摊开《心理学》，没读了几行，怀光来了。那天我去找他，他不在家，去滨州学习去了。

我们俩谈了很久。上次他告诉我，有人给他介绍了一个对象，是县棉纺厂的。这次我问他，他说不太合意，好像是因为人家说他"骄傲"。我说："我们男子汉不妨主动些嘛，不要摆架子。"

也没有多少紧要的事情，只是有些知心话，都愿意说一说。长时间不见，就要相互找一找。不过，怀光来找我的时候实在是太少了，所以我很高兴。

快到中午了，怀光要走，怕我留他吃饭。我明确告诉他："你愿意吃就吃，不愿意也没关系，我从不强迫人。"这样，他才坐下来，又谈了半小时。

【关键词】行 / 同伴互助

五、个人图书馆遐思

8月6日，星期四。

世界之大，奥秘之多。然而使我惭愧的是，作为一个教师，却只能在课堂那么个狭小的范围内，回答学生有限的疑问，而对于现实生活中人们提出的种种问题，却无从解释或说不清楚。

我早就希望二哥给我做个书橱，然而至今没有。我结婚时，总该有了吧？

我想把我的书整理一下，分门别类地放起来。今后购买新书，除了自己用的专业书籍之外，一些为群众所喜闻乐见的书，也要买一部分。那时候，我的书橱就像个小型图书馆了。

人们在空闲时间太需要读点书了，哪怕只是占去了时间，也比闲得无聊强。

【关键词】学/购书藏书　　思/未来憧憬

专业合格之梦

一、对教育心理学的渴望

1987年5月13日，星期三。

教师专业合格证书考试将于8月20日开始。高中政治专业考"哲学"（由于我参加了自学考试，可免考），另外就是公共课"教育心理学"。

我正在学习"科学社会主义"，打算再用二十天左右学完这本书。之后，约有两个月时间，就学习"教育学""心理学"，迎接专业合格考试。若时间宽裕，在学习"教育心理学"中，穿插学习"写作通论"或"法学概论"。专业合格考试之后，继续学习"写作"和"法学"，复习"科学社会主义"，迎接10月份自学考试。这就是我大约半年时间内的学习计划。

这两天带领学生上复习课，但是直到现在，我对怎样上复习课还是心中没底。我想，深入学习了"教育学""心理学"之后，在教学上必有重大进步。

【关键词】思/统筹兼顾　　学/教育理论

二、进修三年规划

6月12日，星期五。

昨天到家一看，麦子早割了，连场都打了。下午，我和爹往家推麦子，场是在麦地头上打的。今年收成不如去年，天大旱，浇水不足，品种也不好。

整整忙了一个下午，我推一车四百斤还是没问题的。劳动的愉快，是没有劳动的人体会不到的。娘做了面汤，我好好吃了一顿。晚上，累得不想看书了。

但是学习不能放松，我不能丢人。下半年我报考三门，一定要打有准备之仗，且要打出个样子来。特别是"法学概论"，我想比较详细地学一学，一个政治老师不懂法学，算什么呢？

明年上半年的自考，若有"中国通史"等几门，我便报上；若没有的话，便斟酌一下，报个一到两门，因为这时的重点任务是准备参加进修考试。

如果我考上了进修，不管是函授还是离职，我在学习的同时，还要参加自学考试，把自学考试专科段的课程学习完。

这就是我在个人进修上三四年之内的基本计划。

【关键词】思 / 规划谋划　　学 / 善始善终

三、学好教育学

6月14日，星期日。

这几天在家没闲着，运麦子，挑麦穰，扬场……

今日洗了洗衣服，写了两封信。一封给李芳，一封给孙奎浩同学，讯问一下赵精良老师的情况。上次怀光来时说，赵老师病了。

《写作通论》快读完了，下一步要开始学习教育学、心理学。这两门课要认真地研究研究，特别是教育学，对教学及改革有直接益处，对明年考专科起点进修也是必不可少的。

【关键词】学 / 教育理论

四、自学方法

6月16日，星期二。

第二次自学考试，对我无疑是个沉重的打击。我在默默地奋起。眼下学习教育学、心理学，往前赶，不要往后拖，不要把自己搞被动了。8月20日考试，还有两个来月的时间，还是可以学完的。

下半年的自学考试，我打算报三门："科学社会主义""写作""法学"。前两门都已粗略学习一遍了，考前再复习一下就可以了。"写作"这门，还要抽时间真正写点东西，练习练习，请语文老师指导一下。从自考中我得出一个结论来，闭门造车是不行的。

"法学"，我比较感兴趣，我准备专业合格考试之后，开始好好地学学。"世界通史"虽然没及格，但我现在不愿意考它了,再考这门课比学"法学概论"不省多少劲,甚至要费更大力气，而法学对我来说又是很急需的。再说，我也不用愁明春没有自考科目，至少还有"逻辑"开考。而明春，我想主攻"中共党史"和"中国通史"两门。自学的科目，我并不急于考完，即使以后读了函授或离职，还可以继续考嘛！当然，自学的这个专科，我是迟早要完成的。

【关键词】思 / 研究问题

五、学习笔记的重要性

7月6日，星期一。

近来，我在学校值夜班护校，早晨和上午休息，下午仍可以读点书。今早，我睡得晚些，把《教育学》最后一点点读完了。这样，按教学大纲上的要求，我已粗略地读了一遍《教育学》。不过这次复习很不深入，现在的理论水平连从师范学校毕业时都达不到，只能考试前再做强化复习。

从历次学习考试中我体会到，偷懒、不做笔记是不行了。我学生时期优秀成绩的取得，还有第一次自学考试的胜利，都和认真做笔记紧密相关。第二次自学考试，学习中没有认真做笔记，致使考得很不理想。不过，当时我若做笔记，那三门课的东西可就读不完了。我觉得，我是不能快速读书的，慢读的效果十分好。东西学两遍，巩固率就可达 70% 以上。所以，"法学概论"的学习，我将做比较认真、详细的笔记。心理学也要做笔记，争取一遍就学踏实。

【关键词】学 / 学有所获　　思 / 深入反思

六、劳动与学习

7月31日，星期五。

放假在家，找点事干，也挣点钱，我就去河滩筛沙。天热，只是每天早晨、黄昏时去干两三个小时，中午、晚上的时间就读点书。

心理学读了有数月了吧，将要大致读完了。由于教材不太符合教学大纲，再加上是在家里，所以学习效果不太好。学习的事，我不敢放松。还得回过头来比较认真地把教育学、心理学复习一遍，方可去参加考试。虽然说考及格不很难，但也不是很容易的，何况说我还想考得好一些呢。

【关键词】行 / 劳动锻炼

七、蒸蒸日上？

8月4日，星期二。

雨，不停地下了大半宿。

"蒸蒸日上！"我忽然想起这么条成语。可是，我又立刻感到多少有些惭愧和后悔，因为我和这"蒸蒸日上"已有些距离了。转眼，我已毕业两年。两年，两年都干了些什么呢？尤使我感到不安的是，我的个人学习有多少进步呢？就那么囫囵吞枣般地读了几本大书？与跑在前面的人的距离有多远了？

想到这些，就使我不敢偷懒，不敢松懈了。要想追赶和超越同龄人，要想尽早地胜过老一辈，就必须抓紧时间。

【关键词】思 / 时间观念

八、劳动的目的

8月9日，星期日。

昨晚，我正盼望圆月升起（闰六月十四），却突然阴云密布，电闪雷鸣，风雨大作起来。

还有八九天就要去考试了。眼下，我已复习了一遍"教育学"，觉得没有收获多少新东西。现在开始复习心理学，新收获或许丰富一些。无论如何，准备了这么长时间，要考个比较像样的成绩。

前几天，我和二哥一起筛沙子。近来，二哥当木匠去了，有空我就自己去筛沙。其实，劳动的真实目的不在于劳动的结果（这里的沙子根本不好筛，收入很少），而在于劳动过程，劳动使人得到了锻炼。

【关键词】行 / 劳动锻炼

九、答得还好

8月21日，星期五。

疲劳中，再回忆一下近几天的事情吧。我是晚上在学校教研组办公室写的日记。

19日下午，我一个人登上去滨州的汽车，下午六点多才到。从师专的宿舍楼边走过的时候，被正在楼上的怀光同学看见了，他是来参加函授学习的。又是一通畅谈，我带来的十个肉火烧，也一口气都吃了下去。

晚上，我去地区教育局奎浩同学那里，他叫我住进赵精良老师宿舍，赵老师正好出发了。

虽然是来考试，但是这一两天我并没有再下多少力气复习，而是一到这里就和同学们玩起来了。我见到了许多不常见的同学——孙吉会、高忠厚、王居刚、李式全、刘学芹、耿艳、刘恒文等，大家都是来滨州师专参加函授学习的。

20日下午，我去滨州三中考点参加教育学和心理学考试。老师们都说试题很难，我也觉得不容易。总算是看了点书，差不多的题目都能答上点。或许能合格吧！

考完试，就是自由人了。晚上，赵老师回来了，我转到张文平同学的房间里住了一宿，一直聊到凌晨三点半。我们的初中生活有多少难忘的人和事啊！

刘学芹同学的中文函授面授已经结束，今天上午，她就在奎浩的宿舍里待着。我们似乎都成了饱经风霜的成人，谈到很多很多，各自的工作、生活、爱情，等等。

我们一起在这里吃了午饭，还有本东。本东在招生办干得很不错。下午不到一点钟，我和学芹搭乘地区教育局去济南的汽车，路过邹平下车。明武正在车站等着。

回到家，已经很累了。我真想躺下睡一大觉，可是还有学校。吃了娘烙的茄子，五点多，我就上路了。我估计，芳正走在下班回家的路上，但并没有遇见。我越走越快，以致忘记了疲劳。七点十五分，到了南北寺中学。

【补记】后来，听段其兵说，他在教育局见到本次考试成绩表，全地区教育学和心理学考试中，只有我一人合格。但我始终未收到成绩通知。此后，我参加学历进修的活动正常化，便不再关注教师专业合格证书考试。

【关键词】思 / 自尊自信　　思 / 热爱生活

第三学年（1987—1988）
二十一岁　当了班主任

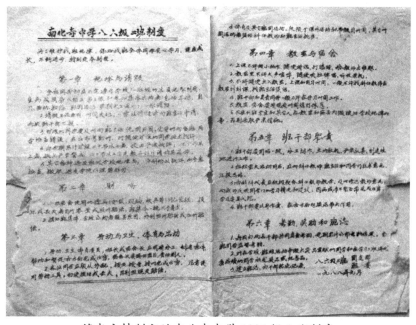

笔者主持制定的南北寺中学 1986 级 2 班制度

笔者和实习班主任张训刚（前排右四）与运动员合影

新官上任

一、我的预感

1987 年 6 月 26 日，星期五。

学生在期末复习。这一周，我用一节课把综合练习题讲了一下，其余时间仍让同学们自由复习。不讲课的时候，我就在教室里找个空座位，和同学们一起学习。

这阵子一直读《教育学》，不过学习得很粗略。《教育学》看腻了，就穿插读一点《法学概论》。但是仍然不行，于是再写几个毛笔字，以作休息。

明天开始期末考试，这个学期又要结束了。考试监场教师已安排好，我在高一（二）班，且是小组长。由此可见，学校下学期也许要提我当班主任了。因为其他的小组长都是班主任，就只有我自己还不是。作为一名教师，当班主任是很幸福的事，我很愿意做这个工作。不过要真正做起来，事情也不简单，需要时间和精力，还需要才能、方法和手段。我平时对学生的要求比较松，真当了班主任，可就不能这样了。

【关键词】思 / 时刻准备

二、我若是班主任

7 月 31 日，星期五。

我若是班主任，一定要把黑板报办好。运动会上本班或校内同学好的宣传稿要登载，以示鼓励，起到班级教育的作用。

邹平师范学校班主任李玉杰老师的教育思想和方法中，有许多是值得复制借鉴的。比如，人尽其用、各得其所的原则，就是充分发挥每个同学的积极性和创造力，让每个同学都在班级中享有一定的地位，都能抬起头来走路。

【关键词】思 / 时刻准备

三、压担子

8 月 22 日，星期六，上午九点半学校召开全体教师会议，寇堂贞主任公布了新学年教师工作安排情况。我负责高二级政治课，兼高二（二）班（文科）班主任。

这已是我意料之中的事情了。不过，摆在面前的困难很是不小，特别是班主任工作。尽管这是我十分向往的，但又感到力不从心，我毕竟年轻，教学上不熟练，自己还在参加自学考试。所以，我感到肩上担子十分沉重。又想，这也是领导对我的信任和考验，是个人锻炼的好机会，还是努力地承担起来吧！

【关键词】思 / 迎接挑战

四、我当班长

8 月 28 日，星期五。

当我真正当了班主任后，对此不再大惊小怪了。眼前放着《高二（二）班日志》，这里记载着我和我的同学们一周来的努力：

8 月 22 日，星期六，下午王兰贵同学（师范学校同学王兰玉的弟弟）已经到校了。他正编在我班里，暂和我一起吃住在宿舍。他的学习不错，看起来也有一定的活动能力。我坦率地问他能不能当班干部。他说自己对班级日常事务并不那么感兴趣，但是可以参加更多的学习活动。

星期天，同学们一边来，我一边安排住宿，忙得不亦乐乎。想午休，但睡不着，还是去看看我的学生吧！我已是个班主任，这些学生都是我的了。

原高一（四）班体育委员梁丰收（化名，下同）同学早就到了。我和他商量："你暂时还是担任体育委员吧！"他没有说什么。

原高一（二）班副班长唐丽华和团支部宣传委员陈丽荣来了。我分别找她们谈了话，安排唐丽华担任学习委员，陈丽荣负责团的工作。

最令我等得着急的是我将要任命的班长，原四班劳动委员宁华。直到天快黑的时候，我才听同学们说宁华来了。"叫他来见我！"

政史组办公室。"请坐吧！你有什么预感吗？"

"怎么没有？"他这样回答。

我早就听他的原班主任杜卫国老师介绍过他。宁华说："让我当班长，我一定能把班级治理得非常好。"

既然他有这样的雄心，不妨让他试一试。也许从此开始，未来的一个著名的领导者，正在锻炼成长。他的学习成绩又是我的新班里最好的，很可以用。

晚上，我参加了学校教职工例会后，九点钟立刻召开了班会。我简短地说："今天，我们新的班集体成立了，希望同学们遵守班集体的纪律，努力学习。"随后，我公布了任命的四名班干部，简要说明了班干部的职责，希望班干部积极工作。

脱产进修归来的王光敏老师（历史教师）搬进了我的宿舍，同室的王生老师已考上山东教育学院生物系脱产进修班。王光敏老师是高一（二）班班主任。我们政史组还有高一（四）班班主任韩斌老师（政治教师）、高二（四）班班主任朱文业老师、高三（二）班班主任王起震老师，共五名班主任，一时"钦差大臣"满天飞。上学年，我组只有一位班主任张百林老师，新学年他转为学校专职团委书记。

班主任的事情太多了，办公室不断地有学生进进出出。大大小小的事情都要安排，一不周到就会出乱子。

8月24日，星期一，早晨排位，编排学习小组和卫生小组，并任命了一批小组长。班长宁华兼负责劳动、生活工作。晚上订饭，随即编了生活小组，忙到很晚。许多事情，如买作业本等学习生活用品，都是他主要负责。这几天，我有多么忙，他就有多么忙。这就是我的班干部，我也有些心疼。

在星期二晚上的班干部、小组长会议上，我提出建立《班级日志》，我第一周执勤。近来班级的重大事情，我简明地记在了班级日志上。

这次会议上，讨论聘任了五位课代表，基本上做到了人尽其用。班干部们积极发言的热烈场面，使我激动不已。一组组长王兰贵说："我可以当数学课代表，还可以当语文课代表。"但我只让他任数学课代表。星期四下午新学年开学典礼上，我班有七个项目计十五人次受到学校表彰奖励。会后，唐丽华同学做了统计，我在班里集中表扬了这些同学，号召同学们积极上进。

一周的工作太繁、太多，我已记不太清楚，想到的也不曾都写。还是以后事情少了再记吧！

我这个班从学习成绩来说，目前还处在落后状态。我希望同学们在新的集体里，能够更快地进步。我将向同学们提出目标："到期中考试时再比一比！"

【关键词】思／保存资料　　教／培养骨干　　教／教育民主

五、李艳红复学

9月3日，星期四。

雨声中，我摊开了日记本，应该写点什么了。

李艳红同学突然到校了，使我惊喜不已。而现在已是开学一周多了。名册上她的名字，我已在失望之后划去。

8月30日，星期天，我写信让她的西董老乡王俊美同学捎去，说老师和同学们都希望你回来学习。今天，她哥终于把她送到了学校。学习机会的得来，多么不容易。我们的同学啊，珍惜吧！家庭的困难与阻力都是外部原因，只需要有一个信念：我要读书！

为向教师节献礼，下午课外活动马玲玲同学（学习文艺专业）教全班同学唱《献给老师的歌》。这是新班级第一次组织文娱活动。我还准备买几个排球、几副羽毛球拍，班干部们都认为应该这样做。

【关键词】教／心怀学生

六、军训

9月13日，星期日。

已经一周多没记什么，我感到了日记上的这段空白。

一周前，星期六回家的路上，给学生买了几本《政治导读》。本想多买几本，但是书店没有了。

这周学生开始军训，指导我班的是徐兴文教官。军训中，学生十分认真，我感到很豪迈。我每次都去看看，很受鼓舞。

9月9日，星期三，晚上召开班干部会议，我提出准备在第五周或第六周正式建立团支部、班委会。本着班干部能上能下、能进能出的原则，要求同学们讨论酝酿。

我想组织一个选举工作小组。选举前，和班干部们分别谈谈话，了解一下他们的情绪和要求。

【关键词】思 / 日记风格　　教 / 教育民主

七、与教官联欢

9月15日，星期二，我们班要举行文艺联欢晚会。高青枝（化名，下同）等同学组织文艺节目，宁华和王信义同学午休时去临池买了糖果、瓜子来，李雪梅、胡建霞同学书写了会标。

在高青枝同学的主持下，晚会开得很热闹。陈丽荣同学代表全班，向徐教官致谢词。高二（一）班的秦翠娥、耿雪梅同学，前来助兴演出。晚会即将结束，开学后转来的两位新同学辛冬梅（化名，下同）和初迎春，表演了节目。节目从7：30开始，一直持续到9：30，两个小时十分紧凑。

【关键词】教 / 培养集体

八、咱们枪法数第一

9月24日，星期四。

一周前，教官指导工作结束。9月17日，星期四，晚上徐兴文教官到班里告别，给同学们买了糖。在同学们的歌声中，徐教官给大家签名留念。

星期五早饭后，同学们夹道欢送教官回部队，多么隆重的场面！感谢您，教官同志辛苦了！

这周来，学校继续军训。分别进行了打靶比赛、队列比赛。昨天的打靶比赛中，每人5发子弹，我们班参赛的宁华（中50环）、陈丽荣（中48环）、杨明（中44环）都取得了很好的成绩。我第一次摸半自动步枪，打了5发子弹，只有两发中靶（9+7

环），但毕竟有了一点打枪的经验。

今天晚上，我总结了两周多的军训，肯定了全班取得的良好成绩。我号召大家，今后应把主要精力转移到学习上。

【关键词】教/全面发展　　教/培养集体

九、青灯苦读

9月25日，星期五，下午学校放假。我回家干了点活，今天下午就要返校了。

这几天晚上，家里没电，只好在油灯下读点书。《法学概论》，之前觉得摸不到头绪。总算是读完了最后一页，这本书前前后后已读了两三个月，由于穿插复习《教育学》《心理学》，新学年以来班主任工作又忙，时断时续。直到还有二十多天就要自学考试，我才多少有点紧张感。三门课程还都没有复习好呢。还是抓紧点吧，别不放在心上了。我想先复习写作，读点作品更好，让语文老师指导指导，大约这一周吧！然后再用约十天的时间，复习一下《科学社会主义》，做点笔记，抄抄写写有助于记忆。最后的时间复习《法学》，能学多少是多少。这样一算，时间怪紧张的。

【关键词】思/时间观念　　学/学有所获

一〇、组队

9月28日，星期一，到校后，我就开始着手组建团支部、班委会。直到今晚电影之后，才向全班公布：团支部，由陈丽荣同学担任书记；班委会，仍由宁华同学担任班长。

为了选拔、安排干部，我费了多少脑筋呢？从开学担任班主任后，我

南北寺中学1986级2班班干部队伍

就开始做这项工作。最初指定干部，实际上就是任用班干部的开始。

9月29日，星期二，晚上我主持了民主选举。我事先说明了关于选举的几项原则，同学们还比较缺乏民主意识。选举的结果和我预料的差不多。原先非干部的几个同学王兰贵、崔强、李冬梅等都有较多的得票。选票不很集中，我早有所预料，但没料到参加选举的九名同学，却只有四名同学得票超过半数。

选举后的两天中，我除了上课，所有的时间都用于和学生谈话，思考团支部和班委会的组成和分工。本想提拔唐丽华同学担任团支部书记，但她就是不肯。她可能考虑到自己在同学们中的威望，也考虑到和其他干部同学的关系，还考虑到自己的爱好。但我想，她还是有能力担任这个职务的。我一直在做她的工作，然而她最终不肯，只好任她为卫生委员。

再一个难以抉择的职务，就是文娱委员。原文娱委员高青枝同学得票不算多（17/56），同学们想推选另一位学文艺专业的同学马玲玲。马玲玲的专业素质和学习成绩都比高青枝好一些，但是我认为高青枝有较强的工作能力。她得票不多，我考虑到这可能是由于她的工作方法比较简单、性格急躁些，"惹"到一部分同学。最后还是确定仍由高青枝担任文娱委员，虽然她比马玲玲少得三票，但是不能简单地以票取人啊！

下午课外活动，召集初定的团支部、班委会委员开全体会议。

为庆祝中华人民共和国成立三十八周年，今晚学校放电影《嘿，哥们儿》。看完电影之后，我公布了团支部和班委会组成和分工情况，说明了安排干部总的原则是有利于集体的发展，有利于个人的进步。每名干部都向同学们表态发言。王兰贵同学（团组织委员）说：

"让我们像爱护自己的眼睛一样，爱护我们的班级；
像爱护自己的衣着一样，爱护我们集体的荣誉！"

【关键词】教/教育民主　　教/培养骨干

一一、《难忘中学时光》

10月5日，星期一，晚上放映电影《难忘中学时光》。电影讲述的是高三毕业考试一直到高考发榜期间，不同同学的不同经历，很感人。若能让同学们多看几遍，该多好啊。电影塑造了一个人民教师的光辉形象，感动得我好几次落泪。

星期二晚上，孙振北（化名，下同）同学找我谈话，一谈就是一个多小时。他说自己是很想上进的。在新的班级环境中，我相信孙振北同学会进步的。他告诉我，那次他之所以无故旷了一节自习课，是由于想起了家中哥哥的事。我问他："可以说说吗？"他答："还是不说吧。"我就不再追问。

【关键词】行/榜样鼓舞　　教/了解学情

一二、坚忍不拔

天有些冷了。

这几天，一直在复习，紧张地复习。由于《科学社会主义》初学时比较粗浅，这次复习比较吃力。

总结历次自学考试的情况。第一次，由于报的科目少，又有基础，学习时间也充分，所以是比较从容的。第二次，要学的东西太多，再加上不知考试大纲要求，致使《世界通史》未合格。从现在复习的情况看，第三次考试的成绩也不会很好，但合格还是比较有可能的。今后十来天仍需要真正干下去。是有些疲惫了，我多想舒心地玩几天哪。参加工作第一年，是为备课愁得没法，现在是学习累得要命。

10月11日，星期天，副班长梁丰收去周村，为班里买了篮球、排球和羽毛球等体育用品。我希望同学们能在学习之余活动一下，提高学习效率，得到全面发展。

【关键词】学／贵在自学　教／尊重规律

一三、学困生

10月13日，星期二。

中午开始落雨点儿，没想到竟下起雨来。很长时间没下雨了。

昨晚电影，我没去看。电影看完之后，我找了庄恒（化名，下同）同学来。他是从被窝里钻出来的。我们几乎是随便谈，我也旁敲侧击地说他几句。这个同学由于在课堂上玩拉杆教鞭，我批评了他。他还经常抽烟。我想着手做一做学困生的工作。但是近来比较忙，考完试之后，再细致展开工作吧。

【关键词】教／心怀学生

一四、心事茫茫

10月21日，星期三，于滨州。

前天晚上，庄恒同学拿糖来找我玩。我没有收他的糖，但和他谈了会儿话。我多么希望我的这些小同学能够学好呢。同时，坐在一旁的万龙同学，却家境贫寒，正在发奋苦读。

从这段时间的工作来看，学困生都有这样的特点：两面性和反复性。在老师面前很好，到同学们中间就是另外一个样子；说得慷慨激昂，做得却令人失望；一时想学好，事后又失去了信心。时常督促和感化这部分同学，使他们能够改正缺点，不断进步，是班主任义不容辞的责任。我已准备考试结束之后，采取些措施，认真整顿一下。

今天下午，抛下那么多的学生，我和尚桂芹老师一起，坐了四五个小时的车，来到这相隔二百余里的滨州。想起了亲人，想起了可爱的学生，也想起了亲爱的她，心中有一丝丝的惆怅。后天就要考试，我硬着头皮，再啃几页书。

为了这恼人的考试，我已三周没见到李芳了。一想起她来，我就感到很激动，同时又感到对不起她。她在家里，可怜巴巴地，一天又一天地等待着我的到来。我能给她些什么安慰呢？

【关键词】思 / 研究问题

一五、第三次自学考试

10 月 26 日，星期一。

今天早饭后，我和尚桂芹、李学、胡立辉等老师和同学，一起返回临池。

昨天下午，我考了最后一门——"写作"。写作知识答得不很好，但是作文自我感觉良好。题目叫《假如世无买柑者》。虽然很久没正经地写篇文章了，但这次比较顺手，讽刺小品，写得还有点"辣味"。我估计，这次考试的三门成绩高低顺序是"'科学社会主义''写作''法学'"，并且都可能及格。

这次应考，基本上是成功的。我本打算明年春考本科，但是现在考虑，也许没有那个必要了。自学考试的道路是很宽广的，这次考试之后还有五门课，估计再考一年，也就可以专科毕业了。

今天大半天都在坐车，一直提不起精神来。但当我坐到办公桌前的时候，以最快的速度备了一节课。没有来得及写教案，就去上课了，这大概是我第一次没写教案就直接上课。当我出现在讲台上时，我的学生们很整齐地起立，我感到由衷的欣慰。

暂时解除了学习的压力，身心十分轻松。以后一段时间，我想抓紧时间整顿班级，解决一些遗留下来的突出问题。

【关键词】思 / 自尊自信   教 / 职业自豪

一六、地区视导

10 月 29 日，星期四，地区教育局视导团的同志开始听课，听了我一节，讲的是"什么是矛盾"，这节课讲得不算好，也没用普通话。这个学期上课一直没用普通话，主要是有时备课不太熟练，用普通话不顺口。政史组的老师们差不多都去听了我的课，孙校长也去了。课上得不好，没有发挥出自己的最高水平，觉得有些遗憾。

自从考试回来，一直很忙。每天睡觉不少，但一直没有彻底地轻松下来。这几天，我上了十二节课（每班加了一节），还写了一份班主任工作计划，找洪大业等同学谈了话。

这一阵子忙活过去后，该再开始自学了，但我还没想好先学哪一门。先学点"党史"，学以致用，还是比较好的。争取在期中考试后四十天内，读完"党史"。

【关键词】教 / 公开历练   思 / 及时反思   学 / 为用而学

一七、弦歌之声

11 月 6 日，星期五。

这个星期，学校有两件大事：一是各科教师编写期中考试题，二是进行职称评定。前天，我用了整整一天的时间，编选刻印了期中考试题。这次试题难度较大，估计大多数学生得分将在 55 ~ 75 分之间，平均分可能达到 65 分。

今天晚上，林杏（化名，下同）同学在班里教唱《祖国啊，亲爱的妈妈》，歌曲很动人。在紧张的期中考试复习中，唱这样一支歌曲，作用太大了。我从心眼里感谢这些积极热心为班集体服务的同学，如果所有的同学都能这样，班级的事情就好做多了。

我，一个年轻的班主任，为有这样一些同学感到高兴。

【关键词】教 / 尊重规律

一八、愉快的星期天

11 月 8 日，星期日。

这是这学期我在学校过的第一个星期天。而以前的十个星期天，为了去看她或回家劳动都没在学校。没能去看她，我给她写了信，让李庆山老师带回邹平投递，她可早些收到。

昨天下午，在二班上完课后，我说："愿意回家的同学可以回家，但明天八点前必须赶回来上语文。"我知道，强留是没有必要的，也是行不通的，现在学生对星期天上课很反感。

昨晚，我到杨老师家玩了会儿。杨老师的儿子杨明在我们班读书，但是由于成绩不好，不愿再读下去了。我和杨明谈了一会儿，他也不多说话。杨老师也没有非让他念下去不可的意思。

从杨老师家回来，我到本班男生宿舍走了一趟。同学们说到学校的种种弊端，说到古今中外，远远近近。这就是学生时代呀！朝气蓬勃，高谈阔论……

今早醒来，已是六点半了。暖融融的被窝，我又躺了十来分钟，才慢慢地爬起来。

饭后，到三、四班上课。有空，就用手风琴弹《祖国啊，亲爱的妈妈》。这支歌的旋律和词句，实在太优美了。

【关键词】教 / 尊重规律　　教 / 了解学情

一九、未来在召唤——日记第二十三本序

11 月 11 日，星期三。

日记第二十二本结束了。在二十二本所记述的时间内，结束了 1986 级高一学年，我的学生取得了应有的成绩，我被学校评为优秀教师。我越来越感到自己是大人了，由

于努力工作，也得到了同志们的信任。我很热爱我的工作，半学期来，团结了大量的同学（包括绝大部分学困生），取得了显著效果。

我的自学已进入一个突破阶段。第二十二本日记里，记载了我参加的两次自学考试，还有教师专业合格证书考试，成绩都是可以的。

我和她的感情进一步深厚、巩固。我多么希望，我们能长久地在一起。然而各自的工作不允许，只有在适当的星期天，才能相见、亲吻和拥抱。我们已为建立一个家庭而筹划了。

教学上没有多大问题，只是需要丰富阅历，教一年就应该有一年的进步。明年我可能会送毕业班，我该想些办法，搞出点成绩来。

目前来说，在保证教学质量的前提下，应集中力量自修。我准备明年一年间，考完自学专科课程。之后若有机会离职进修两年本科，就太好了。若不能的话，我将继续参加自学考试，再用两年时间，考完本科课程。这样，就已到了1990年底了。

从明年开始，政治要试用新教材，我将精心钻研教材，学习其他教师上课的经验，逐步建立起比较系统的教学资料集。争取在我本科毕业之后，在教学改革上也有新突破。

壮志展宏图！

【关键词】思 / 及时反思　　思 / 规划谋划

二〇、分类推进

11月20日，星期五。

上周六（11月14日），期中考试结束了。学习委员李冬梅同学统计了全班各科成绩。全级两个文科班统排前五十名中，我班有二十六名。宁华同学以三十分的优势，雄居全班第一。考得好的同学没多少可说了，应考好而考得差的同学，是做工作的主要对象。王兰贵、陈丽荣、万龙等同学，没有发挥出应有水平，我已开始并将继续做这一部分同学的思想工作。

晚上，与学文艺的几名同学——马玲玲、林杏、高青枝谈了学习情况。她们的专业学习是很认真的，只可惜，教专业的刘士奎老师年事已高，学习条件也比较差。这次期中考试，这三个同学的文化成绩还都可以。

我们班还有几名学习比较好的同学，没能参加或没有完全参加考试。我有一个奢望，便是期末考试文科全年级前五十名，我们班争取有三十名同学排入。二班学习秩序是比较好的，这样坚持下来，必然会产生更大进步。当然，纪律还没有达到我和同学们所期望的那种高度，班中还有许多不安定因素。学生都大了，改造他们已初步形成的世界观、人生观不容易，需要做许多深入细致的工作。

【关键词】教 / 心怀学生　　教 / 发展个性

从篮球赛到越野赛

一、顽强阻击

1987 年 11 月 24 日，星期二。

马华章同学被推荐为我班篮球队长。近来，他率领篮球队训练，相当热心。马华章期中考试名列全班第九名，很不错。

学校班级篮球赛拉开了战幕。昨天下午，我们班对战高二（一）班，由于实力悬殊，虽然我们班竭尽全力，但未能取胜。

当晚，我们认真研究对策，决定在今天对战高二（四）班时采取稳扎稳打的策略。今天，我们班虽然最终以 4 : 24 失利，但成功阻止了高二（四）班疯狂得分、大灌我们。

【关键词】教 / 培养集体

二、积劳成疾

11 月 27 日，星期五。

昨天下雨，夜间转雪，班级篮球赛只好中止。今后，我班还要与高一（三）班和高一（四）班比赛，估计都可能取胜，我班可能取得全校第五名（共八支队）。

前天，晚自习之后我招呼篮球队员到我宿舍，想研究一下参赛战术。刚想说话，觉得胃绞痛，我便嘱咐队员们讨论，独自向办公室走去。一边走，一边就呕吐起来。还没到办公室，我就几乎把肚子里的东西全吐了出来。到杨老师家打了一针，胃就不很疼了。回到宿舍，已是十点来钟。睡觉时，我几乎不敢动弹，因为一动胃就很疼。

昨天上午的两节课，我都坚持上了。站在讲台上之后，我就忘记了疼痛。

昨天晚上，我们班召开学习经验交流会，各科课代表陆续请了任课老师来。一班班主任李波老师派二十名同学，到我们班参会。交流会在陈丽荣同学主持下进行，开得很成功。我又一次没想到，没想到我们的同学会有如此高涨的热情。

今天，大雪飘飘扬扬，下了一整天。

【关键词】行 / 战胜疾病　　教 / 培养集体

三、学习的恐慌

11 月 28 日，星期六。

大雪纷飞，老师披着满身的雪花走进教室，顾不上扑打，就开始讲课。

这一周，由于组织篮球赛、学习经验交流会和自己生病，除了正常的备课、上课之外，我几乎没有学习"党史"。时间的流逝，让我感到恐慌。不管在怎样紧张、艰难的条件下，都应该挤出时间来，坚持学习。

病中，我又想起了她，她整天也在想着我吧。我俩相对着，无声地笑，那是怎样的可爱啊！

【关键词】思 / 时间观念

四、期望她学习好起来

11 月 30 日，星期一。

由于下了大雪，星期六校车未送。有些同学蹚着雪水，去临池挤公共汽车回家。若到周村转车时赶不上车，只好步行几十里。大家真是归心似箭啊！

我没法回家，宿舍、办公室又没有人，只好到其他教研组办公室坐坐，读点党史。幸好，全校有六七个老师留下了，并不算寂寞。

陈丽荣同学的期中考试成绩不太好。11 月 28 日，星期六，下午我见到她回家后留给我的工作笔记和辞职申请书。我一直放不下心。星期天下午，我给她写了答复，希望每个同学都不要因为工作而影响了学习和前途，要她慎重做出是否担任班干部的决定。

陈丽荣同学见到我的答复信后，没有再提辞职的事，又安心工作了。她的作业写得十分仔细。凭着这种认真精神，陈丽荣同学的成绩会逐渐好起来的。

【关键词】教 / 心怀学生

五、不赞成星期天上课

12 月 6 日，星期五，卫生委员唐丽华同学送来一封长信，告诉我她的一番心思。她将来想要做一名人民教师，为了集中精力学好功课，不想再担任班干部工作。我想，升入高三时，可以答应唐丽华同学的要求。

星期天，给四个班各上了一节课，讲的内容并不多。学生平时怪紧张的，星期天再上课，我不太赞成。但学校安排了，也不是坏事，我只有尽力地上，但要调动学生积极性，使他们轻松愉快地学习。

下午，我们班又参加一场篮球赛，赢了高一（三）班。当我们班同学雄心勃勃地准备战胜高一（四）班，夺取全校第五名时，篮球赛却终止了。为了这场没有列入日程的篮球赛，我们班同学在昨晚召开会议，研究了一个多小时的战术。

【关键词】教 / 发展个性　　教 / 尊重规律

六、欣慰与内疚

12月10日，星期四，下午学校举行越野赛，我们班取得全校总分第三名的好成绩。我感到十分欣慰，这是南北寺中学历史上，文科班从没有取得过的好成绩。同时，我又为自己严重的疏忽大意造成班级损失，感到十分内疚。由于安排不周，消息不灵，女队起跑两分钟后，我们班队员才赶到出发地点。但是，张霞、杜俊芳、王秀娟三名运动员素质好，仍然分别取得了第十、二十六、三十三名的好成绩。男同学们的成绩出人意料地好，李世军、洪大业、万龙同学分别获得第二、九、十六名，梁丰收（第三十二名）、章强（化名，下同，第四十四名）同学也取得有效名次。

晚上，我公布了成绩，对全体运动员同学和参加越野赛训练的同学提出表扬，同时做了严肃的自我检查。我将用我对学生的一片爱心和勤奋工作，去弥补我的过失。

【关键词】教／培养集体　　思／自审自警　　行／为人师表

迎接元旦

一、紧张排练

接近元旦，准备节目十分忙碌。高青枝同学又组织大合唱，又组织舞蹈，忙得团团转。马玲玲、林杏等同学既参加本班节目，又给其他班指导节目。我对文艺节目知之甚少，所以只好少说、不说，全凭她们几个同学去组织。

1987年12月22日，星期二，晚上我们班排练大合唱。有几个唱得不太准确的地方，我也讲一讲。

【关键词】教／全面发展

二、刘老师指导

12月24日，星期四，晚上学校青年教工排练节目——大合唱《烽火歌》，年过半百的刘士奎老师任指挥。

学校排练结束时，刘老师不顾劳累，又给我们班指导了大合唱节目。在刘老师的启发和鼓舞下，同学们唱得很认真，节目就要完整定型了。

12月26日，星期六，下午我去找刘士奎老师，请教了几个问题。然后，把脚踏风琴抬到教室，我亲自伴奏，让同学们分小组练唱。我觉得弹得比较准，也比较从容。

将来表演节目时，我给同学们伴奏的话，一定要展现出点水平来。

【关键词】行／榜样鼓舞　　行／为人师表

三、欢乐迎新

1988 年，迈着姗姗的脚步来到了。我和我的同学们为了迎接新年，付出了相当多的努力。

临近演出的几天里，大家一有空就排练节目。马玲玲同学喊哑了嗓子。高青枝同学主持排练舞蹈《血染的风采》，十分认真负责，她还请了读高三的姐姐高青秀来帮助排练。梁丰收和张传俊领人买年货，胡建霞同学主持美化教室。我们班人才济济呀！

最令我激动的，是我们班 12 月 31 日的文艺晚会。林杏、孙振北、宁华等同学表演了精彩的节目。原先默默无闻的一些同学——梁峰、王修玉、王维、李雪梅等，表演了迪斯科或滑稽剧。在最后的十几分钟，万龙同学进行了精彩的即席演讲，希望同学们相互尊重。直到十二点半，学校停电后大家才散去。

【关键词】教／培养集体

第四次自学考试

一、第三次战果

1987 年 12 月 17 日，星期四。

上午，我打电话到县教育局，询问自学考试成绩。自考办王正友老师说，我的三门课都及格了。我放下了心。上周去其兵那里，听说他的三门课考得都很好，我的成绩也许不如他。

我的努力还不够，时间的利用效率还不行。我想，抓紧二十来天时间，学完"党史"，然后开始仔仔细细地学习"形式逻辑"，还要学习"国际共运史"呢。

【关键词】思／及时反思

二、自学方法反思

1988 年元月 9 日，星期六。

学习之余，谈点感想。上次自学考试的三门，我对自己还是没有数。我自以为三门都可以考 70 来分，殊不知"科学社会主义"只有 64 分，"法学概论"刚及格，61 分；只有"写作"，大概旧日的老底子还有作用，考了 80 分，这个分数是我所不敢奢望的。

分析一下，前两门的成绩不好，主要是学习时间不充分和方法不妥当。在学这三门课的过程中，暑假穿插学习了《教育学》《心理学》，并且考试合格。学习偷了懒，读书长驱直入，读了后面忘了前面，读完了也忘完了。以前我学习的经验之谈是，每每学习都力求学有所获，每读几十页书，就停下来复习做笔记。用这种方法，"哲学"和"大学语文"都取得了较好的成绩。这种学习方法之所以有效，因为它是符合记忆规律的。在学习了不长时间（约一两天）之后紧接复习，对克服遗忘起了重大作用。如此学习一遍之后，考前只需简要复习就可以了，因为印象早已深深地烙在头脑中。

现在学习形式逻辑，要更加稳扎稳打。学习"共运史"，也采取这种学习方法。1 月底基本学完"逻辑"，3 月中旬学完"共运史"，剩余一个月时间总复习，迎接考试。

【关键词】思 / 深入反思　　学 / 贵在自学　　学 / 学有所获

三、学逻辑

元月 21 日，星期四。

上星期六下午，我顶着北风，骑了两个小时的自行车，赶了六十多里路，去约会。我们很舒服地吃了饭，看了电影《土裁缝与洋小姐》。

星期天，我就抓紧读书，搞突破。我的计划是读《形式逻辑》，每天十页。由于是从元旦开始读的，所以到"×"日，就要读到第"×0"页。

下午两点钟，我到她家叫她，一起去邹平。其实，她上夜班，早出来是为了买毛线，给我织大衣领。我们俩在商店转了一会儿，就快到我乘车的时间了，我们依依不舍地分别。

这几天，给学生刻印了几页题。另外，仍然是学"逻辑"，赶进度。我觉得，"逻辑"很难学。

【关键词】思 / 统筹兼顾

四、美好憧憬

2 月 1 日，星期一。

"逻辑"基本上学完了。我觉得，这次学习由于放慢速度，学不通不算完，又做了点笔记（这实际上是一次小复习），效果是不错的。可惜的是，虽然我多年来形成了"无师自通"的本事，但有些问题仍是搞不清楚。哪里有这种老师呢？当我想到这些的时候，就又羡慕起我的学生们，他们的老师帮了他们多少忙啊！

还有两个月多一点的时间，又赶上寒假，主要是学习"国际共运史"。看到书后面我的自警——"这又是关键的一仗"，我不禁笑了。哪一次考试不是"关键的一仗"呢？也许1988年春天的这一仗更有意义。若这一仗打赢，不仅减轻了下半年的压力，而且也积累了学习"历史"科目的经验，直接为下半年考"中国通史""世界通史"开辟道路。若这些目标达到的话，我1988年内就可以专科毕业了，这样只比读专科学校的同学晚毕业一年。

若1988年秋季我送毕业班，我想自学考试本科段的课程考试暂停或少报点（至多报两门），待学生毕业后，再一鼓作气拿下。力争两年内主攻外语，拿下本科。通过这一系列的锻炼之后，我将成为一名完全合格的中学政治教师。在大学进修基本完毕之后，或者转入正常的教研活动，或者继续进修研究生课程。而这些已都是我二十四岁以后的事了。

【关键词】学／贵在自学　　学／学有所获　　思／规划谋划

五、除夕的思虑

2月16日，丁卯年除夕。

近几天，我不断去找她，是想商量所谓的"认亲"。然而，终不成，只好暂放下了。

想读点书，家里又不是安心读书的地方。想玩，放松一下神经，但想到还有沉重的学习任务，又不安心。还是尽快回校，紧张地学习工作起来好。

【关键词】行／事业为重

六、不舍得买"高价票"

2月22日，戊辰年正月初六。

春节自然是热闹一番。初一下午，我和李芳去了邹平。本想看电影的，但早已客满，倒卖高价票的倒是有，不过高得出奇，我们还没有那个迷恋劲儿，买高价票看电影还不如到山上去坐坐呢。从这面山坡漫步到那面山坡，我们俩已开始谈论些实际问题。以后几天，就是走亲戚，招待客人。还有四五天开学，必须抓紧一切时间学习了。自学过程中，遇到的一个难题是学习抓不住重点，完全靠自己的理解和兴趣，若手底下有学习大纲和考试样题就好了。

【关键词】行／求实消费

七、瞧不上函授

3月22日，星期二。

到今天，我基本学完了"国际共运史"，历时五十多天。这样，本次自学考试的三门课程基本学完一遍。离考试还有整一个月的时间，每门各用十天，我要把三门课再通一遍，保住"逻辑"和"党史"，争取考及格"共运史"。

近来，函授大学招生考试报名，同志们劝我去，说我有把握考上。我觉得，摆在面前的问题已不是函授考上考不上的问题，而是该不该考的问题。我考虑到如下几个原因，没报名。第一，可以坚持自学考试。若顺利的话，拿到合格学历比函大要早。第二，若有机会就离职进修，念了函大就不行了。毕业后两年多，我一直坚持自学，成绩也是突出的，函授学习主要也是自学。但我觉得，自学毕竟有很大的局限，眼界不够开阔，条件很简陋。有机会离职进修，对我来说是梦寐以求的事。在大学里，我可以开阔眼界，发挥聪明才智，认真地学习一下外语。我还想利用这个机会，考研究生呢。也许在我三十岁以前，能实现这个愿望吧！到那时，一切都将改变了。第三，放慢进修速度，准备送毕业班。我已参加工作三年，还未送过毕业班。平时学习紧张，又担任班主任，教学过程处理得相对简单，虽然成绩还不坏，但教高三就不行了。必须拿出较多的时间来，更认真地备课，批改作业，深入搞好个别辅导，培养优秀学生。第四，函授的费用比较高，而自学考试则相对节省和灵活多了。鉴于此，还是不套上函授的"枷锁"比较好吧。

回顾和展望一下前后这几年。我参加工作的第一学年，是艰苦地摸索高中政治教学规律和方法、努力学习基础知识的一年，这一年的艰苦努力为以后的进步打下了基础。第二年开始，教学上有长足进步，心理上的因素也是很重要的（我已不害怕学生了），知识和经验的储备是进步的主要因素。第二年也是进修取得重大成绩的一年。从第三年，我开始做班主任工作，又多了一重担子。但是，由于比较恰当地处理了几方面的关系，特别是教学上进一步提高效率，仍然赢得了时间去学习、工作，还有谈恋爱。那么，参加工作的第四个年头，就可能是教育教学工作实现新突破，进修完成从专科到本科的飞跃（或离职学习），个人生活上产生重大变化（结婚）的一年。到时若进修任务不紧的话，我就抓紧时间学习点业务知识，对教学做点研究，根本不会没事干。

【关键词】思／人生优化　　思／统筹兼顾

八、轻重缓急

4月1日，星期五。

十来天工夫，我又将形式逻辑复习了一遍。我觉得，从理论上已基本掌握了，当然课本上的一些复杂的论证，这次复习没再去看，一是怕费脑筋和时间，二是觉得没多大必要，考及格或许差不多了。刘宝兴老师热心地送我一本逻辑练习题，只可惜没多少时间看了，不然，也许又会考个八十分以上的高分了。

现在发愁的是"党史"和"共运史"的复习。一学历史，我就感到头疼。面对着浩繁的内容，理不出个头绪。复习这两门，我想采取如下的方法：第一，区别对待，保住"党史"。因为"党史"合格后，我的高中政治教师专业知识就全部过关了。第二，知识前后相连，总结提要，重点把握。把以前读书勾画出的重点再读一遍。"党史"多用点时间，可再读点"党史简明问答"。第三，集中精力，博闻强识。"共运史"在考前几天再抓紧翻翻，若能合格，当是幸运了。

又是一场恶战。近一段时间，维持班级正常秩序，不多处理班务。

【关键词】思 / 统筹兼顾　　思 / 研究问题

九、相伴学习

4月13日，星期三。

复习已到了最后的阶段。奋斗了十来天，又把"党史"简要复习了一遍。这已是提前完成计划了，主要原因有两个：一是和韩斌老师达成协议，上个星期天不回家，一起在校复习（他准备考函授大学）。二是"党史"下册复习得很简略，我认为不很重要，又加上一些内容早就熟悉。

到考试还有十来天时间，可是我现在有些懒，不知"共运史"将怎样复习。还是抓重点吧，前后相连，辨析清楚。

当我们想到胜利带来的欢欣的时候，也就不觉得辛苦了。

【关键词】行 / 同伴互助

一〇、第一次战斗到终场

4月26日，星期五。

说说这次自学考试的情况吧。

到了考试近期，我不再强迫自己，而是完全由着自己，愿学就学，不愿学就算了。

上周五下午，起震送我去临池车站乘车。六七个小时后才到滨州，找到孙奎浩同学。奎浩打电话问了正在黄河饭店管理自考事务的李本东同学，本东不回来住了，晚上我就住在他的宿舍里。赵精良老师正在，我们一起吃晚饭。

星期六下午，我考"形式逻辑"。题目很难，我第一次完全坚持了三个小时，直至终场才交卷，但是题目仍然没有做完，有的难题没时间去思考。紧接着星期天，上午考"党史"，下午考"国际共运史"。我感觉答得最好的是最后一门，题目较容易。但是这三门，都没有及格的把握，很悬乎！听天由命吧，四五十天就会知道成绩了。若是全合格了，又将多么令人兴奋啊！

星期日下午考完试后，我与其兵去蒲园。我平生第一次坐上小船，在湖中飘荡，别有一番情趣。之后，到黄河饭店，饱餐一顿。我第一次觉得，花钱这么大方。

星期一，八点钟奎浩把我送到车站。我之所以这样匆匆地赶回去，因为下午还要给远在三百里外的同学们上课。

【关键词】学／贵在自学　　行／同伴互助

一一、失败的教训

6月8日，星期三，打电话问了在县招生办帮忙的杨道华同学（师范学校1982级2班），他告知，我考的三门课只有两门及格（"党史"68分，"共运史"78分），"形式逻辑"没有及格。

我早有心理准备。"形式逻辑"本想一定要考及格的，也没很放在心上。正是由于疏忽和偷懒，本来比较简单的一门却出了差错。考题很难，我接到试卷就犯愁了，整整坚持了三个小时，也未能将其拿下。对我来说，"形式逻辑"的失败，有一个重要原因就是学习不够深刻、细致，头脑僵化，没有适合这门课特点的新方法。学习特别是复习十分仓促，许多难点没有解开。

叹，进取之路多艰！叹，人生之路多艰！我早已料到自学的道路不会平坦，尽管我的头脑还不算很难使唤。"混个学历"，最省劲的方法是考函授，但是那样做很有点于心不忍，我还想真正地学点东西。我最大的奢望，就是想脱产读两年本科，那样我可以真正地有所提高。不知是否有那个机遇。正是因为如此，我才没有报今年的函授本科。

路正漫长。一个人的机运往往与国家的机运联系在一起。还是立足现实，莫虚度光阴，等待时机吧！

【关键词】思／知耻后勇　　思／战略定力　　学／真才实学

一二、心里亮堂

6月10日，星期五，早操后，我骑上车子，跑回了家。

顺路从邹平过来，到教育局拿出自考成绩单。没想到，及格的两门分数还不算少。我心里可真没有数了。

这样，专科段的课程，我就还剩三门未考（或不合格）："中国通史""世界通史""形式逻辑"。而下半年这几科又不开考，只好等着了。也不错，可以更集中精力送毕业班。另外，也可以自由地读点有益的书，补一补知识的缺漏。暑假以至下学期，我准备一边教学，一边读点《趣味逻辑学》和《中国通史》。读书就要踏踏实实地来。形式逻辑不及格（52分），一个重要原因就是轻视了它，读书不够认真，钻研精神不到，需要发愤图强。学习"中国通史"，不仅可以准备自学考试，更重要的是若明年能参加离职进修入学考试的话，要考中国史。

【关键词】思／研究问题　学／贵在自学

期末班级治理

一、学生自评

1988年元月16日，星期六，天很冷。上早操时，同学们高呼着口号。我跟在本班队伍后面跑，心里很宽慰。

班里又平静下来了。我已开始批阅同学们的学期评语，事先同学们自己写出了评语草稿。这几天，我一边逐个与同学们谈话，一边修改评语。通过这个活动，可以使同学们更加客观地评价自己；通过谈话，全面了解每个同学的具体情况，施以不同的教育，并征求大家对班级工作的意见。

【关键词】教／教育民主

二、第一次家访

班里几名同学生病很长时间了，我想去看看。

元月27日，星期三，下午我到了高咏梅同学家里，她家在临池安家。她父亲正在个体企业中忙碌，我找到他时，他并不知道我是干啥的，我也不慌。待到了解清楚了，他方叫人把我领到家去。高咏梅和母亲迎出来，我们谈了一个多小时。高咏梅的病情不轻，临走我说，若近几天见好的话，就回校参加期末考试。高咏梅拖着沉重的身子，把我送到街头。

第一次家访，心中有的是快慰，也有被冷落之感。我的年纪太小了，似乎与所干的事情不相称。

【关键词】教／心怀学生

三、阅卷作弊

2月6日，星期六。

期末考试试卷很快就阅完了。这次考试，学生作弊不太严重了，但是教师阅卷的弊端却不少。高一政治阅卷是县里调集各高中老师在我们学校进行的，阅卷老师差不多都暗中给自己的学生提高分数，露出了许多马脚。

我们学校学生成绩不算坏，也许能总评全县第二名吧！特别是我当班主任的二班，还有四班，考得较好，平均分达到及格或接近及格。

【关键词】思 / 褒贬善恶

四、夜不成寐

这次期末考试，高二（二）班的成绩是不错的。文科六门功课，除外语不如平行班一班之外，其他五门成绩均好于一班。我们班获得"学习月活动奖"，在全年级两个文科班获奖学金的二十五名同学中有我们班十七名，前五名中有我们班四名。我这个当班主任的，感到极大的快慰。我曾向同学们说过，力争在期末考试总分前五十名的同学中有我们班三十名学生，如今这个愿望实现了。这也许是我说的第一句完全兑现的话。

当然半学期的班主任生涯，有的是甘甜，也有的是苦辣。考完试之后这几天，我就考虑了许多事情，了解到了一些重要情况，有时竟使我夜不成眠。

2月6日，星期六，中午学文艺的林杏同学找我。她这次考试有五门课不及格，我教的政治，她只考了16分。我大惑不解，即使基础差，没更多的时间学习文化课，也不至于考成这样。

她说自己之所以考得如此糟糕，是因为这段时间本班的洪大业同学硬要认她做"干妹妹"，而且经常送给她信件、钱物，等等。

林杏同学还说，班里还有其他一些同学的行为也不好，比如在教室抽烟等。如此严重违反学校纪律的行为发生在我的班里，我这个当班主任的却自以为天下太平；存在如此严重违反学校纪律的行为，我的那么多的班干部包括重要班干部，没有一个向我汇报过，而恰恰有班干部在破坏纪律。多么可悲可叹，又可气可恨啊！

不重整班级，更待何时？我失眠了。

【关键词】思 / 自尊自信　　教 / 立德树人

五、整顿学困生

2月8日，星期一。

昨晚，在李冬梅、贾善才等同学的帮助下，搞出了全班总成绩，排好了名次。公布成绩之后，我下了通知："这次考试中，文科总共六门课中有五门不及格的同学，明天参加学校召开的特别会议。这些同学有六名：林杏、杨明、高青枝、李传中、洪大业、田金泽（化名，下同）。"当时有的同学说，是不是要狠批他们一顿。我说："是要劝其退学，学校领导下了决心。"今天下午召开的全校大会上，孙校长公布了此项决定。

由于林杏和高青枝同学是学文艺的，不在劝退之列。星期六晚上，我去找她们两个谈话，正好林杏也要找我。我说："在中学阶段，老师赞成同学之间形成真挚的友谊。在共同的学习和生活中，男女同学之间可能产生倾慕，这是允许的，不可能制止，也没有必要干涉。但是不允许任何人，在任何时候，以任何形式表露出来。那样对自己、对他人、对集体都是不负责任，因为这会严重地影响学习和发展。"这些后进同学不是明显的例证吗？

我们谈了两个多小时，临走，林杏留下一张纸条，上面说："老师，你不要找洪大业了，因为那样影响不好，我自己会处理好这件事情的。"

平素不爱讲话，一般人都认为思维迟钝的林杏，竟也是这样深沉。她说她是不赞成这些事的，只是脱不开。

【关键词】教 / 教育艺术　　教 / 立德树人

六、老想班里的事

1988 年 2 月 24 日，戊辰年正月初八，星期三。

我一闲下来，就想些班里的事。在任用班干部上，我始终坚持这样一条原则：学习成绩必须比较好。但现在发现，几名班干部的学习成绩确实不很好。怎么办呢？首先帮助他们学习，尽可能把成绩提高到班内前二十五名。其次把学习和工作的关系讲清楚，征询他们的意见，若确实由于工作而影响了学习，那就要坚决地给他们解除工作负担。

今天接到高青枝同学的来信，她在信中洋洋洒洒地谈了许多看法。我赞成她直爽的性格，同时对她不肯深入地思考问题感到遗憾。

想想我半年来的班主任工作，有得亦有失。从工作中，我更深刻地了解了同学们的内心世界，更深刻地认识到了教育的重要意义。同时我深深地感到，虽然我尽了很大努力，但并没有完全达到自己的目的，特别是在整顿班风、促进学习方面，做得还很不够。想些法子，把全班学习实实在在地提上去，是今后班主任工作的重要内容。

【关键词】行 / 事业为重　　思 / 深入反思

七、收留劝退生

3 月 10 日，星期四。

天开始转暖了，柳芽儿鼓鼓的，又要绿了。

这个日记本很长一段时间被压在办公桌上杂乱的书本里，找不到，我以为丢了，感到很可惜。忽又翻出来，很欣喜。

正月初十（2月26日），跑了一趟张店，取回新配的眼镜，我又见到了光明的世界。正月十二，吃了早饭，我与弟弟骑车回校。

上学期期末考试有五门以上的课程不及格的同学，学校曾劝其退学，但都已回校，只好收留，并教育和帮助他们，让他们今后努力学习。

关于班级治理，我已初步形成一个总的工作原则：思想教育为主，纪律惩戒为辅。严肃批评教育个别经常违反纪律的人，细小事情不去多管，免得学生心生厌烦。

【关键词】教 / 立德树人　　教 / 教育公平

八、责任自觉

3月11日，星期五。

我还处在一个幼稚的年龄，然而今天的社会地位和工作职责却不容我幼稚，逼得我尽快地成熟，至少是从形式上是这样。

工作，学习，锻炼。

【关键词】教 / 国家责任

眼镜"升级"

一、近视加深

1988年2月1日，星期一。

昨天，早早吃了饭，就从家里骑车去周村，然后坐车去张店，急急忙忙地跑到红十字医院（中心医院）。我的眼睛近视得更厉害了，我想再去配副眼镜。通过验光检查，双眼均为300度，并有轻度散光。我心里有底，不过以前不知道散光。

当我骑着车子爬上南北寺的大坡，已是晚上六点钟了。

【关键词】行 / 困难考验

二、心明眼亮

3月17日，星期四。

本学期开学以来，我经常去参加活动的项目，就是教工之家的乒乓球。不知怎的，我的球技忽然长了一大截子，先后打败过不少的中等球手。也许是戴上了中度近视镜，看得比以前清楚的缘故。

眼睛是越来越坏了，不戴眼镜读书写字已相当困难，上课根本不能不戴。一年半的时间，两眼均"进化"了150度左右，我感到沉重的压力。然而，我又十分清楚，造成不断近视和身体消瘦的原因，一是长时间的学习、过度的工作，二是饮食不好，三是体育锻炼和劳动少。

【关键词】行／困难考验

作业中的两封信

1988年3月14日，星期一。

批改作业时，我见到夹在作业本中的两封信。

一封是团支部书记陈丽荣同学的辞职短信，言辞很过激。我的心情十分沉重。我如此重用的干部，也这样理解我。然而，我不能发火，也不能感情用事，还要慎重处理这件事。因为，这种事情往往会严重地影响一个同学的发展。

我想，陈丽荣同学的学习虽然还不突出，但亦不差，还有很大的潜力尚未发挥出来。她的工作相当出色，在同学们中有较高的威信。鉴于此，完全没有辞职的必要。根本问题是放下思想包袱，努力提高学习成绩。

作业中还有一封信，是李艳红同学写的。

上学期，由于她入学较晚，学杂费交来后，我暂时留了下来。年终，我向领导请示后，退还给她，她的家境确实够难的。李艳红在信上告诉我，她父母对她学习很支持，我心里宽慰了许多。

【关键词】教／教育艺术　　教／心怀学生

"同治"期间

一、不能不走

1988 年 4 月 3 日，星期日。

回家，成了吃顿饱饭的机会。近来，学校的伙食不好，为了饱餐一日，我每个星期天都回家了。

家里的几只兔子生病死了，我们吃兔子肉。今天上午，和二哥拉锯解木料，准备为我结婚打家具。中午，吃了肉饺子。

回家的意义确实不小。吃得舒服且不说，长期进行脑力劳动的人干点力气活，实在是一种难得的享受。更有可爱的小侄女，和我说笑打闹，以致当我该走的时候，第一次有了不想离家的念头。

【关键词】行 / 困难考验　　行 / 热爱儿童

二、老同学来实习

4 月 5 日，星期二。

滨州师专的实习生又到我们学校了。我本巴望着有实习生上高二政治课的，我可以轻松几天，准备一下自考。没想到，几个政治专业的实习生都分到了高一年级。这些实习生，绝大部分是两年以前从本校毕业的，他们毕业时我已在这儿工作一年了，所以认识不少。

谈话中，偶然听到我的初中老同学张训刚也分到这儿实习，好不凑巧。我上完课，就抓紧去寻访。五六年不见，训刚的个头比我印象中高大了许多，一见面，就要抱起我来。

他将给我们班上语文，同来的还有上数学的由学芹老师，他们俩还将跟我实习班主任工作。我把他们介绍给全班的时候说："希望同学们做到以下两点：其一，虚心向老师们学习，积极协助老师们的工作；其二，自觉遵守纪律，听从调遣。"

昨晚看完电影之后，我把训刚请到我宿舍，下了会儿象棋，一直谈到很晚很晚。今早，我们还是按时起床，和同学们一起上操。

【关键词】行 / 同伴互助

三、发现人才

4 月 12 日，星期二，班里开师生联欢晚会。来实习的由老师准备考大学本科，要提前回校，我们欢送她。晚会由陈丽荣同学主持，王兰贵同学代表全班发言。虽然只匆匆准备了一天，但气氛很热烈，联欢晚会一直开了两个半小时。临近结束时，全班人人发言，向老师们表示祝愿，或者表演节目。

从唐丽华同学的发言中可以看出，这是一个很难得的人才，也许她能更出色地主持节目。

【关键词】教 / 心怀学生

四、惩罚替考

4 月 17 日，星期日。

昨天还暖和得没法，今天突然凉了。

近几天，由于高三年级体育考试，高二年级的一些同学去替考，都无法正常上课了。为此，我在班里大动肝火，然而无济于事。王修玉和梁丰收两个同学是在全班点名批评过了的，我又亲自和他们谈了话，但他们又去了，不能不令人气愤。为了维护纪律的尊严，我决定对他们俩停课一天，并通知家长配合教育。在我做了处理之后，训刚来找我，说学生意见很大，不应如此武断。我只是淡然一笑，不想解释什么。

昨天下午，我去邹平和她约会，三周不见了。四点，看了电影《招财童子》，影片中的"香妮"给我留下深刻的印象。特别是她为了挣来三百块钱把同学赎出来而拼命地吹奏唢呐的形象，感动得我流下泪来。

看完电影，我们俩上了山。黄山太小了，简直找不着一个落脚的地方，满山都是人。

黄昏中，我们往山下走去。

"小韩！"有人喊我。原来是南北寺中学的同事梁玉涛老师，他也和对象来山上玩呢，他的对象是棉纺厂的。

下一个相会的时候是"五一"。

回到家，已是九点多钟。很累，一点书也不想看，干脆钻进了被窝。在父母的絮叨声中，不知啥时候，我进入了梦乡。

醒来已是次日七点半（夏令时），足足睡了十个小时。精神头很好了，看书吧！

【关键词】教 / 立德树人　　行 / 道德感动

五、创造奇迹

4 月 29 日，星期六。

准备已久的学校运动会召开。

今天，我们班同学发挥了最顽强的拼搏精神，以总分九十八分的好成绩，居全校八支代表队第二名。这种成绩在我校文科班的历史上，是从未有过的。我们的愿望终于实现了，甚至说，这是我们班历史上最令人快意的一件大事。洪大业同学的"出山"和拼搏，对取得全班好成绩起了重大作用。他在一天中，先后参加了400米预赛和决赛、800米预决赛、4×100米接力赛、6×200米接力赛等五次比赛，而后四个比赛皆在今下午。在这种高度紧张的情况下，他获得了一项冠军、一项亚军的好成绩。

杜俊芳、张霞、王秀娟、唐丽华、李世军等同学为运动会做出了突出贡献。董莉、万龙、陈永军、王维、王修玉、梁丰收等同学也取得了好成绩。我感谢我的这些同学们。

在这次成功的运动会中，有决策者的神机妙算、当机立断，有服务员（崔强、梁丰收、唐丽华、宁华、王信义、张传俊等）的辛勤劳动，但更主要的是运动员同学的努力拼搏。

通过运动会，我认识到了两个重要人才的才能，一是唐丽华，一是王维。唐丽华的短跑相当突出，那种风采是摄魄勾魂的。王维平时少言寡语，却在铅球、铁饼等项目上取得了好成绩。

运动会结束，张训刚老师的班主任实习也完成了，我召集运动员们与张老师合影留念。

【关键词】教 / 培养集体

六、表彰运动员

5月9日，星期一。

昨晚，班内召开运动会授奖大会，体育委员崔强为运动员颁发了奖品——影集。运动员代表洪大业同学发言，他感谢同学们的支持和帮助，请老师和同学们在其他方面继续帮助他们。最后我说："我们谨以崇敬的心情向健儿们学习，学习他们崇高的集体荣誉感，学习他们顽强的拼搏精神。"

今晚，学校放映电影《笨人王老大》。我几次都要流下泪来，王老大的形象实在太感人了。

【关键词】教 / 培养集体　　行 / 道德感动

发展的足迹

一、渴望培训

1988年5月14日，星期六。

新课快上完了。下一步，我要带领我的学生们好好复习。这学期我的教学进步势头不错，关键是老师勤奋，抓住和带动了学生学习。迎接这个好成绩吧！

然而现在多数教师都存在工作效率低下的问题，这与学校不舍得智力投资有关。不对教师进行培训，有的老师讲课老一套，甚至由于惰性，教师讲课的质量逐年下降。要有所进步，除了抓紧自学基础知识和大胆改革外，还必须到外地学习，实地观察一下人家的教学方法。

【关键词】行 / 实践学习

二、信心何在

5 月 25 日，星期三。

讲完了"结束语"，课就基本上上完了。到今年，"辩证唯物主义常识"我算是教了两遍。我的教学方法虽然不同于一般的政治教师，特别是不同于老教师，较多地运用了直观教学手段，引用较多的教学资料，注意各学科之间的相互联系，但是基本上还属于传统教学法。

近来，自学不忙。下学期学习新课程"政治常识"，我应该进行大胆的改革试验。当然，要保证改革的成功，不是自己凭空想象，应该有一定的理论指导。这就需要注意向高水平的教师学习，寻找机会去学习。

还有数月就要期末考试，为了配合同学们复习，我决定召开两次学习座谈会。

昨天下午我下了通知，晚上召开十名同学座谈会，他们都是上次期末考试中成绩不好的。晚自习后，我在办公室坐等了一个小时，只有高青枝一名同学来了。今早，我只好强行召开，但是大家一言不发，不欢而散。我的希望破灭了，这里不少的人已根本否定开会、学习、生活的意义，在哲学上叫作陷入了"虚无主义"和"不可知论"。

我茫然地感到，一些学生思想的痼疾之深，要改变现状，有些是我力不从心的。我一个人想把自己负责的班级整顿好，困难重重，寸步难行。

然而，好汉终究是要前进的。也许，不应该把别人看得太糟。

【关键词】思 / 自尊自信　　思 / 研究问题

三、斗"牛"

6 月 1 日，星期三。

到今天，我不能不把这件事简要地记下来。

牛冲（化名，下同）老师宿舍的录音机不分白天黑夜地震天响，夜间全校熄灯了，他宿舍的大灯泡照得四周如同白昼。我们班两间女生宿舍，即在他宿舍前排，是直接受害，我对牛大本（牛老师是这所农村中学近年新进青年教师中唯一的大学本科毕业生，故有此号）的作为颇有微词。他得到音信，于 5 月 30 日，星期一上午，到办公室找我理论。

他一来，就推搡我。我的态度也很强硬，就扭打在了一块。我是不会赚便宜的，我的体格远不如他强壮。若不是老师们劝下，不知会变成什么样子。但是，我没有表现出怯懦，因为我没什么错。这种人平时也太横了，不让他知道还有敢和他对抗的，那就不得了。

两天来，我心里一直不平静，当然我的情绪波动比过去好控制多了。当时也想哭，但是止住了，我毕竟是经了不少事的 21 岁的男子汉了。

【关键词】行 / 敢于斗争　　思 / 褒贬善恶　　思 / 情绪控制

四、综观三年

6 月 8 日，星期三。

眼见一学年又要过去了。这学年，同过去的区别和进步是什么呢？

我参加工作的第一学年是当教师的适应期，第二学年是教学水平的提高期。这个第三学年，教学水平上没有多少提高，只是工作效率更高点了，纯用在教学上的时间少了。而重要的是，这个学年我开始担任班主任工作，逐步摸索到一些工作方法，还不至于使这个班的水平发生下降。再加上我已经恋爱了，也用去不少时间。正是因为这样，我才在自学考试上不如从前（至少是分数上）。

我爱着这一班的学生，我不愿离开他们。我决心下大力气，给他们上好最后一年课，当好班主任，陪伴他们顺利地毕业。

【关键词】思 / 深入反思

割麦和看场

一、硬弯下腰去

1988 年 6 月 11 日，星期六。

回到家，割了两整天麦子。我的腰累得直不起来，若直起来就不敢再弯下去。手上也磨出了嫩肉。可是，不能停顿下来。虽然停下来一休息，再弯下腰去割麦的时候就疼痛难忍，但也要忍住。其实，你硬是弯腰去干，一会儿也就忘了疼。

由于不常劳动，身体吃不消，活也干得不好。我割得很慢，很别扭，也不干净。可是两天下来，我似乎已学到了点什么。割麦时，拢麦的左手要抓得高些，抓到紧挨麦穗下面的部位，最合适了。这样一是可以使腰直一些，不致太腰疼，二是可以多拢些麦子，麦秸这个地方最细。

【关键词】行 / 劳动锻炼

二、花甲老父

6月13日，星期一。

父亲六十岁了。晚上，我想去看场，父亲年纪大了，就不让他在这儿看场了。可是，他吃了晚饭，又来了。

"你回家歇着吧。"父亲说。

"你回去吧，我在这就行。"我说。

"我不回去。"父亲又说。我听出了父亲的坚决之意，也许又是母亲让他这样的。我只好回家。

【关键词】行 / 道德感动

万龙在高二

一、和解

1987年11月5日，星期四。

晚上，万龙同学到办公室找我，有事要跟我说，我便叫他到宿舍私聊。万龙同学的父亲早年去世，现在家中只有老母亲一人。他星期天经常来得晚一点，在一些生活小事的处理上，也和一般的同学不太一样。所以，同学们对他多少有点看法，有时和个别同学闹了矛盾。他想和于爱民、田金泽两个同学谈一谈。

下晚自习后，我把他们找来，三个人谈了一个多小时。我也插话说了几句："同学之间要互相尊重，小事情不要斤斤计较，开玩笑要注意场合和分寸。"正如当年师范学校李玉杰老师教导我们的，大事讲原则，小事讲风格。

【关键词】教 / 立德树人

二、访徨

1988 年 6 月 14 日，星期二。

万龙同学回来了。

上周一（6 月 6 日），万龙同学眼泪汪汪地来找我，我们在宿舍谈了两个多小时。原来，他思想上有些波动，觉得学习成绩不突出，家庭困难，同学关系又不好，不想读下去了，要马上回家。

我说："依我看还是要读到高中毕业，至少是等到这学期期末考试后再说。说学习成绩不突出，也未可知。虽然以前不太好，但现在还不知道。本学期不是采取了些有力措施吗？期末考试看一看。等到暑假，再认真斟酌一下，是否继续读下去。其他的都是次要的原因，问题还不至于如此严重。"

读了十几年书，又到了这个地步，家庭又迫切需要你更有出息的时候，不应该退却。即使明年考不上，多读一年也没什么影响，完成学业是最重要的。不去考，怎知考上考不上？也许将来会后悔的。

这样，他答应先回家静一静。在家过了一周，他终于回来了。有同学问到此事，我说他回家过麦了，而实际上他家的麦子早收完了。

我这才体会到，人的思想工作如此难做！

【关键词】教 / 教育艺术

三、牵挂

7 月 4 日，星期一。

昨晚就开始下起了雨，而今日大半天雨都下得很急。从学校回到家，我一直安不下心。我和学校领导商量，让我们班家庭比较困难的李艳红和万龙两个同学，暑假回校参加劳动，勤工俭学。这会儿，他们会不会傻乎乎地冒雨赶到学校呢？特别是李艳红同学。

【关键词】教 / 心怀学生

四、深谈

7 月 11 日，星期一。

昨天下午，我正要骑车赶回学校的时候，天上又落雨了。我临时决定，去坐校车。

到校时已是近七点钟。我忙去寻找两个学生——万龙和李艳红。打开宿舍的门，锁已微锈，里面的东西也没动。当我见到万龙同学的时候，才知道李艳红同学没有来。她家里会不会有什么事情呢？我很不放心。

晚上，万龙同学住在我这里。我们谈了好久，班里许多不曾深入了解的问题，现在有了些了解。

【关键词】教 / 了解学情

五、批评

7月15日，星期五。

万龙同学又上工了。前两天，由于管理劳动的杨秉坚（化名）老师很不礼貌地指责他，致使两人关系紧张，万龙同学被停工。对此，我很气愤，找了校长，也找了总务处吕丕福主任，说了这些情况。我也批评了万龙同学思想太固执，不易和人相处的缺点。

【关键词】教 / 立德树人

又是期末

一、编印通讯录

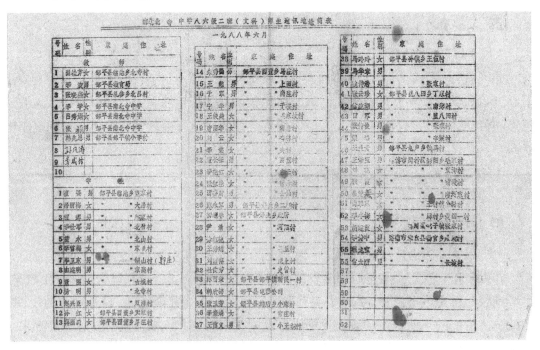

南北寺中学1986级2班师生通讯地址简表

1988 年 6 月 18 日，星期六，我赶早坐车去邹平，到师范学校找袁淑芹同学（师范学校 1982 级 2 班），托她把《南北寺中学八六级二班师生通讯地址简表》打印一下，便于师生保存和假期相互走访使用。

本学期已经进入最后两周。回校之后，我在班里颁布了"戒严令"：不允许无故旷课。由于辅之以检查，执行效果是不错的。6 月 21 日，星期二，李冬梅和董莉两个同学无故没上早操，我便罚她们俩蹲了一上午办公室。其实，在办公室的学习环境比在教室还要好。

【关键词】行 / 挖掘资源　　行 / 信息沟通　　教 / 教育艺术

二、爬行

6 月 23 日，星期四。

寂寥中，我在慢慢地爬行。包括我个人学业的进步，包括教学艺术的进步，也包括班主任工作的进步。

在下学期开学的时候，我应该告诉同学们："我将忠诚地伴随大家走完高中最后一年的路程。我准备进行一些改革，希望同学们给予支持，让正确的改革取得胜利。让我们共同研究关于青年学生的问题，出色地走完高中最后一年的路程！"

【关键词】思 / 自尊自信

三、忙活一天

6 月 26 日，星期日，在家刨了半天麦茬。

下午到师范学校，等淑芹同学打完《南北寺中学八六级二班师生通讯地址简表》，已近六点了。我骑了一小时四十分钟的车子，才赶回南北寺中学。

【关键词】行 / 信息沟通　　思 / 保存资料

四、盼你进步

期末考试结束了。7 月 1 日，星期五，下午王维、梁峰、张传俊、张云珍等同学，帮我把各科分数整理好，并排了名次。我所期望的应该进步的那些同学，都如我所愿：张传俊、侯纤巧（化名，下同）、陈丽荣、万龙、张红艳……我感到如释重负。

那些经不住敲打的同学纷纷退步，王兰贵、王信义、崔强是最明显的例子。这些同学退步，与纪律观念松弛、自我管理懈怠是有密切关系的。在严格的教学管理下，他们还有东山再起的希望。

【关键词】教 / 心怀学生

五、表彰先进

7月3日，星期日。

放假之前，我于昨晚临时召集了班干部开会，而副班长兼劳动委员梁丰收、体育委员崔强、文娱委员高青枝、团支部组织委员王兰贵都未到校参加。班干部会没有什么主题，且多数时间是在停电的情况下进行的。我只是觉得，唐丽华同学确实是个很能干的班干部，下学期，我准备任用她为团支部书记，或副班长兼学习委员。

今天上午，班内公布了期末考试总成绩。原以为会有不少同学不能到校，其实只有七八名同学未到校，且多数请了假。经过民主选举，产生了六名"三好学生"和两名"优秀班干部"。"优秀班干部"定为崔强、唐丽华。"三好学生"则由于学习成绩的变动，与上学期相比发生了较大变动，他们是：尹清、李冬梅、宁华、马华章、张传俊、毕卫东。

【关键词】教 / 培养集体　　教 / 培养骨干

六、愁苦和相思

7月5日，星期二。

回家两天来，百无聊赖。我想她，可又无法去见她，手里竟没有一个钱了。嘻！

家庭的窘困，使我不能完全静下心来去啃书本，去追求浪漫的爱情。父兄拿不出多少钱来。我每个月只有七八十元的工资，除了吃穿等费用，所剩无几。使我伤脑筋的是，至晚明年春天就要结婚了，可我这个破烂的家，怎么能接新娘子呢？我多么想经常把她请到家里来，可又怎么让她来呢？

青春的岁月，就在这愁苦和相思中慢慢地流淌。而我又不甘于为了一个舒适的小家庭（我完全可以调到家乡附近，一边教书，一边料理家庭）而荒废和放弃自己的事业。她会理解我的吧？有时候，我真觉得于心不忍。唉！

【关键词】行 / 困难考验　　思 / 战略定力

七、"多情人"

7月7日，星期四。

我是一个多情人。这个"多情"，有几方面的含义：

（一）不甘寂寞，总想多做点事情。让生活更加充实，体验人生百味。

（二）工作上有热情，尽自己的最大能力去工作。不怕干得多亏了自己，得不到别人的承认，只求"一个人活在世上，就要以自己的存在，最大限度地给周围世界以良好的影响"。

（三）情暖人心。尽自己的最大力量帮助别人，完全承认人与人之间是有感情的。

（四）过早出现过于强烈的"爱情"。今天，我们俩的爱情在健康地发展。有时我也会痛苦地感到，她的文化程度连我的学生都不如，而这不过是一时头脑发昏罢了。她是第一个向我公开表白的人。她有比一般女性灵巧的双手，漂亮的容颜，更重要的是她有纯洁的心灵。我们职业的差别，是符合目前社会实际的，可以为日后家庭生活的丰富增添光彩。

【关键词】思 / 深入反思

八、不照顾"关系生"

7月15日，星期五。

高中招生考试已于昨天结束。这次考试的组织安排比较好，特别是对外校师生的接待，给人家一个不错的印象。

昨晚，召开本学期最后一次全校教职工会，校长谈了今年高中定生的几条原则，原则上不照顾"关系生"这条，老师们尤其是班主任无不拍手称快。这部分"关系生"，多数学习成绩差，品行不好，干扰正常的教学秩序。

今天，伴着哗哗的雨声，老师们紧张地阅卷。考生的答题质量并不好。

【关键词】教 / 教育生态　　教 / 教育公平

九、学生的信任

7月16日，星期六，阅完试卷，我整理好东西，把暑假补课期间要求同学们注意的一些事情，交代给万龙同学。我还有些放心不下，就到杜老师家，想询问一下哪些教师来补课。杜老师说不清楚，一切都是校长安排的。

下午五点钟，我才到家。接到孙振北同学的来信。他提出，我不该过多地批评人。我认为，这是个极好的意见。

学生对我的信任，将增强我治班的信心。

【关键词】教 / 教育民主

我是中学三级教师

一、首次职称评定

1987 年 10 月 30 日，星期五。

事情想干，总是有的。到了周末，又要备下一周的课。上完这段时间的新课后，还要编印点练习题，带学生复习一下，准备期中考试。

另外，学校让老师们写出两年来的工作总结，写好本学年教学计划和班主任工作计划，准备参加首次教师职称评定。实际上，这些总结和计划是早就该写的，是没有职称评定也要写的。

【关键词】教 / 教育生态　　思 / 规范意识

二、敏感问题

1987 年 11 月 5 日，星期四，晚上各职称评议组进行教师任职评分，政史组在朱文业老师的主持下进行。有些同志在这方面十分敏感，对评分方式很不满，对别的同志似乎很挑剔。

我只是觉得，两年来我做了应该做的工作，也不与别人争一席之地。评我个中学三级教师，我就感到无比满足了。

【关键词】教 / 教育生态

三、有了职称

1988 年 7 月 14 日，星期四，在本学期最后一次全校教职工会上，公布了教师职称评定结果。我被评定为中学三级教师，自感满足。

【关键词】思 / 自尊自信

四、论资排辈

1988 年 11 月 21 日，星期一，搞了一年多的教师职称评定，终于宣布结束。论资排辈，评定职称的标准不外乎两个：学历和教龄。在我的红本上，教研组长杨秉臣老师写上了"中学三级教师"的字样。

【关键词】教 / 教育生态

 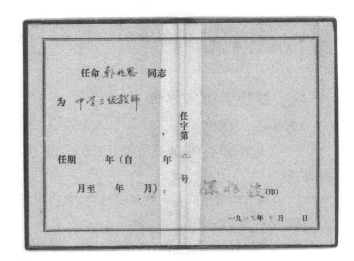

笔者的中学三级教师专业技术职务任命书

脑袋的工作

1988年暑假，身在曹营（家）心在汉（学校）。

一、班干部队伍建设思路

1988年7月8日，星期五。

新学年，我想按下列程序，优化班干部队伍，加强班级管理。

（一）团支部、班委会各委员总结汇报上学年工作和今后的打算。

（二）选举十名班干部，过半数者为当选。

（三）退出的老班干部的安排。争取在选举中获得较多选票，做好思想工作，填写学生档案时仍按原职对待。

（四）大胆任用和调整班干部，不让任何一个同学因工作影响学习。原担任主要和繁重工作的班干部一般不连任，一般不兼职（包括课代表）。

（五）班志记录。班主任、班长、团支书三人轮流值勤，每周一换。

（六）建立五至六个执勤小组，每组两人，一男一女，两周一换。任务：按时开锁教室门，监督纪律；考勤，每人一周，定期公布；组织两周内其他活动。

（七）关于考勤。是否建立每天考勤制，由教师主考，班干部辅考？

【关键词】思 / 时刻准备

二、教学法探索设想

7月8日，星期五。

（一）选择题讲评。先安排学生四人一组，分组讨论，确定答案，疑难问题再由老师讲解。

（二）在我所盼望的高三到来的时候，我将只教两个班（以前是全年级四个班），会更有精力进行教学法改革。

（三）高三开学后，进行高考题考试。高考题中的纯时事题仅为参考。仔细分析试卷。高考题考试的目的：一是让学生对高考题的类型、难度有个大概了解，做到心中有数，今后学习和复习有的放矢。二是以此作为个别辅导的依据，试卷不仅要向全班分析透彻，还要对每个学生分析透彻，关注尖子生。三是激发学生的学习兴趣，振奋精神，可组织讨论，全班发言，让学生谈对高考题的认识和今后的学习方法。

（四）提议学校工作计划编制中，增加政治小论文写作比赛。哲学、政治常识都可。

（五）指导部分优秀学生编写练习题或试题。

（六）教学过程中，印发讲义。讲义主要包括三部分内容：一是课本注释，二是学习资料，三是练习题和作业题。

（七）督促学生认真完成作业，引导学生认真读课文和读讲义。

（八）注意整体教学，特别是一门课内部的知识结构联系。

（九）不要怕花时间钻研教材。钻研教材，主要精力放在各个点上，但也要注意对面和整体的研究。

（十）备课是一个学习、熟练、深化和整理的过程，很重要的一点是广博和准确的记忆，教师的头脑要力争成为一部活词典。

（十一）开学时指导学生写"时事评论"短文，作为期中考试开卷部分，占百分之二十或百分之三十。

【关键词】教 / 充分备课　思 / 时刻准备

三、理解万岁——班主任讲话草拟稿

7月9日，星期六。

同学们：

现在各行各业的人们都在寻求别人的理解：守边疆的战士需要理解，辛勤的园丁需要理解……同学们说，希望家庭、社会和老师理解我们。教师确实需要设身处地为学生想想，用学生的心思去分析学生的所作所为。而当同学们高喊需要理解的时候，是否也想过，大家真正地理解你们的老师吗？

我想起了童年的一件简单得没法再简单的事：那时，我兄弟几个都还小，家里就母亲一个女性。她忙里忙外，到头来还是有许多事情忙不过来，有时就招呼我们帮忙。可我们那时淘气，不听招呼，让干的不干，不让干的偏要干。气得母亲有时要揍我们，甚至说到时甭来家吃饭。可当我们到了吃饭的时候，惴惴不安地坐到饭桌旁的时候，母亲没有夺下盛着香喷喷的面汤的碗，而是说"快吃吧"。我很庆幸，母亲的记性"不好"。

父母要理解我们，我们更需要理解劳动的父母；老师要理解我们，我们更应该理解老师。理解万岁！

【关键词】教／立德树人　　思／时刻准备

四、读书癖好

7月20日，星期三。

阴雨天中，读点书，以打发时光。读前几年买下的"科学史上的明星"系列，读万龙同学推荐的《人性的弱点》，读中学语文课本……

我有个习惯，凡读过的东西就想把其记住。由此，也逐渐形成了良好的读书追求——学有所获。有人说我是过目不忘，其实谁有那么大的本事！只不过书读得慢些，仔细些，边读边记就是了。这种读书方法近乎蜗牛爬行，一般情况下反而比一目十行有效。

读的这些东西，有些是直接受益的，多数的还是潜移默化地对人产生影响。我之所以还能完成教学任务，与我的基础知识比多数同龄人广博一些有关。但我觉得，我离一个合格教师所应掌握的知识还差得很远，必须努力学习更多有用的东西。明年结婚后，我准备建立个小书库，整理好以前的图书，并购买一部分新书。

【关键词】学／文史修养　　学／学有所获

五、天马行空

7月21日，星期四。

昨天下午，随大哥到黛溪河边玩了一趟。山水很澎湃，好些年没见到这么大水了。我跟大哥到水里游了一会儿。原先我多少会点儿"打嘭嘭"（狗刨），七八年没下过水了，还没有忘。不过，我很有点自知之明，乍一下水，不敢到河心去。

从水里爬到岸上，我想到这么几件事：

（一）家里现在这个乱七八糟的样子，该好好地整治一下。鸡猪乱跑，很不卫生；天井低洼，下雨积水，稀泥遍地；经营庄稼，饲养鸡猪，规模小，不讲究科学，劳动生产率低下，收入了了，等于瞎忙活……明年我就结婚，成家立业。待家里松缓点之后，我想先盖个大猪栏，这样能同时饲养六七头猪，或建个大鸡舍，养上三五百只鸡。这些都不需要很多本钱，父母亲和妻子在工余就可以照料了。我得把好技术关。不过三五年，家境就会改观的。我们村有五百来人，连个馍馍坊也没有。现在很多人家都买馍馍吃，这无疑是个好买卖。农村的事没有多少难办的，只要肯勤动手。

（二）在个人进修上，我争取明年离职进修本科。现在就开始做些准备。若不能的话，就坚持自学考试。在完成政治专业本科课程之后，力争考取研究生。若此路不通，我想再自学中文专业，再拿个本科学历，这对教学将是很有帮助的。

（三）招呼我的同学们，邀请我的老师们，在暑假给农村的少年儿童们办娱乐班。这个班以招收小学生及学龄前儿童为主，组织唱歌，学习简单器乐（口琴、电子琴），画画，学普通话，讲故事，游戏，等等。可以替家长看孩子，还能让孩子学到知识，培养孩子的能力，开发智力。

【关键词】思／人生优化　　思／理想现实

六、成人教育——班主任讲话草拟稿

7月23日，星期六。

同学们：

今天开学了。自今天起，我们班的名称上又庄严地加上了一道杠，变成了高三年级二班，这一道杠似乎是在我们身上又增加了一副担子。

屈指一数，同学们若不留级或跳级的话，该是读了整整十年书了。这十年，主要是在20世纪80年代，并且我们的高中时代将占有20世纪80年代的最后一年——1989年。

20世纪80年代，人们称之为改革开放的年代，改革和开放成为两股不可抗拒的时代潮流。中国新一代领导人敏锐地觉察到了这一点，顺应和推动了这个时代潮流，使我们的祖国发生了令人激动的进步。我们为有这样的祖国感到荣幸。

在这个新的时代中，大家学到了许多知识，掌握了不少生活本领，基本上奠定了自己的世界观，从大方向上确定了今后的人生道路。可以说，我们无愧于这个年代。

可是，我们有没有想偷懒的时候、知难而退的时候、调皮捣蛋的时候？这些是不是有愧于时代呢？20世纪80年代留给我们的时间还有一年多一点，时代要求我们在这一点有限的时间里，完成高中的全部学业。时间无情地告诫我们：我们已经是青年了，该像个大人一样地做事了。

【关键词】教 / 立德树人　　思 / 时刻准备

七、惦记学生

7 月 25 日，星期一。

明亮的月光，洒在院落里。我在昏暗的煤油灯下，写着日记。我的眼睛开始近视，就是初中时在煤油灯下这么熬的。而那时的痴劲，却赢得了美丽姑娘的芳心。

近来，一点活不干，整天就是看书，听广播，逗着侄女玩。

我开始仔仔细细地通读教材《政治常识》。高三，可得高质量地给学生上课。下了大力气，不怕课上不好。

我一直忘不了班里的学生。是不是近几天应该去学校走一趟，看看呢？我不知自己有没有这个勇气，来回可是六七十公里呢。

放假后，我带回了去年教师节学校奖励的小收音机，有很多时间可以听广播，除了新闻，还听《法制园地》《体育节目》《午间半小时》《今晚八点半》《阅读和欣赏》《科技与社会》《文艺半点钟》等等。这阵子，我同时听两个长篇小说连播——中央广播电台的《平凡的世界》和天津广播电台的《青春梦幻曲》。特别是后者，我要坚持听下来，好好地长见识，了解中学生的心理，这对工作是有好处的。

【关键词】行 / 事业为重　　学 / 文史修养

八、高中班主任的责任

7 月 27 日，星期三。

一想到我的学生都是一些快毕业的高中生了，我就感到很不安。作为一个班主任，我做得太不够了。我也为他们中一些人的不争气感到着急，有的同学还不知羞耻地抄袭别人的试卷，想想吧，二十来岁的小伙子、大姑娘了。我觉得，肩上的担子太沉重了。

晚上，偶尔出门看一回电视。昨晚就和二哥、嫂子、雪雪一起到延祥家，看了电视剧《哑亲》。片子很动人，我记住了不少情节。不信？我能说出许多人物姓名呢：白依依、柳静言、柳逸云、柳静文、太太、大姨太、二姨太、周娘……

【关键词】教 / 立德树人

九、假期备课

7 月 28 日，星期四。

近来，我一直在读教材《政治常识》中的课文，读得很仔细。凡是不太清楚的地方（不能清楚地讲给学生的），我就立即查《政治学辞典》。通过学习，明白了许多东西。我是下了决心要高质量地给高三的学生上课了。我当了三年高中政治教师了，又被聘为中学三级教师，这是第一次送毕业班。我已有了三年的教学经验，凭我年轻的热情，不怕吃苦的精神，严谨的态度，我完全有信心送好毕业班。

当然，让学生考出好的成绩，除了教师的渊博知识外，还应有调动学生积极性的方法。我不想，也不应该，实际上也不可能采取硬压学生的办法，我的法子是"笼络人心"。也就是说，我尽量把课上得生动、活泼、轻松，让学生喜欢听，盼着上政治课。当然这就应该有的改革的精神，敢于和善于根据学生实际，采取新颖、有效的教学方法。同时，还要平易近人，做学生的知心朋友，和学生打成一片，随时了解学生对教学的意见和建议，及时完善教学方法。要培养尖子生，出高分，就要认真仔细地进行个别辅导，可采取共同研究和面批作业的方法进行。

【关键词】学 / 用足工具　　教 / 充分备课　　教 / 教育艺术

一〇、怎样取得高三学习的成功——班主任讲话草拟稿

7月29日，星期五。

（一）紧张有效地学习

1. 抓紧一切时间学习。附身携带书、本、笔。空闲的时候一定要想到读书，不要消磨时间。叔伯兄弟姊妹结婚之类的礼仪性的事情，大可不必参加了。

2. 采用行之有效的学习方法，踏实地学习。一是认真读课文，读透了为止。既要逐字逐句理解，又要从整体上把握。二是少读课外书，少做课外练习题，除了老师布置的作业，一般不要另外加码，特别是不必有大的个人复习计划。三是不要贪多、贪快，学一点是一点，做一点是一点，搞清楚才放过，学有所获。四是及时请教老师和同学。

3. 严守纪律，保证学习时间投入。

（二）保重身体

1. 注意休息，合理用脑。一是每天保证七小时睡眠，这是最低限度，一般不必开夜车。二是交替学习不同学科的内容，这是休息的一种方法。三是课间十分钟尽量不要学习。

2. 积极参加体育锻炼，参加少量体力劳动。一是上好早操，可早起来跑步、爬山，特别是体弱的同学更要加强锻炼。二是课外活动要"活动"起来。

3. 注意营养。尽可能地每天吃上一个菜，多喝点水。生活费争取达到每月25～30元。

（三）思想稳定，两种准备，勇敢地面向生活

高考既是实战，又是一场心理战。

1. 对于平时考试分数，要冷静地分析，从长远看问题，不要患得患失，不能忽冷忽热。

2. 敢于走回黄土地。我们是从黄土地上走出来的，就不要怕再走进黄土地。"考不上大学就是白念了"的思想是不对的，我们将来为人父母的时候，会更深刻体会到高中这段经历的重要性。

【关键词】教/立德树人　思/时刻准备

一一、下学期的工作设想

8月1日，星期一。

国事家事，抚今思昔，展望未来，夜不能寐，晓以记之。

（一）进一步分析、总结考试成绩和学习状况。大力表扬一部分进步的同学。对一部分有学好的愿望，经过刻苦努力，仍未取得理想成绩的同学寄予希望，并且表示将进一步帮助他们搞好学习。批评少数明显下降和不努力的同学，不超过五人。

（二）公布庄恒同学的两封信，表示自己坚决整顿班级、与全班同学共同奋斗的决心。

（三）关于怎样正确处理同学关系。这是一个相当复杂的问题，不让它以合理的形式出现，它就会以扭曲的形态爆发。如果同学中有人已经考虑过这些问题的话，不妨谈谈自己的看法。这都是正常的，是一种客观存在，不应大惊小怪。既然我们头脑里这样想了，为什么不可以说呢？把自己的思想深深地埋藏起来，淤积起来，才不是正常的现象。当然，我们正处在人生的十字路口上，特别需要集中精力学习，希望同学们能够十分慎重地考虑这些问题。在这个岔道口上，如果你走错一步，就会影响人生的一个时期，或者影响一生。人以自己的理智（思想意识）最终从动物界脱离出来，人应该理智地处理一切问题。我们的同学是受了中等教育的，应该有这个理智。

（四）关于我的工作方法。我将在一个班主任的职责范围内，利用一切正式和非正式关系，争得各方面的支持和帮助，采取较新的工作方法，最大限度地促进同学们学习。希望同学们和班干部们大胆设想，多提些合理化建议。我们的班将成为学校历史上崭新的班集体。

【关键词】教/培养集体　思/时刻准备

一二、读点啥书

8月6日，星期六。

《政治常识》课文读完了，我还做了点笔记，这已是备课性质了。我想，抽空再翻翻《政治学辞典》，读一部分与课文关系比较密切的词条。

生活中不能没有书读。现在接续下去的是万龙同学推荐的卡耐基的《人性的弱点》，这些心理学的著作对于当好教师和班主任，对于待人接物，是很有好处的。三五天就会读完的。以后，又干什么呢？

以前我自己安排读的书，往往是几本齐头并进。后来觉得不行，因为往往是对某本书产生了特别大的兴趣，而另几本书却是硬逼自己去读，结果是一本读完了，而另几本只开了头，搁置的时间都不短了。

原计划要读《中国通史》的，但考虑到明年的自考和进修考试还都远，早学了也许效果反而不好。怎么办呢？

新的学期，因为还要带领学生复习哲学，所以我想再把哲学的大学课本细致地通一遍。假设有本科进修名额的话，哲学肯定考不坏。一旦有名额，我还是有信心考上的，那样我的处境也许会大为改观。因为从此，我可以比较系统、深刻地学习专业知识，通向研究生的道路也更现实了，三十岁以前我也许能考上研究生。可要认真地自学外语哩。

【关键词】学／用足工具　　学／学有所获　　思／未来憧憬

一三、思念战场

8月7日，星期日。

中午睡觉，我梦见自己去了学校，还梦见其兵。昨天，我刚送出给其兵的信，很长时间不见他了，很是想念。

我不知开学之前的这十几天应该怎样度过，总觉得无事可做。剩下时间就读点《中国古代史》吧，学习时要有点"研究"的性质。看多少是多少，不需要有什么指标，这样能记住较多的内容。

讲台既是熟悉的，又是陌生的。

【关键词】行／事业为重

一四、读词典

8月12日，星期五。

我计算着开学的日期。在家实在待够了，闲得发慌。每天到地里多少干点活，要不太憋闷了，老是看书也不行。

高兴的时候，也拿起毛笔写几个字。只要写就会有进步，不过要认真写，另外还得临临字帖，我想坚持下来。

我开始读《政治学常见名词浅释》，没想到两年前后悔多买了的这本书，现在成了重要的精神慰藉。

【关键词】思 / 时间观念　　学 / 用足工具

《政治学常见名词浅释》

一五、听青春小说

8月16日，星期二。

近来听天津广播电台播送的肖复兴的小说《青春梦幻曲》，写的是高三毕业班的故事。虽然故事背景地是北京，但与我们这儿的高中生活也差不多。我深深地感到，我们当老师的还很不了解自己的学生，特别是他们的内心世界。这也激励我，在教学和班主任工作中采取更加开放的做法，促使学生身心健康成长。一部分落榜学生沉重的思想包袱和社会适应压力，更激发我探索新式教育的热情和决心。

今天，南北寺中学的招生通知下达到了我家乡，我们村被录取的韩五行（化名，下同）来找我，我颇为自得，我们的南北寺中学没让乡亲们失望。

开学日近，我盼望着开学。在家的日子好难熬呀！

【关键词】教 / 立德树人

热　恋

一、接近

1987年12月12日，星期六，我乘车回家。我已有一个月没到家了。娘早做好了棉衣，二哥还想给我送到学校，爹买了粮票，贴补我和弟弟。晚上，睡在爹娘身边，我感到家庭的温暖。

星期天，父兄去卖白菜，我却跑到染织厂。李芳在等我。我只是觉得，她一直在接近我，接近我，使我一离开她，就感到失落，感到难受。

【关键词】思 / 体味幸福

二、真爱

1988 年元月 12 日，星期二。

星期天并没有回家，而是在李学、杜卫国老师带领和帮助下，到周村买了件呢子大衣，花了 143.7 元。娘知道后，也许会骂我了，我也很后悔。只是当时时间紧，又加上李、杜两位老师都同意，再说是国营商店的东西，也不会吃亏的。

近段时间相继给她写了两封信，表白我的一片真心。她无声的泪水中，也许有对我的担忧。我盼望收到她的回信，虽然她的笔迹和儿童差不了多少，但字里行间流露出的却是纯洁的爱。

【关键词】思 / 良心不安

三、难忘的星期天

5 月 30 日，星期一。

星期六下午，我们在邹平约会。仍能觉察出她多少有些不安，我应该更多地体贴她。

回家路上，由于走得太急，我们俩的车子别在了一起，一下子两个人都摔在路上。天黑漆漆的，我们俩忙活着整治车子。不知不觉地，月亮钻出了云层。车子整治好了，月光洒在我们身上。

星期天早饭后，我急匆匆地蹓了出来（家里正点种玉米），叫上她一起去了周村。到周村放下车子，抓紧登上去张店的汽车。车上很挤，她靠在我怀里。十一点来钟，我们到了张店。我们一直玩到下午四点多钟，到过商场、百货大楼、公园，还到过录像厅，看了科教片《生命的奥秘》。她买了条裙子，这是第一次。裙子是很美的，想必穿上裙子的她会更美。

下午，回到周村已五点多了。我送了她一程后，就分手了，她往西北回家，我往西南返校。我们俩都很累，不知她啥时才能到家。我是逆风、爬坡，十分艰难地挪到了学校。

【关键词】思 / 热爱生活

四、有的是感激

7 月 24 日，星期日。

星期六，到了约会的日期。上午我就去邹平，买了礼物，还理了发。

天不太好，午饭后竟落起雨来，我很是担心，若是下大了，晚上就没法到她家去了。午觉也睡不踏实，迷迷糊糊地听着越来越大的"呼呼""刷刷"的风雨声。当我醒来，雨早停了，并没下很久。

九点钟我到了她家。太近了，骑上车子不过几分钟。家里人都在，我第一次见她穿上了连衣裙，很俊，很美。也许越来越觉得不是外人了吧，我很自然、很舒畅地和准岳父等人说话，像在自家一样。

老人们盛情款待，给我夹菜。准岳父买来鸡罐头，让我吃最好的肉，自己夹起鸡爪子啃起来。十二点多了，她奶奶又下面条，里面有荷包鸡蛋，非让我吃不可，我还往哪里盛呢？肚子可是超负荷工作了。

临别，她说"星期六（下午）五点，新华书店"。我目送她远去。

我推着车子，慢慢地走到家时，钟声响了一下，午夜一点半了。

【关键词】思 / 体味幸福

五、冰砖的承诺

8月6日，星期六，十一点钟我从家里出来的时候，侄女雪看见了。我只好答应回来时给她买冰砖。

我望着那个身影的到来，她终于来了，穿着漂亮的米黄色薄纱连衣裙。连我都不敢多望她一眼。

我们先是看了电影。我们俩都不愿离开，冒着酷暑，淌着汗，又爬上黄山。我们俩谈了许久，谈了结婚的打算，谈了生活的理想。

这次，该是我催她走了，已是傍晚七点来钟。我没忘了，给雪买上两块冰砖。

当我带着这位穿连衣裙的漂亮姑娘走在街上时，不知人们有什么看法，也不知她有什么想法。幸福是属于我们的。

【关键词】行 / 重诺守信

六、需要勇敢

8月13日，星期六。

昨晚想起读聊师的崔放梅同学，我想找她借几本书看，同时也想听听她的高论。我这几年，没学到多少东西，总觉得有些落伍了。

她的性格的开朗与顽强，是她成功的重要因素。她甩掉了女孩子的缠绵，具有许多男孩子也不曾有的品格。我佩服的正是她这一点。正是因为这个，我才认为对我的学生们，不要有意无意地干涉他们思想感情的正常发展，特别是高三学生，他们很快就要走向社会了。将来，对待我们的后代，也应创造条件，让他们得到健康的发展。

从这儿，我也体察出一点来，不论做任何事情都需要勇敢，抓住时机。勇敢的人，取胜的可能性总是要大一些。

今日早饭后，我去崔放梅家，她哥说她早于十几天前就回校了。还未开学，也许她准备考研究生了吧。

我希望她能不断进步，得到幸福。我也希望自己不断进步，甚至在不远的将来超过她。

【关键词】行/同伴激励　　思/深入反思

七、看不清面容的好人

8月14日，星期日。

下午四点钟，我从家出来，先到教育局，给韩延涛开了张高考成绩证明，然后到新华书店，买了本《新郎新娘关心的100个问题》。离约会的六点钟还有半小时，我就在路边看起书来。猛然间，觉得路上飞快地飘过什么，抬头一看，天上乌云翻滚，路上的车辆、行人都急速地跑动。

我推起车子就走，赶往约会的地点——中医院。

云越积越厚，天越来越黑，开始落雨点了。我撑起了伞。

雨势大了，伞已不管用。这么大的雨，她怎么来呢？干脆，到她厂里去。我骑车没命地跑起来，伞只罩着头上的一点，其他地方已淋透了。到了厂里，我放下车子，毫不犹豫地走上她的宿舍楼。

她很高兴。屋外的风雨疯狂地摇晃着树木、庄稼，锃亮的闪电，隆隆的雷声。多想再如往常一样，把她抱起来，可是我浑身都淋透了。

雨下得小了，七点多钟，我们俩去影院看了电影《二子开店》，很好的电影。

漆黑的夜，我们俩骑行在路上，我瞪大了双眼，望着远方。"慢点，前面有沟。"我惊了一下，原来路旁站着一位老者。我们俩都停住了，她的车子别在了沟里，幸亏早刹车，没出事。"我站了一个多小时了，生怕有人看不见前面的沟。"老人又说。"谢谢您了，大爷！"她说话了。我向黑暗中又望了一眼，看不清大爷的面容。

在她村外，我们俩停了下来，她偎依在我怀里，久久不肯离开。她说："不知咋的，我做了一个梦，梦见郭素红（初中同班女同学）跟了你。我急得大哭起来，醒了才知道不是真的。"

我知道，她心里还是不踏实。"开学后，抽空到学校去玩吧。"我说。

我和她到了家门口，她硬要来送我，我没让。送也不顶用，一路泥和水。蹚着泥水，回到家，已是十点半。

我想对她说："即使将来我会有点出息的话，也是你的爱和帮助的结果。"

【关键词】学/科学素养　　行/道德感动

从落榜生到中专生

一、尽好义务

1988 年 7 月 3 日，星期日。

下午一点半，学校的车送老师们回家，弟弟到邹平接我。三年工作中，我照顾了一个高中生，也许他很快就会成为大学生。弟弟升学之后，仍主要由我供读，我应认真地尽这个义务。

【关键词】行／家庭责任

二、命运如何

7 月 7 日，星期四，高考开始，弟弟在邹平一中考点参加考试。我去看了一趟，高考组织得很有秩序。但愿弟弟能考出个好成绩！

在强手如林的高考中，有谁愿意落榜呢？然而，每个人都考中又不可能。我不知明年，我的学生会有怎样的归宿。

【关键词】教／心怀学生

三、有思想准备

7 月 9 日，星期六。

雨从夜里两点开始下，一直没停。弟弟要冒雨去参加考试，我的两个学生（万龙和李艳红）要冒雨去劳动。他们是世界上值得尊敬的人。

下午五点半，我知道，弟弟该考完最后一科出场了。一个小时之后，他从县城赶到家。我们询问他考的情况，他感觉考得并不好，只是觉得政治还答得不错。

我佩服的是弟弟那种冷静的头脑，他不把考大学看成是唯一的出路。他完全有思想准备。

【关键词】行／同伴互助

四、"中举"

7 月 29 日，星期五。

听说高考的分数出来了，弟弟坐卧不安，他心里没谱。晚上睡觉，我听到他翻来覆去的动静。这时候的人是睡不着的。

今早，弟弟去了学校，问问分数，顺便捎旧书本、衣物回来。

而我去了教育局，杨道华同学正在招生办帮忙，替我查了分数。找到号码，我先去看总分。啊！489分！我知道，能考上，至少是中专。

我一路狂奔，回到家告诉了嫂嫂，又嬉笑着对娘说："范进中举了。"她们都很高兴。

弟弟考上后，家里的负担会逐步地轻一些，只需供他念两年书了。这还好办，我和二哥，还有大哥，完全办得到。

弟弟考重点高中落榜，却辗转考上了大学（或中专）。这里面，有我的一点功劳啊！

现在是十点四十分，也许弟弟已见到自己的分数，欣喜若狂了。

【关键词】行/家庭责任

五、漂亮的皮箱

9月12日，星期一。

今天，学校发了教师节纪念品——一只约四十元钱的漂亮的皮箱。弟弟考上了山东财政学校，原想给他买一只皮箱上学用的，这下不用买了。

弟弟考上学，且又是个好专业，自然他的老师们庆幸，全家庆幸，他自己更庆幸。我虽然要结婚了，但仍要好好地帮助弟弟读书。但愿，将来他比我更有出息。

【关键词】行/家庭责任

六、几大三分客

9月18日，星期日。

星期六下午，我带上学校刚发的教师节礼物——皮箱，回了家。把皮箱送给弟弟，让他上学带去用吧。娘和弟弟很高兴。

今日一早，爹就去赶集了。我和兄嫂去铲地。干到九点多钟，我回家整理一下，便去了邹平。刚出村口，正遇上爹步行从城里来，挎着买的猪肉，这是准备包饺子吃的。爹像对客人一样，再三留我吃午饭，可我要去见李芳一面，再回单位，没空回家吃饭。我不知怎样感激年迈的爹。

我见到李芳时，她正好走下宿舍楼来，我用车子载着她出门。大庭广众之下，她不好意思贴在我身上，更不像有的姑娘浪漫地抱着男朋友的腰。

我给她买了双白色的皮鞋，这是好久的愿望了。中午，我们看了电影《东陵大盗》。还没看完，她就急着去上班了。

【关键词】行/道德感动

七、不装糊涂

1988年10月12日，星期三。天开始冷了。接到弟弟从泰安寄来的信，知道他在山东财政学校的学习、生活很顺利，很愉快，我感到很高兴。弟弟的成就，也为我脸上添了一分光彩呀！

1989年12月5日，星期二，上午我去临池邮政支局，给老友起震发了封信，邮购了几本书，另给弟弟汇去五十元钱。附信中说："家庭的窘迫，使你在外饱受寒酸之苦，这我是十分清楚的。这点钱，聊作你回家的路费吧！"

前几天回家时，我曾征求娘的意见。娘说："他没说让寄就别寄了吧！"娘从这个十分窘迫的家庭的实际情况出发，说出了一句"狠心"的话。这一次，我违背了娘的话。8月份，弟弟是带着两百块钱走的，加上点微薄的助学金，在学校过五个月，除去来回车费，每月均花费五十元钱，这只能很紧张地保住生活费用。要买点书笔纸墨，添置点衣服，就很困难。作为已成家的兄长，全家的"支柱"，我不能装糊涂。

【关键词】行／家庭责任　　行／困难考验

日记本的来历

1988年8月9日，星期二，小李村家中。

在日记第二十三本即将写完的时候，暑假中的这一天，我们班的洪大业同学来找我玩，把他运动会四百米第一名的奖品——笔记本赠给我。

这是我们年轻友谊的见证。我要把这本笔记本作为日记本，作为我知心的朋友。这就有了日记第二十四本，也是我当教师的第十本日记。

还是先简要地总结一下上

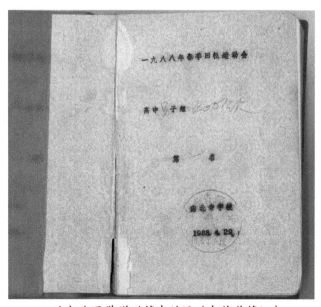

洪大业同学赠送笔者的运动会获奖笔记本

集日记的内容。第二十三本日记大约写了九个多月的事情，跨度不小，记得比较简练。一个主要原因是，当了班主任后没那么多空闲，抒写闲情逸致了。班主任生活也是这一时期日记的主要内容之一。恋爱当然也是一个主要内容，记了我们感情发展的过程，虽然有些仅属于两个人，我还是记下了，她不会怪我的。

第二十四本日记将伴随我和我的学生，度过关键性的一年——高三毕业之年，我要和他们一起向高考冲击。这本日记还将记下我的婚礼。

平凡的岁月里，

平凡的人儿，

做着平凡的事情，

却是那么不平凡！

【关键词】教 / 心怀学生 思 / 日记风格

第四学年（1988—1989）
二十二岁　首届毕业班

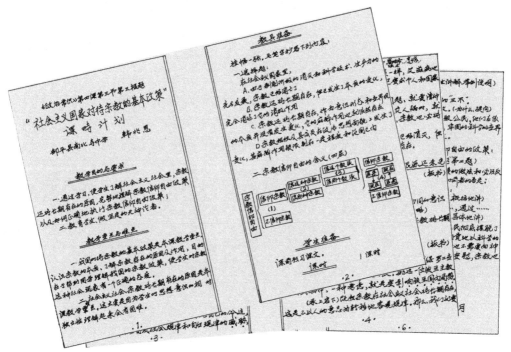

笔者1988年参加县政治优质课比赛时撰写的教案

南北寺中学1989届毕业班教师队伍

新　生

一、我要读书

南北寺中学下发了招生录取通知书，我们村的韩延杰没考上，便来找我。1988 年 8 月 17 日，星期三，我领他及其父韩兆宝，到南北寺中学问情况。

我找校长和杜主任查了延杰的分数，差十几分。校长也听了家长、学生的愿望。

【关键词】行 / 社会责任

二、帮助老乡

1988 年 8 月 23 日，星期二，高一新生开始到校了。中午，我们村的刘正元和韩金脉（化名，下同）分别带领学生刘云树和韩五行来学校报到。学校的生活太不方便了，翟师傅的小饭店里也炒不出菜，我招待大伙儿，将就着吃了饭。

下午，从我的母校东景联中毕业的王艳红同学到校了。昨天下午，她父亲给她捎回中考分数。她是文艺生，文化课离分数线差十分。从她父亲的口里得知，他们是没有让女孩子升学的强烈愿望的。因为她的专业成绩很好，昨晚学校决定破格录取她。今早，我们班西董乡夫村的明礼（化名，下同）同学回家叫妹妹入学，我叫她多走几步路，给王艳红送了通知去。当天，王艳红就从六七十里以外赶来了。

王艳红到了我宿舍，看来是来感谢我的。其实，我并没为她说多少话。学生的诚恳也感动着我，我将继续努力为他们做事情。

【关键词】教 / 一岗多责

三、校长关照

9 月 4 日，星期天，本想在家休息的。可兆宝哥要我和他来校送学生，只好骑车子先走。他带了行李，我们走了三个多小时的路，才到学校。然而，校长不在家。

星期一早晨，我和兆宝哥向校长说明了家庭的困难。按照校长给出的优惠标准，交了代培费现金两百元，又打下一张五十元的欠条。延杰终于念上了高中。

我一边忙碌着这些"社会工作"，一边上我的课。在新教科书还未到的情况下，我们已基本学完了"前言"，我想趁这个空，再领大家学习一点时事政治。

【关键词】教 / 教育公平

高三开局

一、重任在肩

1988 年 8 月 20 日，星期六。

昨天下午五点钟，我乘车到了学校。晚上，前排教工宿舍就只有我和牛冲、梁玉涛、韩斌等四人，我们聚在一起，谈起村里的封建迷信、奇人怪事。

今天九点钟，全体教职工在会议室开会，校长宣布了学校工作安排。我不出意料地担任高三（二）班班主任、负责高三文科两个班的政治课。这次我切实感到了担子的沉重，这级学生，无论如何要教好、管好他们。这是他们一生的关键时刻，也是我第一次送毕业班。

【关键词】思 / 及时反思

二、我得对得起学生

8 月 21 日，星期日。

在我到校近一天的时候，红眼病终于发病了。眼睛生满了眵，红肿，很不好受。一开学，就闹了这样一出。

办公室里并不见人，至中午，教导处还未将课本等发到老师手里。高三的政治新课本没到，备课无从着手，想考高考题也不成，根本没有题样。但是我还要拼命地干，我得对得起我的学生，对得起我的生命。

好在学生宿舍已安排好了。我没编组，而是让本班同学自由住下，这样更有利于同学之间关系的和谐。这次开学，不像上学年我初当班主任时那样忙乱，我可以多让班干部做点事，少做些无用功。

刚开学，人数非常整齐，只有侯纤巧同学生病还未到校。

【关键词】教 / 爱岗敬业

三、外出学习

8 月 24 日，星期三，我去邹平，在其兵处住了一宿，我要去滨州参加政治教学会议。

25 日早七点，我匆匆赶上车。车上遇到黄山中学的李雷、李俊老师，九户农技中学的成光明老同学和赵卫方老师，一中的厉仁杰老师。

会议内容很不生动，但我还是坚持到了最后。吃饭、住宿都很舒服，晚上没事，就坐下来看电视，开阔视野。

28 日，星期日，上午我坐上车，下午两点多到邹平。我没有回家，给学生买了作业本，托付给坐校车回校的老师，就一人骑车上路了。之所以骑车回来，是想星期六早回去见李芳。

晚上，在班里讲了讲："抓纪律，以保证学习环境和时间；抓活动和锻炼，以提高学习效率。"

今天，班里进了几个复课生：杨越、刘萍、王慧、孙秀云。

【关键词】教／爱岗敬业　　教／教育生态

四、在同一起跑线上

8 月 31 日，星期三。

这几天，我一直很紧张。既要备新课（"政治常识"至今还没有课本），又要处理班内的事情。开学以来的事太多了。今天，筹备了很长时间的班干部选举进行了。选举很成功，很快就能组建起班干部队伍。

政治常识新课的备课很难，不过我有信心。大家都是上新课，在同一起跑线上，相信我还是会走在前面的，我的改革定会成功。

今天，新课上了第一节，效果不错。这节课备了好几天。

【关键词】思／自尊自信

五、第一次十一点以前睡觉

9 月 2 日，星期五。

到今天，终于忙出点头绪了。昨天晚上，向全班公布了新干部队伍的组成情况：由唐丽华同学任团支部书记，仍由宁华同学任班长。终于了却了一桩心事。第三届班干部代表唐丽华同学发表了"就职演说"。

根据两周来同学们反映的意见，安排的教室座次没有多大问题。近来有些劳累，昨晚第一次十一点以前回宿舍休息。

【关键词】教／培养集体

六、调座位的愿望

9 月 5 日，星期一，晚上我要休息的时候，毕卫东同学到我宿舍，为了调座位的事情。原先他的同桌是李雪梅同学，是他初中老师的女儿。他说，他们同桌时相互帮助，建立了友谊，乍分开来，觉得心情不好。

我理解他们，他敢和我讲真心话，说明他是信任我的。只不过，为了班级秩序的安定，暂时不能再调座位了。

【关键词】教 / 尊重规律

七、尊重与冷落

9月10日，星期六，十点半举行全校教师节庆祝大会，有许多单位的代表参加，教职工们第一次堂堂正正地坐在了会场中央。会上，杨秉臣老师代表教职工发言，倾吐了心中的苦衷。然而，中午饭的时候，来宾在餐厅吃，过节的老师们却只能在外面自己打饭吃。我感到有些难过。

【关键词】教 / 教育生态　　思 / 褒贬善恶

八、班级壮大

9月12日，星期一。

上完两节课，累得要命，嗓子都要哑了。学生总体上比过去知道学了，但仍有不少人是想混的。

近来，我班进了不少复课生，到现在全班已有六十四人。部分复课生纪律观念较差，我打算专门开会，讨论解决这个难题。

从昨天班里开始实行星期日点名制度，我们要严格地执行纪律。

【关键词】教 / 培养集体

九、学生不来咋办

9月25日，星期日。

星期六下午到家后，上山和兄嫂收花生。收获的季节，虽忙了些，但人们心里是喜悦的。我只是默默地劳动，并不多言语。兄嫂的对话，叫我看到小夫妻的恩爱和质朴的心灵。

今下午，娘挑出最好的煮花生，让我带回校去。到邹平去等校车，但是车没有来。我早有预料，车没油了。五点多了，我只好骑上车子猛跑。路上遇到一群学生，其中有我的班长宁华同学，我和他们一起赶到学校。

赶到教室去点名，还有二十来名同学没有来到，我很生气。学生不来，大约有两个原因：一是农忙，二是今天正好是中秋节。

我又感到茫然了，我不知道，该怎样去管理高三的学生。

【关键词】思 / 研究问题

一〇、高三的文艺活动

班里的文艺活动终于开始了，这改变了往日学生的状态。我打心眼儿里高兴。学生的生活实在是太枯燥了，可有的老师还嫌学习不够紧。

国庆节放假三天。9月29日，星期四，我回到家，正赶上播种，耧地一直到天黑。

【关键词】教／尊重规律

一一、含情脉脉

10月3日，星期一。

昨天下午，我们俩在她家吃了她奶奶做的荷包蛋面条后，上了路。虽然她晕车，路途很疲劳，但她仍很兴奋。

晚上，我按时到班里点名、参加学校例会后，就回到宿舍。我们俩聊得无拘无束。

今下午，我送她去周村车站。汽车开走了，我才见不到了那双含情脉脉的眼。这一天，我是多么难忘啊。

【关键词】思／热爱生活

一二、一份二十页的教案

10月12日，星期三，下午学校和教育局的部分老师听了我的一节课，"政治常识"中的"资本主义民主制度"，我以此参加学校青年教师优质课评比活动。为了这节课，我下了不小的力气，几乎备了一星期，写了二十页的教案。说实在话，我也就这么高的水平了。要真正大幅度地提高教学水平，必须继续搞好知识储备，努力钻研教学法。

上周召开高三教师会议，公布了学校高三毕业班奖励办法，由此老师们会增添些干劲吧。我自然觉得肩上的担子沉重，更想努力搞出好成绩来。关键有两点，一是不懈地努力，二是科学的方法，特别是要认真地抓一部分优秀学生。最近考了试，我准备认真地与每个学生当面分析试卷，探讨学习方法，激发学生学习的积极性。

【关键词】教／充分备课　　教／教育生态

一三、小字报

10月14日，星期五，闲谈的时候，王光敏老师告诉我，读报栏上有人给我贴小字报。我去看时，那小字报早已被撕得辨认不出一个完整的字来，只模糊地看到一个不完整的"韩"字。

我心里很是难过，我何至于此？何罪之有？前段时间，我曾见到一张匿名纸条，字的笔画都是沿尺子划出来的，说"韩兆恩欺人太甚"之类。我一眼认出，是高青枝同学"写"的，便找她平心静气地谈话。当然，她是不会直接承认的。我说："这是件好事情，提醒我必须努力工作，严于律己。"这件事情的出现是有其背景的：高青枝同学原是文娱委员，由于学习不努力，又不严守纪律，故而落选。但她不服气，不肯认真检讨自己，将这一切归咎于老师。当然，我对她的批评教育方式也有欠妥的地方。

这一次却无从查找了，我只能更谨慎地工作，静观事态。也许是近几天，我到班内分别找每个同学当面分析试卷的缘故吧。

我心里感到很茫然，不知应如何当教师，如何当班主任。

【关键词】思 / 战略定力　　思 / 研究问题

一四、杜俊芳的直谏

10 月 29 日，星期六。

时间一天又一天，一周又一周地过去，开学已经两个多月了。从近往远处说吧。

昨天，我在课上表扬了杜俊芳同学敢于直言。女生宿舍的玻璃坏了，几次有歹徒进入宿舍，虽然没有造成多大危害。学生告诉我安装玻璃，已有几个星期了，可我几次都忘在了脑后。早晨，杜俊芳同学又提起这件事时，我说去问问。不料，她的一句反问使我无言以对："问到什么时候？"我做了自我批评。并要求全班同学，更加严格地监督班主任和班干部的工作。

前天，公布了新座次。为了排好座次，我事先征求了全班同学的意见，做了认真的记录。但公布之后，仍有不少同学不满意，实在是不好解决。高三了，这些问题都十分敏感，特别是学习较好的同学。对于一些学习成绩不好，又愿到教室后排去"自由"的同学，我终于下了决心，将他们放到后面，这样教室里就不会有大的乱子了。

【关键词】教 / 关注安全　　教 / 教育民主　　行 / 为人师表

美术生胡建霞

一、迟到的关照

1988 年 9 月 23 日，星期五。

昨晚自习后，我和学习美术专业的胡建霞同学谈话。我当了一年班主任，对她没能做适当的安排，帮助她学习专业课，感到很惭愧。最近，我先后把她介绍给韩斌、刘士奎等老师，指导她的专业学习。

不一会儿，杨秉臣老师急匆匆地跑来告诉我，我们班里马华章同学生病，需马上住院。我带上钱，几个同学主动跟上，一起去了临池医院。安顿好后，打发走那几个同学，我就守在马华章床边。

今天，天一亮，杨明同学就赶了去，把我替下来。我回来后，就开始备课。精力总集中不起来，但又不能睡觉。午饭后，也不敢休息，直到上课前，才将课备完。

经检查后得知，马华章同学并无重病，即时出院了。

【关键词】教 / 发展个性

二、有谱

10 月 5 日，星期三。

胡建霞同学的美术学习，到今天终于有了一个谱。事情办得如此拖拉，我感到对不起学生。但我不曾忘记学生的事情，时时记在心上。现在，她可以较有规划地学习了。

【关键词】思 / 良心不安

三、转学

10 月 19 日，星期三。

在紧张备课和上课的间隙（还有二十分钟就要上课了），我写下这点文字。

星期六上午，胡建霞同学的父亲来学校，为她办理转学手续，我一上午不得闲，课也没备成。下午，人们都回家了，我本学期第一次周末没回家，独自一人坐在办公室里，冷清地备课。累了，头疼了，然而不能停歇，课还没备好。晚上，又抓紧来备课，连电视也不敢去看，李老师家的电子琴不敢去弹，乒乓球没空去打。

星期日上午，两节课的间隙里，我刻完了蜡版。可下午要上的课，还没备好，只好不午休。我头昏脑涨，迷迷糊糊，却不能停下。我去找文印室马老师，印出题来。马老师讲，星期天她是不该上班的。这是一个怎样的星期天呢？

星期一上午，胡建霞的父亲又来了，父女俩在我宿舍，等候办理转学手续。午休时，我躲在办公室，备点课，一举两得。

两节课后，我把转学手续办理齐全，递给了这位老父亲。当他离去的时候，我无力再多送几步。

下午政治课临下课时，将要退学的万龙同学和转学的胡建霞同学向全班同学讲话。我代表全班同学，向这两位同学在班内宣传、劳动、体育方面做出的重大贡献表示衷心感谢。

父女俩向我和同学们告别时，我把五十元学费退给了胡建霞。同学们把他们送出校门，胡建霞同学早已抽噎得说不出话。

在这个喘息的间隙里，我记下这段文字。

【关键词】教 / 爱岗敬业　　思 / 日记风格

四、人才的发现

11 月 21 日，星期一。

胡建霞同学来信了，她转走两个月了。我失去了一位画手，而一位新的画手出现了，以前我不曾了解的董莉同学，在近来的黑板报上崭露头角。

我对人才埋没感到痛惜。她们都是些人才，好人才呀！而我却那么无能为力，无法帮助他们获得更大发展。

【补记】胡建霞转学到淄博十九中学习美术，1990 年春曾回南北寺中学强化文化课，后考上菏泽师专美术专业，成为一名美术教师，实现了自己的梦想。

【关键词】教 / 发展个性

万龙在高三

一、送而未别

1988 年 10 月 17 日，星期一。

下午我在本班上课时，将要退学的万龙同学发表告别演说，还就怎样正确处理人际关系，让同学们给他提供建议。

【补记】万龙同学的继父劝他继续完成学业，退学一周后，将他送回学校复学。

【关键词】教 / 立德树人

二、家庭和社会

1989 年 2 月 4 日，星期六。

家庭中，有许多难以处理的问题。自去年，二哥因结婚欠下的账基本还清之后，他挣的钱大部分便不交给"大家"了。我还没结婚，还不能立即分家，只能勉强几日。我仍一如既往地，甚至更好地对待二哥二嫂及侄女。也不能怪他们，这样的日子，责任不明，功劳不清，确实谁都过着没劲。分家并不是坏事，反而是好事，是必然。将来由我的她来主持这个家庭，也许会更好些。那时，就应由我们主要负担起供弟弟读书和赡养老人的义务。

万龙同学过早地、过多地考虑了一些社会问题。一方面，他关心国家和民族的兴衰，是难能可贵的；另一方面，这也很大程度地增加了他的烦恼，影响了他对基础知识的学习，致使他的努力没有成果，得不到社会的承认。我还应该和他进一步地谈谈这个问题。

【关键词】教 / 发展个性

三、高考之后

7月15日，星期六。

4月，高考预选后，万龙、孟朝晖、张霞同学回了王村等原籍地，报名参加高考。

昨天，我从学校回到家，万龙同学早在我家等了大半天。他是来找我看《半月谈》的。晚上，他住下，我们谈了许多。从他的话语里感到，我两年来的班主任和教学工作还是有些成效的。

今天早饭后，万龙同学才回家。

【补记】万龙同学只比我年少一岁。当年高考落榜。此后三十余年，我们俩来往不断。他一心治国平天下，先后从事法律服务、心理咨询、政治教学等业，走南闯北，但与社会格格不入，屡屡碰壁，人生坎坷。我爱莫能助，好不痛惜。近来赠曰："妄想误人，实干树人！"

【关键词】教 / 爱生一生

我家有了电视机

一、超前消费

1988年10月31日，星期一，托杨承玖老师买的电视机终于到了，沈阳牌17英寸的，收视效果不错。但是手上的钱不够，我借了两百元交上货款，总共710元。

当天晚上，一直看到快十二点才算结束。我打算星期六就带回家，全家人不知会怎样欢喜呢。对于我这样的家庭来说，这已是超前消费了。下一步，结婚费用只能借、再借。不过，我还是有信心的，凭我们俩的劳动，几年就会还上的。但不能借太多，能少花的，实际效用不大的，就少花、不花。

忙碌了一天的父兄，三岁的侄女，从此再不用跑到别人家看电视了。生活总在不断地进步，新的一代会有更好的受教育的条件。

【关键词】行 / 家庭责任

二、深夜看电视

11 月 5 日，星期六，我将电视机小心翼翼地送回了家。二哥还谦让呢，说让安装到父母屋里。而我还是坚持放到哥嫂这边，这样方便。忙了一下午，安放好了。

可惜的是，天黑时，却停电了。等到九点来电后，小侄女雪跑来，叫大人们去看电视。早已躺下休息的父亲也穿衣起来，一家人一直看到十一点钟。

【关键词】思 / 体味幸福

三、现代化的味道

1989 年 2 月 4 日，星期六。

近来，小李村晚上供电基本正常，可以很好地看电视。我家里坐了不少人，有看电视的常客，也有稀客。这个家庭，开始多少有了点现代化的味道。看电视，也成了假期生活的主要内容之一。

【关键词】思 / 热爱生活

高三的教学改革

一、自由学习之梦

1988 年 10 月 25 日，星期二，下午我开始正式上新增加的课。

上次测验之后，我发现同学们掌握得很不好，一个重要原因是没有时间复习。所以，我下决心去要自习。然而，没有一个老师愿意挤出一节自习给政治课。最后，杜老师只好将平时留的自习，给我加上一节。呜呼，这样学生又怎能自由地发展呢。

下一步，我决定在教学上实行改革。不改革，就不能提高课堂效率。这个改革包括两方面：使学生有更多的自由学习消化的时间，同时又要加强管理。

【关键词】教 / 尊重规律

二、理论联系实际问题

10 月 29 日，星期六。

这一周，我一直在考虑如何写教学论文。前段时间，我们政治组同志们辛辛苦苦准备的课，在全校优质课评选中全军覆没，但是三位政治教师中，数我得分高。这次，县组织政治教师优质课评选，便选我去参加，必须带一篇论文。

在李庆山老师的帮助下，我开始构思，有三四天了。直到昨天晚上，我才在提纲的基础上，提笔一气呵成。今天又抄了一遍论文，准备先让各位老师给修改一下。这次的题目是《古老又常新的话题——浅谈〈政治常识〉教学中的理论联系实际问题》。文章有两千余字，有啰唆之嫌，文笔也不生动。搁笔几年不作文，笔头已开始生锈了。

【关键词】教 / 联系实际　　思 / 教育科研

三、头脑中的百科索引

11 月 2 日，星期三。

近几天，虽没有大事情，可也没闲的时候。读书，看电视，听广播……

"政治常识"是一门涉及领域很广的课程，特别是与历史（尤其是近现代史）有密切的联系。近来，我在有选择地读一些与政治常识有关联的书：《世界现代史》《当代国王》《国际时事辞典》等。钱太紧张了。这些书，都是该买些放在这里的。我幻想着，将来我的书柜上，放满了各种各样的书。

时间，抓紧时间，合理利用时间去读书。只有自己丰富起来，至少是先在头脑中建立一个小型的百科索引，才能在备课和教学时左右逢源，把课讲得丰富多彩。

上学年，我得意自己成了"老教师"，教学已不很困难了。可是本学年，面对新教材，我又需要进行一轮艰苦的积累。我相信，凭我的活力和苦学的精神，凭我较扎实的基础知识功底，会比别人进步得更快些。

【关键词】学 / 购书藏书　　学 / 名人言行　　学 / 用足工具

四、写范文

11 月 9 日，星期三。

从昨天开始期中考试。考前我强调同学们要严守考试纪律，若出现作弊现象，将一如既往地给予严厉"打击"。考试秩序比较好。

为了组织学生写小论文，今日我先写了篇作文，名曰《愿悲剧不再重演——浅谈社会生活民主化》。经修改，我又誊写出来，觉得还是基本像样的。

【关键词】行 / 为人师表

五、小论文交流会

11月20日，星期日，在校上课。实际上，我知道，星期天多数学生不愿上课，但也要上。我放学生的假，安排给我的时间放出去，政治课会更学不好。

我只能变着法子上，开个小论文交流会吧。可是一班的小论文没有收齐，只在二班进行了。十二名同学发言，两位评委（学生组成）评议，两名同学记录、统计，颇有点民主气氛。我自己班里的学生，是越来越接受我的思想了。

我还想搞个"星期天音乐会"，也许会有好效果。我们学生的生活太枯燥了。

一天忙忙碌碌，胃疼又发作了。不知啥时能轻松些。

【关键词】教/改革创新　　教/教育民主

书法比赛

一、有些拘谨

1988年11月4日，星期五，上午用了两节课时间，认真地写了一份钢笔字，参加学校教工团支部组织的"勤学杯"硬笔书法赛。我的钢笔字不算难看，不过写得有些拘谨，不算匀称。

【关键词】学/语文修养

二、获三等奖

11月18日，星期五。

教工硬笔书法赛三等奖奖品

这一周竟忙得不可开交，没有一点时间写日记。

星期日从家里回来时，娘给我装上了炒花生。我刚补发了工资，还上了买电视机借的钱，娘很高兴。我只是觉得不愿离开家。当晚到校，开了好几个小时的会，高三的事情很多。教职工例会上，硬笔书法赛颁奖，我获得三等奖。

【关键词】思/自尊自信

学生出走

一、如临大敌

1988 年 11 月 18 日，星期五。

11 月 15 日，星期二，晚上孙振北、章强两同学来找我。两人无故躲避期中考试，我让他们回家请家长来解决问题。但两个人执意不从，从星期一一直纠缠到现在。这回两人说不愿念书了，要我和他们算账后退学。我说没有家长和学校的意见，不能答应。

谁知，星期三早晨，两个人出走了。听到消息后，我和杜主任赶紧骑自行车去追。我们从临池附近的彭阳火车站，又向西跑到卫村火车站，不见他们俩踪影。

下午，我在万龙同学引导下，去了章强的家——济南市章丘县（今章丘市）杨官乡长坡村，向家长通报了情况。家长很是气愤，告诉我们，他们俩曾回家，问在东北工作的章二爷的地址。

我回来后，向杜主任报告了情况，又一起报告了校长。校长指示：准备材料，以备出现最坏的可能。我只是嘴上答应，心里并不着急，我心里有数，他们的出走并非由于班级教育管理的原因。根据万龙同学反映，两位同学受了读书无用论的影响，羡慕大都市的生活方式，要去自谋生路，因此一般也不会有人身危险。

正当我要等到明天给远在孙镇乡的孙家发电报时，孙振北同学的母亲得信后来到了学校。我没有想到，孙大娘如此大量，谈话间不时爽朗地大笑，好像并不把事情放在心上。

我心里踏实多了。这一天，由于东奔西走，我的课都不曾上。学校里很多老师问这件事，说什么的都有。为了稳定班内秩序，晚上我向同学们说明了情况，告诉同学们做事既要敢想敢干，又要小心谨慎。

他们俩出走三天了。今天下午，我正要去上第二节课，章强同学的父亲到校，告诉我们章二爷来电报，俩孩子已到东北抚顺市。

一颗悬着的心终于落地了。

【关键词】教 / 关注安全　　思 / 战略定力

二、劝其退学

11 月 30 日，星期三。

不知岁月流逝了多少。我只记得，这个日记本启用时，是炎热的夏天，而现在已经生起炉子来了。

上周四的晚上，杜主任来找我，说章强同学的父亲来学校问他，是否曾有班主任迫害学生的事。真令人气愤，难道学校领导也怀疑我的工作？

星期一，孙振北同学在半个月后终于回到学校，章强同学直接回家了。学校紧急办公会决定，劝两位同学退学。根据杜主任的精神，我们都婉言拒绝了学生家长叫孩子复学的要求。

一桩震动全校的大案终于了结。从此，班内也许会平静些。

【补记】孙振北同学离校后，辗转考上师专，后晋升为中学高级教师。章强同学回家务农，有了自己的产业。本书附录《基于教育公平理念的高中学困生教育研究》中，有孙振北个案记录。

【关键词】教 / 教育尴尬　　教 / 教育公平　　教 / 爱生一生

获奖那年二十二

一、周旋

1988 年 11 月 30 日，星期三。

星期天，从家走时，带上了母亲炒得香喷喷的豆豉。近几天，晚上我就不再吃食堂的"白菜帮子水"了，胃也会好受些。

文科教外语的张晓燕老师有事没回来，这几天，我便连她的课一起上了。之所以这样做，一是政治课的进度太慢，二是我要在近期内参加全县高中政治优质课评选活动，而指定教学内容远远快于我们的进度，我想趁这几天赶上来。

我为自己的苦斗而辛酸。我的忙碌与精神紧张，许多是为了在复杂的环境中周旋。为了较高质量地完成教学任务，我不得不整天计算课时，瞅别人的空闲，甚至死缠烂打要自习课。然而这些努力，许多人不会理解，他们也不屑理解。

自习课不知什么时候能要来。

【关键词】行 / 挖掘资源　　教 / 教育生态

二、累了

12 月 2 日，星期二。

疲劳，整天上气不接下气，导致非常疲劳。近几天，县教育局来学校视导，今天下午听了我的课。我只是觉得，课上得不够生动，话也没有力量，连字也写不端正。无力，直到现在写日记时也觉得如此。我不知，什么时候才能不这样累下去。

我觉得，上次学校优质课评选和这次听课的诸多准备，对提高上课水平的效果都不明显。还有一周，就要到县里参加高中政治优质课评选，我想再把普通话拾起来，熟悉几天。普通话用不好时，是会影响教学效果的。

课后，唐作义老师给我提出了中肯的意见，都很在理。我得好好地准备下一节课。

【关键词】教 / 公开历练　　行 / 重要他人

三、来之不易的第三名

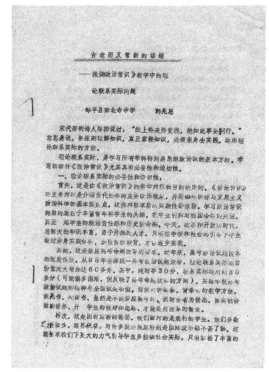

笔者当年的获奖论文

12月15日，星期四。

我已记不清，从上次写日记到现在已过了多少时日，更记不清其间发生了多少事。以前，我还能把过去发生的事情，不论大小，一桩桩、一件件地数一数，现在似乎不能了。头脑有些麻木。

又是紧张地赶课，计算时间。最后，我借了一节地理课，才赶到了优质课的教学内容。总算心思没有白费。

为了准备这节课，不知花费了多少心血。我的参评论文，写出来送到文印室两个来月，副校长两次批示打印，政治组长刘宝兴老师和我多次找校长和教导处督促，但直到12月10日，星期六，下午校车出发的时候，还没有打印完。我只能不坐车，只能舍下远在六十里外在路边翘首等待的她，等待我的论文。仓促收拾完，我还得满脸堆笑地对文印员小马老师说："太麻烦您了。"

我借了唐丽华同学的车子，骑车回家。两点半的约会，四点我才到。我觉得对不住她，她并没有说什么，仍是那么温柔地对待我。我心里没有了烦恼，有的是幸福，有的是希望，有的是进取。

当晚，二哥帮我把论文、讲义等装订好。星期日一天，我又修改了教案，写了挂图，忙得不亦乐乎。本想可以轻松地过个星期天，看会儿电视的。

12月12日，星期一，一早母亲做好了饭。我带好一切，去了邹平，下午第二节上台讲课。比赛课题是"社会主义国家对待宗教的基本政策"，但是安排我上课的班，前面还有两部分内容没有学习，我只好先铺垫一下，阵脚就有点乱。由于准备得充分，信心十足，所以这个调整并不太影响教学效果。我也不知怎地，普通话竟也运用自如，洪亮的声音回荡在邹平一中高三（三）班教室。

次日下午公布成绩，我为第三名。我知道，只有加倍努力学习、工作，更真才实学，才有发言权。

当天下午，我辞别母亲（她老人家虽知天晚又冷，但知道她的儿子要走自己的路，并没有劝阻），踏上了归途。到校时五点四十分，天已黑透了。

1988 年邹平县高中政治优质课比赛评委和选手合影

当我走进三天多没到的教室，我的学生们都感到，老师回来了。

当晚，我将就着吃了从家带来的干粮。就这样，开始了新的工作。

【关键词】思 / 褒贬善恶　　教 / 公开历练　　行 / 困难考验

四、勇冠三军

12 月 16 日，星期五，下午学校举行了冬季越野长跑比赛，我们班夺得团体总分第二名的好成绩。

李世军同学以顽强的毅力，在最后的冲刺中超越数人，夺得男子组冠军。同时，他对比赛的组织起了重要作用。昨晚，他一人跑到西董乡马庄村洪大业同学家，把在家看病的洪大业请回来，参加了今天的比赛。

我为我的学生有这样的精神而感动。晚点，我进行了总结，称赞李世军等同学是"元勋"，并强调通过努力，奇迹是可以创造出来的。

虽然班中还有些调皮的同学，但总体来说班风是不错的。在我去县里参赛的几天中，班级没有因为班主任不在而乱套，班长宁华同学很有条理地维护了秩序。

【关键词】教 / 培养集体

五、离合格还远

12月20日，星期二。

星期天，我在学校上课，组织学生考试。我们班学生出乎意料的齐全，而一班只有二十三名同学参加了考试。

大雪纷纷扬扬地下了大半天。我走到教室，一身雪花。天不冷，今天竟没有上冻。

我开始上新课了。今下午，我讲了第五课中"当代国际关系的基本状况"，举了一些生动的事例。到一班时，更熟练了，学生很认真地听我讲了一节课。虽然累，心里却轻松、愉快。

优质课评选结束一周后，我收到县教育局签发的证书。证书记载着我的荣誉，也记载着我的辛酸。我一个中师生，才22岁，走到这一步，已是幸运了。我离一个合格的高中教师还远呢。

1988年县高中政治教师优质课评比活动证书

【关键词】思/自尊自信

多事之秋

一、惊悸与新年

1989年元月6日，星期五。夜里下了一场不小的雪，旱情会缓解些了吧。

有十多天没摸这个本子了。我心中感到不安，为岁月的流逝。这一段时间也确实忙呀。

年前，1988年12月27日，星期二，因为口角，我们班的马华章同学被高二的支达（化名，下同）等同学打成鼻部重伤。我到临池医院照顾了马华章一上午。之后，由高学军同学护送马华章到孙镇医院，华章的家。我着手调查这件事，见到事态严重，学校领导也重视了。但当天晚上，参与打架的对方的两个同学闯到办公室，和我理论，争执不下。幸亏韩斌老师强力劝阻，才没闹大。

昨天，我陪同杨校长去孙镇看望马华章同学。他父母介绍了病情，伤势已经控制住了。

这段时间中，大事莫过于过新年了。虽然高三了，我们班的新年却花了一百三十多元。12 月 31 日，星期六，晚上各班举行了新年晚会。我们班的文艺晚会，由王俊美同学自荐主持。我感到由衷的高兴，同学们的自主意识越来越强了。原先我是打算由副班长崔强和文娱委员马玲玲主持的，王俊美毛遂自荐，就由他们几个共同主持晚会。同学们自由自在地表演着他们的节目，展现了活力和智慧。晚会上，我们为越野赛运动员发了奖。新任团支部宣传委员董莉同学带领女同学们包饺子，晚会中，同学们吃了她们亲手包的饺子。

同学们还在日记本上，给马华章同学写了慰问词，这个建议是杜俊芳等同学提出来的。一直到十二点学校熄灯，大家又在烛光下唱了几支合唱曲才结束晚会。我觉得，将来他们走向社会时，都是好样的。

新年前后，我收到学生送我的不少贺年卡：文竹、于磊、李红英、王慧（她在本班复课几天后，收到电大录取通知，便去上学了）、章强、胡建霞、毕卫东、王德中、宁华、万龙、王俊美、洪大业、李冬梅、张宾等。我的同学崔放梅、徐景发寄来贺年卡，老弟兆爱也从泰安寄来了"日出"贺年卡。我没有为他们做什么，但却有这么多人还记着我。

今天，讲完"联合国"的内容，"政治常识"就基本上学完了。简要总结一下，考一下高考题，再细致地和每一个学生分析一下，大概会有效果。应继续调动学生的学习积极性。

【关键词】思 / 战略定力　　教 / 发展个性　　教 / 心怀学生

二、早饭，午饭？

元月 8 日，星期日。

临近期末考试了。学校没有安排星期天上课，星期六我却没有回家，班里许多同学也没回家。我到教室里去走一走，我那些正在苦学的学生，也会感到一丝的温暖。

今天早晨，我起得很晚。还未吃早饭，马玲玲、林杏同学到宿舍找我，一是告诉我马华章同学的情况（马玲玲与马华章都是孙镇王伍村人），二是跟我谈了许久学习音乐的事情。看来，音乐学习的条件不太好。

我明显地感到，我的一片苦心没有白费，同学们逐渐地接受了我的思想，正在形成一种独立思考的习惯，主动地去做自己的事情。

送出两位同学，我吃了"早饭"，午饭的铃声就响了。

【关键词】教 / 立德树人　　教 / 爱岗敬业

三、考试"三轨制"

元月 11 日，星期三。

前天，下了点小雪，天冷了不少。马华章终于由母亲送来了。下午学校领导杨校长处理了打架事件，马家没有一点苛刻的要求，甚至可以说是做了很大的让步。

由于马华章同学正处在恢复阶段，我便让他临时随我一起吃饭，这样可以稍微舒服些。

今下午，我在二班考了 1988 年实验学校高考题。考试实行"三轨制"：可以闭卷答，检验自己的真实水平；也可以开卷考，依靠书本独立完成答卷；还可以自答四十五分钟之后，领取参考答案，进一步分析、掌握高考题的精神和要求。学生的积极性很高，完全消除了对考试的厌烦情绪，充分利用了学习时间。只有改革，才有活力。

【关键词】教 / 改革创新

四、情绪失控

元月 16 日，星期一。

上周五、周六两天早操时，我查看了一下，情况很不好。在星期六早晨，我罚了八名同学补操。当时，我很是生气，把全班同学都请到操场上观看八名同学补操。那天早饭时，我竟又落了泪。

昨晚，我在班里讲了几句话，眼睛又湿润了。我没有批评谁，而是首先做了自我批评。近来，我没坚持跟操，希望同学们谅解。一学期以来，我实在是太困乏了，既有体力上的，也有精神上的。多事之秋的高三（二）班，使我这个当班主任的，精神紧张到了极点。我希望全班同学都抓紧复习，拿出个好的成绩来，我们不能再沉默下去了。

星期六，我去厂里找她。我觉得应该让她穿得漂亮些，这应该是人生中最潇洒的时候。到百货大楼，给她买了一双高筒马靴，我也买了一双比较好的棕色皮鞋。星期日下午，我们一起到邹平，她给我扯了块布做裤子。这些事情上，都是她唱主角。在将来的共同生活中，她这种"主角"作用会更明显。

我需要她，需要她在身边。明年上半年，我将很忙碌——送毕业班的关键时刻，自考，结婚，我还想参加成人高考。

【关键词】思 / 情绪控制　　思 / 迎接挑战

五、养护伤病

元月 18 日，星期三。

马华章同学伤好回校后，就在我宿舍吃饭。我不仅没有觉得麻烦，反而感到了一种充实。华章也会感到温暖的。

昨天下午，华章的母亲到校来看他，我安排她吃住。

今上午，母子俩去周村，华章复查伤情。

【关键词】教 / 心怀学生

六、不如自学

元月 20 日，星期五。

这一周，我坚持上早操，我们班早操情况最好。

很快就要期末考试了，班里的学习气氛很浓。这次考试肯定会出好成绩，半年来，同学们的辛苦不会白白地付出。

孟朝晖同学回家两周多以后，终于回来了。她走时给我留下的信里说，自己受不了学校的压抑气氛，听老师讲课还不如自学。我同情同学们的处境，可不能明确表态。再说，在家毕竟不是学习的环境。今天下午，孟朝晖同学也表示今后不会再这样了。这件事，学校领导一再追问，我只是说她生病了。

我的又一个大工程终于付诸实施了。我用了三天时间，将《治安管理处罚条例》和1988年下半年重大时事，分类整理刻印出来，一共刻印了六页八开的纸。这些东西，可以给同学们些现实的、新鲜的感性材料。

今晚，学校全体教职工会上，杨承玖副校长宣布了马华章事件处理经过。结果是：（一）支达同学家庭赔偿经济损失 350 元；（二）给予支达同学严重警告处分，并令其在全校师生大会上自我检讨。

【关键词】教 / 尊重规律　　教 / 爱岗敬业

充实的寒假

一、假期规划

1989 年元月 23 日，星期一。

寒假就要到了。假期里，我想除了玩之外，主要争取读一遍《形式逻辑》，做点练习题。上次没考及格，感到很丢人。这次，说什么也要考好。只有真功夫，才不负"有心人"。但明年（春节后）要做的事情实在太多，必须这时抽出点时间来复习。高三，自考，结婚，若不是这么多事，我得争取参加成人高考了。真正的大学，才是我迅速进步的乐园。

其实，前头说到的"玩"，不外是与女友、与同学、与老师、与同事等的沟通交流，是必须的。若纯属于消磨时光的话，我才不干呢。半年来，我也实在够疲乏，该放松一下神经了。回家，可以很自在地看点电视。这一天，终于盼到了。正值年轻气盛、精力充沛，不应该把时光无谓地消磨掉。趁此机会，多学东西，多下苦功，今后会受益无穷的。

我已当了一年多班主任，通过努力，班级有了很大起色。多数学生是与我贴心的，我们先后解决了一个个难题。但有时我又很沮丧，觉得成果与花费的精力不成正比。这与我思想单纯、工作方法简单、经验不足有很大关系。我希望下学年，领导继续任用我，接一个高一级新生班，我会用"制度"与"人情味"把班级管理得很好的。这似乎就是我的近期理想了。

【关键词】思 / 规划谋划　　思 / 理想现实　　思 / 自尊自信

二、期末的欣慰

元月 25 日，考完试，学生就离校了，我的宿舍里又堆满了学生的书籍、用具，当班主任的都是这样。

紧张的阅卷。到 27 日上午，就只剩下在魏桥中学阅的历史、数学两科了。我们都在翘首以待，教导处、班主任、跑回学校看分数的学生都是这样。到晚饭时，终于盼回来了。烛光下，我们抓紧统计分数，排名次。我给全班每个同学都写了简短的信，主要就是鼓励他们勇敢地生活，一直忙碌到近十二点，才全部整理完。

这一个学期，我觉得比以前更忙碌、充实。我的学生，更多地把我当成知心朋友，我也敢于和他们讲真话。有天早晨，不见辛冬梅同学去上操和自习。我风风火火地跑到宿舍，想把她拖起来，她却从笔记本里掏出了给我的信。我读着，感到自己仍然是冒失了。那次，她趴在课桌上，原来是生病了。我还以为是像往常一样，又打瞌睡了呢。

毕卫东同学又写给我一封信，说他自己的想法。坦诚，进步，我感到这些同学都在健康地成长。平日里，因不迎合大家而不太受同学们欢迎的张云珍同学，这次考了全年级文科第一名。王维同学决定在学校学习一寒假，就住在我的宿舍里。

我带上万龙同学推荐给我的《改革与新思维》（戈尔巴乔夫著），上路了。

我很兴奋地回到家，就要舒适几天了。可不巧，一到家就病了。昨天早晨赶车回家，没吃早饭，中午吃了很多水饺，到晚上胃疼起来。今早，只喝了几碗粥。可还是不行，竟呕吐起来。吃了药，又吐出来。长期的生活不安定和过度紧张，造成了肠胃功能紊乱。结婚后，也许会有所好转吧。

【关键词】教 / 爱岗敬业　　教 / 心怀学生

三、你的心好坦诚

2月1日，星期三，收到西董乡侯纤巧同学的来信。她向我倾吐了自己的心里话，我为能成为大家的知心朋友而高兴。她在信的最后写道："老师，你的眼睛好亲切，你的心好坦诚。将来的学习生活中，我不应一味痛苦，一味抱怨，一味封闭自己。把眼泪留给昨天，面对寂寞，勇敢地开始生活。老师，对吗？"

我心中感到阵阵发热，为学生的进步，学生的真诚。我只能更加努力工作，努力学习，做一名真正的"老师"。

这封信，是最有价值的一封信。我将珍藏起来。

【关键词】教／心怀学生

四、谋划家访

2月4日，星期六。

我有一个奇妙的想法：为了最大限度地鼓励同学们努力学习，说服他们的家长，给他们减轻心理压力，我想在寒假中逐个逐个地到同学们家中走走。这是一个相当庞大的计划，路途上只能骑自行车，这就更麻烦了。通过此行，对学生发展会有所增进，我的学生们给未来社会的贡献也会增进，首先被人们明显看到的，是我的班里明年会多考出几名大中专生。

【关键词】思／规划谋划

五、涨价风潮

1989年2月5日，戊辰年除夕。

在忙乱中，又度过一年。年前，由于市场上的猪肉、蔬菜大涨价，没割到肉，一家人着急得没法。母亲唠叨、埋怨个不休，专门去买菜的小弟弟委屈得大哭大闹，二哥坐不住，甩出三十块钱让我再去割肉。我去城里走一圈，又一圈，弟弟又去走一圈。肉是没了，学校分了十斤肉，凑合着过年吧。高价买了点青菜，芹菜七毛五一斤，韭菜一块五一斤。

【关键词】行／关注社会

六、隆重的拜年

1989年2月6日，己巳年正月初一。

除夕之夜，电视上的春节联欢晚会很好。一家人，"本家"的人，都挤在屋里看春节联欢晚会。我的胃疼又发作了，水饺吃得超过"疼痛标准"了。我坚持到十一点半，只好早睡。

今早，在大哥的率领下，本家的弟兄们十多人，给村里名望老者拜年。

中午，我和怀光、文平去东关赵精良老师家，给他拜年。赵老师已从滨州调到邹平县司法局工作。两点来钟，我们从赵老师家出来，又到南关张安正老师家。我是想和张老师多聊一会儿的，无奈怀光和文平两人急匆匆地要走，我只好起身向老师告辞。

【关键词】行 / 不忘师恩

七、忠实的听众

2月8日，正月初三。

早饭后，我正要和兄弟们去月河姥娘家，洪大业同学来了。他有说不完的话，我只是听着。洪大业是老师们眼中调皮的学生，但他讲的很多话、做的许多事是颇在理的。这人很敢想敢干，也许将来是块好料。他说自己在暑假中曾到四下里跑了好几天，收槐米、贩罐头瓶（一次就是两万只）等。这方面，我可不如他们。一直到下午四点多钟，他才回去。

从这次以及以前的谈话、信件上，我觉得，我这个老师和班主任，没有别的本事，只是做了同学们的一个忠实的听众、读者，去听、去看他们以为成功的快事、经验，失败的曲折、教训，心灵的痛苦、震撼，未来的理想、事业。有了这个忠实的听众，他们在寂寞的奋斗中，会觉得心里踏实，会感到多了一点温暖、增添了一份力量。

【关键词】教 / 教育艺术

八、再下决心

2月9日，正月初四，上午我与弟弟去黄山村两个姨家拜年。

下午两点多钟离开姨家，我去了邻近新民村的陈丽荣同学家。年前，陈丽荣同学生病，传言是大病，吓人一跳，其实虚惊一场。我放心不下，特地来问问。我与她和奶奶谈了个数小时，希望她能稳定情绪，安心学习。

我又听她讲，不少同学不愿继续读书了，主要是因为成绩不好。我实在坐不住了，家访的决心应该下了。就去西董乡和好生乡，两三天大概就可以转一圈吧！

【关键词】教 / 心怀学生　　教 / 了解学情

九、大家访

2月12日，正月初七。

前天上午，我去南关李庆山老师家玩了大半天。晚上，想看点《新闻联播》，可一屋子人反对，大家都要看电视剧《一剪梅》，我只好作罢，调好电视频道后，走了出来。一晚上，再没去看。

昨天早饭后，开始实施我的计划——春节家访。我首先到了西董乡西董村董长征同学家。本想立即就走，但家长盛情挽留，推辞不下，只好在这里吃了午饭。

之后，董长征同学领我去了马庄洪大业同学家。然后，又到南塘唐丽华同学家。家长让座，让酒，实在让我过意不去，只能勉强地接受。唐丽华同学的父亲喝了不少，谈到她的学习成绩下降及原因。我只是说，我们应该相信他们。

之后，我和董长征同学去了于桥宁华同学家。宁华的父亲劝我仨又喝了点，师生、家长畅快地谈了不少。晚上，我们仨住在宁华的大哥大嫂腾出来的新房里，一聊竟聊到了凌晨一点多。

早晨，家里包了水饺。吃完饭，长征同学回家，我和班长宁华又上路了。从芽庄蒋丽莉同学家，又到韦家坡王俊美同学家。可巧，小弟弟正与姐姐王俊美"打仗"呢，我们劝了好一会，才算平息。

离开韦家坡，王俊美同学领我们来到白云涧李艳红同学家。李艳红没在家，她的老父亲在看电视，只和我们搭几句话，老母亲倒蛮热情的。见到成绩单后（李艳红的成绩不太好），家长大概有些沮丧吧。但李艳红的实力是有的，决不能不念，老人们也是这个意思。可惜，李艳红同学没在家。

我和宁华又去了樊大庄侯纤巧同学家。不好说话的侯纤巧也说话了，只是话语不多。我们一直谈到四点来钟，才从她家出来。我和宁华到了三禾村，想去张红艳同学家。三番五次问不到家门，加上两天来奔波的疲劳，想到可能带来的麻烦，"不如早还家"。

家访行动就这样结束了。我不知道功效如何，只希望我的同学们能舒心学习、不断进步。

西北风中，宁华南行，我迎风西进。

【关键词】教／心怀学生　　教／了解学情

我的"兵法"

一、片面与全面

1989年3月3日，星期五。

从昨天上午到今天早晨，大雪纷纷扬扬、无声无息地飘落了一天一夜，地上的积雪有二三十厘米厚。最美的要算柳树枝了，被雪压弯了腰，直垂到地上，垂下的柳枝让行人钻来钻去。好几年也没见到这么大的雪啦。小学生们用铁锹、扫帚等拍打着树枝上的雪，那个乐劲呀！

昨天，我检查了部分同学背课文的情况。把课文这样背一遍，成绩肯定会好上去一大截。这个做法应坚持下去。

现在我是每周十节课，另外还有三个自习。应该把时间抓紧，而抓紧的方法，就是给同学们定时间、定指标，随之全面认真地检查。

这两天，除上课外，我差不多把可用的时间都用在了阅读《中国青年报》上。这是我们班自己订的报纸，高三各班唯有这一份公费报纸。对一些适合学生读的重要内容，我做了标记，之后每人一份，全发给了本班同学。另挑选了几份有重要价值的，贴在教室墙壁上，大家都看。老师们在讲课间隙，也可以读点报纸。若不是到了高三这种紧张的时期，同学们会有好多活泼的学习生活方式，那才叫真正的全面发展，真正的"幸福"呢。

一年多的班主任工作，积累了一些经验和教训，以后我会更有成效地工作。

【关键词】思 / 热爱生活　　教 / 立德树人

二、提高效率

3月5日，星期日。

天公不作美，周末，大雪使我无法如期回家，跟她相会。当然，也是我偷懒，"爬"也能"爬"回去的。但教学任务正紧，课还没有备好，"爬"一天回来，如何上课呢？我不知道她会不会怪我。

这个星期天，又是忙得不亦乐乎。我编了一份"深化复习练习题"（第一课），我以为还是比较有水平的，学生做起来，需要动点脑筋，花点时间。

现在有人鼓吹大规模地练题，其实质就是不管好坏，一股脑地把大量的粗精混杂的题目推给学生。这是违反规律的，用学生最多的时间，去换来微不足道的效益。

在这种复杂紧张的环境中，我的任务是通过关心学生，通过勤奋、严密的教学设计，去调动学生的积极性，提高学习效率。当然，练习必须有一定的覆盖面、代表性，必须扎实。

在这种人人争时间的时候，我没有必要放弃自己的优势，去效仿别人。相信自己，施展自己的实力，将来看结果。上学期，我只是"铺了铺盘子"，便取得了不算差的期末考试成绩，加上现在的强化训练，学生高考一定会有好成绩。高考题是比较灵活的，而越灵活的题目，便越有利于我的学生发挥出水平。

【关键词】教 / 尊重规律　　思 / 自尊自信

三、不学不行了

3月8日，星期三。

从星期日开始，编写深化复习练习题，到今天告一段落，共刻印了九页八开纸。紧张之余，我感到可以舒一口气了。

我猛然间想起，还有一个多月，就要自学考试了，我的书还没看呢。不能再"不慌不忙"了，我要保证好成绩。今天是三八妇女节，今晚学校有电影，可片子不好，我更沉不住气了，提起座椅，回办公室，坐在了桌前。

【关键词】思／时间观念

四、总结与欢送

3月14日，星期二，晚上六点半我们班召开期末考试总结暨新战士欢送晚会。

学校领导孙校长和杜主任，杨明同学的父亲杨秉臣老师应邀参加。晚会由王俊美同学主持，文娱委员马玲玲请来音乐组的几位同学助兴。我们班杨明同学和庄恒同学应征入伍，他们即将远行。两位同学的发言很感人，杨老师语重心长地讲了话。

【关键词】教／发展个性

五、对大学的渴望

3月22日，星期三。

近来，面临毕业的学生很不平静。李传中同学已退学，李艳红同学已离校一周。我原以为她回家看病，殊不知是不愿再来了。我在3月18日星期六了解这事后，心急火燎地写了一封信，托王俊美同学捎给她，叫她慎重考虑。

四天过去了，李艳红同学确实不回来了，我感到很遗憾。一部分希望又消失得无影无踪了，但我无能为力。

成人高考的名额来了。我征求了李庆山副校长的意见后，填了草表。我到现在，心情一直不平静，今天上午甚至想亲自到邹平招生办，去争取名额。说心里话，也许这几年的夙愿就要实现了，我就要成为大学生了！我不止一次地梦见，自己又坐在教室里，身边有那么多熟悉的同学，我充分施展自己的才华，那是多么令人兴奋啊。

明天，学校去教育局报名，不知能不能报上。不过，报上名也是个大问题。我现在的时间紧得要命：辅导就要毕业的高三学生，自学考试，要结婚……若报上名，自学考试和结婚也许只能放一放了。还是努力去争取吧！

【关键词】教／心怀学生　思／发展渴望　思／迎接挑战

六、学习道路的设计

3月24日，星期五。

昨天下雨，教务员没能去县招生办报名。今天下午，报名回来后，我忙不迭地去问，令人失望的是名额早已由县教研室的人占了。虽然只是想试一试，可是仍然感到不愉快，我错过了一次机会。

我深知，我作为一名高中教师，虽然也能上课，甚至不比别人差，可是一个中专的文凭是和高中教师极不相称的。大学本科并不是我的最高追求，我还想考研究生。离职进修是考研究生的必由之路，我应该进行系统、全面、深刻的学习。而靠自学，是不容易快速提高的，且要付出很大的代价。

我沿着自己应该走的路，艰难地跋涉。

【关键词】思 / 方向选择

"会亲"和毕业

一、会亲

1989年3月29日，星期三。

上周六午饭后，我和李庆山老师骑一辆车子回家，校车又坏了。

我先到教研室订书，又理发，再到其兵处走一趟，然后修了自行车，回到家，已近六点了。家里人正忙碌着，明天就"会亲"了。我心里不大高兴，我们俩又得钻别人事先设计好的圈圈，没有一点自由。

星期日上午，我和兆义等一行六人去接亲。中午，我和她去邹平"买东西"。我本不想去的，太累了。可家里人说，人家都这样，得去呀！买了几样东西，带去的一百元钱便花干净了。

星期一，媒人黄奶奶（米爷爷的老伴）和我本家的兆奎哥（五十多岁的人了，已病退），领我去她们家。就这样，我也"会亲"了，我儿时天真烂漫的幻想都成了泡影。

星期二早晨，我吃了母亲的荷包蛋挂面后上路，天刚刚亮。一路顶风，我多么想，车轮下面就是南北寺的土地啊。拼命地蹬，到校时为八点十分。

之所以走得这样匆忙，一是放心不下我的学生，二是当天高三师生毕业合影留念。全班合影时，我邀请了庄恒和杨明同学，还邀请了插班复课的所有同学。班干部合影时，邀请了已退居二线的"老班干部"们也参加。

这几天，只觉得累，经常需要躺下歇一歇。星期三晚饭后，觉得浑身无力，就先睡了一觉，才起来去班里讲题。稍事休息，振奋精神，讲课时又神气十足了。

由于疲乏，这篇日记拖了好几次才写完。添上最后几行字，已是 3 月 30 日星期四晚上快十点的时候了。

【关键词】思 / 理想现实　　教 / 心怀学生　　思 / 日记风格

二、不眠之夜

4 月 11 日，星期二。

生活总是忙碌，忙碌得十天的事情只能一次写下。拍拍脑门，十天的事情又浮现在眼前。

上星期一到星期三，高三毕业考试。我在一班监考时，有几名同学作弊。但我不忍心揭露，这关系到一个学生是否有机会继续在校学习，能否参加高考。"定生"时，我注意到这几名同学分数都比较低，没选入，我也没什么责任了。

星期三下午，举行毕业典礼，二班班长宁华同学代表 1989 届全体毕业生发言。晚上，各班召开了毕业晚会，我们班气氛热烈，同学们不愿离开。我一直奉陪到次日凌晨三点半，谈论了很多问题，从没有这样广泛、畅快。有的同学彻夜未眠。

我只睡了两个多小时，便起来阅卷。一直到下午三点钟，才阅完。这是星期四了。晚上，召开毕业班领导小组会议，讨论"定生"问题。

星期六早晨，我和四班班主任朱文业老师乘车去邹平旅社门前发榜。得到通知后，选中的同学喜形于色；未中的同学，有的愁眉苦脸，有的禁不住落下热泪，也有的从容自若。给我印象最深的，是我们班的张玉芳和唐丽华同学，他们虽然落榜，但他们真正毕业了，至少是有了一个经受挫折的成熟的思想。

十一点接待完学生后，我和芳去了山上。说到婚事，时间临近了，不能再犹豫。

回到家，和母亲一商量，吉日就定在 5 月 1 日，正是农历三月二十六。到了瓜熟蒂落的时候，我心里更沉稳了。

只是我在 4 月 29 日，还要参加自学考试"形式逻辑"一门，必须抓紧时间读点书。

【关键词】思 / 日记风格　　教 / 爱岗敬业　　教 / 心怀学生

三、穿梭

4 月 17 日，星期一。

预选后开学一周了，秩序井然。文科班、理科班都合并了，理科班由朱文业老师负总责，文科班由我负总责。只可惜，我结婚前后，得有十来天到不了岗。

该来的学生都来了，原二班最后一名报到的是侯纤巧同学。从她回答问题的洪亮声音里，我感到她比过去坚强多了。

万龙、孟朝晖、张霞同学回了王村等原籍地报名参加高考。孟朝晖同学特意留下一张相片，作为念想。

我星期六回到家，大哥和二哥已打了两天土坯，准备在后院盖个新大门。前院过道的后门堵上，前门装上门框和对半门，就有了我们俩的新房。家具也开始刷油漆了。晚上，我去她家商量事情，天不作美，下起雨来，我一时走不了。雨声中，我们俩谈着未来的日子。直到十二点钟，我全副"武装"起来，才穿过雨幕，回到家。

星期天，我们俩先在邹平照相，又去周村买衣服。回邹平的时候，正是逆风，骑自行车艰难地走了一个多小时。天已是夏令时下午五点，我赶校车返校。

【关键词】思／统筹兼顾　　教／心怀学生

笔者任教的南北寺中学 1989 届 1 班毕业合影

结 婚

常言，结婚乃人生中的头等大事。此时此刻，感慨万千，且以文字简记之。1989年5月6日，星期六。

一、忙而不乱

婚期定在五一劳动节，而今已到4月16日，只有两周时间了。大哥、二哥忙起来，我是"稳坐钓鱼台"。不管家里如何忙乱，我仍是星期日下午按时走，星期六下午按时回家，不耽误学校的事情。

备课特别紧张。为了不至于以后被动，我提前备课。刘宝兴老师去北京出差，我还得给他的两个理科班上课。再时不时地翻出《形式逻辑》，读几行，准备自学考试。

【关键词】思 / 统筹兼顾

二、登记之难

4月24日，星期一，我们俩去邹平镇政府，准备登记结婚。岳父母跑过来，把我们截住了。前些日子，岳父曾写了个物品单，索要结婚用品，托媒人黄奶奶送来。由于家里经济紧张，我根本就没去准备。当时，我是气呼呼地将单子撕碎烧掉了的。我觉得，这种做法给我们的感情蒙上了灰色。岳父关照我，不能无视媒人，即使不买东西，也应如数讲明。我点头称是，却满腹不高兴。岳母即打圆场，说岳父都是为我们俩好。

再去问登记的事，民政工作人员说"居民身份证"不顶用，须去我户口所在地的临池派出所盖户口章。她们家说登记不"蹭空"，我便陪她买了一块手表。

26日星期三上午，去临池盖章。多亏因于承天同学而认识的妇联赵主任，若不然，不知会等多长时间。下午和晚上，我照常给学生上课，以后的课就由刘老师代上。

27日星期四上午，我回到家。我先去岳父家，告诉她下午去登记。她说必须准备好东西才去，我感到极大的不快。

这时，父亲和二哥顶着大风去买玻璃等东西，我去邹平接了一趟，也没见人。回来时，急躁的母亲告诉我："刚才黄奶奶来说，东西要买，且让我去黄家一趟。"我和母亲又一次愤懑和愁苦地落了泪。

事情已到了这个地步，宜往前走一步成，不宜往后退一步散。再说，她家的要求都是很正常的，只是我家庭条件差，难办到罢了，还需我去说明。

黄奶奶非要和我一起去东景不可，其"好心"是劝说她与我去登记。可怜我不知是圈套，一坐下，岳父劈头就教训起我来，说我家不为我操办事情……

我的嘴不会软的，现在，我不想再提那些令人不快的言语了。当时，我的泪水唰唰地淌下来。"三堂会审"就要结束了，黄奶奶见气氛不对，便对我说："兆恩，说这些都是对你好。她在外面等着你，抓紧去吧，天不早了。"

我只是昂然地望向屋顶。这样足又僵持了半小时。当我平静下来，我们俩还是去镇政府登了记。我珍重我们的感情，珍重她对我的一往情深。路上，没有说一句话。

【关键词】思 / 统筹兼顾　　思 / 直言不讳　　行 / 敢于斗争

三、身经百战

4月28日，星期五，上午我将要结婚的消息告诉了城里几个要好的同学。下午登上去北镇的汽车，晚上住在地区教育局奎浩同学的房间里。他回家了，李本东接待了我们几个来考试的老同学。

次日下午，要参加自学考试"形式逻辑"一科。从小身经百战，对考试早已无所畏惧，可今天却出了意外，头脑中又浮现出岳父的怒容、黄奶奶的冷笑、母亲的眼泪……

但是凭多年的素养，我很快镇定下来。题越答越顺，最后我觉得，能得八十分。

4月30日，星期日，下午一点半，我回到家。这是结婚的前一天，家里已十分热闹地忙活起来。看到这些，我感到十分满足。我结婚，自己却整天躲在外面，都是家里人在忙活。好点坏点，我还有什么可说的呢？以至于洞房花烛夜，小夫妻还没有枕头、窗帘、床围等，我也只是耐心地劝她，家里人已够操心，已够劳累的了，我们都忍着点吧！

【关键词】学 / 善始善终　　思 / 统筹兼顾　　思 / 情绪控制

四、幸福的时刻

吉日来临。当天上午八点钟，弟弟领着学校的面包车到家了。弟弟是前天下午到家的，昨天下午，我派他去南北寺中学联系车辆。刘正元舅、兆成哥领我乘车去迎亲，车一直开到她家大门口。

车还没到她家家门口，早有人把家门关严了。我站在一边装不懂，两位长者便拿出红包递进去；一片吆喝声，嫌少；又递进去……如此反复几次，才开了门。大家让我坐"上面椅子"。结婚这天新郎的地位最高，不坐不行，所以我也不推辞，端坐其上。

饭后，新娘由她本家的李昆叔叔背出大门，我搀她登上婚车。车外小胡同里，是挤不开的人群和满是喜悦的眼睛，我强烈地感到被重视的幸福。

夏令时十二点前，新媳妇过门，举行结婚典礼，村干部宣读结婚证书。

1989 年 5 月 1 日，农历已巳年三月二十六，是我们结婚的日子。我们生命中重要的一天。

我新婚时，学校部分同事集体以一台石英钟致贺；刘宝兴、李传发、韩斌、王会明等老师，史地组老师，还有怀光、凤军、明武、金华、其兵、中锋、廷宾、杨健、张清等老同学和友人致贺。

已是凌晨一点半了，喧闹了一天的家安静下来。忙乱中，无人填装枕头，我和她枕着一床褥子，度过了洞房花烛之夜。

是夜，我没有梦。因为，一切都是现实。

【关键词】思 / 体味幸福

五、搬与送

我在极度困乏中，被她推醒，已经快八点了。早饭后，母亲领着儿子和新媳妇，到月河村外祖家上坟。

第三日，她家大爷来"搬"她。第四天，岳父李乃儒大人亲自把她送回来。岳父很高兴，喝了不少酒。

父母终于放下心，他们被乡间习俗吓怕了。我为父母的操心受累愁苦，感到极大的心疼和不安。

【关键词】思 / 良心不安

六、播种

到了 5 月 5 日，星期五，她说想回娘家。我便送她过去，只有几步路。

回来，我和二哥都去帮大哥家，到山上承包地里"点花生"。大哥驾驶拖拉机，拉着一车水，在崎岖、狭窄的山道上行进。上大坡的时候，车想滑下来，而下面就是山沟。大哥七十多岁的老岳父、大嫂、二哥等一起往上拥，车轮和地面剧烈地摩擦，车喷吐着浓浓的黑烟，终于爬上了坡。我们都长长地出了一口气。

【关键词】行 / 劳动锻炼

七、第二个"蜜周"

度过一周婚假，5 月 7 日，星期天，下午辞别两家老人，她随我去南北寺中学，度第二个"蜜周"。我去上班，她就闷在小屋里，洗衣服，看点书，还看了我的一部分日记。

从日记中，她看到我过去的心思。她比较敏感，以前我没有过多地向她说这些事。一切都已过去，也不怕什么了。谈到这些，不免拌嘴，但每次最后都是和好如初。

我们想去济南或泰安玩玩，但我要上班，身体也累，始终没能成行。只是在天好的时候，吃了晚饭，可以到南北寺的山上走走，云霞煞是美丽。

【关键词】思 / 体味幸福

八、算不上"牛郎织女"

第二个"蜜周"又很快过去了。5月13日，星期六回家时，到县实验学校，其兵等老同学团坐在一起，祝贺我们新婚，我感到很幸福。我们的同学们已多数成家了。

星期天，怀光来我家玩。二哥忙去城里买了菜，招待怀光。

我就要回校了，星期二她也要上班。她送我去车站，从此"牛郎织女"两相望。其实，我们也算不上牛郎织女，几乎每个周末都可以团聚，每年我有两个多月的假期。即使远在南北寺中学，调不回来，问题也不太大。

我沉浸在新婚的幸福之中……

【关键词】思 / 体味幸福

国事与家事

一、难通过的预选

1989 年 5 月 16 日，星期二。

结婚，考试，都忙完了之后，我觉得浑身轻松。我可以好好地整顿班里，好好地给同学们上课了。

上周，进行了第二阶段测试，同时往届生预选。我班往届生孙秀云、李靖同学未通过预选，令人惋惜地离校。从成绩来看，我教的政治有所提高。经过充分训练之后，学生还会有更大提升，我充满信心。

下阶段，应抓得更紧些。我准备，就一次考试题目同每个同学都谈一谈，鼓舞士气，创造高分，又不致出现低分。同时，和学生聊聊今年的高考志愿等问题，让大家做到心中有数。

需要的是抓紧时间和提高效率。

【关键词】教 / 教育生态　　教 / 心怀学生

二、心疼学生

5月25日，星期四。

每晚我回宿舍时，天不早了，我仍习惯性地到教室走一趟。

昨晚去的时候，已是十一点半，教室里人还很多，且有不少在读政治。我很是欣慰，又感到心疼。为了高考，我们的同学付出的实在太多了。

我的信心和希望更充足了。

【关键词】教 / 心怀学生

三、分家论争

5月27日，星期六，我回到家，她也下班回来了。按捺不住两颗心的激动。可晚上得去浇地，直到夜里两点钟，我才躺下。疲劳也忘记了。

次日晚上，在韩兆仁、韩兆奎两位本家哥哥主持下，商量分家。我们研究了房屋问题，再研究还债问题时，僵持了足有三个小时。为了打破僵局，我说我至少要还三分之二。二哥、二嫂默不作声。主持人只好说，只让他们还五百元，又降至三百元，仍未同意。母亲急眼了，我没想到近六十岁的母亲说出如下的话："你爹没本事给你们还债，我和他离婚，谁能给还上这两千三百块钱的债，我跟着谁。"说罢，昂然出门。我紧追出去，把母亲叫回来。二嫂抱住母亲，跪下哭起来。我和二哥使尽力气，才给拉开。父亲平静地说："是龙装龙，是凤装凤。"

妻子和二嫂、二哥苛刻地讨价还价，这使我难以忍耐。我多次劝阻她，显得很不礼貌，最后她竟止不住地嚎哭起来。最后研究了承包地问题，已是凌晨四点钟。

我迷糊了一阵，六点钟起床，母亲煮熟了面汤，还有荷包蛋，又放到我包里两个熟鸡蛋。我把熟鸡蛋掏出来，留给了侄女雪。

我抓紧吃完饭，一路急急忙忙到邹平，见到了正要体检的学生们。我的干涩的眼睛望着他们的时候，脸上是笑容，他们不会知道夜间我家里发生的事情。

体检一上午，在海味餐馆吃完饭，已是下午三点。我本想立即回校，但杜主任说："明天没有课，你回家休息一天吧。"我也想到，家还没分明白，还是要回家再商量一下。然而，二嫂已回娘家，二哥不说话，仍是没法办。只有四岁的侄女，仍像往日那样，和我玩得开心，从沙发爬上方桌，又跳到床上，打着滚儿，让我给她买冰糕。

5月30日，星期二，下午我返回学校。

【关键词】行 / 家庭责任　思 / 直言不讳

四、考前焦虑

6月2日，星期五。

体检回来之后，我有一个明显的感觉，就是学生的"自由主义倾向"又有所抬头。昨天，我上课的时候，有两三名同学无故不到。我应该跟同学们说清楚。

高考复习进入最后阶段，大家都很着急。我完全理解这一点。高考之前，同学们的自由复习是必要的，但现在还不到时候。各科都有教学计划，完不成教学计划就没有系统性。事实多次证明，闭门造车、另搞一套，完全脱离老师和同学，是行不通的。

同学们考虑上课的有效性，作为班主任，我能做的有两点：一是向各科老师反映同学们的意见和要求，也希望同学们自觉主动地向老师反映情况；二是我将认真并仔细地备课、组织课堂教学，力争使同学们学有所得。

【关键词】教 / 尊重规律   思 / 战略定力

"干爸"与"节育"

一、准堪

1989年6月3日，星期六。

生活有时会一帆风顺，使人心花怒放；有时又会迷雾重重，使人不见天日。

结婚不到一个月，她已怀孕了。但，这阵子身体状况不佳，新婚又没有经验，孩子是不能要的。于是，我们准备流产。然而，两个人都不知道如何去做。我忽而想起了懂医道的"干爸"杨秉臣老师。

这样的叫法，在以前的日记里，大概没有出现过。1985年夏天，我师范学校毕业后来到南北寺中学，人生地不熟的，见到刚担任组长、待人又热情的杨老师，就像见到了长辈、亲人，感到很亲切。我就经常找杨老师请教问题，谈心。后来，我当了班主任，杨老师的儿子杨明又在我的班里读书，我们的关系就更密切了。

今年春天，杨明去了北京当兵。临走之前，我对他说："若有空，让同学们去送你。"他走的那天，正赶上学校忙，我也没到场。这下惹恼了杨老师和大婶。事后杨老师告诉我，那天他们等我许久，险些误了时间。我无言以对，自知失礼。

本来我和杨老师的干亲，就只是外人说成的关系。自此，我更觉得无脸再去杨老师家。曾和杨老师谈过的结婚借钱，我也再未提起。

今天，事过几个月，我想还是去请教杨老师为好。当我迈进杨老师散乱的家室，才知二老早起去割麦，刚收工吃早饭。我不敢，也不好意思讲自己的事。

等到他们吃完，大婶说"咱走吧"，意思是要下地干活了，这个时节夏收不等人。出于礼貌，杨老师没有动身。我的自尊心受到极大伤害。

我压低了声音，怯生生地说了我来的缘由。杨老师耐心答复了我。我不敢再啰唆，起身告辞，几步跨了出去。

二十来年，艰辛的生活，已使我不再那么容易掉眼泪，许多难堪的时候，一转念就过去了。这次，不过是平静生活中的一朵极小的浪花。

【关键词】行／困难考验　　行／重要他人

二、摘下眼镜

6月3日，星期六，我回到家，正赶上开始收麦子。连续三天，小镰刀割，小车推。就是这个收法。我又一次痛苦地想到了机械化，劳动力的解放。腰疼得很，我硬撑着割麦子。可割不了几步，汗珠子就啪啪地往下掉，镜片早模糊了。我摘下眼镜，放在田埂上，擦擦汗，继续干活。

晚上，我蹲在沙发上，一动也不想动，两眼呆呆地望着电视屏幕（新媳妇过门前，去年买的黑白电视机已从哥嫂屋里移进我们的洞房）。屋外，是正忙碌着梳理麦秸的二哥二嫂。麦子，他们已分着收了。

【关键词】行／劳动锻炼　　行／关注社会

三、人流

6月7日，星期三，在蒙蒙细雨中，我们郑重的决定实施了——我陪她到县医院做了人工流产。她怀孕，我们俩又喜又忧。喜的是这样快，两个人没有一点障碍，这是我始料未及的。忧的是新婚之时怀孕，我们的身体状况都不好。我痛苦地感到，爱情的第一朵小花就这样凋谢了。

见到她虚弱而又坚强地走出产科门诊，我扶住了她。我不再说什么，冒着更大的雨，跑到她厂里，为她请了假。

母亲早给我们安排好，现在家里正忙，待在家里不方便，就让她随我去学校。可是，钱花没了，我跑到南关李庆山老师家里，借了二十元钱，买了点东西，她去买了只烧鸡。这是我们第一次这么大方。

当时，我那种"大丈夫"的气概，或许还是值得称道的。在临池下了车，两个人打着一把伞，我搂着她的肩膀，步行了四五里路，才到学校。此时是下午三点钟，离我要上的第六节课（4：25）还早呢。

她在校这十来天中，不用我洗衣服了。晚上，两人相偎而睡，我们都感到生活的温馨。生活毕竟是生活，不只是和谐与统一。有时，我俩也吵闹几句，甚至掉泪，但过后谁也不会计较。

6月13日，星期二，下午杜主任、教务员尹兆玉和高三的四名班主任去教育局，送学生高考档案材料。工作完了，已是十二点。原定不管早晚都要回校的，芳还在校等我。当时正下着小雨，就在旅社住下了。一天的疲劳，使我不及去想她，一躺下便昏昏地睡过去了。

星期三上午十点多钟，我们的车回来的时候，我远远地就看见，她正站在南北寺村口的高坡上，望着前方。

上午，我们吃了西瓜。没忘了送给隔壁，我不在时悉心照顾她的韩斌老师一块。

【关键词】行/困难考验   行/同伴互助

四、选报志愿

这两周中做的最大的事情，是帮助同学们选报志愿。从6月11日星期天开始报志愿，到星期一基本报完，两天时间我几乎泡在了教室里。为了有的放矢，我翻阅了万龙同学推荐的高考指导读物。报志愿中，有的同学稳重，有的同学激进；有的同学自我评价过低，有的同学不切实际高估自己，都需要及时调整。晚上十二点半，我从教室回到宿舍，她娇嗔地表示了不满。

6月17日，星期六，我们俩乘车回家。星期天下午返校的时候，她送我到邹平。先给在泰安读书的弟弟寄了蚊帐，又去给李学、尚桂芹老师自学考试报名。

可巧遇上了徐景发同学，他是来邹平赶车去滨州的，正在教育学院进修。由于取消了车的班次，他未成行。景发还是那样忠厚、仔细。

【关键词】教/立德树人

最后一程

一、你长我也长

1989年6月19日，星期一。

我的高三复习教学计划结束了。今天，学生做完了最后一份法律常识练习题。不管效果如何，我们是尽了心和力，洒了汗和血的。我认为效果不会太差，我们的努力不会白费。高考就要来临，我和我的同学们郑重地等待着那一天。奋斗本身就是快乐的。

在教育局建档的那天，我取出了自考成绩单，"形式逻辑"得了 84 分。这是我合格的十门课中的最高分，而这个最高分是在我结婚前一天考出的。我又一次感到，胜利了。

只是剩下的"中国史""世界史"两门课程，下半年并不开考，我没法办，不能尽快毕业。只能等啊。漫长的暑假，我可以干点活，同时学习点"中国通史"。明年还要考进修，该有充足的时间复习了。

【关键词】学 / 善始善终　　思 / 自尊自信　　思 / 规划谋划

二、拒绝分赃

6 月 20—22 日，学校组织高考模拟考试。各科用北京几个月前就寄来的试题。我嫌题目不好，便综合了六份较有水平的题目，自编成标准卷。

6 月 21 日上午，韩五行的姐夫韩金脉来南北寺找我，要我与他去北镇，给五行办理学籍手续。五行是我们村的，正在本校读高一，要转学去邹平一中。我把班里安顿好，与金脉一起到北镇，见到在地区教育局招生办上班的李本东同学，请他帮忙，他满口答应。

晚上，我和金脉还有半道遇上的本家小叔万友，住宿在黄河饭店。吃饭时，两个人大谈一通生意经。我听了不禁咋舌，全是坑蒙拐骗之道。

次日，我和金脉乘长途汽车回邹平，万友出公差去他乡。车没到站，金脉便急匆匆地拉我下车。原来，他在车上捡到了一笔钱。金脉要分给我一半，我不肯收。

金脉寄存在邹平汽车站的自行车，他不敢去推，借了在邹平工会上班的小姨子的车子，骑到家。他又要分钱给我，我只是不收。他说，钱共有 170 元。我不知此事如何了结。

【关键词】行 / 关注社会　　行 / 为人师表　　思 / 褒贬善恶

三、一样紧张

7 月 1 日，星期六。

复习已接近尾声，大家高度紧张。这周，我结合分析模拟试卷，简单讲了几类题目的答法和注意事项。我的心情，也和将要参加高考的同学们一样紧张，晚上不好入睡。我在给杨明同学的信中说，这是我第一届担任班主任并送到毕业的学生。

上午第三节课，给同学们上了三年来最后一节课"高考前的最后准备"。我说："剩下的就看同学们自己的了。"

我通报了一年来班费收支情况，有结余四十多元。本想提议开个简短的晚会，但向级部杜主任请示了一下，得到的是委婉的否定。高考前紧张而又疲惫的同学们，多保重！

最后，还要说点什么，要做点什么？

【关键词】教／政治责任　　教／心怀学生

四、多余的话

7月3日，星期一。

早晨，高三级部杜卫国主任召开班主任紧急会议，鉴于学生离校前破坏公物的现象严重，决定让学生提前离校。

学生高一入学时，学校曾要求每人交十元押金，各班学生损坏公物即从里面扣除。这样一来，班主任放松了追查，损害公物的行为更为严重了。近来，学生听到风声，说押金已扣完，没有退还的希望，有的人便肆无忌惮地破坏，空闲教室的玻璃已基本被砸光了。

由于级部决定提前放学，我的以下谈话草稿未能落实。

值得尊敬的同学们：

四天之后，你们将步入高等学校招生考试的考场。我想占用你们一点宝贵的时间，说几句话。

首先，感谢大家三年来对我工作的理解和支持。

其次，同学们对高考应该有正确的看法和估计。人人都想通过大学这个独木桥。但人多必然拥挤，必有落水者。挤过去的，也许会乐得发狂，我不想多说。问题是落水者。农村的电不够用，许多人为争电打仗。我们应分辨是非，挺身而出，担负起社会责任，不要让吃下去的干粮和咸菜在肚子里烂掉，不要让十多年喝下的墨水白喝。我期望大家能成为大学生，更期望每个同学成为合格的、进步的公民。正所谓榜上无名，脚下有路。

再次，谈几点人生体会。一是努力争取受教育机会。目前我们的教育还很落后，我校基本上是中专生、高中生培养高中生，而国家的目标是高中教师要具有本科以上学历。二是人不能浅薄，要懂得容忍、宽厚、无私。三是珍惜时间，努力奋斗。这几年我的生活和工作十分地紧张，天天就像跑步一样。我结婚前一天，还到滨州参加了自学考试。一个人可贵的不是原先有什么水平，而是后来学习提高到了什么水平。四是向世俗挑战。我们可以自主的一些事情——恋爱和婚姻等等，要努力自己做主，不受别人摆布。五是遇事多动一点脑筋。人的大脑能进行高级思维，这是人区别于动物的地方。若只是吃喝玩乐，则无异于禽兽。

最后，高考前四天的安排。最高原则是休息。一张一弛是文武之道。硬性学习到高考，必为强弩之末。不尊重教育规律是不行的。

预祝同学们成功。

【关键词】教 / 立德树人　　教 / 爱生一生

五、农民的辛苦

7月4日，星期二。

今天到家。梁峰同学留在我宿舍，继续复习功课，准备高考时直接去考点。

晚上，去岳父家接李芳。她家里正浇地，左等不来，右等不来。我平时不爱看的琼瑶言情小说，拿起来看了一大段。到十一点多，再也坐不住了，我去坡里接他们，半道上遇上岳父正推着机器往回走。太麻烦了，太辛苦了，浇地得自己带着机器、水管。岳父整整浇了一天，没有回家吃饭。

【关键词】行 / 关注社会

六、集结完毕

7月5日，星期三，下午我赶到高考食宿点邹平县机关招待所。杜老师和其他班主任、教务员尹兆玉早已到了。

7月6日，星期四，学生陆续进驻招待所。班主任又是安排住宿，又是收钱、发铅笔。我们班二十五名同学，已经来到二十四名，最后一名是侯纤巧同学。她终于来了，下午七点半钟，大家已吃完晚饭，这几乎是她该归队的最后时刻。

【关键词】教 / 心怀学生

七、第一次带兵"打仗"

7月7日，星期五，高考开始了。八点钟，我们就到了考点——县实验学校。我把准考证一张一张郑重地交到同学们手中。出场之后，又把准考证一一收起来，认真检查后，按顺序排好。这天，考了语文和地理。

7月8日，星期六，考了数学和外语。前四门都不太容易，但同学们没有一个人灰心丧气。

7月9日，星期日，上午历史考完后，同学们说不算难，老师还猜到了几道题。大家的情绪高涨起来。

下午两点开始政治考试。考前，我对同学们讲了三句话："全部考完后，准考证由自己保存好；细心答题，顽强战斗到最后；考试结束后，可以到我家去做客。"

四点出场了，同学们一下子放松下来。他们说政治题比较简单，平常做到了不少。我心里很高兴，或许这次有收获了。

我辞别了老师们，回家来。本来有不少同学在招待所门口等着，大概是要随我回家的。可我只顾走路，忘了逐个打声招呼。结果，只有陈永军、贾善才同学随我到了家。

他们在这儿玩到六点多钟，陈永军骑上车子走了。我骑自行车，把贾善才送到崔家庄南，再往前就是山路了，他步行回家——西董乡会仙村。

【关键词】思 / 战略定力

金榜题名时

一、日记第二十五本序

1989 年 7 月，小李村家中。

我怀着对第一次当班主任带的学生的无限留恋，怀着对学生高考成绩的急切盼望，怀着对爱人的深爱，伴着对人生更多、更深的思考，开始了这本日记。

这本要记今后大半年的时与事。我将会有新的学生，将开始新的教育生涯。各方面已不是多么紧张，我可以有较充足的时间，在教学上有所突破。我还一心想要参加成人高考，不知能否再度"金榜题名"，了却我的凤愿。一届届的学生走出去，我心里更慌。我重当学生的愿望愈来愈强烈，必须学习真本事，必须向别人实实在在地学习，而不是将自己很有限的东西向别人显摆。

新婚之年，相隔异地，夫妻思念之情自不必说。我们俩将要开始做年轻的父亲和母亲了，这是令人十分高兴而又必须十分谨慎的事。

【关键词】思 / 未来憧憬

二、狂欢，沮丧？

1989 年 7 月 13 日，星期四。

洞房花烛，金榜题名，是民族传统中的人生幸事。用今天的话来说，叫作爱情和事业双丰收。今年的 5 月 1 日，是我们的洞房花烛之日。七年前的 1982 年夏，我考取中等师范，当时百里挑一，众人羡慕，也可谓金榜题名之时。

而今天这里的"金榜题名"，是要说我第一届送到毕业的学生参加高考的事情。

这远比我自己金榜题名意义更重大。这个漫长的暑假及开学后的一段时间，将是我和老同学们急切盼望之后，或是狂欢或是沮丧的过程。但是不管如何，我们尽了最大努力，是问心无愧的。

感于此，且将这段生活以"金榜题名时"为总题目，简记之。

【关键词】思／未来憧憬

三、穷教师

7月14日，星期五。

吃了早饭，我去南北寺中学。在家闷得慌，到校走一趟，也捎回7月份的工资来。可是不巧，发工资的马明吉老师回家了。韩斌等几位老师也为此事而来，都空手而归。于是有人慨叹：穷教师一个月不发工资，就没法过日子。

【关键词】教／教育生态

四、今后的路

7月15日，星期六。

下午，弟弟回家了。弟弟的到来，给这个家带来了不少生气。再有一年，弟弟就毕业了。

寂寞中，我思索着今后的路。暑假里，应该读点有用的书。下一学年，不管教高一还是高三，不管是否兼任班主任，我都不会觉得太困难。明年，我还是会坚持离职进修，学点真本事，见见世面，为以后继续上进打下坚实基础。自学毕竟有极大的局限性，也不能很好地得到社会的承认。

生活，可爱而又令人烦恼的生活，需要你去认认真真地思考，踏踏实实地开拓。

【关键词】思／方向选择

五、无聊与困难

7月26日，星期三。

近来颇为无聊。弟弟放暑假回家，我家两个大男子汉成天在家吃闲饭，睡觉，读点书，看电视。我觉得有点不对劲了。去筛点沙子吧！可天热，母亲也怕累着儿子，终究没下决心。

我实在受不了，巴不得早一点开学，可还有二十多天呢。学校生活虽然紧张，但心里舒坦，时间没有白过，生命没有空耗。

我跑出去玩玩。找怀光、廷宾，都找不到。可巧，其兵还在学校里。两个人吃上一顿，拿回本《文摘句刊》来，足够看十天半个月。

我放假在家，她不上班的时候很少回娘家，我们感到了夫妻生活的温馨。这实际上是我们的第一个蜜月。我想同她去外面走走，不知能否成行，花钱太成问题。

说到花钱，现在我手底下已无分文。村里收各种电钱，没办法，父亲只好抱上个好母鸡，提着两斤四两鸡蛋去卖了。生活终究会慢慢好起来。

今午去城里换面，顺便去县招生办问高考成绩，仍没有下。夜里梦见昔日那帮学生们，又聚在我身旁。然而，那样的生活是一去不复返的。我第一次这样强烈地感到我对学生的爱。

高考成绩怎么样？梦里不知想了多少回，吉凶难测。

【关键词】思 / 时间观念　　行 / 困难考验　　教 / 爱生一生

六、发成绩了

7月30日，星期日。

昨天听到在邹平当小工的弟弟说，今年的高考成绩下来了。我早就等这一天了。当天下午，我急匆匆地去邹平，不知车子为什么骑得那么快。

我从教育局的分数表上，把我校文科全体学生的总分和政治成绩都抄了下来。一看，政治的成绩不算坏。文科总体情况也在意料之中，总分四百五分以上的有十五人。可使我感到十分遗憾和痛苦的是，我的二班前几名同学的成绩都不如一班。文科总分前三名都是一班的同学，且比后面的二班的几名同学高出一到两个分数段。我一下郁闷了，不知如何解释。二班失败或者一班得胜的原因究竟是什么？我无法向学校的老师和毕业的同学们交代。这是今后我应弄清楚的一个问题。

抄完分数，我忙不迭地跑到黛溪河边，坐下来，仔细研究起来。心里有喜也有悲。政治科平均分为 82.63 分，这个分数相当不错了，是之前从来没有过的。不过，和其他学校比起来，相对成绩又会怎样呢？我们班成绩不好，实在令我郁闷。

路遇贾善才同学，他正从北镇参加外语面试回来。我班共有四名同学参加了外语面试，还有刘丽萍、宁华、张云珍，一班只有张海燕同学一人。

高考成绩萦绕在我脑海，我想到学校去看看动静。据说，学校领导班子已调整了，校长孙兆俊已调到邹平县城工作，副校长杨承玖将出任校长。

【关键词】思 / 研究问题

七、探听虚实

8月1日，星期二。

今早，我从大哥家推了自行车，又借大嫂十块钱，去学校。我手底下只有几毛钱了，而芳又没在家，只好向哥嫂伸手。

走出去十多里地，才想起忘了带宿舍的钥匙。到校后遇上孙凡涛老师，他正给学生补习数学，今年又上毕业班，这以前，他已连续三年送毕业班了。

同孙老师谈了高考的情况，把他抄的表和我抄的表对照，得知考号尾数"40"、政治考 90 分的同学是蒋丽莉，这是我校政治最高分，或许是全校最高分。可惜的是，她的总分只有 446 分，难以录取。原二班同学的成绩基本正常，只是与一班同学比起来偏低。有三个同学发挥得不太好——李冬梅、董长征、王兰贵，他们都没有超过 430 分。

上午没法吃饭，我买了两盒烟，花了两块五毛钱，拿上烟到杨秉臣老师家走一趟，讨顿饭吃。大婶包了饺子，我吃了不少。没吃早饭，又跑了这六十多里地，实在饿了。

四点来钟，看完电视剧《西游记》，我冒着酷暑上路了。路遇刘丽萍同学，她就是我班的第一名（468 分），而在全文科仅为第四名。文科第一名是一班的董玉清同学（491 分）。这次师生相遇，虽值应该庆祝之时，但全班考得不尽如人意，我怎么也高兴不起来。

【关键词】教 / 心怀学生　　行 / 重要他人

八、度日如年

8 月 10 日，星期四。

整天在家没事可干。弟弟骑着车子出去当小工，我想骑车子出去疯跑一阵子，也不得自由。我翻着书架上的书。

爹也闲得无聊，打几根草绳，整理整理院里的破木碎枝，拷上几十个鸡蛋或一两只老母鸡上集去卖……实在没什么可做了，便抄起我和弟弟带回家的书，一字一句地读起来，边读边评论。

与这极闲散的生活形成鲜明对比的，是钱花得一干二净。从来就不曾富有过，若是手底下有个三十、五十的零用钱放着，就是再宽松不过的日子。可近几年，没什么大收入，一个劲地花大钱，日子比前些年更紧了。夏秋之交，蔬菜正是物美价廉的时候，买块儿八毛的菜就可以吃好几天，可家里连这点钱也拿不出来。

我心里不安，我在家白闲了一个月。日子终究会好起来，可到什么时候？凭借什么？一年来的工资等各项收入不算少，有两千来块吧，都用在我们的婚事和家庭生活上了，还欠了债。当钱花得一干二净的时候，我这个七尺男儿伸手问老婆要钱了。

上午，我正打扫屋子，王维同学到了我这。王维学习不错，不过高考分数还差点，429 分。他是来问问是否可以再去复课。为时尚早，上级也没有明确批示，南北寺中学是否能收复课生，还无定论。近年来高考是愈发艰难了。复课一年，只能再努力一拼，行与不行未可知。王维这样的成绩，不算有多大的把握。

当然，学生有心，我只能鼓励。告诉他，要考虑学习方法。十一点多钟，王维起身告辞，留不住他，他说还有别的事情。

【关键词】行 / 困难考验　　教 / 爱生一生

九、脚下有路

8月12日，星期六。

今天，收到王俊美同学来信，这是一位热情勇敢的姑娘。在我当班主任的时候，她曾主动要求主持元旦文艺晚会。毕业后，多次找到学校或给我写信，要求继续回校复习，参加高考。她说："我明知不会考中，但我还是十分想去考一考，试一试。"遗憾的是，学校没有成全她的心愿。

那天，我在街上见到她，她打扮得花枝招展的。她高兴地告诉我，她已被县科技咨询服务站招收为合同职工了，当行政秘书。她已当面把情况介绍得差不多了，这回又专门写了信来。

【关键词】教 / 爱生一生

一〇、殊途同归

8月17日，星期四，离家出门前记之。

这次拿起笔来，我感到了留恋，对这个生养我的贫穷的家的留恋，对新婚之妻的留恋。离开这里，离开她，又要那么久才能见面。我们的"蜜月"结束了。

8月15日，星期二，遵照杨校长的嘱咐，七点多钟我去邹平参会，说是政治学习。教育局大门口的政务公开栏里写着今年高考录取分数线，文科中专线是452分。我的心猛地一沉，我们班超过这个分数线的只有六人，而一班却有七人。

"韩兆恩！"一个年轻女子的声音。我回头看时，发现是崔放梅。崔放梅大学毕业后，没有考上研究生，分配到了长山中学。可惜的是，她学的政治教育专业，目前学校却只能安排她教历史。她也是来参会的，告诉我会期已改为明天（16日）。

8月16日，星期三，在团部礼堂召开了邹平县直学校政治学习动员大会。南北寺中学来了十多人。下午，芳下了白班，早早地回到家里。这以后又要别离了。我感到了其中的苦涩。何日才能不别离？！

写到这里，我该收拾行装，走我的路了。

【补记】后来，崔放梅转回思想政治教学，我们也相继调入邹平一中工作。

【关键词】思 / 日记风格　　思 / 竞赛意识

一一、录取通知书

9月5日，星期二。

晚上，我校一部分同学的专科学校录取通知书来了。文科共有十二名同学被录取，其中李翠娥同学被山东省矿业学院录取，董玉清、夏鹏、刘丽萍、宁华、贾善才、张海燕、房振华、赵业宾、刘淑会、由俊渭、王永谋等十一名同学均被滨州师专录取。王永谋同学高考分数稍低，是委培生。

十二名同学中，原二班只有四名，我的心情再度沉重起来。

【关键词】思 / 知耻后勇

一二、"最后一榜"

9月9日，星期六。

我的情绪一下子跌落到谷底。我无法开脱，无法自圆其说。

高考"最后一榜"下来了，我校文科生没能占到一个中专名额。我班成绩较好的几个——尹清460分、张云珍452分、毕卫东450分、马华章450分、崔强448分——因为各种原因，大概全军覆没。

呜呼，悲哉，苦哉！

我想不出，我们班为什么会比别的班差这么多。我想不出，作为一名班主任，我比别的班主任少做了什么？我总以为，我做得多，做得妙。从来没有服过输的我，这次再找不出理由为自己开脱。我十分悲苦地低下不曾低过的头。我无颜向全校师生，特别是我们班的同学和家长们交代。我对不起那些曾十分信任过我的人。

1989年高考，1986级2班只考中四人。我作为班主任，将被永远地钉在耻辱柱上。

【关键词】思 / 知耻后勇　　思 / 研究问题

一三、干咽馒头的教师节

9月9日，星期六，上午学校召开教师节庆祝会。杨承玖校长进行了改革，学生放假，部分教师参加了会议。

听到高考录取消息，我的心情十分沮丧。到会场时，已没有座位了，我便退了出来。转念一想，我不应为一时的坏情绪左右，而消极处事，便搬了椅子，又大模大样地回到会场。

会后，食堂无暇给教师炒菜，让过节的教师啃馒头。

【关键词】思 / 情绪控制　　思 / 褒贬善恶

一四、老学生的消息

10 月 3 日，星期二。

上星期五回家的路上，遇到毕卫东同学从邹平回来。他是去教育局拿录取通知的，他被录取为电大学生，还有张传俊。另外，崔强被济南民政学校录取。我估计，我们班还可能有人被录取为电大生。

李冬梅同学落榜后，我一直放不下心。她来信说，已到周村三中复课。可巧，今日她又来信索要政治课本。今下午，孟朝晖同学亦来找课本，她也复课了。我翻了韩斌老师的柜子，找出几本残书，给了她们。

【关键词】教 / 爱生一生

一五、学生来信

10 月 16 日，星期一。

夜里下了点小雨，天开始冷了。

昨天，芳休班在家。好自在的清闲的一天，坐在沙发上，我读书，她打毛裤——给我织的。

今天吃完早饭后，我去月河三舅家放油桶，三舅退休后被韩店乡西王油棉厂聘去了，我想让他从厂里给打点油吃。之后，我直接去南北寺中学。

近来，收到孙振北、蒋丽莉、房振华等同学的信，他们或在复课，或已大学开学了。

【关键词】教 / 爱生一生

一六、牵挂

10 月 24 日，星期二。

开学已是第十周了。我和新一级同学学完了"政治常识"的后三课，本学期剩下的时间准备复习前三课。前三课是重点，我和韩斌老师深思熟虑，研究方法，下定决心要搞好复习。

接到王维同学来信，得知他已到滨州师专读电视大学。到现在为止，我们班已有八名同学开始读大学深造。

另外一个没有消息的，就是 452 分的张云珍同学，不知她何去何从。正好，梁峰同学托人捎来他借我的二十元钱，我便写信表示收到。他与张云珍是同乡，我可以向他打听张云珍的消息。

【关键词】教 / 爱生一生

一七、排名

11月1日，星期三。

地区教育局统计的高考成绩下发之后，我心中感到失落。于是，又等县里的新算法。今天，杨校长把县里统计的情况拿给我看，我所任教的学科在县里的排名依然是第三。

我认输了，我确确实实地不是第一，也不是第二。从我这方面找得到的原因，是我对高考还太天真、幼稚，自以为我天花乱坠地讲课，能给学生带来多高的分数。事实上，应对现在尤其是今年的高考题，我的方法太不对路了。没有学生的实打实的多遍的背诵，没有大量的习题训练，是不能提高成绩的。使我伤心的是，我的学生中有四五名接近优秀分数线，而没有一个成为优秀分。

令人欣慰的是，我又走到高三了。我正吸取上学年的教训，继续努力。教学时间量比上年好点了，该有些成绩的。

【关键词】教 / 尊重规律　思 / 研究问题

一八、奖金的标准

11月29日，星期三。

今天，我到总务处领取了高三毕业班的四百元奖金。其中，超省平均分三百元，高三集体奖一百元。

钱是好花的。我当即还了尚老师两百元，结婚时借的。剩下的钱还可派上些用场。

我没有拿到县第一，更没拿到所谓的地区第一。不平的情绪早已消退，奖金多少已经无所谓。

高考质量评估应该有怎样的标准？高考成绩能不能作为奖罚的唯一标准？

【关键词】教 / 教育生态　教 / 教育质疑

一九、信任

12月25日，星期一，收到老班长宁华同学的来信与贺年卡，得知他在滨州师专英语系仍任班长，很是欣慰。

还有洪大业同学的贺年卡，他在长岛做生意。

还有一枚只署有"邹平一中"的贺年卡，我据字迹猜想，应该是马玲玲同学，她在那儿复课。

我把同学们的贺年卡统统挂在墙上，感谢这些同学的信任。

【关键词】教 / 爱生一生

第五学年（1989—1990）
二十三岁　更上一层楼

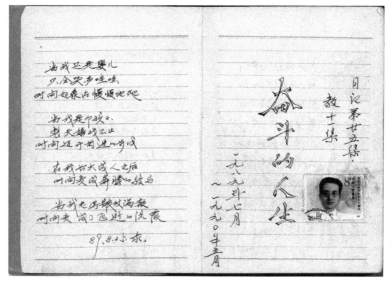

笔者 1989—1990 年的日记本

南北寺中学 1990 届毕业班教师队伍

离愁别恨

一、出任组长

1989 年 8 月 18 日，星期五。

昨天下午，坐车来到南北寺中学。

今天上午，打扫了办公室的卫生。下午，学校召开全校教职工大会。学校吐故纳新，出入各十余人。政治组原组长刘宝兴老师调往长山中学，领导任命我为政治组长。我已有四年教龄，二十三岁便为全校资历最老的政治教师了。事在意料之中，没什么喜，也没什么忧。

我又被安排负责高三文科政治教学，有快班（一班）和慢班（二班）两个班。学校已没有多少可用之人。高三班子组织得还是比较整齐的，或许还有些新的希望。

【关键词】教／一岗多责　思／自尊自信

二、一日不见，如隔三秋

8 月 20 日，星期日。

昨天下午，参加了学校的政治学习会。等雨停了，我骑车回家。

一家人见到我带回的油（高三教师的福利），都很高兴。家里正缺油吃呢，手底下又没钱去打。我刚发了工资和补助，拿出二百元交给娘，主要是给弟弟上学用的。实际上，我就只剩下三十元了。

娘说："李芳正在家等我回来呢。"我立刻跑进我们的小屋，她正在"引被子"。她说自己见到我留下的字条，心里十分不好受。是啊，前天我离家时，有些伤感地写道："芳：你近来身体开始不适了，请多保重。有空就'引一引'咱的被子吧。"

今天上午，一家人包饺子。下午我走时，芳又让我到她家，岳母和奶奶给带上了不少苹果。从新修的好临公路上过来，我只用了一小时四十分钟。

【关键词】思／体味幸福

三、新感觉

8 月 22 日，星期二。

昨天，我开始给新一级学生上课了。这是我参加工作后的第三级学生了。不当班主任，我感到了宁静和失落。当班主任那两年，每当星期天从家回来，我总得先到教室走走看看，说几句话；晚上工作到十一二点，我轻轻地迈进教室，在拥挤的课桌间，在烛光下苦读的学生中蹭一圈。那是怎样的一种安慰啊。

昨天也够忙碌的。先后有好几个人找我：来拿毕业证的王秀娟，带回东西的张云珍，来办事的王厚新，开转学证明的刘云树等。

空闲里，争取坐下来，写几句话，算是备好了课。可到了课堂上，一讲起来，就是我的天地了，快班整说了一节课。慢班里只有十多人，我坐在同学们中，也谈了半个小时。

开始学习新课了，又将是一年新风景。不过，今年会从容许多，因为我已积累了许多可用的经验和材料。

【关键词】教 / 爱岗敬业　　教 / 教育生态

四、形影不离

8月25日，星期五。

一切都够从容的。备课省劲多了，去年备课本上的东西修改整理一下就可以了。

与老同事韩斌颇合得来，工作、吃饭、活动同来同去，形影不离。还有新来的政治教师孙启利（初中部），他是我的第一届学生，蛮不错的。

只是时常感到生活的艰难、寂寞，也常想到前途。我现在认为，明年我若能离职进修，这会是一条好路子。

【关键词】行 / 同伴互助

五、劳燕分飞

8月27日，星期日。

昨天下午回家，车晚点了，让她在邹平下车点等了我好久。回到家，抱着她柔软的腰身，不知为什么，我的泪越流越凶。我，23岁的大丈夫，成了个脆弱的人。她问我，我一句话也说不出。唉，什么是人生？人生有的是艰辛。夫妻相隔，我回家的时候，她又得匆匆地上班。上学年我们班学生的高考成绩也不好，我很忧郁。

今天早饭后，我送弟弟去邹平车站，他要开学了。弟弟只带了我拿回的二百元钱，弟弟的书读得也颇为艰苦。

芳今日正倒班，夜班转中班。但中间休息的七八个小时，她不愿待在职工宿舍，还是跑回家来。当我们俩幸福地抱在一起时，她说："我不让你走！"可又怎么能呢？她还是先上班去了。

带上新婚的被褥，13岁的侄儿志刚把我送到东景村外的大路上，再把自行车骑回来。就从这儿，我坐上了校车。劳燕分飞各西东。

【关键词】行 / 困难考验

教师节前夜

一、第一夜

1989 年 9 月 7 日，星期四，晚饭后侯纤巧同学到校找我。她苦闷、忧郁得厉害，我的几句话难以让她解脱痛苦。她自言高考成绩很差（是今年我校文科考生中高考成绩较低的一个），而父母劝其复课，自己却不情愿。她语无伦次地说：

"我不可能死，也不应该死。"

"我该怎么办呢？明天就去复课吗？怎么办呢？"

"明天到了邹平，我就说不复课了，啥话也不说，一辈子也不说。叫他以为自己本事大。都是活该。叫他花钱买个活该。"

她就这样絮絮叨叨地说，我也听不太清楚，也插不上嘴。天晚了，我劝她先到学生宿舍休息，她显得更忧郁。我不好再撵她，便静静地坐着，听她断断续续地说。为了改变她的情绪，我也不时地说句笑话。

这样一直到深夜一点二十，我在黑暗中，把她送到女生宿舍，望着她确实进去关好门了，才回来。她走的时候，把一大堆苹果放在了我桌上。

【关键词】教 / 爱生一生　　教 / 教育质疑

二、夜深沉

9 月 8 日，星期五，晚上学校各教研组都组织教师节酒会。王会明老师去买菜，我作为组长，借盘子、装菜，还掏点钱补缺。全组四个人的教师节，过得蛮不错。席间，我和组员们谈了不少平时没谈的问题，上课，对待学生，个人问题，教师关系……

尚未尽兴，有人捎话来说，有个毕业生来找我。原来还是侯纤巧同学。

她苦得更严重了。家长已给她问好，去邹平一中复课，需要高考分数单作为证明。可昨晚我把写有"335"的分数单给她时，她当即就撕碎了，这样的成绩，学校是不肯收的。

我想起，淄博籍的李冬梅同学的分数单大概没用了，一直没有她的消息，她大概不会在惠民地区这边复课了。我便找出她的分数单，递给侯纤巧，也许能蒙混过关吧，因为分数单上只有考号而无姓名。

当这个弱女子，接过这张轻微得几乎没有重量的条子时，她又说了："我谁也对不起。我对不起良心。对不起李冬梅，也对不起你。逼你做错事，你心里也苦。"

我只好说："复课，400分的资格是人定的，不是法定标准。这样做只是获得了复课的机会，没有什么。"

可她只是一遍又一遍地重复着自己的话："我为什么到这里来？我不该来。"

前排学生宿舍的自控灯，亮了一次又一次，时间一个小时又一个小时地过去。窗后门前的脚步声，使我坐不安稳。深更半夜，我的宿舍坐着一位大姑娘不走，不知道会不会有人造出谣言。

从谈话中，我渐渐了解到，她是很想上进的，并不是对学习完全失去了兴趣。她认为还有进步的希望，我又看到了光明。

凌晨五点半钟的时候，我乏得实在坐不住了。让她在我宿舍歇一会儿，我去了杯盘狼藉、弥漫着酒气的办公室。伏在几叠试卷上，我迷糊了一会儿。

六点二十，我在浑身麻木酸痛中醒过来，回到宿舍，而侯纤巧眼里含着泪花，说自己不该这么做。我说没什么。她还想解释，可又说不清了。"以后再说吧。"她走出门，把门猛地拉上，把我们隔在两个天地。

我追出去，从花墙上望着那个弱小的身影，渐渐远去。

【关键词】教 / 爱生一生

三、怎一个愁字了得

9月29日，星期五，上午侯纤巧同学毕业后第三次来找我。她已有些麻木了。我只是劝慰她。她还是不想去复课。临走的时候，又给我放下罐头和苹果，我心里不知是什么滋味。

10月3日，星期二，下午我上完第一节课从班里走出来的时候，迎上来的正是侯纤巧同学。她已去一中报到，回来找我要课本。由于我还要上课，给了她课本后，也没歇，她就匆匆走了。

【关键词】教 / 爱生一生

战法调整

一、爬窗作业

1989 年 9 月 13 日，星期三。

星期一，下午到校时，已三点多了，我放下车子，就去组织学生考试。

星期二，看了整整一天试卷，下午还组织理科两个班考了试，韩斌老师开会去了。晚上没电，烛光下，我看完一班的试卷，发下去，和同学们讨论了一段时间，已近十二点。

不当班主任了，开学三周来，我从没早起一回，一睡就睡到七点半，七点四十五吃饭时，不得不起来。

今天上午，我先刻好试题答案。文印员没上班，我推开文印室后窗，跳进去，一个人鼓捣了好长时间才印完。

间隙里，跑到宿舍，听了会儿录音机，算是休息。同时，悠然地剥开一根香蕉，送到嘴边。其实，我从没有自己买零食的习惯。这香蕉是昨天上午，董莉、吕爱英同学来拿毕业证时放下的。两个同学走得慌张，落下钥匙，我骑上车子去撵，到了临池却不见人。车子气门芯坏了，我自己回不去了。打上气回来，吕爱英正在学校等着呢，自行车上没钥匙，她走不了。

今上午第四节课，我开始给一班分析试卷。午饭后，真想舒舒服服地睡个觉，我已连续四五天没午休了。可是二班的试卷，得在上课之前看完呀，第五节课就是二班的课。所以，今天没得午休。

第五节课后，休息了一节课时间，第七节课又给一班讲评完试卷。

【关键词】教 / 爱岗敬业　　行 / 困难考验　　思 / 直言不讳

二、"老"教师不"老"

9 月 22 日，星期五。

本周学校听部分老教师的课，以发挥示范带动作用。我作为组长，被选出来执教公开课。自以为课准备得比较充分，可上课时，一度竟十分呆板。我平时上课，和学生们是大说大笑的，而这次竟一点笑不出来。实在说，不如平常上课效果好。

我想，这主要是由于：第一，虽然是"老"教师，但我的心理稳定性仍不强，还有些紧张。这次心理压力尤重。第二，课备得仍不够充分。有些举例，课前没有组织好语言，又不敢放开说，更显干巴。第三，上惯了下午的课，上午前两节上课时，精力不是很充沛。课是 9：05—9：50 上的，我的头脑一直不很兴奋。

许多教师都反映，我讲话很平淡，没有抑扬顿挫。我长久以来形成的这个口语习惯，没能很好地改正。我应多加留意。

【关键词】教 / 公开历练　　教 / 质量互变　　思 / 听取意见

三、听李敬德讲课

9 月 27 日，星期三。

天晴了，我和韩斌从周村回到了学校。这一次又是三天。

9 月 24 日，星期天，我和韩斌、唐作义老师去淄博市张店，听李敬德教授讲课。他是《政治常识》教材主编，课讲得不错，人也和气。

9 月 26 日，星期二，下午在细雨之中，我们踏上归程。到了周村，必须骑车。可雨下得更大了，冷得叫人不敢骑车走路，我们俩只好去旅馆住下。

【关键词】行 / 就教名家

四、中华人民共和国成立四十周年

10 月 1 日，星期日。

举国上下热烈庆祝中华人民共和国成立四十周年。昨晚，邹平县城放了焰火。今晚，电视上播放的天安门广场的焰火，十分美丽壮观。

【关键词】行 / 爱国热忱

五、不辞辛苦的爱

10 月 7 日，星期六，在家和父亲种上最后一块地，秋收秋种就结束了。

下午，我们俩原想去看电影的，结婚后还没去看过一次电影呢。可一看，电影要演到很晚，只得作罢。

星期日，早饭后我们俩上路。她休班，随我去学校。到校时，已是下午一点四十分，我匆匆忙忙地洗把脸，就去上课。

奔波了一天，晚上我们俩早早歇下了，今早六点半才起床。在这简陋的宿舍里，我却感到无比的幸福。

上午九点半，我送她到村口，她要匆匆地回去上班。秋风中，望着她远去的娇小的身影，我的心沉重起来，眼眶热辣辣的。为了爱，不辞辛苦的人们。

【关键词】思 / 体味幸福

六、成败反思

10月11日，星期三。

学校的教职工羽毛球赛正在进行。昨天下午，我和石玉海老师（物理教师）进行了一场比赛，结果以 2：0（15：6，15：11）胜了石老师。第一次参加这样的比赛，心里很是没有底。我累得狠，今天膀子特别疼，但我却感到这小小的胜利的快乐。起初，我都没勇气报名。糊糊涂涂地报上了，也不过是想，若对手厉害，就弃权了。不料，取得意外的胜利。看来，有播种，就可能有收获。

高三的政治课有条不紊地往下进行，必须把学生抓紧。上届高三，我觉得尽了最大努力，然而成绩并不突出，没有抓紧学生的复习、掌握，是失利的一大因素。今年，轻车熟路，该出些成绩了。是否抽出时间，与同学们进行个别谈话呢？可以的。

【关键词】行／体育锻炼   思／深入反思

七、尝试写论文

10月12日，星期四。

农历九月十三。望着南北寺天空的明月，我又想起了她。那天，她一个人跑六十多里山路回家，我真有点放心不下。我的妻是那么可爱。只要真心相爱，什么户口、地位，计较这些都会变得十分庸俗。

完成了两件事之后，今天晚上，我感到极为轻松。

一件事是，写完了教学论文《还我政治课的本来面目——谈加强政治课的思想教育性》。这事考虑了数月，动笔写了一周多。今天，修改完成，觉得还是满意的。只是篇幅长了点，三千多字吧，有点拖泥带水。我写东西总是这样。我希望我的论文能受到行家重视，但一定要先够那个资格。无论如何，总是一个好的锻炼。多写几次，也许就出成果了。

另一件是，今下午我参加了教工羽毛球比赛第二阶段的比赛，与毕研成老师（化学教师）比赛，结果以 0：2（15：2，15：10）败北。从没有像这次一样，我输得那么从容、坦然。

【关键词】思／教育科研   教／立德树人

八、有点空闲

10月14日，星期六。

今年不当班主任，教的又是去年刚上过的课，很有点清闲的意思。过去把自己搞得过于紧张了，这是我得胃病的一个重要原因。我想稍微放松一下。

但是，青春年少，风华正茂，我得多学些东西。现在没有了系统的学习计划，实在难受。有时坐下来，竟没有可读的东西。

做点什么呢？《自然辩证法》及政治学、法学、经济学、文学，还是有许多可读的东西。利用起这些空闲的时间吧！

【关键词】思 / 时间观念　　学 / 学习关键

九、抓住学生

10 月 22 日，星期日。

上周不算轻松，新课学完了，得总结、考试；以后复习，还得备课。

怎样复习，一直没有完整的方案，只能不断探索。由于这一原因，我想读点书，也就抽不出时间来了。人总不能一刻不停地工作，特别是下午两节课后，累了，总想去玩，打羽毛球或乒乓球。只是，设备不多，机会不多。

10 月 20 日，星期五，下午上完两节课，我匆匆地出了校门。到月河舅家带上三四十斤油。到家时，已五点半。芳下班到家了。

星期六，她还得上班，我就坐在屋里看书，看《政治常识》课文，很仔细，算是备课。

今天上午回校，下午有我的课——高三的加班课。老师们安排星期天考试。只是有十五六名同学可能是回家了，没来。我有些生气，但也无奈，只能让这些学生以后补考。

我心里的滋味真有些不好受。今年高考，我们班的成绩不好。我这个班主任，教了学生整个高中三年的老师，自己学科的成绩也不理想。我心里想不通，为什么会这样？我是不肯承认自身没有下工夫的，也不承认别人会比我本事高强多少。然而事实就是如此。我只能独自生闷气，暗自伤神。我总觉得，我让得太多了，没有抓紧学生学习政治这门课程。理想幻灭了，是痛苦的。我重新抬起头，把希望寄托在新一届学生身上。我的谋略中强化了一条，必须抓紧学生。"老好人"是再也做不得了。

我不知明年会是什么样子。我想该对同学们谈谈，不能让他们再继续忽视政治课了。

【关键词】思 / 深入反思　　思 / 研究问题

一〇、硬汉子

10 月 27 日，星期五。

时间在悄悄地流逝，我平静而充满信心地生活着。我明明白白地知道，我已结婚了，在今年的 5 月 1 日。在南北寺中学，我一闲下来，就想起她。她将一个年轻姑娘的爱，纯真无私、毫无保留地倾泻在我身上，使我逐步从对生活的胆怯、对死亡的恐惧中走出来。我该成为一条硬汉子。

本周，我已领同学们开始复习。这学期，政治课被比较公正地放到了应有的位置上。我又有了些经验，放弃了对学生管理的思想。我想，本学年最后会有比较好的收获的。

下午两节课后，一般就不想再看书了，休息一下，去打排球。读师范学校的时候，我就很爱打排球。

【关键词】思 / 自尊自信　　行 / 体育锻炼

一一、孤寂的山寺

10月28日，星期六，我买了两袋面，乘校车带回家。芳到东景村口接我。一到家，我们俩便走进自己的那个小天地里。整整一周了。我们俩紧紧抱在一起的时候，她的泪水流淌出来，滑落到我的脸上。说不出是高兴，还是怕离别。

星期天，我们俩都盼着她能休班，如愿了。母亲包了肉饺子，吃了一天多。晚上躺下后，没想到她会说出："明天，又要离开这个小屋了。"我的脑海中猛然闪现出，那次她顶着风从南北寺中学回家的情景，当她骑上车，我望着她的背影远去的时候，眼睛一阵发热，湿润了。

今上午十点多，母亲就把饺子烙热，叫我们俩去吃午饭……

漫漫的路途，寂静的夜晚，我深深地思念着亲人。

【关键词】行 / 困难考验

一二、职工体育活动

11月1日，星期三。

学校的教职工羽毛球比赛刚刚结束，又开始了教研组篮球赛。共拼合了六个队，外语、史地、政治三个教研组合成一队。只可惜，前天下午和今天下午，我们队的两场球（分别对阵理化组、党政组）都输掉了。我们队里除了朱文业老师之外，没有多少会打的。也有些客观原因，我们组的小青年不服气。我是真正下了力气的，只不过没发挥多大作用。能力问题呀！

昨天下午，唐作义老师托人把我的政治教学论文捎回来了，这篇论文已被县教研室选中，准备推选到地区参加评比。我遵照吩咐，修改、删减一番，重新誊写出来，近期付印。

【关键词】行 / 体育锻炼　　思 / 教育科研

一三、同样的责任

11月2日，星期四。

昨天下午到二班上课的时候，我注意到，原先一班的董梅（政治课代表）和张文清同学坐在最前排左侧的座位上。晚自习后，我找这两个同学问情况。她们没有言语，只是掉泪。我不是班主任，也不便多说，只是讲，在"慢班"，无论如何要好好学习。

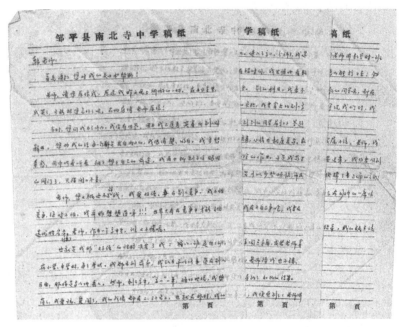

董梅同学 1989 年写的思想说明

今晚，董梅同学告诉我，她们已经搬回一班，并递给我一封信。我读着信，感到一种奋发向上的力量。原来，她们本打算到二班去，以为这样可以自由地支配时间，补习数学。不料想二班上课时，部分老师"漫不经心"，这怎能提高学习成绩呢？她说，自己是不会也不甘堕落的。

这是这学期，我第一次这么细致地过问学生的事情。

上届学生毕业，更加上考试成绩不好，我的心情很失落。我不应这样继续下去，新一届的学生同样需要老师关心，帮助他们进步，同样是我的责任。

【关键词】教 / 立德树人　　教 / 教育公平　　思 / 保存资料

一四、生离死别

11月3日，星期五，晚上韩斌老师帮我印完教学论文，装订好，已经不早了。

星期六，想早走的，可雨下个不停，越下越大。我焦躁不安地从办公室跑到宿舍，又回来坐在办公桌前发呆。她会不会冒着雨跑回家等我？

下午坐车回家。万同大娘的骨灰盒，由其女韩秀珍和我大哥从东营护送到老家，乡邻亲戚来祭奠，我也到灵前作别。

晚上，躺在床上，香水味犹存，她却不在我的身边——她上中班去了。

十二点多，她终于到家了，推着沾满泥水的车子，脚上也沾满了泥水。我接过车子，她手里还攥着刚咬开的馒头。

今天下午，我不能住下，车子不在家。她送我到路边，不等我再看她一眼，校车就开走了。隔着一片树林，我无法望见她的身影。

【关键词】行 / 困难考验

一五、培养积极分子

11 月 9 日，星期四。

天冷了。晚上，穿上凝结着妻子许多天辛勤劳作的新毛裤，真暖和。

复习在按部就班地进行。这级学生的好学精神更大一些，从他们提出的问题比较多这一点即可看出来。生活不算轻松，也不太忙碌，有一定规律的生活让我感到舒畅。

今天，县召开高中教育工作会议，主要是表彰 1989 年高考中的优胜教师和学校。我任教政治课的高考县名次是第三，地区名次是第八。我自知，不应出现在这个场合，所以没有去，尽管无论新高三还是老高三教师，我都在参会人员范围。

我校文理有八科县第一，自然很是光彩。许多人的运气不错，而我的运气太坏。我只有以更大的努力去弥补。

还有什么法宝呢？在尽可能争取教学时间的情况下，备好课，讲好课，提高教学效率，这是基础。同时，我该切实加强学生管理，特别是检查学生落实的情况。再就是通过谈话、辅导，培养一些本学科的学习积极分子，必须创造出优秀分数。

【关键词】思 / 体味幸福　　思 / 知耻后勇　　教 / 培养骨干

一六、检查和落实

11 月 10 日，星期五，我提前上了课，午后近一点，到家。下午，到邹平转了一大圈。先是到教育局招生办，看了明年上半年自学考试科目安排。我轮到考"世界历史"了。接着到政语教研组，跟唐作义老师谈了会儿话。唐老师已将我的教学论文，推荐到地区参评。唐老师建议我写点东西。我心里发热，同时又觉得过去的时光里，没有系统、深厚的理论学习是个巨大的缺憾。这使我越来越坚定离职进修的信念。

出来后，到实验学校，与李波老师（1988 年暑假从南北寺中学调来）、段其兵老同学又谈了许久。其兵参加地区的初中历史教师优质课评比，获得第一名，我感到由衷地高兴。我们的同学了不起呀！

星期六下午，我和芳去邹平买了一口钢精锅，花了近四十元。分家后，缺锅用。

还买了一盒音乐磁带，是想让她听，起点胎教的作用。未来的孩子，不知会怎样猜想他（她）父母当年的景象。

对于她，我想除了学些手艺外，还得帮她学习文化，如科普知识、童话。生活离不开一定的情趣，这对教育孩子来说也是必需的。

今下午上课，讲了不少内容。星期天上课，学生实在太累了。当然，我不会让大家睡着，我会尽量讲得生动些。

不过，我一直在考虑：我讲的课，学生在哈哈一笑之后，会不会留下深刻的印象？会有些什么效果？高三今后该怎么办？除了精讲之外，还要注意比较充分的训练，练后应有检查，较全面地检查。上学年复习的一个重要的问题，就是练习和检查少了，没有落实好。

【关键词】行／重要他人　　思／深入反思

一对好搭档

一、你挑水来我浇园

1989 年 11 月 15 日，星期三。

时间就这么慢慢地流逝，冬天来到了。昨晚，韩斌老师刻写高三政治期中试题的工夫，我把炉子生着了。这天的炉子，点火四次才着起来。我爬到窑洞上层的办公楼顶上，扒去烟囱里的沉灰，炉子才冒出火焰。

今晚，原高三班主任和领导在一起喝酒。我的胃口不好，不敢多喝酒，但是菜没少吃。

我回忆着近几天的事情。我清闲多了，复习第一课，我只是备课、讲课，平时练习题和期中试题都是韩斌老师编写的。

我的时间里，在争取备课主动的前提下，读点与课文有关的书，认真看报纸上的时事，再就是听广播。日子过得还是比较舒心的。

【关键词】行／同伴互助

二、面红耳赤

11 月 17 日，星期五。

昨天，学校开始期中考试。我与韩斌老师仔细研究了题目，有时竟然争论得面红耳赤。

政治是昨天下午考的，赶到今晚九点来钟，我将试卷全部阅完了。这次考试题量较大，题目也较难，特别是选择题，得分率平均不到 60%。大多数同学总分在 60 至 75 分之间，达到了我们的预期目的。

从考试中发现，同学们对知识的掌握还存在很多漏洞。这些漏洞，只有通过练习和考试才能有效地弥补。我强烈地感到，必须加强练习和对练习的批改。这次批阅试卷我比较细致，给一些同学写了不同的批语。

我早就打好主意，今晚回家，可又变卦了。因为试卷没阅完，要是回了家，就没有这里这样清静和安心了。

一周里，思念着我的妻。

【关键词】教 / 爱岗敬业

三、组长意识

12 月 3 日，星期日。

这学期，由于我当了政治组长，所以学校有些业务活动，就有我参加。几周前学校组织作业检查，我是评委之一。本周四，教师备课本检查，再次搞作业检查，我也是评委之一。不过，由于寇主任让我去数作业次数，我没参与备课检查打分。

今晚全校教师例会上，寇主任宣布，我的备课本得分居高三年级第三名，中奖。我感到满足和欣慰。

工作几年来，我备课一直十分认真，细致、实用是最大特点。正是由于过于细致，经常修改、补充，又缺乏统一格式，书写较杂乱，所以以前的检查得分并不很高。

当了组长，应当以身作则，再说养成工整的习惯，也是十分必要的。但是，本学期第一个备课本，书写得又潦草了。这次检查，我干脆没交那一本。结果，还有两本半，备课数量仍名列前茅。

【关键词】教 / 一岗多责　　教 / 自信自励

四、炉火正红

12 月 8 日，星期五。

今年学校买的煤特别差，连块明亮的煤块都难找到，都是黑石头和煤粉。12 月 5 日，星期二，政治组的炉子咋弄也生不着火了。没办法，我去找领导。吕丕福副主任说："到我们总务处的炭堆里找点煤块吧！"于是，我和王会明老师用手拣了半车子煤块，推回来。

今天，一组人都守着炉子，炉火通明，暖意融融。

下午，我认认真真地在两个班，详细分析了"我国的民主政治建设是一个长期的渐进的过程"。我说道："这个问题的结构是'两重属性''两种叙述''两种错误'，这个问题的内容是'两个过程''两类（五个）条件''两方（客观和主观）原因'。而分析这六个'两'，需立足于一'段'，即社会主义初级阶段的国情实际，这是分析问题的基本依据。"

给一班讲的时候，拖堂达二十分钟，幸好下节是自习。上完课回来，坐下，喝几口水，再不是讲台上的"叱咤风云"，我的思维似乎停滞了……

【关键词】行／困难考验　　教／爱岗敬业

五、你忙我也忙

12月25日，星期一。

今天，我刻了"形势教育材料"导读与练习题。当放下铁笔时，如大功告成。这学期的教学计划基本完成了。剩下的时间，除了继续辅导同学们复习外，该自己读点书了。

这学期，由于韩斌老师忙于函授学习，许多编写练习题的任务都是我完成的。又由于我几乎每周都有约两天的时间消磨在往返路上和家里，所以，虽然教学上相对熟练了点，而剩下的空闲却并不多。以前能自学点东西，现在学的并不多。下一步，我准备先读点中国革命史：找到"世界史"考试指定用书后，再读"世界史"。

学习！一天不学习，就会空虚，就会落后。

【关键词】行／同伴互助　　学／学习关键

六、挥手自兹去

1990年7月16日，星期一。

直到上午十一点多，才发下每人30元的中考监考、阅卷补助费。

我与韩斌老师一同往家赶，两人依依不舍。到好生店西瓜摊边坐下，他请我吃了一个西瓜，才各奔前程。三年的友谊，特别是这最后一年，兄弟般地合作教高三，十分默契，也十分成功，学生的高考成绩会证明这一点。我去进修，他要调动，南北寺政治学科少了顶梁柱。今后，我们也许没有合作的机会了，但我们将珍惜这段经历。

【关键词】行／同伴互助

七、再帮一把

8月10日，星期五。

昨天下午，韩斌老师回校来。我们今年的合作很成功，两人成绩都不错。我觉得我们俩再合作几年，或许会有更大的作为。但是已不可能了。

晚上，他帮我印完讲义，又用前天卖办公室废纸的钱，买了汽水、花生米、瓜子等。回到宿舍，我们聊了许久。今日凌晨，他离开了南北寺中学。

【关键词】行 / 同伴互助

冬日奔波

一、今夜又剩你一个了

1989 年 11 月 20 日，星期一。

11 月 18 日，星期六，我起得很晚。本想吃了早饭就回家的，可风太大，天也冷得没法走。等到九点多钟，再也等不下去了，我裹上大衣，毅然上了路。推开家门时，令人欣喜的是，我一眼看到了穿着红绸花袄的她。头天晚上，她就来了，一个人在家待了一夜。下午，她上班的时候说："今夜又剩你一个了。"

星期日，她下夜班后，我们俩去邹平买了一套炉具，花了 53 元。她奶奶生病，要买点东西去看望，也没有钱了。对了，前天在学校劈柴生炉子时，我把手表震坏了。在影院前的修表摊上，师傅把表卸开来，算了一下，修好得花 17 元！旧手表是四年前，花 50 元钱买的，现在也许不值 17 元了。但是，不修，原样装起来，也得要钱，一时也没手表用。还是修吧，我觉得上了大当。

艰苦的生活，在我们一步一步地奋斗中，会慢慢地变样子。

【关键词】行 / 困难考验

二、不怕耽误人家事吗？

11 月 27 日，星期一。

我是星期五下午回家的。想回家，又想看书备课，翻来覆去，还是前者占了上风。我一裹大衣，走上了回家的路。

星期六上午，和父亲浇地。到十一点多钟了，还有点没浇完，我耐不住性子，父亲便劝我回家，还说："你挺忙，这事那事的。"我知道，这点活也累不着他老人家，他也闲不住，便不推辞，回家来。她已先到家，母亲出去了。我们俩坐在炕沿上，依偎在一起看电视。父亲直到一点多钟才回家来。

下午，她去厂里请假。我趁空闲写了几封信，其中一封是写给弟弟的。有一封写给魏桥中学韩宪祖老师，问他还有没有《政治常识》课本，南北寺中学这边还有几个学生没有书。两个人都在家的时候，我是没空看书写字的。

星期天早饭后，我去邹平邮局寄完信，便去找怀光要书，他借了我校张广义老师的《物理学》。书没找到，人却走不了了。因为，我去的时候，他正在孙家磨面。我找到孙家，等他磨完，推回家来，已是十二点多了。吃了饭，说话说到近三点，我才回家，带回他送的白菜、大葱等等。

下午，安上烟囱，掌了炉子。后半夜冷了。

今天早饭后，李芳骑上自行车匆匆上班去了。小胡同的拐弯处，她在极短暂的时间里，又转过头来望了我一眼，眨眼就看不见她的身影。

大约她刚到厂里，天上飘起了雪花。我本想观望观望的，若实在下大了，今天就不回去了。正复习，也没多少事情。可母亲说："不怕耽误人家事吗？一点雪没啥。"母亲也要去月河给娘家小孩过十二日。看看雪下得小点了，我便和母亲上路了。

过了周村，雪又大了。大衣沾了厚厚的一层雪，脸上、眼镜上、围脖上都是雪水。裤脚和鞋已被泥水湿透，既热又凉。我冒着大雪往学校赶，真成了个雪人。

【关键词】行/道德感动　教/爱岗敬业

三、差点睡着

12月11日，星期一。

上午，我从家骑着车子，拼命地爬上西董过好生，至临池的几个崖头，赶到南北寺中学，正是午饭的时候。我抄起碗就去打饭。

炊事员递给我馒头的工夫，一张贺年卡送到我手上，没等我回过神来，人已不见了。看上面的字迹，我一下子就判断出是王维同学的。王维已考入滨州电大。

苦累之中，多了一份欣慰。一点钟，我安排两个班同时考试"第二课 民主制度"。晚上，制订标准答案时差点睡着。我还是坚持着，阅卷到十一点钟。

【关键词】教/爱岗敬业

四、买了二斤鱼

12月9日，星期六，上午我回家时，从小舅家带回了油，直接去了岳父家。奶奶和岳母又是一番忙碌。岳父用那把破了洞的瓷酒壶，斟上了酒。

回到家，一周没见的小侄女看到我感到格外亲切，她跑到我们的小屋里，不肯离开。芳还要上夜班。

我把侄女领到后宅奶奶的屋里，打开电视机。侄女最爱看电视，连《讲法语》《跟我学》《英语讲座》都看，那上面有许多她看不懂却十分有趣的画面。

星期天，我们俩去邹平看电影。结婚大半年了，还没来影院看过电影呢！她已经怀孕五六个月了，应该好好地休息和愉快地玩，星期天我都跑回来，并多在家待些时候，陪她。回来时，称了二斤鱼，我不知想吃鱼想多久了。

晚上，母亲就烙了鱼。母亲把大段的鱼肉拨进我们碗里，她和父亲只留下尖尖的鱼头和薄薄的鱼尾。

12月12日，星期二。

我终于看完了卷子，又倒换着课，讲完了卷子。我长长地舒了一口气，算是一件事情的终结。但下一件事情，又急匆匆地走来。

在紧张而又凄苦的生活中，我常常想起她，想起家中的父母。每当我坐到小炉子边，独自捧着碗，嚼着咸菜时，便又回想起叫我不能忘记的在家的每一个周末。

【关键词】行／热爱儿童　　行／道德感动

五、时间的空靴

12月18日，星期一。

冷风中，我一身大汗地跑到学校，到办公室一看，有下列同学的贺年卡：李冬梅、董玉清、贾善才、王永谋、赵业宾。

我是12月16日，星期六上午回家的。有时候，我会觉得十分地忙乱，我得下一番功夫去盘算，煞费心思。

就拿这回星期六回家说吧。一周没见了的妻子让我十分想念，我巴不得马上见到她。可她上中班。事先又无法约好，我必须到她娘家去找她，且得下午两点以前，不然她就上班了。

可李庆山老师又让我捎面粉给他。我只得先从学校买好面粉，托付给毕衍明老师（是他替李老师捎来的信），让他到十二点半发车时，放到校车上；又告诉坐车回家的韩斌老师一声，让他照看些。

之后，我骑上车子猛跑。一路上，盘算着应该先做什么。回家，再到李老师家去？太紧张了，午饭后还得跑，不如上午就办妥。于是，我到月河桥上，没有转向家里，而是径直去了邹平。先是到教育局，见到唐老师，一问才知高考辅导班学校并未给我报名，先是精神不振了。到了南关，李老师尚未回家。先到他父亲屋里坐坐吧。

我要到学校去找李老师时，他夫人回家了。我把事情交代清楚，并还了结婚时借的二百元钱，让他们大约下午一点二十校车路过新华书店时接下面粉。之后我赶紧跑出来, 怕李老师下班回来留我吃饭, 添麻烦。

午饭后, 我去岳父家, 她没有回家。

星期日下午, 我们俩到邹平影院看了电影《开国大典》。没等电影散场, 她就往外走。我问她:"你慌什么?"她说:"散场时, 人那么挤。"我才明白过来, 她快要当妈妈了。回家的路上可难了, 天黑, 雾大, 我的眼睛又近视, 骑自行车带着一个人, 一个就要做母亲的人。那是得多么小心翼翼啊。路又不好走, 净是大大小小的石头, 疙疙瘩瘩的。

今日, 吃了早饭, 我先到教育局, 报名自学考试, 人家说还未准备好, 下午才开始。再找管体育的孙道河老师, 替张颖老师(体育教师)报销, 可人家说白条子不行。

这一行, 事情办成的少。我不无遗憾地感到, 我的许多时间都空耗了。我裹紧大衣, 扎好围巾, 毅然朝南北寺中学奔去。这条路, 我不知走了多少遍。

【关键词】思 / 时间观念　　学 / 文史修养

六、实不敢当

12 月 19 日, 星期二。

"你知道我心目中, 集雄心壮志与改革创新于一身的年轻教师是谁吗? 那就是你!"

见了贺年卡上的这句话, 我真不敢把这句话和由俊渭同学联系起来。在校时, 只见他整天埋头学习, 不言不语, 却不知他也会说这样热烈的话。

我为学生的吹捧而惭愧。我的作为, 不值得那样的盛赞。

【关键词】教 / 职业自豪

七、"燃煤"之急

12 月 20 日, 星期三。

夜里, 下了入冬以来最大一场雪。气温降下来了。不过, 我宿舍的炉子在星期一生了三次, 终于着了。着了, 火便很旺盛。我温点咸菜, 烧点干粮, 很是方便。我是不能离开炉子了, 从食堂买回的菜, 不管什么(特别是藕、芹菜、菜花等), 我总得扣上碗, 再煮一煮, 直到烂透了, 才肯罢休。不然, 又要闹胃疼了。

说到克服胃疼, 我总结出不少经验。一是要吃热菜、熟菜, 也包括面食。二是平时要穿暖。有时我穿上半天毛衣, 就会有胃疼的感觉, 因此今年冬天, 我早就穿上了棉袄。三是行路时, 扎上围巾, 尽量减少"喝凉风"。

办公室的炉子又面临困难了。上次, 找总务处吕副主任要煤、要柴, 推来两筐好煤块, 还捎来一只破篓底儿。过了两星期松日子, 眼见好煤块没了, 篓底都已化为灰烬。

我去木工房碰碰运气，杨、王二位师傅不错，让捡了一些碎木片。关键是煤呀！今早，我和王老师点了两次炉子都不着，没有易燃的煤块了。

找锨来，把煤堆翻翻，居然找出了不少的好煤块，太令人高兴了。由于以前未"开发"，穷凑合，省下了东西，估计今冬的"燃煤"之急可解了！另外，宿舍的煤不够用，可从这里弄点炭面。

【关键词】行 / 困难考验　　行 / 战胜疾病

八、战胜胃疼

12月21日，星期四。

上次，我总结了战胜胃疼的三点做法，忘记了关键的一条，就是生活不能过于紧张，特别是思想上不能压力太大。可是这些年，工作特别不顺手，我不能不紧张地学习、工作和生活，思想上的包袱一直很重。我不甘心如庸人一般默默地生活，只能加倍地工作，一点一点地做出成绩来。

特别是担任了两年班主任，事情太杂；这期间结婚，送毕业班，忙着自学，紧上加紧。我很清楚地知道，胃病就是这样得的。现在轻松多了，我也真正地找到了病根，并注意防治。但仍然有做不完的事情。

在我坐下来写这则日记（时下午三点）前，到临池粮所跑了一趟，替李庆山老师买了一百斤面粉，说了几句好话才给。寒风里，我将载着百斤面粉的车子，一气蹬上南北寺的陡坡。来去共用四十分钟，这就是效率。

马华章同学来信，说了他在一中复课的近况。我真想不到，这个平时沉默寡言的学生，竟会说出这样温暖的话。

【关键词】行 / 战胜疾病　　思 / 时间观念

九、天下桃李最涩的一个

12月24日，星期日。

昨天去县教育局，参加邹平县中小学德育工作研究会成立大会暨第一届年会，同时报名自学考试。我还买了个手电筒。中午休会时，我到县实验学校，给张晓燕老师送去一百元奖金，她已从我校调到这儿工作。

今天下午，我流着热汗，喘着粗气，推着自行车进了学校大门。我又完成了一件艰难的事情。我已习惯了，这学期差不多每周都有这样一趟。

洗把脸，冰凉的水。跑到办公室，摆放着两张贺年卡：一张是刘丽萍同学送的；另一张却没有姓名，上书：

也许您记得，

山间小草枯黄的一棵；

也许您忘记，

天下桃李最涩的一个。

但他仍思念曾呵护他的园丁——

愿这张卡片，带去我的颂歌。

没有落款，看着纤弱的笔迹，我猜测是张宾同学（1989 届 1 班学生）寄来的。

【关键词】教 / 爱生一生

20 世纪 90 年代的到来

一、继续革命

1989 年 12 月 31 日，星期日。

恋恋不舍地，我不肯让这一天过去，然而，这一天还是无情地过去了。

12 月 30 日晚上，全校老师、学生举行新年庆祝活动。政治组本来人少，杨水莲（化名，下同）老师又早早地告辞，我们只好投靠史地组杨秉臣老师麾下。上午我跟他去买了菜。下午我上了两节课，班里人不全，一些人大概早溜了吧！由此，我又讲了几分钟的"集体主义"。

晚上，史地组、教导处和政治组的老师聚在一起，共度新年。饭后，我先后到高三（二）班和高三（一）班走了走。二班只有十几名同学，但班主任杨秉臣老师组织得很认真，活动充满了年味儿。

在一班，我没待够，随着其他老师的离开而离开了。我感到有些遗憾，还有几个节目没看，与几个同学没来得及交流。

当晚，我坐在办公室，虽然头昏昏的，还是拿起了自学课本《中国革命史》。

【关键词】教 / 立德树人　　思 / 时间观念

二、懂事的董梅

1990 年元月 3 日，星期三。

20 世纪 90 年代开始了。在渐行渐远的 20 世纪 80 年代里，我已做了四年半教师。

今天下午，我和芳准备好了行装，一起到学校去。临行，母亲给装上丸子，她奶奶给装上了苹果、麦乳精、鸡蛋。

到办公室一看，整洁一新。放假没回家的董梅等同学，这几天在这烧点水喝。她说自己早就给我写好了贺年卡，放到作业本里了。可惜，作业至今还没翻看。

【关键词】教/心怀学生

三、啥叫党员

元月5日，星期五。

感冒三天，好不拖累。今天开始好些了。

晚上，我作为群众代表，参加了学校党员评议会。我感到，我们学校有几个党员，是不很严肃的。

【关键词】思/褒贬善恶

四、先进不先进

元月7日，星期日。

昨天下午，我送芳回家，顺路到周村，我买了件蓝色呢子中山装，花去125.4元。好心疼啊！她只一心打扮我，不肯买自由市场的便宜货。殊不知，这里面有借的30元，还有她支的30元。

今日从家回来，有些风，累了一身大汗，隔了几层的袄里也湿了。

晚上，宿舍没电，我躺在床上闭目养神。韩斌老师说，这次评的县先进工作者，没我们政治组一个人。我心里想，我已在学校干了四年多，当了两年班主任，刚送过毕业班，够上够先进呢？

少想这些吧，还是静心学习与工作。多用些精力，学些真本领。凭我一颗年轻进取的心，一颗还算善良的心，凭我还不太笨的大脑，经过几年、十几年、几十年的奋斗，会有所成就的。到那时，我会为今天的事感到好笑，也会对处于苦闷中的我微笑。

【关键词】教/教育生态　　思/情绪控制　　学/学习关键

五、看望杨老师

元月8日，星期一，李庆山老师来校，办理工作调动手续，据说他将被任命为一中的副校长。自然，酒席上人们的话又客气了几分。我和韩斌老师，去校内翟师傅的小饭店订了六个菜，花了23元。

下午，和朱文业、尚翠芬老师（历史教师）去临池医院，看望杨秉臣老师，他患了胃病。岳母给装上的苹果，基本上没动，我都给杨老师拿上了，还有那天刘花同学来拿毕业证留下的一个苹果罐头。另外我又买了七块多钱的食品。

这一天，差不多花了 20 元。到现在，我的财政赤字四十多元了。

【关键词】教 / 教育生态　　行 / 困难考验

六、学习热情

元月 9 日，星期二，下了一场不太小的雪。我们生上炉子，坚持办公。时间是不可消磨的。

期末复习进入尾声。近一段时间，我只是点拨几句，然后或背起手，或抄起手，在课桌的间隙里来回地踱。其实不过两圈，一节课就到头了。同学们态度很认真，问很多问题，我尽最大所能回答，力争人人满意。其实许多具体问题难于下结论，我只好说明自己的观点，或让学生自己做判断，或让人们拭目以待，静观其变。

【关键词】教 / 教育艺术

七、欣慰的笑

元月 12 日，星期五，下午校车送期末考试出校监考、阅卷的老师到岗。路过县教育局时，我放下了一袋面——特二粉，这是自己买的，以后有时间再带回家。我们七个人去长山中学，包括政治、历史、生物共三科教师。

元月 17 日，星

笔者在阅卷工作中获得的奖状

期三，上午阅卷结束，各校的情况也明朗了。一算才知道，我们班的成绩还是很好的。半年来，我确实摸索到一条路子，这就是：加强思想工作，调动学生积极性，保证学科学习时间投入；必要而落实的练习；加强个别辅导，让所有学生全面弄通弄透知识。

阅卷组评选先进个人，我当选了。可知，在政治阅卷组，南北寺中学的老师只有我一人参加了投票，同去的杨水莲老师有事早退了。

这几天，生活是愉快的。

【关键词】思 / 自尊自信

八、回家不息

下午，长山中学的车早早地将外校老师们送到县教育局。我见南北寺中学的面包车已到，上楼去请押车的穆生智主任早走。主任想要等去魏桥中学阅卷的老师回来。司机说可先将这部分老师（还有去黄山中学的老师）送回，再接去魏桥的老师。主任反问："你愿意再跑一趟吗？"

当我气愤地下楼时，去魏桥中学阅卷的老师已到。我再上楼去请，车即刻发出。

回到南北寺中学，我先是交代下学校成绩统计表和学生试卷，又领了工资，分到肉。去请示校长，校长也答应借款（去北京的费用）给我。

晚上，校长开了条子，拿出钱来。若能在四五点钟办完这些事情，我便能赶回家了。

冰冷的宿舍里，孤单的我一人。我坐在床上，靠着墙壁，双脚裹上被子，将日记本放到腿上，回忆近来的事情，写完这篇日记。这个情景，未免有些凄婉。其实，我现在的心情并不坏，因为我办好了眼下的事情，得到了应有的尊重。人人都是希望得到别人尊重的，只是追求的层次不同。

【关键词】行 / 敢于斗争　　思 / 日记风格

我要去北京

一、福音

1989 年 12 月 13 日，星期三。

今天又收到夏鹏、毕卫东同学寄来的贺年卡。毕同学附有一封热情洋溢的信，他说自己如同飞出樊笼的小鸟，正以充沛的精力学习各种知识、技能，锻炼身体。我感到莫大的欣慰。

早饭后，教导处寇主任突然来教研组问我，春节后有没有时间去北京参加高考辅导培训班学习。我感到很惊讶。前天教育局视导时，唐作义教研员曾说过这个消息。这几天，我正想找领导谈，不过我没抱多大的希望，因为去一趟北京会花不少钱。去年我们刘组长去时，是费了很大周折的。没承想，主任动员我去，真是太令人高兴了！正值节日（大约年后正月初八至十三开会）的北京，该是多么的美啊。

我就要实现去北京走一走的夙愿了。当然此行的主要目的是学习，学习教学方法，了解备考信息，回来更好地辅导同学们学习。

【关键词】行 / 实践学习

二、获奖

1989 年 12 月 28 日，星期四。

早晨，下了大雾，屋外的草木上都生了一层小白刺。

课上的事情不多了，我比较仔细地读起《中国革命史》。为了考试，更是为了多学习真正的知识。一个教师讲不好课不行；要讲好课，没有足够全面的知识也不行。

寇主任去县里开会，给我带回个证书来，原来是我写的小论文《还我思想政治课的本来面目》获县二等奖。

笔者论文获奖证书

【关键词】思 / 教育科研

三、报名

1989 年 12 月 29 日，星期五。

关于赴京学习，今天终于报了名。实际上，就是到邮局汇款，发封信。我干这种事情是很谨慎的，因为出一点差错，就会不得了。

今天下午的课，结束了时事材料的讲解。我长长地舒了一口气，感到一身的轻松。可以专心于我的自学了。

假期很快就要到了，也不能只顾玩，而忘了学习。

我感到有点不好办的是，我们的孩子将要在明年四月下旬至五月上旬来到人世。而这时，正是我参加自学考试和成人高考的时间。

【关键词】行 / 把握机遇

四、筹款

1990 年元月 10 日，星期三。

今天上午，北京高考辅导培训班的正式通知到了，去北京已成定局。但是，学校日子过得正紧，没有钱。教职工年终奖每人二百元，已拖欠了整半年，放寒假前还迟迟发不出来。我去问校长借钱时，他正在打电话筹款呢。我只有一条退路，提前提出妻子的定期存款。大概她会同意的，我的爱妻！

【关键词】行 / 把握机遇

五、行路难

1990 年 2 月 3 日，庚午年正月初八，早晨七点钟，我和毕衍明老师（数学教师）到达了我们伟大祖国的首都——北京。

昨天早饭后，我就骑车去了临池。路上很滑，一层冰雪。路又不熟，多走了路，到双青村毕老师家，已是十二点钟。

下午，我们俩徒步去王村，先坐火车到济南，又从济南转车抵京。来去坐的两次火车，都很冷，冻得没办法，我只好把大衣包在脚上。

到达北京时，正是寒冷的清晨，举目无亲。去打公用电话吧，打了一个多小时，也打不通。最后，费尽周折，找到了去旅馆的公共汽车，到了新文化街的新文化旅馆。

下午，我们俩一边玩，一边逛，先到颐和园，又到军事科学院——杨明参军的地方。一问，杨明已出去找我们。打电话回旅馆，杨明正在那儿呢，他这才返回。

【关键词】行 / 实践学习

六、大世面

2 月 4 日，星期日，开课了。政治学科的二十多个听课者，聚在小学校的教室里，景象凄凉。我知道事情不妙。这个季节不好，主办单位（民进西城支部）规格又低。前三天每天上午上课（下午去游玩），都是一个老头儿在讲。没什么新意，他用的课本还是过时的旧版本。

不过，2 月 4 日下午参

1990 年笔者与同事在天安门广场合影

观了白云观，2 月 5 日下午乘地铁外出，参观了亚运村，还是蛮不错的。

在京期间，我尽量用普通话和人们交谈，基本上没问题。山东话，北京人不容易听懂。

2月6日，星期二，下午我和毕老师逛王府井大街，这是北京最繁华的商业大街。

2月8日，星期四，下了小雪之后，北京的天空仍灰蒙蒙的。我们按计划，不顾一切地奔赴天安门广场，照了相。

另外，还去过天坛公园、故宫等地方。可惜的是，我们竟没有产生亲眼看一看长城的愿望，当时实在是太疲乏了。

2月9日，星期五，晚上我们上了归去的火车。10日（已是正月十五）下午，我到家。这是迄今为止，我见到的最大的世面。

【关键词】行／实践学习

弹指一挥间
—— 一九九〇年一至五月生活纪实

1990年5月17日晚，春意阑珊。

我不知命运会把我推向何处，只是甘愿似黄牛，一步步踏实前移。

一、序言

想不到，当我重新拿起这个日记本的时候，已是整整四个月之后的事了。千头万绪，竟使我一时不知如何起笔。

自从1981年秋，我开始连续写日记，已有八年多的时间。在此间，我经历了1982年的升学，1985年的毕业，1986年的专业困难时期，1988至1989年的教学、工作、结婚、学习的繁杂紧张时期，都不曾中断过记录。

然而，日记在今年的寒假开始中断了。就在这四个月里，我至少做了三件"大事"：一是教高中毕业班。二是学习，参加成人高考。本还想参加自学考试的，只是没能如愿，以后我还会交代。三是尽一个丈夫和父亲的责任。我们的小女儿文哲，于1990年4月27日夏令时20点45分，来到人世间。

由于这许多的事情，我只能暂时放下手中的笔，节省点时间，用之于这多项事情。好在还有脑袋，不至于使我的历史"断代"。

也正是从那时起，我就有了这样一个愿望，等我忙过这一阵子，就写一篇"辉煌的回忆录"吧！就叫"弹指一挥间"。

【关键词】思 / 日记风格　　思 / 统筹兼顾

二、耳鬓厮磨

那天大概是 1990 年元月 18 日，农历己巳年腊月廿二。早晨，我从被窝里钻出来，封好行李，真不少啊：学校分的年货，鱼、肉什么的，还有我的衣服、书。我骑上自行车，上路了。现在是春夏之交了，已体味不到当时严冬的滋味。

一个寒假，与妻子整天耳鬓厮磨，早睡晚起。一年中难有这样的时光。

我也记得，我们时常地争几句，吵几句。但从来就是不到半夜，怒气就烟消云散。爱与恨，混混沌沌，不知何物。

另外就是读书。先读《中国革命史》，又读《世界通史》。自学考试中，第二次考"世界通史"，这次绝对得让它及格。在学习上，我不是软弱的人。

庚午年正月初一，我们到黄山上照相，她的肚子圆圆的，很能看得出来。这样一对，如孩子似的青年人，就要成为父母了。

大雪封路，挡不住走亲戚的人流。路上骑车子一个劲地打滑。

初四，我到李庆山老师家。李老师是个热心人，没等我开口，就说可以为我问问调动的事。他已调任邹平一中副校长。在我结婚和女儿文哲出生第八天的时候，李老师的爱人都带重礼上门祝贺。他们的恩德，我不会忘记。

【关键词】思 / 体味幸福　　行 / 重要他人

三、学生送我进考场

大年初六，贾善才同学到我家。学生来看我了。他说，本来老同学们商量好初十都来的。可听说我要上北京，有些人便来不了了。

5 月 6 日，我在滨州参加成人高考时，王永谋、宁华、贾善才、王维同学找到我住宿的建材招待所，一直把我送进考场。

他们毕业后的不到一年里，多次给我写信，我也都认真回信。这一年，我的来往书信最多。这群诚实的朋友，我也永远忘不了。

【关键词】教 / 爱生一生

四、"战时"政策

新学期开学后，我一边上课，一边加紧自学。时间已很紧张，我决心拼了。我不参加活动，不骑车家校往返（只坐汽车，可省时间），不听广播（连我听了多年的新闻也不听了）。

然而，一个月后，我终于吃不消了。头昏眼花，学习也没了劲头。我知道，该休息了。我便睡，睡够了才起。课外活动，又去打排球，这是我最喜爱的。

搞研究性学习。我经常去找王光敏、杨秉臣等老师，问几个问题，也算一种休息吧。

【关键词】学 / 贵在自学

五、命悬一线

成人高考报名的时候就要到了。可我担心的问题是名额可能太少。像去年，我们县里只有一个政治专业本科脱产进修名额，教育局的傅瑜（化名）老师近水楼台先得月，报上了名，我就报不成了。

3月初，地、县两级教育局来学校视导。我与政治教研员王在勇和唐作义老师谈了这个问题，他们表示支持我进修。

打听到进修名额已分配到县，我忙催校长给问一问。结果正赶上校长太忙，我心里极为焦躁不安。向校长诉说的时候，我竟要落下泪来。我连续三四天一次又一次地去找校长，脑子里就只有这一件事了。

大概是3月17日那个星期六吧，我去县招生办，正好于道平主任在。他是师范学校1981级的同学，当年在全校大会上读作文，他获一等奖，我得二等奖。于老师颇热情，帮我办了报名手续。我千恩万谢，总算是放下心里这块石头了。

从这以后，我便停下自学考试学习，开始应对成人高考。然而，当一个新的生命到来的时候，不仅有焦躁、欢喜，也带来一丝丝的遗憾。

【关键词】行 / 把握机遇

六、新生命的诞生

4月20至22日，星期五至星期日，高三毕业考试。我没能及时回家，便让侄儿延杰捎信回去。

4月23日，卷子还没看完，我便把所有的事情托付给韩斌老师，急匆匆地回家了，因为妻子的预产期已到。晚上，我躺下来，抚摸着她那圆圆的肚子，感觉到新生命的躁动。

我一边陪伴着就要生产的妻子，一边转向自考科目——"世界史"的复习。这次该及格了吧，4月28日就要考试了。

4月27日晨，妻子说肚子疼。我没太在意，因为前天去医院检查，医生并没说临产。她的耐受力是不强的，常为一点小病而叫苦不迭。

我仍去帮大哥往拖拉机上灌水，准备去"点棉花"。母亲说："你别去干了。看样子，是快生了。"母亲叫了村医乔秀荣嫂子来，一查，果真如此。我告诉大哥，大哥忙找车，他亲自驾驶拖拉机，送妻子到县人民医院。

检查后，医生说今天就会生。我只盼望着快一些。一则大人少受些苦，二则我已于前天买了今天下午去北镇的车票，明早八点半要参加自学考试。

她痛得很厉害，一阵紧似一阵。我和岳母架着她来回走动，累得没法。

下午一点了，我去车站换了车票，五点是最后一班车。两点，三点，四点，四点四十分。我望望母亲和岳父岳母。"不去了吧，我去退票？"

"不去能行吗？"岳父说。

"这个样子，他咋去呀！"母亲说。

见到妻子疼痛难忍的样子，我最后放弃了再考虑考虑的机会。

此时此刻，我心中无限地感慨。一边是大人、孩子，一边，是我奋斗了三四年，历经坎坷而即将取得胜利的自学考试。

晚上八点钟，我又一次抱她上了产床。此时，羊水已出。

母亲、岳父母，还有家住南关的姨表姐，大家都焦急地等在门外。

八点四十分，一声新生儿的啼哭从产房传出来，孩子就这样来到了这个世界。接着，是连续不断的孩子的哭声和大人们脸上的笑容。我推门没等开口问，医生就告诉我是个女孩。

年轻的母亲身体虚弱，血压低，正在输液。过了会儿，医生抱出孩子，六斤重。"谢谢大夫了！"这就是我们的孩子。

两个小时之后，我把妻子抱回来，放在病床上，她十分清醒，脸上现出欣慰的笑。

岳父母这时才回家。大表姐做好月子饭，送到床前。我送表姐回家的时候，已近十二点。谢谢，说不尽的感谢。直到 29 日出院，表姐就这样顿顿送饭。

这一夜，安顿好大人和孩子后，我和母亲就在床边打个盹。

4 月 29 日上午，大哥送来平板车。我母亲抱着孙女坐在车头，妻子躺在车上，盖得严严的。我就推着平板车，慢慢地往家走。正午的太阳，暮春的微风。

我母亲迎来第一个孙子时，才 43 岁，而今她已是年近花甲的人了。

【关键词】思 / 统筹兼顾　　行 / 家庭责任　　行 / 道德感动

七、梦寐以求

5 月 3 日，我回到学校，向领导和同事们报了喜。离家之前，给弟弟写了信。

5 月 4 日上午，我又骑车回邹平，然后坐车去滨州，参加成人高考。

奎浩已出发，本东在家。然而，不考试我不来，一考试，本东正忙得不可开交。来考试的人太多，旅馆不好住。通过本东联系，我和随后赶到的尚善同同学（邹平师范学校 1982 级 2 班）一起住到建材公司招待所。

考试中，见到乔宗舰、郝恩波、李永安等老同学。"革命"不息至今，已没有多少人了。

"教育理论"答得最差，"中国革命史""哲学"的试题又太简单，唯有政治经济学的题目不错。我想自己大概能考二百六七十分吧。

竞争力还是不小的。我这个考场里没有缺考的，一个个都很认真的样子。我不敢懈怠。多年来的考试经验告诉我，题目简单更不能草率。安排好时间，争取稳稳拿下，答卷尽量整洁一些。问题该不太大吧。

可知，这是我毕业五年来的夙愿。有多少次，我梦里又变成学生，在聆听老师讲课。我太需要学习了。本来只有半桶水，这是很令人难受的。

假如愿望得以实现，专门进修两年之后的我，会大有长进的，说不定还会叩响研究生院的大门。

只顾说自己，还忘了件事。这一趟，给本东、奎浩各捎去一条丝绸被面，了结了一桩心愿。去年，他们都已结婚。

【关键词】思 / 发展渴望　　行 / 同伴互助

山东省 1990 年成人高考准考证

八、"牛仔裤"

5 月 7 日下午，我到县医院给芳开产假证明。大夫们颇为客气，我打心里感激她们，其中一位医生就是那天给芳接生的，只是不知姓名。出来，到门诊部去盖章。一个穿牛仔裤的青年也等在门诊部门外，里面没人。

这时，一位打扫卫生的老者过来，劝青年灭掉手中的烟，而穿牛仔裤的青年却不肯。两人三说两说，便推拉起来。"牛仔裤"绷得更紧了，似乎就要打人，嘴里还说着："棺材瓢子，你还能活几年？少管闲事！"

老者不肯放过他，往他怀里挤："你想打人吗？""打你又怎样？""牛仔裤"手中的烟还拿着。

这时，一位老医生过来劝解。"牛仔裤"不再推搡了，而老者还在继续进攻："我看你能怎么样。"

那"牛仔裤"退闪在一边。我想，大概他是惧怕了吧。

老医生说，门诊部的人在楼上，并推那"牛仔裤"上楼，才了结这桩公案。"牛仔裤"一边蹀上楼梯，嘴里还一边嘟囔着。

【关键词】行/关注社会　　思/褒贬善恶

九、路漫漫

到校后，我和韩斌老师一起，制订了最后的复习计划。首先，用三周时间，和学生将时事、政治常识、法律常识复习一遍，加重时事复习。其次，模拟考试。最后，回扣课本，猜题押宝。

上周，我先是读了几个主要文件，补充修改了时事政治学习材料，之后又编写了第一单元的强化训练测试题。

这一周，考试，阅卷，开始复习第二单元。根据第一单元的复习情况，我制定了测试成绩不低于 70 分的目标，并且给不足 70 分的同学补课，帮助解决问题。通过这一步，基本上可以解决落后生的问题，也包括还没有对最后复习引起高度重视的同学。

那么下一步，是不是进一步加强答题规范化训练（包括卷面要求），同时鼓励先进同学考出优秀分呢？我已两次公布分数表，这正在起着这个作用。对，得进一步提醒那些学习总成绩好但政治科相对低的同学，要加紧学习政治。

写到这里，已是 5 月 18 日下午六点整，我本许下愿，这个时候到家的，星期五了，本周的课已结束。可由于我已安排晚上给学困生补课，只能对妻食言了。

就这样，生活掀开了新的一页，满怀新的希冀：近的，我的学生能取得好的高考成绩，我能被成人高校录取；远的，盼望我们的女儿健康成长，或许将来能有所成就，至少成为国家的一个合格公民，盼望我们的生活不断改善，我的事业有所成就。

【关键词】教/教育艺术　　思/未来憧憬

曙光在前

一、满怀信心

1990 年 5 月 23 日，星期三。

星期六，学校的车不送了，我只好上午先走。可不巧，偏又下起雨来，好在下得不大。车子到了泥路上，不用说骑，猛推也走不动。我只好折根树枝，走不上三步，就拨拉拨拉泥巴。后来还是想出办法来了，让车子从道边的草丛里走，不沾泥了。

到家已近下午一点。岳母正在我家呢，她是来送鸡汤的，给坐月子的苦吃，母亲不在家的时候岳母正好来了。

母亲去东关，给侄女延秋送米去了，她添了闺女。从母亲的行动上，看不出年老的样子。三点多钟，母亲就挑着篓子回来了。

星期一早晨，母亲早早做好饭，催我好几次，我才起来吃了。我忽然想起，新课程表上，今天上午第二节就是我的课，不能再磨蹭了，快走！

星期二进行了第二单元测验。比较认真地阅完卷子，根据每个同学的情况写了批语。补过课的同学绝大多数进步了，只有不多的几名同学还差些。再做做几名总体水平较好的同学的工作。

我满怀信心地上着每一节课，期待着一个胜利的到来，也期待着我成人高考成绩的到来。

【关键词】思 / 热爱生活

二、想写论文

5 月 27 日，星期日。

星期四，我正办公，一个二十二三岁的人进了办公室。我立刻喊道："小朱！"是师范学校的同班同学朱锋，他在礼参中心校工作。

小伙子还是那么可爱。可惜的是，这次他只带了一名"大兵"，来报考南北寺中学。午饭，学校招待带队老师，学生就由我管饭。同学相见，叙旧展新，其乐融融。

星期四晚上，搞完了"时事补充"；星期五，边上课边出完了试题，没事可做了。

孤单得很，其他几个人都因事而离开。三十六计，走为上。因为石玉海老师结婚，学校的车不送了。可我的车子，韩斌早骑走了。借吧，借谁家的呢？三次跑到杨老师家，没人！找上杨老师了，他又没带家里钥匙。到朱老师家借，车子的两个轮儿没一点气，踏脚也坏了。凑合着来吧。我如同抓住了一根救命稻草，推出车子，寻到村外，终于借到打气筒。气打上了，踏脚呢？脚下只有一根棍也能到家！一帆风顺，我开始走时已六点半多了，到家还不到八点呢。大半天的不痛快，早已烟消云散。

今天下午，老弟兆爱回家了。他的学业基本结束，明天将去惠民县实习。一家人自然是很高兴。老弟谈起分配来，有明显的优越感，财政专业嘛！

团委侯书记拿来一份县教研室关于征集德育论文的通知，他就给我放下了，认为在南北寺中学，能写论文的就只有我。我的论文曾在县里获奖，可到地区后名落孙山。我不想别的，只觉得自己的功力还太浅。但是，只要不断地写下去（当然要在实践的基础上），总会有进步的。我总觉得，前两年的班主任工作，是一个壮举。学生们毕业后，和我写信的不少，大家对我的工作基本上还是满意的。只是由于我们班高考成绩不突出，颇有点胜者王侯败者寇的味道了。其实，高考成绩也并不是衡量班主任工作的唯一标准。于是乎，我怀着极大的自信心，想总结一下两年的班主任工作，也许有用。

正在想呢。

【关键词】思 / 教育科研

三、疾病和困难

5月29日，星期二。

星期天下午，骑车子赶回来，当晚学校并没有开例会。

我觉得不是滋味，头疼，浑身发热，不想动弹，迷迷糊糊。哎，一躺下，盖上被子，身上更烫，我也不揭被子，让自己出汗。

睡一宿起来，早晨也不觉轻松，想吐又吐不上来。找校医王子久老师，拿了一包感冒胶囊，吃了之后总算是好点了。

拿不到纸，题印不出来，这令人十分气愤。

今天快吃午饭时，新任教导处副主任孙凡涛通知我说："弄了点纸来，先去印点题吧。"我去印了一版。到吃了午饭，再爬窗进入文印室，纸已不见了。我和韩斌老师只好胡乱凑点纸，将就一下。肚子里又难受起来。印完题已近三点，我跑回宿舍，睡了大半个小时，再回来组织学生考试。

【关键词】行 / 困难考验　　行 / 挖掘资源

四、一个马克思主义者

6月9日，星期六。

学生连续报了两天志愿，课基本上停了。我忙里偷闲，挤点时间让他们复习。我想用一周的时间，带学生巩固一下课文上的重点内容，于是刻了题，有七八十道。这个计划完成后，再确定几个大题押上，然后让学生做两三份模拟题，就算完事了。

星期三，早饭后我急急忙忙地出差。先骑车子去周村，再乘车去张店，转车到滨州，参加全地区高中政治教师会。本县教研员唐作义和另几所学校的老师已早到了。

会议并不重要，主要是带回《综合题解》。会间，我找李本东同学谈了许久。他现在大概不很忙了，直陪了我大半个下午。我询问了许多事情，他几乎是以一个马克思主义者的态度，给我认真负责地讲解。晚上我又到他家玩了会儿，本东的家颇舒适。谈到学习，因为他事务太多，不能像我这样一个人躲起来"苦学"。其实，我也失去了许多时间。有时想起来，不无遗憾。但我总不能放弃事业和学习，跑回家种地，陪老婆。

星期四，十点钟我和唐老师上了返程车，一直相伴到周村。唐老师再次嘱咐我，可以写点东西。我也早有这个想法，头脑正兴奋，思维正活跃。

当晚下手，到星期五上午，编了题，印好，发下去，组织学生复习。

昨晚，才真正抽出空来，修改论文《班主任的心》（上星期写的），开始誊写。累了，喝口水，再坐下写。不想，竟一气呵成。一点多钟躺下时，却兴奋得睡不着了。

今天，我按报送程序，把论文交给了侯书记。

【关键词】行／同伴互助

五、"胡战天斗地"

6月17日，星期日。

星期四，我认真地批完试卷。结果，虽是十分基础的东西，但学生考得并不好。我知道，前段注意抓时事和综合题的训练，而忽视了课文。事实上，课文只要一放下，就会立刻生疏起来。高考前，还得提醒同学们好好看课文。

星期五下午上完课后，我不慌不忙地回了家。

现在写这几个字的时候，觉得手有点麻木，因为这两天在家干了些活。星期五夜里浇北坡的大地，一直到星期六下午两点才浇完。边浇地，还场里、家里来回推麦子，晒场。

星期六夜里，我和大哥一起，浇河底的小机动地。水沟漏水严重，给韩兆祥哥家灌了麦场，半夜两点多了，我们仨又抢场。

农村的活儿，很赶人。本不必急急忙忙的，由于安排不好，组织不周，往往会多费不少力气和精力。我说，这是"胡战天斗地"。

今日，直睡了大半天，乏劲差不多缓过来了。下午，等校车。

四五十天，女儿见长了，逗她，她开始会笑。

【关键词】行／劳动锻炼　　行／关注社会

六、"爬行"五年

6月20日，星期三。

连阴三四天，不见晴，时不时地落雨点。人没法活动，有些压抑感。

星期一，我大刀阔斧，刻好"总复习大纲"，规定了复习用的基本材料，还补充了若干散见于各处和自编的问题。照这个大纲复习，几乎不会漏掉问题了。当晚，韩斌老师和我印出来，装订成册。学生拿到手里，感到学习任务具体了，复习更卖力气了。

今天下午，搞了模拟测试。再大干十来天，就结束了。

我在南北寺踏踏实实地干了五年。这五年，说得不太好听，叫"爬行"。这个"爬行"，既包括专业的进步，也包括个人生活、家庭生活的展开、改善。这种"爬行"，既有艰难、缓慢之意，也有锲而不舍、锐意进取精神。

在社会生活中，我没有考虑太多，只想到自己应不断进步，尽快地进步。不应去考虑个人的恩怨得失，也根本没有条件去考虑。今后，我也不会过多地考虑这些问题。

生活的起点太低了。之所以甘于这样默默无闻地干下去，就是想到自己年轻，有的是时间和机会。力争通过几年的辛勤努力，使自己获得一个新的起点。这个新的起点，不应只是名义上的，要实实在在的。我不能只是一名中师生，而应进修为专科、本科生，有条件的话考研究生。今年我 24 岁了，再奋斗五年，30 岁以前也许有可能考取研究生。

我没去念函授，而选择了实在的自学。这些年，我始终没有放弃离职进修的念头。只凭自己用功，只读书本，没有良好的外部环境，还是不能有大进步的。我应开阔一下眼界，离职进修是个极好的机会。

如今，当我就要获得这个机会的时候，感到了欣慰。

【关键词】教／爱岗敬业　　学／学习关键　　行／挖掘资源

七、关于夏时制的建议

6月27日，星期三。

学校从本周开始实行新时间表。早晨起床提前半小时，下午上课提前 1 小时，下了两节晚自习，天还没黑透呢。晚上，也不必等到十一点半才熄灯。不像原先那样，早晨天大亮，鸟儿都吵嚷起来了，起床铃还不响。

提前半小时起床，是我给学校提的建议。以前，在我们这山高皇帝远的南北寺中学，实行夏时制，就把原先的时间表推后一个小时，"上有政策下有对策"，结果夏时制的意义全给抹杀了。

【关键词】教／一岗多责　　行／关注社会

八、写点什么

6月28日，星期四。

今天中午，我刻完计划中的最后一份题，付印。轻松感又袭上来，这学年的紧张将要结束了。

我不是能闲得住的人，也不愿闲着。一个越来越紧迫的念头萦绕在脑际，是否该利用这段闲暇写点什么？不妨试试。这几年，我对社会、对生活、对工作，有了许多新的看法和感受。该想想，动动脑筋，哪怕先写几个字。

【关键词】思／时间观念

九、公斤，市斤？

7月2日，星期一。

星期天，轮到我们村送公粮。我随车去了，还是第一次干这事。气人的是，兑现化肥票，明明是印着"公斤"，他们却按"市斤"算账。带去30元钱，买不着一袋化肥。我不明白这是什么道理。若没那么多化肥供应，又何必写到纸上，让辛苦了一年的百姓空欢喜呢？

今早七点钟，我从家往回走，到校没耽误九点十五分的第二节课。

【关键词】行／关注社会

一〇、政治教师的任务

7月3日，星期二。

昨晚，董梅同学赠送给我一本有"世界风光"插页的日记本。之后，我们谈了一些有关高考的问题。几年来，我有过十几位课代表了，董梅是其中最能干、最负责的一位。我们师徒配合是默契的。虽然，我对她升学没多大信心，但她将来会有所成就的，她的思考、处事都很干练。

谢谢你的诚意，我只不过做了当老师应该做的事情。

今后若干年，我还将继续这样教下去，我已离不开他们。我将以我的行动，以我的言语，来影响这个社会。我争取做个"好人"，让人们感到，世界上还是好人多。这应该是政治教师的一项任务。

上午第一节课后，家人来接的课代表董梅同学，跑来向我告别，并说许多同学想下午就离校，问我是否先上一节课。于是，我提前上了今天的课（本来是下午第二节）。我讲了最后的注意事项，嘱咐同学们带好材料，再读读书，最后预祝同学们取得好成绩。我还想多说几句，最后还是算了。不

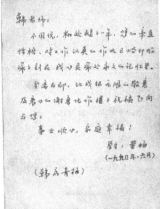

董梅同学 1990 年赠送笔者的日记本及赠言

在其位嘛！再说，以前我早以我的行动表明，我是热爱同学们的，我将永远做他们的朋友。

【补记】董梅同学赠我的日记本，我用作通信地址簿，已有三十年，记得满满的，而今却不知她的地址和通信方式，只是记得三十年前她就告诉我她的老家是韩店乡（镇）青眉村。

【关键词】教 / 立德树人　　教 / 爱生一生

一一、人类的高尚情感

昨天，高考结束了，师生都很兴奋，我们胜利了（至少现在是这样认为的）。

今晚，趁人们（包括妻子）在看武打片（我是不太喜欢这类影片的）的时候，偷点空闲，记下这几天的事。

7月3日，星期二，上完最后一节课后，我还等着。按理，晚上第二节还是我的自习呢。可我去的时候，班里只剩七八个人了（全班一共有六十九人），其余的或已回家，或去了外面。我完成我的任务了，一学年没有给学生耽误一节课。

忙惯了的人，一旦闲下来，是十分难熬的。我和韩斌老师下起了跳棋。运气不错，我竟盘盘赢他。

7月4日，星期三，上午我用撕下的旧被头，裹了一大摞书，封上车子，回家。

7月7日，星期六，高考开始了，我家离考点（第一实验小学）近，去看看吧。玩了大半天，和带队的老师们聊会儿天。本想给文哲买几个花花绿绿的大气球的，街上和店里愣是见不到。

8日下午，我匆匆忙忙地从地里回来，洗洗刷刷，吃了饭，去了考点。明天下午考政治，学生的复习时间就是今晚了。我去，或许能有点作用。忙忙碌碌了一年，各

种投资，包括教师的时间投资、感情投资都有了。这最后的一点力量和时间应不吝啬地拿出来。

9日下午，我早候在考场外面，送同学入场。当他们出来的时候，一个个喜形于色，我十分满意。我们的估计没有错，我最后编写的"总复习大纲"，韩斌老师编写的模拟题，起了重要作用。

又一次胜利的喜悦。刘秀莲同学把一本日记本赠给我，我又一次体味到人类的高尚情感。

【关键词】思/日记风格　　教/爱岗敬业

短暂的使命

一、受命

1990年7月31日，星期二。

今天上午，我到南北寺中学，领到了山东教育学院政教系本科班的入学通知书。

下午，见到负责高三的朱文业主任。他说："若没事，来给现在的高三学生补课吧。"今年，我和韩斌一走，南北寺中学政治学科几乎没了顶梁柱，上学年教高二的王慧明老师又怀孕了，毕业班教师难于安排。

我只好答应，只是这个假期，又难得与妻儿多待几日。大丈夫应四海为家呀！

【关键词】思/迎接挑战

二、守信用的好

8月1日，星期三，于南北寺中学政治教研室。

身边没有一个人，更没有父母、妻儿。其实，在我不到24周岁的年龄中，已不止一次地这样孤独过了，倒也没什么。我不会哭出来。

事实表明，我在许多事情上，往往是头脑过热，往往以热情、不怕吃苦、关心理解别人而陷入了尴尬、孤独与失望。不过就在今天这样的心境下，我仍然相信，今后我还会许多次地这样做出选择。我不甘寂寞，却又经常陷于寂寞。

朱老师要我来上课，一再嘱咐我，最好今天来。守信用当然好。我是多么眷恋着家，眷恋着父母妻儿。可我还是在昨天刚跑了一个来回后，今天下午坚持来到南北寺中学。我带了煮熟的咸鸡蛋、腌蒜、两个青苹果，我的衣物、书籍也用包袱包好带上。

艰难的两个小时的上坡路啊！

我去找朱老师时，他却不曾在家，也不知课是如何安排的。我感到茫然，感到他人失信于己的烦恼。

听完晚上八点的新闻，仍去买来十根麻花，我就着咸鸡蛋，吃了几根。心里踏实些了。

【关键词】行／重诺守信

三、失言

8月4日，星期六。

前天没上课，朱老师安排我和王慧明老师印了要讲的课文（现在没有课本），同时备下点课。

昨天上午，我们把材料装订起来，我就去睡觉了，因为下午要给三、四班（理科班）上课，我觉得精神头不太好。

内容熟了，课上得还算成功，只是说了句不太严肃的话。我在举例解释政治现象时说："咱们南北寺学校杨校长的'执政'风格有点保守。"殊不知，当时杨校长的女儿丽丽正坐在下面听课。事先我并不知道班里有校长的孩子，也不认识丽丽。听到班里没有多少笑声，一种想笑而不敢笑的情景，我知道有问题。当然，这也不算不负责任。

这几天，学校的生活很清苦。特别是早饭，只有馒头。但我每顿饭吃一个咸鸡蛋，也颇有滋味。只是，到今晚就只剩一个了。

南北寺中学 1988 级 3 班 1990 年 8 月座次表

最近几乎天天下雨，今天算个例外。坐在办公桌前，听室外溪水潺潺，蛙声如潮。今天，我再到三班上课的时候，特别注意了一下杨丽丽同学。她先是低着头。课讲得时间长了，她也抬起头来，认真听课。我很担心因为我的一句话，让学生产生误会，影响学习。

【关键词】教／联系实际　　思／自审自警　　思／保存资料

四、"朽木"可雕

8月5日，星期日。

课按部就班地上。今天，文印室有了纸，可刻点练习题，让学生做一做。见到同学们听得很认真，我很高兴。没有绝对的"朽木"呀。虽然不少老师说，这级学生一般般。

课不紧，也不松，天天有课，有时甚至是一天四节，所以空闲时间不多。想干点别的事情，还不大可能。特别是我带了"世界史"的相关书籍来，想复习复习，准备参加自学考试，可一直没下决心去看。

近来，老师们见了我都说，毕业班送得很好。我解释几句：政治科分数是普遍高，同行相比来看，不一定怎么样。但我心里还是希望，自己能比别人好些。

生活一时苦了些，我是这样，妻子是这样，家庭也是这样。但事业不能不要，而且要努力奋斗。当我有所成就的时候，人们会说，这人是干出来的。

【关键词】思 / 战略定力

五、悔过

8 月 19 日，星期日。

没想到，懒散得竟有十来天没写日记。其实，也并没有多么忙。其间的些许事情，也许记不起来了。我觉得，现在记忆琐事的能力，不如从前了。

二十天的课就要上完了。我知道，这段时间，不如教自己的学生上心。因为坐不下来，三四天就往家跑一趟。慧明老师帮不了大忙，学校管理和运转也不正常，倒不如从简吧。该做的练习题没及时做，一些学困生没能很好地去照顾。我送毕业班，说啥也不能这样的。

8 月 16 日，星期四，我的课上完了。下午，匆匆编完练习题，交给慧明老师去印，我就赶回家。从星期三下午开始，大雨持续下了十七八个小时，家乡黛溪河的水暴涨。我从东景村大桥上过去，桥下的小路已不见了。

8 月 18 日，星期六，家里修缮房屋。想大修，可麦秸不够。想借二哥点，他也没法多给，他自己要盖鸡舍。又问大哥家，也说要修屋。娘说："临时凑合着用吧，明年有钱了，挂瓦！"

心里也是着急，至今还没买过冬的煤。热天做饭，母亲可以烧柴草，父亲去拾柴草。冬天总要生炉子吧？修屋的工钱，我进修的学费，都未凑齐。指望八月、九月的工资，不够。

下午回到学校。晚上，忘不下电视剧《苍生》，又去王光敏老师家看了会儿。我喜欢现实的生活。

【关键词】思 / 良心不安　　行 / 困难考验

六、坚持到最后

8月21日，星期二。

学完第一课，学生于星期日考了试。我们抓紧时间阅完卷。

星期一，是补课的最后一天。在各班差不多没有认真上课的情况下，我坚持分析了试卷。分析完试卷，我的短暂的历史使命就结束了。

下午六点，朱文业主任在临池饭店宴请高三老师们。回来，几个人聊了会儿天，便昏昏地睡了。

今早，整理一下东西，八点钟与赵景义老师（数学教师）一起下了山，回家。

【关键词】教 / 临时任务

收获与播种

一、喜人的成绩

1990年7月31日，星期二，我到南北寺中学，领回山东教育学院发给我的录取通知书。

从朱文业主任那儿，看到今年我校学生高考分数，全校过分数线七十人。其中文科报考六十三人（文艺生除外），过线三十二人。我任教的文科政治平均七十七分，也不错。

【关键词】思 / 自尊自信

二、第一次投稿

8月10日，星期五。

早就有写点东西的愿望。觉得经过这几年的工作和生活，我也有了些感受和体会。但是，一直不曾动手，只是在本子上记了几个题目。前段时间，终于写出一篇关于庆祝教师节的短稿。昨天，从家带了几页稿纸来，誊写了两份，一份寄往本省的大众日报社，一份寄往西安市教师报社。不知稿子命运如何。我还想写点别的。发表的愿望虽然小，但还是有的！

今早，一是投稿，二是照相，再是到乡政府办理户籍迁移手续（准备去济南进修），结果没找到人。见到在财政所工作的老同学王玉宝才知道，户口迁移证明必须在报到之前十五日之内办理，现在为时尚早呢！

【关键词】思 / 教育科研

三、盼望女排重振雄风

9月2日，星期日。

昨天晚上，观看第11届世界女子排球锦标赛决赛电视直播。当中国队以1：3负于苏联队时，不仅中国女排的姑娘们难过，我也十分难过。这届比赛，中国队一路顺风顺水，没失一场，进入决赛。只可惜，在预赛中以3：0大胜苏联队的中国女排，却在自己家门口痛失冠军。

解说员有些夸大其词。郎平在队伍中确实起了很大作用，有时甚至是关键的作用，但在最后一局比赛的关键时刻，她在发球上连连失误。我妄言一句，教练的这种安排，是不符合事物发展规律的。郎平已退役几年，比赛中明显表现出战斗力不如从前，她的扣球质量不及李国君。再说，新队伍总是要锻炼的。中国女排既然已经下决心大换血，为什么在关键的时候把夺冠的希望寄托在一名老将身上，而不大胆起用新人呢？新队员许新本来是打主攻的，这次却成了替补。这又怎能充分发挥新队员的积极性，锻炼新队伍呢？

当然，世界上许多国家的运动员，有的虽然年龄大了但仍然参赛，甚至成绩突出。郎平参赛，为中国体育界开了先例，这该是一种有益的尝试，既然是尝试，就有失败的可能，这也无可厚非。也许这种老将新用的方式不适用于女排，特别是中国女排。

但愿中国女排在尝试中不断积累经验，重振昔日雄风。

【关键词】行 / 爱国热忱　　行 / 关注社会

四、地区第一

9月5日，星期三，上午我去了黄山中学。本想找李俊老师（她也考上了省教育学院政治专业，离职进修了），问她如何去济南。等了一个多钟头，没见人。同这里政治组的老师们聊了一会儿，他们说，地区计算的高考成绩已经来了。

我到教育局，教研室张主任从包里掏出一张小纸给我看，说正式文件还没有下达。这里只有平均分指标，我任教的南北寺中学文科政治平均分，在全地区重点中学中仅次于沾化一中，高于本县一中；优秀分为83分，我们班有十个。再看韩斌老师任教的理科政治，平均分为地区第三名；理科优秀分为80分，韩斌有十八个，很了不起。这充分说明，我们的合作是十分成功的。

【关键词】教 / 质量互变　　思 / 自尊自信

霞光闪过

一、转学的浪漫

1988 年元月 21 日，星期四。

昨天晚饭时，同村的韩凤霞妹来到南北寺中学。她曾在这里读过一年高中，后转到黄山中学去了。这次和她的一位同学来，是办转学手续的。我到小伙房，给她们各端了一碗面条。转学手续没办成，晚上她们俩就住在我们班的女生宿舍里。

今早，我和光敏老师把她们俩送到临池公交车站。

【关键词】行 / 社会责任

二、与命运抗争

1990 年 6 月 24 日，星期日。

昨天下午，带了高三毕业纪念品——陶瓷衣架，还有久已盖不着的被子，坐车回家，李芳骑车到大路旁接我。

天阴得厉害，看看下不起雨来，我去了邹平。心里有个事：自学考试还未完成，还是一鼓作气努力下去吧。去报名处一问，没有表了。正遇上同村的韩凤霞妹，她曾在南北寺中学读书，现在毛巾厂工作，她也来报名参加自考。我们一起去复印了报名表，这才报上。虽然去读教育学院本科在即，我还是想了却自学考试这桩心愿。

今上午，刨了会儿麦茬，李芳也去了。天阴乎乎的，闷热得很，汗珠儿一个劲地往下滚。

【关键词】学 / 善始善终

三、不见的忧伤

1990 年 8 月 27 日，星期一。

昨天下午，听到一个十分惊人的消息：韩凤霞（小名六儿）跳三八水库自杀了。她曾与兆爱等在南北寺中学一起读书，后又托我办理转学等。她毕业后没能升学，在邹平毛巾厂工作。至今我无从知晓，她为什么会走上绝路。6 月下旬的一天，我和她一起在邹平自学考试报名，复印材料时，她抢先付了钱。当时，并不见她有什么忧伤。事情怎么会发展得如此之快呢？才两个来月啊！

今天上午，我和李芳赶集，顺便到镇政府为她落户口。工作人员也谈起这件事，说昨天上午，凤霞一个人在水边漫步，不久就沉于水底了。

她的死，不知会给她这个特殊的家庭带来多大的悲哀。

【关键词】行／关注社会

大学门口

一、考得不错

1990年6月5日，星期二。

今天，确实感到热了。灯底下，小虫子也多起来。

星期天，早饭后先是到邹平县招生办。我十分激动地等待着，任汝民老师（从南北寺中学借调而来）给我查成人高考分数。令人满意的是，我考了309分，实在没想到能考这么多，原以为能考二百六七十分吧。只要没有别的问题，我肯定会被录取，分数线大概也就在二百六七十分。我的心中又添了一份喜悦。

我当即骑车奔向南北寺中学。风太大，上山很累。吃了午饭，我躺在床上，想边听点广播，边休息会儿，到一点半就去监考（学校组织高三摸底考试）。然而，当我被韩斌大声叫醒的时候，还未反应过来，到底该干什么来着？监考回来，一摸收音机才发现收音机还开着呢，已有四五个小时了。

紧张地阅完试卷，今天又刻出答案来。文印室终于有纸了。

可今晚，我又刻出一版练习题来，招呼王德中同学帮忙去印的时候（已是十一点多了），又没纸了。纸用得太快了。

本想明后两天抓紧誊写出论文，可今天下午接到通知，明天要去北镇开会。嗨，又忙上了。什么时候不忙呢？

【关键词】思／自尊自信　教／爱岗敬业

二、以继续学习为要

6月27日，星期三。

上午，崔放梅同学作为监考人员，来到南北寺中学。这次高一、高二期末统考，各校教师轮换监考。我特意收拾了办公室和宿舍。今天上午，我们在我宿舍谈了一会儿。知道老同学又有了新对象，这次该是心满意足了。

谈到考研究生的问题，她说不值得："考上又怎样？夫妻得分居一段时间。"而我觉得，人生在世，不能只囿于家庭的小圈子。人总是要有点精神的。若有机会和条件，当以继续学习为要。听她讲，研究生只需读两三年，这更增添了我追求的希望。当然，我的外语基础很糟。如何过外语关，我有没有能力过关，都是值得思考的问题。

南北寺中学特殊的环境，逼迫我不能不去学习；这儿的寂寞、无聊，也给我创造了学习的条件。这几年，我在学习书本上有些进步，我应该深深地感谢南北寺中学。

【关键词】学／学习关键

三、雨中奇遇

7月11日，星期三。

一场大雨把我浇得有些迷糊了。

今天上午，我把文哲母女送到文哲姥姥家，已是九点半。我骑上车子往学校赶，参加高中招生工作。

天不好，已开始落雨点。我拼命地往前赶。爬到半山坡的好生乡山旺村，雨就下大了。伞也撑不住，浑身早已湿透。闪电掠过身边，头上雷声炸响。还是避避雨吧。到了一座朝南的大门下，我放下车子，一抬头，见到檐下早有两位姑娘在避雨。我有些不好意思。走吗？雨这样大，寸步难行。还是停停脚吧。

雨更大了，哗哗地泼到脸上。我撑起伞，盖住头，身上哗哗地往下流水。天冷得让人直打哆嗦，伞就要拿不住了。

急雨下了四十多分钟。之后，我才冒着稍小点儿的雨，赶到学校。山旺村西南的大崖，以前都是推上去的，这次我却一直往上骑，快到顶了才下来。

【关键词】行／困难考验　　思／热爱生活

四、有我的名字

7月15日，星期日。

中考是12日至14日，进行了三天。我同尚翠芬老师（政治本科毕业，现任教历史）监考第十二考场，也很顺利。只是来考试的学生基础差，不少是大眼瞪小眼，十分简单的题也不会做。

阅卷就更看出来了，政治科及格的不过10%。通过加班，用了一整天，政治试卷就阅完了。

我本打算今天回家的。可考试期间的补助费未发，只好再等一天。正是用钱的时候，这月补发了工资，高三又发了补助费，总共可收入二百五六十元。回家还还账，我还想再配一副较好的眼镜，要去大城市生活一段时间了。

吕强老师从山东教育学院回来说，学院录取通知书已发出，有我的名字。我终于放心了。近来，许多老师和同学都关心地问起我这件事，我只是不敢肯定。我心里感到极度的轻松，奋斗几年，终于获得了这个新的起点。

【关键词】教 / 教育生态

五、心里那个甜啊

7月28日，星期六，我去教育局问录取通知书，同时看一看学生的高考成绩。高考成绩下来了，没机会仔细看，但粗看是不错的，我任教的政治科也不错。

而我的录取通知书没有下落。我到黄山中学，这里的李俊老师也参加了考试，她的录取通知书几天前就到了。我真有点急了，打电话去南北寺中学，办公室吕刚老师说给查一查。大半小时后，他回电话说，录取通知书几天前已到了。我终于放下了心！

本想即刻就去拿通知的，但第二天、第三天，兆爱骑我的车子去西董同学家不回来，云游去了。

等到今天（7月31日，星期三），我终于鼓起勇气，去拿录取通知书吧。到了学校，累出一身大汗，我浑身发抖。我抱出两个大甜瓜，这是半道上卖瓜的王维同学给的。吃下去，才解了渴。我心里很甜。

我找到吕刚老师，终于拿到山东教育学院政教系本科班的入学通知书。这是一个新的起点。

到北寺村小店，买了十根麻花吃下，就是一顿很好的午饭。

下午，到吕强老师住的临池医院宿舍，找他请教办入学手续的事。听他说，到教育学院是要学外语的，并且还有快慢班。像我这样基本没有学过外语的人，可参加慢班学习。我很是高兴，重学外语，这是我多年的心愿，只是苦于没有机会和时间。学外语，一则是当代社会所必需的，二则将来有机会可以考研究生。若从现在开始努力，三五年后我或许能考取研究生。人生应该不懈地追求。

【关键词】学 / 终身学习

六、奋斗的信心

8月19日，星期日。

当我就要重新成为学生的时候，心中充满了奋斗的快慰和信心。在我的同学们中，我是比较早地走进本科院校的大门的。也许，他们当中的一部分早已不屑于这种"进修"了。

生活曾有几次，使我失望、灰心，但很快就过去了。二十多年来的生活，总体来说是顺利的，当然主要是指学习、工作这个方面。立足于实际，靠自己的努力，为社会、为家庭、为自己做点什么。在我的理想中，至今尚没有不可实现的目标。或许任何可能的事情都是如此，只要努力，总会成功。

前行！

【关键词】思 / 自尊自信

七、辞别校长

8月23日，星期四，上午我到南北寺中学。晚上学校开会，安排下一学年的工作。我早有打算，去和杨承玖校长聊聊。我知道他平时住在学校的宿舍。可已是晚上十点多，仍不见宿舍有亮光。我心中忽然想到，到他家不是更好吗？！出校门，往南拐个小弯，大概快到了。过去我来过，但是天黑，也记不清是哪个大门了。黑暗中，问一位老大娘，老大娘竟犯了猜疑。我解释说："我就是学校的人。"她反问道："学校的咋还不知道杨校长的家？不常来？"最后，她还是指给了我。

杨校长正在家看电视呢，一直看到十一点四十分，也没聊出什么来，看电视的还有家人。我本是想献点计策的，也许无济于事吧。临走，我把带来的罐头、月饼等留下。这几年，也没正儿八经地到校长家拜访过一次。和校长一起来到校门口，发现校门早已紧闭。

在校这两天多里，找吕丕刚老师办了粮油关系，找王长平老师办了户口关系，找侯念庆老师办了团员关系。万事俱备，只欠"钱"了。

杨校长痛快地开了条子，借给我各种上学费用及发放两个月工资。只是学校临时没钱。

25日，高一新生开学。下午，会计借给了我钱。我把办公室、宿舍的钥匙都留下。把一切新旧东西都封上车子，可以走了。

辞别校长，又从朱主任那里领了五十元加班费。我心里热乎乎的。推车下坡时，比往常慢了些，有些留恋呀！读高三的侄子延杰送我出校门。"回去吧，有机会帮我把暖壶捎回家吧。"

【关键词】行 / 重要他人　　思 / 热爱生活　　思 / 直言不讳

八、百日留影

8月30日，星期四。

前天下午，我去邹平玩了一圈。先是去县人大找赵精良老师，他在法制工作委员会工作。赵老师告诉我，他是副主任啦。赵老师曾在山东教育学院进修过。我将去老师待过的地方，现在向他了解一些情况。另外，向老师请教了关于县党政机关设置与职权的一些情况。

出来到师范学校找颜廷宾，想借《资本论》看一看。他有这书，只是正用着，不好借出。

再去看看段老弟吧。他近来不错，当然说话仍是那样有些不着调。吃了晚饭，他一直把我送到邹平卫校南侧，再往南就是野外玉米地了，又聊了一会儿。

昨天早饭后，父亲开始从猪栏"出粪"。夜里下了雨，他先用小桶把栏里的污水刮出来，挑到地里；之后，撒上些麦糠，竖上梯子下去了。开始我还不想去凑热闹，可没法子，一干起来，也就忘了臭。今日，暑假里头一次七点钟以前起床，再帮一会儿忙，竟干完了。身上臭了点，心里甜了点。我走后，家里正在"过秋"，会很忙的，我想象不出会忙成怎样。

文哲越发可爱了。近来，没病没灾的，长得快，也精神。睡觉起来，便大喊大叫。奶奶抱她去称一称，已十二斤多了，才刚满四个月呢。今天下午，一个良久的愿望终于实现了，我和文哲去照了相。打百日之后，我和芳就商量着给文哲留影。去邹平的路上，文哲哭个不止。"回去吧，不照了。"可往回走了几步，文哲又睡着了，还是去为好。到了照相馆，文哲也醒了，只是刚醒，还没笑出来。

【关键词】行 / 信息沟通　　行 / 同伴互助　　行 / 劳动锻炼

九、卖蛋割肉

9月2日，星期日。

弟弟昨天下午回家，明天就是七月十五中元节了。父亲去城里卖了鸡蛋，割了猪肉，买了芹菜、茴香苗，今天包饺子。说起吃肉来，近来猪肉又贵了，一斤三块五呢。前几年还常割点肉吃，近年可不太大方了。生活也确实紧了点。

弟弟拿出50元钱，说是刚发的奖金，让我念书买东西。算起来，刚中专毕业的弟弟，比我这干了整五年的中学三级教师，收入还高呢。

【关键词】行 / 关注社会

一〇、不能辞职呀

9月5日，星期三。

昨天，几乎没干什么事情。下午，李芳去邹平取相回来。文哲可爱的样子，一家人都喜欢。只是芳去东景送相片时，文哲大哭不止，急得她奶奶没办法，直说："妈妈去上班可咋办呀！"我说："只是目前的一点困难，不能动摇她妈妈继续上班的信心。

若现在不干了，将来转了户口，只能干临时工，打'游击'，那就真的麻烦了。还要从长远着想呀！"近来，芳托她二爷爷去厂里请假，人家不肯准长假。厂里的活并不多，而且经常休班。目前，面临"过秋"，我又不在家，可能有些紧张。想想办法，总是可以渡过难关的。我嘱咐芳，不论怎样，不能辞职呀！

【关键词】行／困难考验

尾 声

池鱼思故渊

一、梦想成真

1990年9月10日，星期一，晚上于山东教育学院宿舍楼305寝室。

来学院报到已三天了。虽然没多少事情，但心上却不轻松。当然，也没什么忧愁。我已是个成家立业的人，正在适应这个新环境，这个几年来梦寐以求的地方。而今梦想成真，我没有了一点担心。

笔者与山东教育学院同学合影

今天上午，学校举行了开学典礼暨教师节庆祝大会，我作为学生参加教师节活动。我写的关于教师节的投稿，不知下落如何，退稿没有？

我又想起南北寺中学，学校怎么样了？毕业生录取情况如何？韩斌老师调走没有？

抽时间，一定得回去看看。

【关键词】教 / 教育初心

二、亚运会开幕

9月22日，星期六。

下午两点多钟，北教学楼三楼东大教室挤满了人，前排的人坐着，中排的人抻长了脖子，后面的人坐在桌子上，最后排的站上了桌子——大家都在看电视直播，举世瞩目的第十一届亚运会，在北京开幕了。

我一直看到五点多钟，亚运会开幕式基本结束，实在太累了。

【关键词】行 / 爱国热忱

三、和学生一起上大学

9月29日，星期六。

午饭后，305宿舍的学员们正睡觉呢，有人敲门。我忙穿衣服，准备去开门，已有人叫"韩老师"，是一个女子的声音。原来是张云珍同学。意想不到，可又在意料之中。张云珍是我担任班主任的南北寺中学1989届2班的学生。我只是听说，她上学年在魏桥中学复课，并且高考成绩不错，不知道她已被山东大学外文系英语专业录取。她是听王维同学说我在这儿的。

我领她到教室，谈了两个多小时，过去、今天、未来都有。她说，山东大学有外籍教师，外籍教师可活跃了。她还说，她的新同学多来自"名门望族"，大概只有自己出身农民家庭。

到四点多钟，我送她上车。这是我来教育学院后遇到的，除本院以外的第一个熟人。

送走张云珍，我捏了捏手里的二十多块钱（就只剩这点了）。来济南二十天了，回家时就快到八月十五了，还是买点月饼回去吧。去岳父家看看，还有家里侄女雪，也许她早就想叔叔了。

【关键词】教 / 爱生一生

四、想家

国庆节来到，学院放了四天假。我回到离开二十来天却如走了半年似的家。

9月30日，我坚持上完上午的课。吃了午饭，与黄山中学来的李俊（政教系2班）、张东（教管系）两位老师一起乘车回邹平。从县中医院下车，不多会儿就到家了。很长时间没有步行这么远的路了，可我不觉得有负担。

母亲抱着文哲，还有芳，都在家。二十多天，文哲又长了三斤，十五斤多了，胖乎乎的，一逗就笑。

【关键词】思 / 体味幸福

五、崔强和李冬梅

10月7日，星期日。

今天学校补课，上"西方社会思潮"。第一节下课休息时，忽然看见崔强、李冬梅同学朝我走来。去年他们从南北寺中学毕业，崔强考入济南民政学校，李冬梅复课一年，今年考入山东省物资学校。他们俩的学校挨得很近。

我也不上课了，领他们到宿舍聊。我早就想与崔强联系，还没有写信。他倒早来了，没想到还有另外一个人。得意门生啊。崔强带来一个月前张传俊同学托他捎给我的信，传俊很客气地道谢一番。我不过尽了一个老师、一个班主任的责任罢了。

他们俩玩了两个来小时。到十一点多钟，我送到校门，望着他们俩远去。我不知这儿有没有一桩美满姻缘，他们是幸福的。

【关键词】教 / 爱生一生

六、烦恼和欢欣

10 月 13 日，星期六。

我是挺懒的。虽然也知道什么是"美"，自己也爱美，但头发却长时间不洗一次——费事！可在人多的地方，头发脏了，也怪难为情的。于是我早有了计划，抽空要洗头。

今天午饭后，暖融融的，正好洗头。我从宿舍端了脸盆，放上香皂、梳子、毛巾，提出一个暖壶，去了洗漱间。一番揉搓，三遍冲刷，好了。睡上一觉，头发干了，抹上点头油（还是芳强迫我用的那一瓶），把头梳得锃亮，再到教室去读"世界史"，很不错哩。我这样想着，就回来躺下睡觉了。

还没睡踏实，就听见同室孙久华老师找自己的暖瓶。我猛地想起，我从洗漱间回来，忘了带回暖瓶。穿上拖鞋跑到洗漱间，暖瓶没影了。唉，这秩序，这风气，才一个来钟头而已。倒霉，可恶！

头脑迷迷糊糊的，再睡吧，睡不着了。去找吧，要到各寝室，大家正午休，多数关着门。我最烦和陌生人打交道，何况是去找东西。说好听点是："有捡到暖壶的吗？"实际上是："谁偷了我的东西？"再买一个暖壶倒也花不了多少钱。若我自己的丢了，没别人知道，吃个哑巴亏也就算了，我才不费心劳神地去找呢。可丢了别人的东西，不去找一找，直接赔钱，一是人家不要，二是也会叫别人笑我傻。这就难煞人喽。

何以解忧？唯有读书。到教室，坐在那儿，什么也不想，读"世界史"。我这人，一点经不得事。

看会儿书，头又发昏。站到窗边看楼下的篮球赛，脑子里又冒出"暖壶"来。不行，已四点了，睡觉的也都起来了，去找！我一回头的工夫，让我惊喜不已，门外站着的人们仿佛是我的救星——贺迎东、韦秀梅、邢翠云，我的学生们，今年刚考入山东财政学院的。上周回家时，才从韩斌老师那里听说，他们考到了这里。一切烦恼都烟消云散了。相对于我教出的财政学院的本科和专科的学生，一个暖壶又算什么呢？

到宿舍坐下，谈到五点半。我问清了他们的专业、住所，一一记录下来。有时间回访去。他们说，我们南北寺中学今年文科共有二十多个人考上大学。他们起身时，我送他们到校门口公交站。

吃了晚饭，还得找暖壶啊。没想到，一张嘴就问到了，我们305隔壁——307宿舍的同学捡到了。我从学生带来的"信阳毛尖"中抽出一包送去，作为酬谢。

愉快啊，我的心情是这样的愉快！

【关键词】教／爱生一生

附　录

一所省重点中学的兴衰

——邹平县南北寺中学办学述略①

引　言

一所山村小学，何以不到十年就发展成为轰动全国的重点中学？其发展轨迹折射出中国教育走过的怎样艰难曲折的风雨历程？

一所省重点中学，为什么在短短二十五年后便悄然消亡？其兴衰荣辱牵动着多少辛勤园丁和莘莘学子的情思？

笔者将为您解读邹平县南北寺中学的神话，与您一起品味南北寺中学师生的酸甜苦辣。

上篇　神话崛起

一、兴于山寺

20世纪70年代，"五十三个苹果的故事"在邹平大地上家喻户晓。故事说，邹平有座山，山上有座庙，庙里已没有了和尚，而有几十位老师和几百名学生，还有一棵苹果树。那年树上的果子结果时是五十三个，采摘时还是五十三个，尽管树就在路边，人来人往，却没人动一个。果子熟透了，全校几百名师生每人一小块，一起品尝着自己劳动的果实，心里那个甜啊！这就是邹平县南北寺中学，是当时全省五十一所重点中学之一。

---

① 本文是笔者2008年10月在邹平电视台《邹平史话》节目中的讲稿，原题为《南北寺中学的风雨岁月》。学校正式名称为"邹平县南北寺学校"，由于学校是从村办小学发展而来的，长期存在从小学到高中的各个年级。"南北寺中学"是学校鼎盛时期的习惯叫法。

南北寺中学坐落在邹平县南部山区临池镇的南寺和北寺两村的怀抱之中。这里是滨州、济南、淄博三市交界地带，群山环绕，一年四季溪水潺潺，景色优美。学校东北面的小山叫雪山，西南面是簸箕山，西北面是青山，再往北看就是邹平有名的高峰、号称"泰山副岳"的白云山。簸箕山、青山曾是南北寺中学的农场、林场所在地，那里曾经洒下南北寺中学师生辛勤劳动的汗水。

至今保存完好的南北寺中学的早期校门

南寺、北寺，离不开寺。这里确实有一座小小的寺庙，寺庙是两村的分界。小庙坐北朝南，庙里矗立着一块石碑，刻有《重修七圣堂碑记》，记载着这座庙是"中华民国三年"即1914年重修的。早年，庙的正殿里供奉着七尊神像，是三国时蜀汉皇帝刘备及他的结义弟兄关羽、张飞，还有关羽的儿子关平、马夫周仓，张飞的儿子张苞以及赵云。

南北寺办学校，始于中华人民共和国成立初期。1951年6月，南寺和北寺两村共同成立了文委会，决定办学校。文委会发动群众，把刘、关、张、赵等七尊神像从大殿请了出去，腾空当教室。每村出一个老师，分别是杨德红和杨化安，两位先生都有点私塾底子，招收了两村二十几名学生，办起了南北寺小学。

从整体上看，南北寺学校的发展可以分为五个历史阶段：第一阶段，1951—1970年，这一阶段是南北寺学校的艰苦积累时期；第二阶段，1970—1978年，这八年是南北寺学校的神话崛起时期，南北寺学校从一所小学迅速崛起为省重点中学；第三阶段，1978—1988年，这是南北寺中学的十年鼎盛时期，学校在县内外、省内外产生了广泛而巨大的影响；第四阶段，1988—2003年，这十五年是南北寺中学的缓慢衰落时期；第五阶段，2003年南北寺中学撤并后，建立了临池镇南北寺小学，我们称这一阶段为余脉传承时期。

二、人多"庙"广

1958年，北寺村杨秉海来南北寺小学任民办教师，并主持学校工作。后来，孙兆俊、杨承玖等相继加入，逐步形成了南北寺中学的"创业"领导集体。在他们的带领下，南北寺中学一天天发展壮大。起初，南北寺只是一所初级小学。1964年，南北寺办成了完全小学。1970年8月，南北寺小学附设了初中班。学校不仅招收南寺、北寺两村的学生，还招收临近的小西庄和王家庄的学生，周围四个自然村的初中教育得以普及。学校发展进入了第二阶段，也是最为关键的阶段。

1975 年，在全国各地大办民办高中的热潮中，南北寺中学开始举办高中班。本来计划本校初中毕业生升入高中，办一个高中班。但是，招生时一下涌来一百多个学生，好多学生家长、大队干部三番五次、翻山越岭地来到学校，要求送孩子上学。于是学校把孩子们全收下，编了两个高中班。南北寺中学首届高中生两年后毕业，正赶上 1977 年全国恢复高考。和南北寺中学差不多时候办起来的高中有很多，邹平全县高中一度达到七十多所。经过整顿，到 1983 年，邹平保留了五所普通高中，南北寺中学办高中是最晚的，却是发展最快的。

1978 年南北寺中学成了省重点中学，进入了十年鼎盛时期，学校办学规模扩

1991 年校改前的南北寺中学

张得更快。1979 年，高中每年级开始招收四个班。1984年，高中三个年级达到十二个班，另有从小学到初中每年级一个班，全校共有二十个班，学生一千一百多人，教职工近百人，南北寺中学进入了全盛时期。

随着师生增加，校舍也不断扩建。1964 年，为了办高小，师生捡石块，脱泥坯，在庙的西南侧平整了一块地，建

起了六间土坯草房，形成了小学部院落。1970 年附设初中班后，又建成了学校的初中部院落，这是学校大规模建设的开始。1975 年，一下增加了两个高中班，教室不够，学生宿舍没有，于是学校先用生产队的房子当教室上课，学生在老百姓家住宿。放秋假时，学校发动师生奋战五个星期，盖起了新的教室和宿舍。南北寺办高中就创造了先招生、后建房的新思路。

在全国农业学大寨运动中，1977 年学校因地制宜，建成了大寨楼，这是南北寺中学的标志性建筑。因为南北寺的地势西高东低，所以大寨楼从东面看是二层楼，从西面看便只见一层平房。大寨楼的底层是窑洞，窑洞内冬暖夏凉，居住舒适，是学生宿舍。这次建设，形成了学校高中部的最早院落。学校在大崖头底下，"出门是崖头，迈步就爬坡"。

南北寺中学的大寨楼

要扩建，就要先搬走土坡，整平地基。从1970年到建起大寨楼的时候，学校师生在七八年间搬走了两万多方土，造出了三个小平原，建成了小学部、初中部和高中部的三个院落。搬出的土一部分供生产队垫圈积肥，另一部分在学校里填沟，垫出了两个大操场。师生自力更生，自我发展，减轻了国家和集体的负担。南北寺中学在20世纪70年代的《大干歌》里写道："出大力、流大汗，自力更生把校建，艰苦奋斗创大业，办学不要国家一分钱。"

1991年，在全县城市校改中，学校主要依靠政府投资，在原来的小学、初中院落里，建成教学实验楼，建筑面积三千二百平方米，这是全校最大的单体建筑。从此，南北寺中学的校舍形成了今天的基本模样。学校的主操场在最西端，也是最高处。从总体上看，学校自东向西，层层台阶，步步登高，小学部、初中部、高中部依次而建，因势而成，是南北寺人独具匠心之作。

南北寺中学从一个不足二百平方米的破旧寺庙，历经半个世纪，发展到占地面积四万零二十平方米，校园扩大了二百多倍。建筑面积一万三千三百余平方米，除教学实验楼的三千二百平方米主要是国家投资建设外，其余的一万多平方米，主要是学校师生自筹资金、自己劳动建造的。学校的美丽校园，是南北寺师生用自己的汗水和智慧一点一滴地凝成的，是他们创造的人间奇迹。

三、勤工俭学

20世纪70年代以来，南北寺中学大搞勤工俭学，解决了学校发展的资金问题，《大干歌》对此进行了系统、生动的描绘。一首《大干歌》唱的是："教学科研相结合，旧的框框全打破，培育优良新品种，试验田里结硕果。"说的是南北寺的学生不仅学习书本知识，还动手实践。他们在簸箕山、青山上建立了农场、林场，生产粮食，培育良种，植树造林。为了办好农林场，学校还办起了饲养场。1971年，南北寺中学借了生产队五十元钱，买了小猪，开始养猪，其中一头母猪长到八百五十斤。卖给国家的肥猪，有的被定为"超级""特级"。

另一首《大干歌》唱的是："锛凿斧锯一起响，木工房里奏乐章，自己动手做校具，抗大精神大发扬。"说的是木工专业班的同学做出了七十间房子的房架、门窗，还制作了几百套课桌凳、办公桌、床铺等等。南北寺中学以中国抗日军政大学为榜样，在最早的校门也

南北寺中学校办工厂工人在做工

就是庙门上写着一副对联："办抗大式学校，育革命化新人。"对联至今清晰可见。

还有一首《大干歌》唱的是："优秀指示放光芒，学校办起橡胶厂，白手起家干革命，自力更生战歌壮。"毛泽东同志要求学生"以学为主，兼学别样"。南北寺中学按照毛主席指示，办起了橡胶厂，生产三角带等产品。橡胶厂的直接负责人是孙兆俊，后来他成为南北寺中学的第二任校长。当时橡胶很难买到，学校就请时任惠民地区文教办主任的焦干卿同志帮忙，经过他出面协调，由博山橡胶厂稳定地给校办工厂供应原料。打井机械上有一种密封元件，叫盘根，我国长期依赖日本进口。经过技术攻关，南北寺橡胶厂研制和生产出了盘根，替代了进口产品。1977年橡胶厂产值18万元，利润6万元。再加上木工组、缝纫组、理发组，还有机修车间、电木车间、塑料车间，等等，创造了不小的收入，成为学校自我发展的支柱。

1982年，南北寺中学参加了全国勤工俭学会议，被教育部、财政部、国家计委、国家经委等四部委联合评为开展勤工俭学先进单位，学校被誉为"全面贯彻党的教育方针的模范"。南北寺中学的勤工俭学，可以说是一举多得：

第一，有利于端正学生思想。南北寺中学把生产劳动作为学生的必修课，让学生有计划、有组织地参加生产劳动和实践活动，培养了他们从小热爱

南北寺中学被评为全国勤工俭学先进单位

劳动的好思想、好习惯，把思想品德教育落到了实处。当前，我们正在进行新课程改革。国家高中新课程方案明确规定，学生要参加一定的综合实践活动，获得学分才能毕业。南北寺中学的教育理念与今天的新课程改革，跨越时空，不谋而合。

第二，为农村培养实用人才。学生通过参加勤工俭学活动，掌握了生产的实际本领。南北寺中学首届高中班于1977年毕业，共99名学生，其中有8人会电工，12人能驾驶拖拉机，22人会使用和修理农用柴油机，30人会木工，30人会缝纫，有的一人掌握几种技术。他们回到社队后，成为技术骨干和领头人。用今天的话说，学校成了社区的文化技术中心。1982年，《山东教育》第三期发表文章《让每个学生都掌握一门专业技术》，介绍了南北寺中学办专业班的经验。

第三，创造经济效益。通过勤工俭学，学校手里有了钱，做了许多有意义的事。一是支付建校和办学经费，减轻了国家和集体的办学负担。1972～1978年间，学校自己解决了12万元的建校资金。建校时，南寺、北寺两个大队投入了木材等物资，学校支付给两个大队各1.1万元，作为补偿。学校还解决了五名民办教师的工资。二是

实行免费教育。南北寺中学从 1971 年，所有在校学生不收学费和书费。从 1972 年起，作业本由学校全部免费发放。从 1973 年起，学生看病不花钱，取暖不收费，还开始解决学生的穿衣问题，小学生每人每年免费发放一件短袖反领汗衫，初中以上学生每人每年除发一件反领汗衫外，还发两条毛巾、一副手套、一双解放鞋，高中学生每人每年还做一件上衣。上学不花一分钱，老百姓当然满意。免费上学，保证了附近村庄所有学生，特别是多子女家庭的学生都能坚持读书到高中毕业。近年，我国义务教育实行"两免一补"政策，南北寺中学实行免费教育比国家早了三十多年，并且免费项目多、学生范围广；更可贵的是，学校自觉实行，当时国家并没有相关规定。只是后来由于学校规模扩大，学生增多，南北寺中学的免费教育没能长期坚持下去。三是改善教职工福利。南北寺中学在力所能及的条件下，利用校办工厂的部分盈利，为教职工谋福利。为解决教职工回家乘车的困难，早在 1986 年，学校就购置了校车，教职工回家过周末车接车送。1988 年，教职工年终福利是每人在黑白电视机、洗衣机等几样中任选一件，价值四百五元左右。四是支援其他单位。因为学校自己有钱，便把国家拨给的修缮费让给了兄弟学校。勤工俭学既闯出了学校自我发展的道路，也促进了学生全面发展，这一结果是有意义的，这一过程也是有意义的。

1977 年《光明日报》报道学校办学事迹

勤工俭学的果实是甘甜的，劳动是艰苦的。南北寺中学所走的依靠师生勤工俭学，自力更生、艰苦创业之路，是由其所处的历史条件、地理环境决定的。在那个物质匮乏的年代，在南北寺这样贫穷的山村，要创业只有依靠自己的双脚走路，用自己的双手创造。

四、一举成名

正当南北寺人在山里"出大力、流大汗"的时候，1977年，全国各地的参观者络绎不绝地涌进这个山村学校。外面的世界是如何发现"山里的世界很精彩"呢？主要是以《光明日报》为代表的一系列宣传报道产生了轰动效应。1977年2月24日出版的《山东教育》，发表了署名为"省革委教育局、惠民地革委教育局、邹平县革委教育局"的《全面贯彻党的教育方针　培养有社会主义觉悟的有文化的劳动者——邹平县临池公社南北寺学校的调查》。影响最大的是1977年2月28日《光明日报》头版刊发了题为《为革命而教有功　为革命而学光荣》的报道，占了接近一半的版面。报道说："山东省邹平县临池公社南北寺中学认真贯彻执行党的教育方针，为当地农业学大寨运动培养了大批有社会主义觉悟有文化的劳动者。全校'为革命而教有功，为革命而学光荣'的良好风气不断发扬，教育革命出现生气勃勃的景象。"南北寺中学的新气象具体表现在：

第一，形成优良校风。南北寺中学把转变学生的思想放在学校一切工作的首位，教育学生学习雷锋，热爱集体，一心为公，形成了优良的校风。五十三个苹果的故事，发生在《光明日报》报道的前一年——1976年，这是学校优良校风的一个典型例证。

第二，坚持"以学为主"。虽然毛泽东主席指示学校要"以学为主"，但是有些人不相信南北寺中学能做到"以学为主"。他们讽刺说："南北寺中学瞎胡闹，光知劳动建学校。"他们认为南北寺"大搞劳动建学校，教育质量高不了"。但是，南北寺中学正确处理了"主学"与"兼学"的关系，保证了"以学为主"。对于劳动时间和内容，学校分年级进行了明确规定：小学一至三年级每周安排一个课外活动的时间，由班主任带领，学生开展打猪草、挖药材等力所能及的劳动；四、五年级每周安排半天学工学农劳动，主要是帮助校办工厂干些辅助性零活，或者帮助生产队除虫灭荒；初中生和高中生每周安排一天学工学农劳动，各班轮流到校办农场、工厂等地参加生产劳动，无特殊情况不能随便停课。

南北寺中学始终没有放松教学工作，坚持做到教学有计划，学生成绩有考核。1973年，南北寺中学初中毕业生升临池公社高中，学生文化考试成绩平均分比全公社高二十分。学校充分调动教师的积极性，分期分批地把教师送到县里和地区去培训，召开有学生参加的教学评论会。学校要求学生要练好听、读、写、讲、算五项基本功；每学期还在班级和全校举办作业展览、书写展览、美术展览、赛诗会、朗诵会、歌咏会，调动学生的学习积极性。《光明日报》对此进行了充分报道。这篇报道对于中国基础教育往何处走起了重要的导向作用，推动了十一届三中全会以后教育工作重心的转移。

第三,"兼学"成绩斐然。南北寺中学在保证"以学为主"的同时,努力做好"兼学别样",尤其是勤工俭学成效卓著。

《光明日报》的报道,同时在中央人民广播电台播出,南北寺中学的典型事迹在全国引起了轰动。省内外大批教育行政干部、学校领导和教师不远千里,来南北寺中学参观、考察、学习,访客遍及黑龙江、江西、甘肃等十八个省市,最远的一批访客来自内蒙古。至当年底,参观者已超过三万人次。为了维持学校正常的教学秩序,县文教局在南北寺专设了接待站,负责安排参观人员食宿。当年接待站共有三人,站长是刘天顺老师,在接待站一直工作了两年。继《光明日报》和中央人民广播电台的报道后,当年,《大众日报》也进行了报道,题目是《全面贯彻党的教育方针的好典型》。1977年5月4日,山东人民广播电台再次进行了报道,题目是《认真贯彻毛主席"三好"指示 培养德智体全面发展的一代新人》。省教育部门下通知,要求全省中小学校组织收听。一时间,南北寺中学声名鹊起。

1977年下半年,山东省革委教育局发出《关于办好重点中小学的意见》,确定了邹平县南北寺中学等一批省重点中学。1977年12月13日,惠民地革委发布《关于公布地区重点中小学的通知》(惠革教字〔1977〕第31号),进一步确认邹平南北

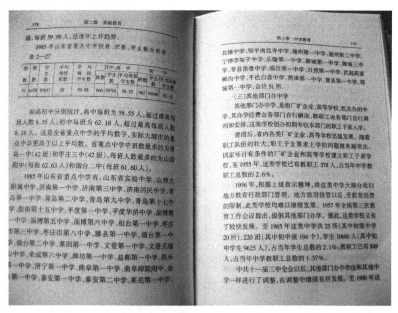

《山东省志·教育志》关于省重点中学的记载

寺中学为省重点学校。1978年春节过后,南北寺中学参加了在潍坊召开的全省重点中小学会议,杨秉海校长进行了题为《自力更生办教育 艰苦奋斗创大业》的典型发言。那时,高中很多,全省近五千所,惠民地区是一百七十余所,邹平县是七十余所。南北寺中学成为省重点中学,可谓百里挑一。到1985年,山东省重点中学共有五十一所,包括南北寺中学在内,惠民地区的省重点中学只有两所。这样,南北寺中学从1970年附设初中班开始,经过了不到八年,在举办高中后不到三年,便迅速崛起为一所省重点中学。南北寺中学成为省重点中学后,改为县管的国办中学。1978年9月,南北寺

中学的杨秉海、杨承玖、杨秉任等三位老师，在全省首批民办教师转正中成为公办教师。一个月后，杨秉海被邹平县委任命为县文教局副局长，兼任南北寺中学校长。

1978 年邹平县革命委员会盖章的录用南北寺中学校长杨秉海为公办教师通知书

五、成功有因

党的十一届三中全会以后，全国工作重心转移，南北寺中学如鱼得水，教育教学质量进一步提高，步入了十年鼎盛时期。1979 年，南北寺中学高中毕业生考入大中专院校九十三人，占全县的 20% 多（当时邹平全县有高中七十二所），南北寺中学以突出的教学成绩再次引起轰动。此后二十多年，大批有志青年涌入南北寺中学，在那里圆了自己的大学梦。

南北寺中学名气大，远近的学生慕名而来。不仅有邹平各乡镇的学生，还有济南、淄博等地的学生。20 世纪 70 年代末，山东省革命委员会教育局副局长崔戎将他的外孙陈雄送到南北寺中学来上学，陈雄一直读到高中毕业。《铁道游击队》的作者、著名作家刘知侠，1977 年前后住在临池，写出了长篇小说《沂蒙飞虎》，有时他在南北寺中学住一阵子，带着儿子刘爱家来南北寺中学读书。

南北寺中学在 20 世纪七八十年代的办学是成功的。其成功的原因，不外乎天时、地利、人和三个方面。"天时"就是全面贯彻党的教育方针，特别是坚持"以学为主，兼学别样"，符合当时政治形势的需要，这也代表了农村和农民群众的利益；还有当时备受重视的报刊广播等媒体对南北寺中学办学成绩进行了及时充分的宣传报道，提高了南北寺中学的知名度。"地利"就是当地群众支持学校发展，给了学校一个相对稳定、安静的环境。20 世纪六七十年代，南北寺中学却能在山沟里安安稳稳地办教育这是很不容易的。南北寺中学占地六十多亩，加上农场、林场，一度占地近百亩，都是南寺、北寺两村无偿提供的，这支持了学校低成本、高速度的扩张。"人和"就是南北寺中学的"创业"集体审时度势，制定了符合本地、本校实际的学校发展战略，紧紧依靠广大师生自力更生，艰苦创业，走向成功。

下篇 不朽丰碑

一、缓慢衰落

南北寺中学占尽天时、地利、人和，在20世纪七八十年代曾经风光无限。但是，学校从20世纪80年代后期开始走下坡路。南北寺中学的衰落，既有内因，也有外因。最直接的内因是自身地理位置偏僻，外因则是那个年代全县城乡差距的不断扩大。

全国高中学校大多位于县城以上城市，而南北寺中学坐落在山村里，离镇政府驻地临池还有三里路，并且还要爬一个山坡。当时一部分教师来自邹平县北部，去南北寺必走西董、好生、临池一带的山路。这条路东拐西拐，上坡下坡，令人望而生畏。在20世纪80年代，人们的主要交通工具是自行车。骑车上坡时，若遇上顶风，便寸步难行，只有下车死命地往上推。因为地处村里，市场不发达，教职工生活不便，买菜主要靠每五天去临池赶大集。教职工的住房问题也比较突出，只要不是本校双职工，不管已婚未婚，长期住两人一间的单身宿舍。1999年，学校建了二十三套教职工住宅，成为南北寺中学历史上教职工最高层次的物质享受。但是当时全校教职工有百余人，这些房子根本不够用。由于地理位置和生活条件的原因，一部分单身汉的婚恋受到影响，有人把南北寺中学戏称为"和尚庙"。

到20世纪80年代后期，学校开始出现教师队伍不稳定的现象。南北寺中学在鼎盛时期的1986年，全校有五十名高中任课教师，到2003年南北寺中学撤并前夕，还坚守在那里（包括在南北寺中学退休）的不超过十人。十七年中，老教师离开了80%以上。教师频繁流动，骨干教师大量流失，就必须有大量高校毕业生补充。一定程度上，南北寺成了一个教师实习基地、青年教师培训基地，也成了一个骨干和熟练教师输出基地。

与教师队伍素质的下降相比，生源质量下滑发生得更早、更加明显。在20世纪80年代初，邹平县第一中学面向全县招生，但是临池公社的学生留给了南北寺中学。后来，县里的招生政策不再执行了。改革开放后，由于城乡差距的迅速扩大，到20世纪80年代后期，很多学生已不愿意到位置偏僻的南北寺中学就读。由于生源质量下降和形势发展的压力，南北寺中学高考成绩从20世纪80年代后期开始出现滑坡现象，虽经全校上下一致努力，但是学生成绩时好时坏，总体上缓慢下降。进入20世纪90年代，南北寺中学被迫放弃市重点、县重点学校的地位，把目标放在与县内一般高中竞争。

二、艰苦支撑

20世纪90年代中后期以来，在极为不利的内外条件下，南北寺人付出了挽救学校的最大努力。

第一，提出了振兴学校的三大战略：教科研兴校、音体美兴校、成功教育兴校。重视艺体专业教育是南北寺中学的一个突出特色。早在1979年，学校就开始办音乐、美术特长班。1982年，学校举办了两期艺体班，学制二年，学生半天学文化，半天学专业，学生结业后，一部分学生升了学，大部分回乡担任了民办教师或成了农村文体活动的骨干。1988年，由于学校艺体教学取得突出成绩，被山东省教育厅授予"教学改革先进集体"荣誉称号。

由于普通生源质量下降，南北寺中学进一步加强了艺体专业教学。1996年，杨承玖校长向滨州地区教育局和邹平县教委打报告，要求在每年招收四个普通班的基础上，扩招一个音乐、美术特长班。后来发展到每年招收两个艺术班。学校实行开放办学，学校与诸多名校建立联系，定期请这些院校的教授来校为学生辅导，这促进了学生专业水平迅速提高，南北寺中学成了通往著名艺术院校的宽广大道。音体美教师充分利用学校依山傍水的地理优势，把活动课安排到野外，让学生到山水之间画素描、吊嗓子、练长跑，收到了良好效果。2000年，滨州地区高中音乐教学现场会在南北寺中学召开。2002年，滨州市高中美术教学研讨现场会又在南北寺中学召开，南北寺中学全面介绍了特色办学的经验，本校五名教师执教了观摩课。发展艺术教育，成为南北寺中学后期的重要支柱。

第二，实施凝聚人心工程。针对教职工思想和心理的现状，南北寺中学采取了一系列凝聚人心的措施：用"艰苦奋斗、知难而进"的"南中精神"凝聚人心，用诚挚的情感凝聚人心，用领导干部的良好形象凝聚人心，用科学民主的管理机制凝聚人心，用经济实惠的举措凝聚人心。

第三，把学校办到每个学生家门口。2001年开始，学校与汽车出租公司合作，开通学生开学和放假免费接送车，专车接送学生往返，试图稳住生源。

尽管如此，颓势已难以扭转。2000年，滨州地区高中教师学历合格率达到79%，邹平县还要更高一些。但是，2002年南北寺中学68名高中专任教师中，本科学历的只有17人，学历合格率只有25%；没有一名高级教师，中级职称的也只有15人，其他全部是初级职称或无职称。这样一支教师队伍，已不能满足群众对高质量高中教育的要求。

进入21世纪，邹平县城镇化速度明显加快，职业教育发展迅速，学习成绩一般的学生初中毕业后，或者进了工厂，或者上了职业学校，南北寺中学的招生数量也难以保证了。2000年，滨州地区普通高中校均规模达到1560人。那几年正是邹平高中大发展的时期，但是到 2003 年 6 月南北寺中学撤并前，在校高中生三个年级只有 814 人，约是三年前全市高中平均规模的一半，办学规模明显偏小。

2003 年高考之后，7 月 21 日邹平县人民政府县长办公会议决定，撤并南北寺中学，并做出了三项安排：第一，南北寺中学现有高一、高二两个年级全部学生（500 余人），自新学年起到邹平县第一中学就读。第二，教职工 110 余人，原则上整体移交邹平一中，小学教职工仍留在临池镇。第三，南北寺中学的土地、校舍等不动产移交给临池镇政府，教学仪器（包括钢琴、实验器材等）整体移交邹平一中。

曾经盛极一时的南北寺中学从地图上消失了。从 1970 年南北寺小学附设初中班到 2003 年南北寺中学撤并，南北寺中学存在了 33 年。若从 1975 年招收高中生算起，南北寺中学存在了 28 年。

三、历史贡献

南北寺中学虽然不存在了，但是在其办学的短暂的三十多年中，创造了辉煌的业绩，为邹平教育发展做出了历史贡献。南北寺中学的历史贡献主要是：

第一，发展学生。南北寺中学培养高中生二十八届，八千人左右；2003 年以前的 52 年间，另有初中、小学毕业生两千人左右，共培养学生万名之多。其中近三千人考入大中专院校，成为国家的优秀人才。1983 年，好生籍学生时华东以优异成绩被选送出国留学，去的是朝鲜萨布里大学，当年全省只有一个留学朝鲜的名额。

第二，成就教师。先后在南北寺中学工作、生活过的教职工有四百人左右。这些人在南北寺中学纯净的校风中得到陶冶，在南北寺中学艰苦的环境中得到锻炼，在南北寺中学奋进的氛围中得到激发，日后成为各个单位的骨干力量。南北寺中学 1987 年以前参加工作的十几名政治教师，后来大多数成了科级以上干部，他们在各自的岗位上都属出类拔萃。南北寺中学重视教师的培养和提高，1986 年派李庆山到北京师范大学参加中学政治骨干教师进修班学习一年，全省只有一个名额。在人员比较紧张的情况下，在 20 世纪 80 年代，学校先后派二十多名教师到省、地教育学院离职进修本科或专科。

第三，建设校园。今天，呈现在我们面前的南北寺中学的校园，是五十多年中师生用自己的汗水和智慧一点一滴地建成的。校舍因势而建，布局合理，经济实用，是一个建筑的杰作。

第四，造福一方。"有教无类"是中国人的千年夙愿。因为南北寺中学的兴起，三十多年以来，临池一带青少年成为幸运的一代。一是较早地普及了初中教育。由于上学不花一分钱，早在 20 世纪 70 年代初，南北寺附近就普及了初中教育。1995 年，邹平成为鲁西北第一个"两基"验收合格县，即"基本上普及了九年义务教育，基本上扫除了青壮年文盲"。南北寺一带普及初中教育比全县早了二十多年。二是最大限度地扩大了高中教育面。1977 年，南北寺中学首届高中生毕业，共 99 人，其中南寺、北寺两村 26 人，相当于中华人民共和国成立三十八年以来两村高中毕业生的总和。由于高中办在家门口，1975 年以来，临池一带青少年大多数读完了高中，很大一部分考上了大中专院校，走出了一条与他们祖辈完全不同的人生道路。

第五，地方增辉。1978 年南北寺中学成为省重点中学，享誉省内外。1979 年，共青团中央授予南北寺中学团总支"新长征突击队"荣誉称号。1982 年，教育部等四部委授予南北寺中学全国开展勤工俭学先进单位，称其是"全面贯彻党的教育方针的模范"，这是南北寺中学的最高荣誉。1983 年，山东省人民政府授予南北寺中学"五讲四美为人师表先进集体"荣誉称号。南北寺中学先后获得上级奖励或授予荣誉五十二项，其中省级以上八项。南北寺中学赢得了邹平教育史上的殊荣，提高了地方教育的知名度和影响力。

共青团中央表彰南北寺中学团总支

第六，塑造精神。南北寺中学的崇高精神至少有两点：其一，南北寺中学的创业者们与他们的师生在一定时期，营造了一块纯净的乐土，达到了那个时代人类精神的较高层次。"五十三个苹果的故事"像个童话，反映了 20 世纪 70 年代南北寺中学路不拾遗、夜不闭户的祥和景象。其二，就是自力更生、艰苦奋斗、无私奉献、永不停息的创业精神。

第七，凝聚经验。南北寺中学为今天我们办教育提供了丰富而宝贵的经验。

四、历史经验

南北寺中学的主要历史经验是：

第一，干事业就要发扬革命的英雄主义精神。任何时代都离不开英雄。南北寺中学的师生在"一穷二白"的基础上，不等不靠，自力更生，艰苦创业，创造出了惊人的业绩，表现了大无畏的革命英雄主义精神。我们略举几例。

一是创业艰难，一肩两担。在 20 世纪 70 年代南北寺中学的创业关键时期，南北寺中学的老师们白天上课，晚上轮流到校办工厂劳动。白天当教师，晚上当工人，饭顾不上吃，觉舍不得睡，大家饿了就烤块地瓜充饥。

二是不计名利，敢为人先。南北寺中学的创业者是以民办教师为主体的。民办教师起初挣工分，后来拿着微薄的工资。1979年，杨秉海、杨承玖、杨秉任等学校主要领导，民转公试用，杨秉海已是县文教局副局长，每月的工资还只有29.5元。他们不计名利，敢为人先，是真正的时代英雄。

三是胸怀国家，奋勇争先。1988年，全县教育界有一个教师援藏任务，南北寺中学很多教职工竞相报名。最后，教物理的吴贯孝老师被省里选中，派遣到西藏日喀则市中学任教一年，为民族团结进步做出了贡献。至今，邹平教育界援助西藏、新疆等少数民族地区的共有4人，吴贯孝是援助少数民族地区第一人。

四是默默无闻，无私奉献。南北寺中学的教职工长期生活在艰苦的环境中，默默无闻，无私奉献。两个音乐老师——刘士奎和赵衍广，是他们的优秀代表。由于历史原因，刘士奎一生坎坷。杨秉海校长发现了他的艺术才能，把他请上山，在南北寺中学办艺术班。他视学生为子女，疼爱他们，春风化雨般地教导他们，为国家培养了一大批艺术人才。他退休后，仍眷恋着南北寺中学，继续对学校发展和艺术教育出谋划策，直到生命的最后一息。继刘士奎之后，赵衍广主持学校的艺术教育工作，这一时期南北寺中学的艺术教育走上了规模发展之路。南北寺中学的学生虽然勤奋好学，但是很多家境贫寒。正是在赵老师等人的关怀和帮助下，学生们才得以完成学业，实现人生的理想。他为学校艺术教育鞠躬尽瘁，积劳成疾，学校撤并后不到一年，他便不幸英年早逝，年仅45岁。

第二，办学校必须有明确的发展战略。南北寺中学办学明确回答了两个战略问题：一是办学为了谁。南北寺中学地处农村山区，他们十分明确，办学就要立足于为山区群众服务，为农村发展服务。他们为农村培养实用专业人才，取得了显著成绩。即使在动乱年代，他们也不随波逐流，更不是浑水摸鱼，而是坚定地贯彻和执行自己的战略。二是办学依靠谁。紧紧依靠广大师生自力更生，艰苦创业，才能走向成功。学校教职工不畏艰难，不等不靠，充分发挥了主观能动性。

第三，搞教育就要全面贯彻党的教育方针。重视对师生开展思想政治工作，是南北寺中学的光荣传统。从20世纪80年代初，南北寺中学就对历届学生进行系统的军训。军训的内容，除了一般的队列训练、内务整理外，还进行实弹射击比赛。1988年李庆山副校长在《青年工作论坛》杂志上发表文章《试论军训在中学生实践教育活动中的可行性》，比较系统地总结了军训在中学生思想教育中的作用。

南北寺中学重视思想政治教育，以提高学生的思想政治素质作为第一任务。学校始终坚持以学为主，在勤工俭学和艺体专业教育方面办出了特色，既提高了学生的科学文化素质，又提高了学生的实践能力和就业技能，因而全面提高了学生素质。所以，南北寺中学促进学生德智体美劳全面发展，是贯彻党的教育方针的模范。

第四，培养和谐干群关系是激发单位内部活力的法宝。南北寺中学历史上先后有五位校长，他们是：杨秉海，1984年以前任职；孙兆俊，1984—1989年在职；杨承玖，1989—1997年在职；朱文业，1997—2000年在职；高光军，2000—2003年在职。在南北寺中学，教职工不论是校长，还是教师、职员、工人，不论公办还是民办，正式工还是临时工，没有尊卑，没有派系，没有亲疏，这是几十年的光荣传统。正是这种和谐的干群关系所迸发出的强大战斗力，才使一所省重点中学在乡村崛起。

第五，注重宣传推介自己。以《光明日报》为代表的报刊广播等媒体，对南北寺办学的业绩进行了及时充分的宣传报道，提高了南北寺中学的知名度，对学校的迅速崛起产生了推动作用。以杨秉任等创作的《大干歌》为代表的一系列宣传报道材料，在校内外产生过广泛影响。

从南北寺中学的显著的历史贡献和丰富的历史经验来看，南北寺中学是邹平教育史上的一座丰碑，标志着邹平教育曾经达到的辉煌，在全县教育史上占有重要地位。

五、光荣传承

南北寺中学已成为历史，因为在走过了旧日的辉煌之后，南北寺中学已不复存在，邹平的普通高中由1983年以来的五所变为2003年以后的四所。南北寺中学又不是历史，在2003年南北寺中学撤并的同时，临池镇政府在学校原址，设立了临池镇南北寺小学，南北寺中学的光荣传统得以继承和发扬。

有人说，当年南北寺中学的教育就是今天倡导的素质教育。由于历史条件的限制，我们无法苛求南北寺中学在十几年、几十年前达到今天理想的标准。但是，南北寺中学的光辉业绩，值得我们为之骄傲；南北寺中学的宝贵经验，值得我们认真借鉴。

基于教育公平理念的高中学困生教育研究 ①

导 论

(一) 问题的提出

本研究将在教育公平的基本理念和政策指导下，以高中学困生发展个案研究为依托，探讨学困生教育的责任、意义、态度、观念及策略等方面的问题。这一问题的提出基于以下考虑：

1. 学困生问题是一个古老、常新而又严峻的教育课题

早在两千五百年前，孔子就提出"有教无类""因材施教"的主张，从一定意义上说，这已经触及了分享受教育权利、促进学生个性发展、预防和转化学困生的问题。古今中外的教育家，尤其是近代实行班级授课制以来，关于学困生教育的研究不胜枚举，中国教育家也多有建树。但是目前中国尚处在社会转型期，基础教育中应试教育的坚冰尚未打破，片面追求升学率的倾向没有得

笔者 2010 年获得西南大学教育硕士学位后
与同学合影

到根本扭转，学困生特别是农村学校学困生大量存在，学困生得不到及时有效的教育转化，甚至受到歧视、压制和排挤的现象仍十分严重，学困生的生存状况和发展前途着实令人担忧。我们面临着教育转化学困生的严峻任务。

2. 高中学困生问题更值得关注

高中阶段又称青年初期，是个体在成熟之前度过的最后一个阶段，学生在高中形

---

① 本文是笔者 2010 年 12 月于西南大学教育管理专业毕业所撰写的硕士学位论文，有删节。原题为《基于教育公平理念的高中后进生教育研究》。论文指导教师为范蔚教授。

成和发展的许多个性特点，将对以后几个人生阶段的发展产生直接影响。[①] 由于高中学生的世界观、人生观、价值观已经初步形成，思维接近成人水平，并且面临着升学和就业的多重选择，高中学困生所面临的内外矛盾更加现实和激烈。所以，有必要对高中学困生现象进行重点研究。笔者从 20 世纪 80 年代中期开始从事高中教育工作，至今二十余年，积累了关于高中学困生现象的一些感性认识或经验，便于开展此课题的研究。

3. 新课程改革强调促进全体学生的全面发展、个性发展

《国务院关于基础教育改革与发展的决定》指出，实施素质教育必须全面贯彻党的教育方针，端正教育思想，转变教育观念，面向全体学生，加强学生思想品德教育，重视培养学生的创新精神和实践能力，为学生全面发展和终身发展奠定基础。《基础教育课程改革纲要（试行）》强调，教师应尊重学生的人格，关注个体差异，满足不同学生的学习需要，创设能引导学生主动参与的教育环境，激发学生的学习积极性，培养学生掌握和运用知识的态度和能力，使每个学生都能得到充分的发展。只有重视并努力做好学困生教育工作，才能实现全体学生的全面发展、个性发展。面向全体学生，促进学生全面发展、个性发展的教育改革和课程改革理念，对于解决学困生问题有很强的针对性。

4. 促进教育公平对搞好学困生教育具有重大意义

学习和实践科学发展观，就要坚持以人为本。学校办学要以学生为本，一切为了学生，也要为了学生的一切，为了一切学生。公平正义是建设社会主义和谐社会的基本要求之一，而教育公平是社会公平的重要基础。教育是国家兴亡的基础，国民综合素质的提高要求提高所有人而不是少数人的受教育水平，要求将教育公平作为教育事业发展的基本原则。[②] 促进教育公平，就要为每个学生提供适合的教育，包括搞好学困生教育。

5. 在教育教学实践中总结反思

事物发展是有规律的，但是只有对事物发展的较长过程有一个比较全面的把握，才能准确、深刻地揭示事物发展的规律性，才能克服短视和偏见。从受教育者个体而言，教育的最终目的是使受教育者获得终身幸福。教师不仅要关注学生的在校表现，施以及时有效的教育；学生毕业以后，也要继续关注他们的发展，并给予力所能及的指点和帮助。笔者在 1986—1989 年任教山东省邹平县南北寺中学 1989 届 2 班政治课三年，并任该班高二、高三年级班主任。该班学生尤其是班里的几名学困生，给刚参加工作不

---

① 林崇德. 发展心理学 [M]. 北京：人民教育出版社，1995：394.

② 改革开放以来的教育发展历史性成就和基本经验研究课题组. 改革开放 30 年中国教育重大理论成果 [M]. 北京：教育科学出版社，2008：273.

久的我提出了富有挑战性的实践课题，促使我不断学习和改进工作。而今他们毕业已逾二十年，他们生活和发展得怎么样了？当年那几名学困生今天是否还是社会的后进成员？笔者想利用写学位论文的机会，全面调查他们生活和发展的基本情况，重点对该班"学困生"进行个案研究，试图找到些规律性的东西，并倾注一个教师对学生终身幸福的关切。作为任课教师和班主任，笔者在对学困生的教育中也有过简单粗暴的做法。笔者想就此进行检讨和反思，在不惑之年，进一步唤起自己的教育良知，公平对待每一个学生，更加准确地把握对学困生关怀爱护与严格要求之间的分寸。

总而言之，一方面，目前我国基础教育中学困生仍然大量存在，学困生问题十分严重；另一方面，国家教育公平的基本政策和促进全体学生全面发展的新课程理念对解决学困生问题有很强的指导意义。但是，教育公平的政策和促进全体学生全面发展的理念尚未深入人心，尚未成为大多数中小学教师的自觉行动。本研究试图以中小学基层教育工作者容易接受的方式，对教育公平和学困生教育的价值进行理论思考和实践证明。

（二）相关研究综述

1. 关于学困生教育

中外关于学困生教育的研究很多，也富有成果。孔子这样分析自己的弟子："柴也愚"（高柴愚笨），"参也鲁"（曾参迟钝），"师也辟"（颛孙师偏激），"由也喭"（仲由鲁莽）[①]。这是中国教育经典中对学生后进现象的最早记载。对此，孔子因材施教，使学生各尽所能，都有进步，都能成才。

在学困生的成因上，多数学者认为，学困生的产生有家庭、社会环境、学校教育等多方面复杂的内外原因。由于现代教师角色的多元化演进，可能引发教师的角色期待与角色扮演的矛盾，目前中国中小学校中教师在保证"尖子"学生升学的同时，可能有意无意地减少了对其他学生的关注。有学者尖锐地指出，不当教育特别是不公平教育会加剧学困生现象。

在学困生教育的内容和方法上，教育家马卡连柯在收容和改造违法青少年的特殊教育机构里，创造和总结出了集体教育、纪律教育、劳动教育的丰富经验，这对于今天我们做好学困生转化工作，仍有很大的现实意义。苏霍姆林斯基全面关注学困生的学习、思想和生活，坚持对学困生进行长期的教育帮助，他的专著中《一个"差生"的"思维的觉醒"》中，记述了十几年中他对一个"差生"的教育与该生的发展历程，展

[①] 见《论语·先进第十一》。

现了教师的责任心、教育智慧及学困生转化的生动图景。[①]魏书生引导犯小错误的学生自觉写"心理活动说明书"[②],起到了提高学生认识、防微杜渐的作用,提高学生自我教育的能力,从而预防学困生的真正形成,这是一种防患于未然的教育艺术。人格教育是全面发展教育的重要组成部分,加强人格教育,把人格教育作为素质教育的重要组成部分,有利于体现素质教育的主旨,即面向全体受教育者,确保每个学生的健康发展;有利于落实教育中的人文关怀,关注每个学生的完满和谐发展,保证每个学生不仅是知识才能的拥有者,而且是精神富有、心理健康、生活幸福的人;有利于推动国民素质的提高和国民人格的提升。[③]还有学者指出,爱是教育的前提,教育不能没有爱,并且要有爱的艺术,强调:因为学生是人,所以要尊重学生;因为学生是未成熟的人,所以要理解学生;因为学生是发展中的人,所以要信任学生;因为犯错是有意义的学习所必不可少的,并且儿童对自己的过错不应负全部责任,所以要宽容学生。[④]

2. 关于教育目的与评价标准

在教育目的和价值追求上,有学者认为,幸福是人的最终极的价值,教育对促进人的幸福的实现有多重意义。[⑤]民主是近代以来重要的价值追求,我国有学者指出,教育民主化就是落实个体的受教育权、教育机会的均等和教育形式面向社会和生活的多样化,让学校民主成为社会民主的实验场所,让教育民主成为社会民主的前奏,让民主教育成为民主人民诞生的摇篮。[⑥]

在学生发展的评价标准和方法上,《国家中长期教育改革和发展规划纲要(2010—2020年)》指出:"坚持以人为本、全面实施素质教育是教育改革发展的战略主题,是贯彻党的教育方针的时代要求,其核心是解决好培养什么人、怎样培养人的重大问题,重点是面向全体学生、促进学生全面发展,着力提高学生服务国家服务人民的社会责任感、勇于探索的创新精神和善于解决问题的实践能力。"[⑦]近年,加德纳的多元智能理论,在我国中小学生发展评价中也日益受到重视。

3. 关于教育公平理念

柏拉图最早提出教育公平。中国共产党第十七次全国代表大会报告指出:"教育公

① 苏霍姆林斯基著,杜殿坤编译.给教师的建议[M].北京:教育科学出版社,1984:330—338.

② 魏书生.班主任工作漫谈[M].桂林:漓江出版社,2002:144—146,161—168.

③ 范蔚.我国人格心理学的发展与人格教育实践[J].教育理论与实践,2003(3):59—62.

④ 崔学鸿.教育的秘诀是让学生感受到爱[J].中国教育学刊,2010(1):39—41.

⑤ 孟建伟.教育与幸福[J].教育研究,2010(2):28—33.

⑥ 王占魁.教育的民主实践何以可能[J].教育理论与实践,2009(8):16—19.

⑦ 国家中长期教育改革和发展规划纲要(2010—2020年)[N].中国教育报.2010—07—30.

平是社会公平的重要基础。"①《国家中长期教育改革和发展规划纲要（2010 — 2020年）》提出，应把促进公平作为国家基本教育政策。有学者提出，教育公平有三个层次：一是确保人人有受教育的权利和义务（起点公平），二是提供相对平等的受教育的机会和条件（过程公平），三是教育成功机会和教育效果的相对均等（结果公平）。要破解教育公平，需要关注均等的权利、合理的程序和结果的相当三个要素。促进教育公平首先要关注教育利益相关者有均等的参与分配的权利，以及公开、公正的分配程序，而不要仅仅在"结果的相当"上拆东补西、厚此薄彼。②坚持教育公平，就要反对教育歧视。有学者列举了教育歧视的种种表现，其中对学生的歧视主要有：对有身体、生理和心理等缺陷的学生的歧视，对成绩不好、学习不用功、思想品德不好的学生即差生的歧视，对家庭背景不好的学生的歧视等。受歧视的学生在分班、排座位、课堂提问、在黑板上演示、批改作业、鼓励表扬、当班干部等学校生活中受到一系列不公正的待遇。应试教育模式是产生教育歧视的重要原因之一。③

4. 关于与本研究相关的研究方法的运用

北京大学陈向明十四年前发表的《王小刚为什么不上学了——一位辍学生的个案调查》一文，其中运用的"定性研究方法"对本研究有很大启发和帮助。不过，她在后来的写作中改用了"质的研究"这个名称④。她认为，质的研究是以研究者本人为研究工具、在自然情境下采用多种资料收集方法对社会现象进行整体性探究、使用归纳法分析资料和形成结论、通过与研究对象互动对其行为和意义建构获得解释性理解的一种活动。

彭虹斌在"农村校长的'官僚'角色及其负面效应"研究中，运用了民族志的研究方法。民族志的研究方法是对人以及人的文化进行详细、动态、情境化描绘的一种方法，探究的是特定文化中人们的生活方式、价值观念和行为模式。⑤

综上所述，现有关于学困生教育与教育公平问题的研究，涉及的角度已比较全面，但仍存在明显的不足，主要有以下四个方面：一是对教育公平的研究，主要涉及城乡、区域、收入等因素对教育公平的影响，对学生个体之间特别是学困生与优秀生之间教育公平的研究还不够明确和深刻；二是基于教育公平的理念，分析学困生的成因、强化学困生教育的责任、全面认识学困生教育的意义、端正对学困生的观念与态

---

① 胡锦涛. 高举中国特色社会主义伟大旗帜　为夺取全面建设小康社会新胜利而奋斗 [M]. 北京：人民出版社,2007：37.

② 崔允漷. 我们可否用"三人分米"的思维来思考教育公平 [J]. 基础教育课程，2010（5）：76.

③ 冯跃. 教育歧视之文化谈 [J]. 教育科学研究，2010（3）：16 — 20.

④ 陈向明. 教师如何做质的研究 [M]. 北京：教育科学出版社,2001：18.

⑤ 彭虹斌. 农村校长的"官僚"角色及其负面效应——基于湖北 H 市 A 镇的民族志研究 [J]. 中小学学校管理，2010（2）：24 — 26.

度等，尚缺乏较强的系统整合，并且没有进行充分而深刻的哲学思考；三是专门针对高中学困生的研究还比较少，并且已有研究多是从学困生学业进步角度展开的，从学困生思想品德转变方面进行的研究相对较少；四是已有研究多集中在理论探讨、论证层面，对学困生个案进行全程（包括在校表现与学生毕业后的发展）跟踪研究的例证稀少。因而，已有研究成果的现实性、深刻性、生动性和启发性不够，本研究试图在这些方面有所突破。

（三）研究思路方法及价值

1. 研究思路

在马克思主义哲学指导下，分析学困生现象的客观存在及其成因，指明不公平的教育本身是产生学困生的土壤，做好学困生工作是教育不可推卸的责任。从维护社会公平，实现受教育者人生幸福，建设社会主义和谐社会和人力资源强国等价值追求的角度看，都应认真贯彻教育公平的基本理念和政策，担负起教育学困生的伟大而艰巨的使命。

笔者根据保存的南北寺中学 1989 届 2 班班级管理的有关档案资料，并参考师生的一般看法，从该班学生中抽样选取四名当时思想品德表现和学业成绩都较差的学困生，进行个案追踪研究。以人的全面发展理论、多元智能理论等为指导，对他们进行问卷调查和访谈，回顾当年以班主任为主导对他们进行的班级教育的主要事件，描述他们从高中到现在二十多年的发展原因、过程和水平，记录他们的人生幸福感，并将他们与全班学生的发展状况进行对比，用学困生不断适应社会生活、取得发展进步的事实，说明今天的学困生并不意味着就是未来社会的后进者，学校教育中对学困生的漠视、歧视、压制与排挤行为是非理性、不公平、不人道的，学校和教师应更新观念，增强信心，努力提高学困生教育工作的艺术性。

2. 研究方法

（1）调查法。向全班学生发放问卷，并对个案学困生进行详细访谈。[①]

（2）文献法。一是查阅图书馆和互联网相关资料。二是利用笔者保存的 1989 届 2 班班级日志、学生成绩表等班级管理档案及师生书信、教师日记等资料，采用作品分析法，分析学困生教育和发展的有关情况。

（3）个案研究方法。运用目的抽样方法，选取学困生典型个案，尝试运用质的研究方法，详细、准确地记录个案学困生的发展历程、水平和自身感受，对他们进行生活幸福指数测量，为研究准备丰富生动的个案资料。

---

① 本文原附有调查问卷和访谈提纲，限于篇幅原因，编入本书时从略。

（4）比较法。比较个案学困生与1989届2班学生群体的高中表现和毕业后二十年的发展情况，说明学生后进现象的暂时性和个体在不同阶段上发展的不平衡性，批评某些学校评价学生发展标准的片面性。

3. 研究价值和特点

（1）本研究力图为理性、公平地对待学困生提供一份鲜活的材料，包括系统简明的理论论证和生动活泼的个案叙述，为呼唤教育公平，推进素质教育增添一个声音。这一主张，契合了学习实践科学发展观、建设社会主义和谐社会和人力资源强国的时代要求。

（2）在本研究中，研究者本人是被研究事件中的一个重要当事人，是研究对象的重要伙伴，而不是一个旁观者。所研究的四名学困生发展过程跨度达二十余年，在教育研究方面时间跨度较大的个案跟踪研究实例尚不多见。本研究倡导中小学教师养成保存和利用学生教育资料等职业习惯。

（四）概念界定

1. 学困生

学困生是指学校中在德、智、体、美、劳等方面发展上暂时未能达到一般教育标准的学生。主要包括三类学生：第一，思想品德水平低，经常违反学校和班级纪律，甚至有一定社会危害性的学生；第二，学习能力低，学业成绩差，部分或多数学科达不到及格水平，难以顺利毕业的学生；第三，前两方面兼而有之的学生，即"双差生"。与学困生含义相近的概念有：问题生、困难生、落后生、边缘生等，还有教育者从转化学困生希望的角度，委婉地称其为"待优生"。高中学困生是指在高中阶段，思想品德发展、学业进步方面存在困难或两方面均存在困难的学生。本研究中抽样为个案的学困生，均是高中阶段的"双差生"。

2. 学困生发展

本研究中的学困生发展是指学困生的形成、在校行为表现与生存状况及对其进行教育转化的全过程；本研究中对个案学困生发展的描述，不仅包括学困生在校期间的生存和发展过程，还包括学困生毕业后的社会生存和发展过程。

3. 学困生教育

本研究中的学困生教育是指学校、家庭和社会等方面为防止和消除学困生现象进行的全部教育活动和过程，既包括学困生转化，也包括学困生的预防，或者说既包括将学困生转化为一般学生的教育，使学困生有所进步，各得其所，也包括防止一般学生成为学困生的教育。本研究中的学困生教育以学校教育，特别是班主任为主导的班级教育为主要内容。

4. 教育公平

教育公平是指每个社会成员在享受公共教育资源时受到公正和平等的对待。教育公平包括教育机会公平、教育过程和质量公平、教育结果公平等环节和方面。"教育公平的关键是机会公平，基本要求是保障公民依法享有受教育的权利，重点是促进义务教育均衡发展和扶持困难群体，根本措施是合理配置教育资源，向农村地区、边远贫困地区和民族地区倾斜，加快缩小教育差距。"[①]本研究涉及的教育公平问题，侧重于学校中学生个体之间受教育过程、质量等方面的公平，尤其是学校和教师对每个学生的公平态度。本研究强调的这个侧面，与《国家中长期教育改革和发展规划纲要(2010 — 2020 年)》中论及"把育人为本作为教育工作的根本要求"时强调的"关心每个学生，促进每个学生主动地、生动活泼地发展，尊重教育规律和学生身心发展规律，为每个学生提供适合的教育"[②]，有相通之义。

一、学困生现象的客观性与教育的责任

(一) 学困生现象的客观性

1. 学困生现象的绝对性

马克思主义哲学告诉我们，世界上的事物是千差万别的，事物的矛盾各有其特殊性，事物的发展具有不平衡性。人类群体亦是如此。毛泽东指出："任何有群众的地方，大致都有比较积极的、中间状态的和比较落后的三部分人。"[③]在一定意义上，一个社会群体中后进现象的存在具有绝对性。解决群体中的后进问题，变后进为先进，先进更先进，是一个永恒的课题。

影响每个学生发展的主客观因素是多种多样、千差万别的，这就必然导致学生个体在身心发展的各个方面呈现出不平衡性。所以，学困生的存在与优秀生的存在一样，都是教育生态中的常态。"差生的存在是个永远回避不了的事实。"[④]任何时代、任何社会、任何层次的教育中都不可避免地存在学困生现象。一定意义上，学困生现象的存在具有绝对性。因此，教育不仅要完成"得天下英才而教育之"的锦上添花的使命，也要承担引导每一个学困生成人的雪中送炭的责任。这要求我们，既不必对学

---

① 国家中长期教育改革和发展规划纲要（2010—2020 年）［N］.中国教育报.2010 — 07 — 30.

② 着重号为笔者所加。

③ 毛泽东选集（第三卷）［M］.北京：人民出版社，1991：898.

④ 王德清. 学校管理学［M］. 成都：四川大学出版社，2005：243.

困生的存在大惊小怪、惊惶失措，又要充分认识学困生教育工作的长期性和艰巨性，做好必要的思想准备。

2. 学困生现象的相对性

学困生现象的存在又具有相对性。首先，学困生与优秀生的差距往往是有限的，有时甚至是人为地夸大了他们的差距，特别是为了分配有限的教育资源，不得不对学生进行选拔，用一定指标把学生分成三六九等。其次，事物是不断变化发展的，矛盾双方在一定条件下可以相互转化，学困生并不是绝对不变的，如果我们把握了学困生发生、演变的规律性，采取及时有效的措施，就可以预防、减轻和转化学困生现象。古今中外的教育家，对此有过许多深入细致的研究和生动活泼的实践。孔子因材施教，马卡连柯运用集体的力量教育改造违法青少年，苏霍姆林斯基"把整个心灵献给孩子"，对学困生进行长期教育和追踪研究，都是成功的先例。学困生现象的相对性要求我们，不要歧视学困生，要对学困生充满信任和信心，持之以恒地做好学困生工作。

可见，学困生现象具有客观性，对此我们既不能夸大，也不能缩小。学困生教育工作的前途是光明的，道路是曲折的。我们要充分认识学困生教育工作的长期性和永恒性，把学困生教育作为教育工作的重要组成部分，平心静气地对待学困生及其日常表现，满怀热情和希望地教育和转化学困生，促使其获得应有的发展进步，从而提高教育工作的整体效能。总之，学困生现象的存在是绝对性与相对性的统一，学困生教育工作是前进性和曲折性的统一。

（二）学困生的成因与教育的责任

学困生的形成有复杂的内外原因。一般认为，儿童幼年或少年时期家庭教育的缺失或不当是导致其成为学困生的首要原因。另外，近几十年我国社会迅速发展变化，社会环境尤其是文化环境复杂多样，也会对学生身心发展产生显著而复杂的影响，部分学生"读书无用"的思想抬头，享乐主义、极端个人主义等不良意识膨胀，逐步成为学困生。因此，学困生是主客观因素综合起作用的产物。

需要重视的是，学校教育本身也可能成为造成和加剧学困生现象的原因。现代教师角色的多元化（教育者、学习者、研究者、管理者、社会活动者等）发现，可能引发教师的角色期待与角色扮演的矛盾。社会和家长期望教师对每个学生的成长发展负责，但现实中教师的时间和精力是有限的，不少中小学教师在保证尖子学生升学的同时，可能已没有多少时间、精力和耐心去关注其他学生的成长进步，而这些学生恰恰是更需要帮助的人，久而久之这些被"边缘化"的无助的学生便会成为学困生。[①] 还

---

① 范蔚. 教师多元角色的矛盾冲突与现实转换［J］. 宁波大学学报，2004（1）：7—10.

有一种"标签理论"尖锐地指出，学校教育失误是学困生形成的直接原因。学校教育失误集中表现为教育过程机会的不均等分配，诸如对学生分班教学的"等级分化"、座位安排的"隐性歧视"、课堂互动的"边缘效应"以及班级对"学困生"印象的集体意识不良等。学校的管理、教师的行为、班级的互动中透视的"不平等"关系，给部分学生贴上了"后进"的标签，在教师期望和班级互动的一再影响和强化下，"学困生"产生了。① 对于片面追求升学率的应试教育的众多批判，无一不把学困生的痛苦生存状态指向迷失了方向的、过分功利的、不公平的教育本身。目前我国基础教育中仍有片面追求升学率的倾向，在一些学校和班级里，考试科目、学习有望、甚至拔尖的学生才可能成为"培养对象"，学习成绩一般的学生便被冷落，学困生成为学校和班级的"累赘"，他们若再有点违反纪律的行为，便会被学校和教师视为"眼中钉、肉中刺"，往往会被歧视、压制。这些做法伤害了学困生的心灵，阻碍了学困生的正常进步，加重了后进现象。

本研究调查问卷的卷一后半部分调查山东省邹平县南北寺中学 1989 届 2 班学生对当年读高中时和目前基础教育公平问题的态度。调查结果显示：第十二题，认为当年读高中时，学校、班主任和任课教师在教育机会、教育过程、教育方法等方面，对他（她）有许多不公平（B 选项）的占 5.7%；第十三题，认为自己孩子的学校、班主任和任课教师在教育机会、教育过程、教育方法等方面，对孩子有许多不公平（B 选项）的占 5.7%；第十四题，认为对优秀生和学困生一视同仁的教师几乎没有（A 选项）的占 5.7%，认为是少数（B 选项）的占 28.3%，两项合计达 34%；第十五题，认为学困生形成的主要原因（多项选择）包括"教师对学生不能一视同仁"（E 选项）的占 20.8%，超过"学校办学条件差"（D 选项，占 18.9%）。还应考虑到，在这样一个二十年后师生聚会的"喜庆"场合，对这种揭露教育阴暗面的话题，这些老学生会"手下留情"，问题的真实情况可能比调查反映出来的程度更严重。调查结果表明，目前基础教育中教育不公平现象比较普遍。

学困生不是天生的，不当和不公平教育本身是造成和加剧学困生现象的直接原因之一。因此，对学困生的教育和关怀不是学校和教师的额外劳动和恩赐，而是教育义不容辞、不可推卸的责任。

---

① 陈良.学校教育失误：学困生的成因分析——一种标签理论的视角 [J].现代教育论丛，2009（1）：43.

二、基于教育公平理念的学困生教育的意义

　　教育应该肩负起学困生预防与转化工作的重任，但是，在当代中国基础教育特别是普通高中教育中，学困生教育工作的效果不佳，究其原因，首当其冲的是片面追求升学率的应试教育管理机制与环境。要打破这种令人窒息的局面，首要的是大力弘扬教育公平的价值，在教育公平的基本理念和政策指导下，充分认识学困生教育的意义，增强做好学困生教育工作的使命感和紧迫感。

（一）教育公平的理念和政策

　　实现社会公平是人类的美好理想之一。今天，我们构建社会主义和谐社会，实现人与人之间和谐相处，必须切实维护社会公平正义，保障人民各方面的合法权益。教育涉及所有人，接受教育是每个人获得发展的基本前提。教育涉及人民群众的切身利益和社会发展的各个方面，是全体社会成员最为关注的一项社会事业。缩小不同群体发展差距，阻断家庭贫困的代际传递，实现人的自由全面发展，首先依靠的就是人人受教育的机会。可见，教育公平是人发展起点的公平，是社会公平的重要组成部分，是社会公平的重要基础，是最基本最重要的公平，是实现社会公平"最伟大的工具"。基于此，我国"把促进公平作为国家基本教育政策"。

　　教育公平包括教育机会公平、教育过程和质量公平、教育结果公平等环节和方面。教育公平的关键是机会公平，基本要求是保障公民依法享有受教育的权利，重点是促进义务教育均衡发展和扶持困难群体，根本措施是合理配置教育资源，向农村地区、边远贫困地区和民族地区倾斜，加快缩小教育差距。学校贯彻教育公平政策，就要使每个学生在享受公共教育资源时受到公正和平等的对待。学校中学生个体之间受教育过程、质量等方面的公平，尤其是学校和教师对每个学生的公平态度，是教育公平的应有之义。学校和教师要关心每个学生，促进每个学生主动地、生动活泼地发展，为每个学生提供适合的教育。

　　促进教育公平，反对教育歧视得到了国际社会的广泛认可。1960 年联合国教科文组织推出《反对教育歧视公约》，申明人人都有受教育的权利，禁止任何形式的教育歧视，促进人人在教育上的机会平等和待遇平等，并提出了多元文化整合等防止教育歧视的策略。

（二）学困生教育的微观意义

亚里士多德把幸福看作是生活的终极目的。一个公民只有受到了良好的教育，才能具有追求和实现人生幸福的基本能力和必要条件，因为教育为人的物质生活的幸福奠定基础，为人的精神生活的幸福打开广阔空间，同时教育的过程本身就是体验幸福的过程，并使人在体验幸福的过程中领悟幸福的真谛。教育促进受教育者的人生幸福，相反，"在教育权益、知识、能力、尊重、关心、认可、机会、资源、条件、引导、指导等方面，如果教育不公正或者不正义、教育不平等、不合价值，那将对一个人的生活目的的选择、生活前景的期望、实现幸福的能力造成严重损害。"①

现代社会中每一个成员都应享有广泛的人权。尊重和保障人权，是国际社会的共识，也是中国的庄严承诺。以德洛尔为主席的国际21世纪教育委员会的报告《教育——财富蕴藏其中》指出，"教育是人的一项基本权利，具有普遍的人文价值"，要"将制定整个教育政策的公正、有针对性和精益求精的三个目标协调地结合起来"。可见，促进教育公平是保障人权的必要手段和重要组成部分。

如前所述，学困生往往是受教育权未得到充分保障或被不当教育所侵害的群体。正是由于他们得不到公平、适合的教育，他们本应享有的其他方面的人权也可能被侵害，他们的人格尊严被损害，他们的发展机遇被贻误或被剥夺，他们的发展潜能被忽视或被压抑，他们的人生幸福可能就此化为泡影。因此，贯彻教育公平理念，保障每个公民接受教育的公平权利，对于作为生活、幸福和人权主体的每一个学困生来说，具有十分现实而直接的意义。

（三）学困生教育的宏观意义

学校办学要以学生为本，就要做到一切为了学生，为了学生的一切，为了一切学生。坚持以人为本、全面实施素质教育是教育改革发展的战略主题，是贯彻党的教育方针的时代要求。坚持以人为本，在教育工作中的最集中体现就是育人为本、德育为先。学校不仅要将优秀学生培养成国家的栋梁之才，也要加强对学困生的教育，引导学困生发展为合格公民和有用之才。

我们正致力于建设社会主义和谐社会，民主法治、公平正义是社会主义和谐社会的总要求的重要内容。贯彻教育公平，促进教育民主化，促进社会公平正义，也是建设社会主义和谐社会的客观要求。

百年大计，教育为本。教育是民族振兴、社会进步的基石，是提高国民素质、促进人的全面发展的根本途径。强国必强教，强国先强教。人力资源是我国经济社会发

① 金生鈜.教育如何促进人的幸福[J].华东师范大学学报，2009（3）：12－19.

展的第一资源，教育是开发人力资源的主要途径。学困生的大量存在，将对教育的整体质量，对国家人力资源的整体质量造成全局性、长期性、根本性的负面影响。因此，要关心每个学生，促进每个学生主动地、生动活泼地发展，为每个学生提供适合的教育。中国把促进公平作为国家基本教育政策，对于促进国家从教育大国向教育强国、从人力资源大国向人力资源强国转变，实现中华民族伟大复兴和人类文明进步，具有重大而深远的战略意义。

总之，贯彻教育公平的基本理念和政策，做好学困生教育工作，保障每个人享受公平的教育权利，无论从保障基本人权、实现个体人生幸福的微观角度，还是从贯彻落实以人为本的科学发展观、建设社会主义和谐社会和人力资源强国、实现中华民族伟大复兴的宏观角度来看，都是必然选择。因此，做好学困生教育工作不是无足轻重的，而是教育应该担负的伟大而艰巨的使命。

三、高中学困生发展个案追踪调查及其启示

在现实教育生态中，学困生到底是怎样形成的？学校教育特别是班主任工作与学困生发展有什么关系？学困生们离开学校进入社会后，是否仍然属于后进群体？学困生转化的时机或条件是什么？笔者试图从高中学困生发展个案追踪研究中得到更直观、具体和深刻的答案。基于这种目的，笔者在山东省邹平县南北寺中学 1989 届 2 班学生高中毕业二十年后，对他们的发展状况进行了问卷调查，并对该班四名学困生进行了个案研究。

（一）调查实施过程

1. 调查准备

首先是编制调查问卷和访谈提纲。调查问卷是针对全班学生的，包括引导语及卷一、卷二。卷一为"个人发展基本情况及对教育公平的态度"，题目分为两部分：前半部分根据马克思主义关于人的价值和全面发展的理论，试图用受教育程度、职业、经济收入、政治面貌、社会贡献等方面的指标反映被试个人发展状况和水平；后半部分征询被试对自己感触到的基础教育公平状况的判断。卷二为"总体幸福感量表（GWB）"，运用美国国立卫生统计中心制订、国内段建华修订的总体幸福感量表，测量被试的主观幸福感。访谈提纲是针对个案学困生的，明确了个案抽样方法为目的性抽样，并设计了反映学困生高中及毕业后发展状况、原因及其主观认识和感受的若干访谈话题。

其次为编制同学通讯录和制订同学座谈会组织方案。笔者根据本人保存的《南北寺中学1986级2班（文科）师生通讯地址简表》（1988年6月编制，时值本班高二学年结束），通过多方联系，编制出了《南北寺中学1989届2班同学通讯录》，并制订了同学座谈会组织方案。

笔者2010年对21年前毕业班级学生追踪调查时合影（于邹平城区）

2. 组织全班同学座谈会和问卷调查

笔者在该班学生帮助下，将1989届2班学生按现在工作或居住地分成两部分，于2010年5月16日和23日，利用两个星期六，分别在笔者现在的工作单位山东省邹平一中（位于县城）和本县好生镇驻地组织同学座谈会。在1987年8月（此时进入高二年级组成文科班）至1989年4月（高

笔者2010年对21年前毕业班级学生追踪调查时合影（于邹平好生镇）

考预选）间，先后有56名学生在该班学习和生活过，而今一人死亡，其余设法取得联系，共到会52人①。笔者对到会人员进行了问卷调查，后又通过电子邮件方式，收

----

① 含自愿参加座谈会的本校同级外班学生六人，因外班学生与该班学生基本同质，且调查问卷无记名，统计调查结果时未排除。

到未到会的两名学生的答卷。共收到答卷五十四份，其中有效答卷五十三份，据此笔者进行了统计分析。

3. 学困生个案访谈

经预约，笔者于 2010 年 5 月 29 日、6 月 9 日、6 月 15 日和 6 月 27 日，分别与曾经的学困生洪大业、庄恒、明飞（化名，下同）、孙振北等四人进行访谈。为了保证访谈对象谈话的情境性和真实性，并观察访谈对象工作、生活的情况，对前三位的访谈是在其工作单位或家庭进行的，但是孙振北坚持"到老师这儿来"，对他的访谈是在笔者的办公室进行的。为了不影响全班调查问卷信息的可靠性，学困生个案访谈是在全班问卷调查之后进行的，但是在访谈时，笔者让其在全班同学的无记名答卷中对自己的答卷进行了指认。访谈过程中，向访谈对象展示了笔者保存的学困生本人高中期间及毕业后的思想说明、与班主任（即笔者）来往书信等资料，以唤起回忆。征得对方同意后，笔者用录音笔进行了录音。访谈结束后，笔者及时整理了访谈信息。

（二）高中学困生发展个案描述

1. 学困生洪大业发展描述

洪大业，男生，文化学习成绩较差。他在 1988 年 1 月高二年级上学期期末考试中六门主要功课中五门不及格，受到学校警告，回家反省。返校后，他于 1988 年 3 月 4 日向班主任老师（即笔者，为了叙述方便，以下个案描述中多数场合用第一人称"我"）递交了说明书，主要内容[1]如下：

我这次考试考得很糟糕，心里非常难受，在家父亲也严肃地批评了我。考得不好原因很多，归结起来有两点：一是平常光贪玩，不能把精力全部用在学习上；二是学习方法不当。考试时手忙脚乱，才知道该学的知识都没有学。思前想后，我才意识到好好学习的重要性。我在学校里背着老师和家长干了一些不该干的事情。关于这件事[2]，我已是后悔莫及。我那样做并没有什么坏想法，只想促进学习，可事情却相反，害得自己这次考得很糟糕，让别人也耽误了学习。我承认我违反了学校的纪律，我要从这件事中吸取深刻的教训，绝不能执迷不悟。返校后，我真想向您说明这件事，但是我实在没有勇气。老师，请您原谅我，给我一个改过自新、重新做人的机会吧。

老师，我有理想、有追求。为了不辜负老师和家长的期望，为了实现我的理想，我需要获得知识，所以我决心继续学下去。平时注意向学习好的同学学习，吸取他们的

---

[1] 本文引用该班师生书信、日记和班级日志等资料原文时，语义重复或与本研究无密切关系的地方有删节。

[2] 指强认本班女生林杏为干妹妹。

长处，同时尽量为班里做些力所能及的工作。不过，以后还望老师多批评教育，争取早日把我培养为一个对四化有用的"四有"人才。低劣的成绩只能说明我的过去，并不能说明我的现在和未来。过去的就让它永远过去。我将尽我最大的努力去学习。我将向着奋斗目标勇敢前进，在人生的道路上留下闪光的脚印。假如我能继续在校学习，请相信一个坚强起来的忏悔者的诚恳的诺言。

　　1988年6月20晚，本班同学章强在宿舍打了洪大业。起因是林杏认为章强拿走了自己的照片，洪大业为林杏向章强讨要，章强说没拿，洪大业便找同学威胁章强。章强为了出气，便打了洪大业。一位同学写匿名信向我反映此事，对洪大业颇为不满："在男生中可以随便打听，洪大业是一个'大吹大拉'的人。在男生中，碰到软的就欺侮，碰到硬的，就软绵绵。在女生面前，他想逞逞能，树威望。先前，他住在714宿舍（南楼一层），有田金泽、明飞[①]为其撑腰，确实精神了一阵子。现在明飞走了，田金泽不理他了，他也就萎靡不振了。在男生中活动不开了，又因调了位，他便在女生中活动开了。他跟同桌的女生，不是讨论问题，而是满口胡说，一刻不停，似乎有说不完的话。他跟后面的林杏更是要好，居然拜了干兄妹，这是什么事！"

　　洪大业虽然多次违反学校和班级纪律，但是也为集体做出过重要贡献。他是运动员，曾以勇于拼搏的精神和突出的成绩为班级赢得了荣誉。洪大业比较积极主动地与老师沟通交流。1988年8月9日，暑假中他跑几十里路到我家，与我谈心，把自己在学校运动会上获得的男子400米第一名奖品——塑封笔记本送给我作礼物，并题词："我不是老师的得意弟子，但我为有这样的老师而骄傲。"1989年4月初，学校举行1989届学生毕业暨高考预选考试，根据考试成绩留下约一半学生参加高考复习，其余学生毕业离校。洪大业未进入高考备考范围。毕业离校时，他又送给我一个笔记本，还请他父亲题词："理解是填平心灵间沟壑的沃土，尊重是加深友谊的妙方，互相帮助会使双方的心里洒满甘霖，感谢您对我的帮助。"

　　毕业后，他随当兵的哥哥去了离家乡近千里的山东省长岛闯荡。1989年4月14日他写信给我，说："现在我已经是一名社会青年，干什么事情只有我自己决定了。近半个月我不想干什么，想到外面看一看再决定。"他还说："韩老师，现在我走这条走南闯北的路，得感谢您，是您的几句话让我这样做。当我得知毕业考试只考了二百几十分时，真的很崩溃。但转念一想，难道我比别人少根神经吗？难道我是这个世界上一个多余的人吗？人活着主要就在于一口气。在学校里让人瞧不起，走向社会了，我要做一个让人看得起的人。正是您的几句话，让我发誓，若不干出一点事业，将永不

_____

① 参见个案三中田金泽、明飞的表现。

返回故乡。"

他在长岛做了一年买卖后，1990年去济南学习烹饪一年。之后，再次回到长岛，做买卖、打鱼、养扇贝等，一直到1995年返回家乡。在同学和亲友帮助下，他先是成了邹平铜矿的临时工，后又从农业户口转为城镇户口，逐步成为国有企业正式职工。做工的同时，在家搞过粮油副食批发、开乡村饭店、养牛、承包山林、种树苗等。而今，党组织已对他考察了一年，四十二岁的他即将成为中共党员。

2. 学困生庄恒发展描述

庄恒，男生，学习成绩较差，并且学习态度不端正。在1987年11月至1989年1月间进行的五次期中、期末考试中，他或者借故不考试，或者因作弊成绩被取消，只有两次有比较齐全的科目成绩，总分分别为全班第四十五名（共五十六人成绩齐全）、五十三名（共五十五人成绩齐全）。我的日记（1987年11月20日）记载了庄恒在1987年11月高二年级上学期期中考试中的表现："庄恒同学在期中考试中不听劝告，严重作弊，被取消了三门课的成绩，并向全班检讨。我曾和庄恒多次谈话。他也总是说，父母和自己都希望自己好起来，但是自己总是没有毅力。我对他的反复感到很不理解，很气愤。杨秉臣老师曾说：'你的一个苹果、一碗开水，还是不足以感化教育这些同学的……'我深深地明白了其中的道理。"庄恒1987年11月17日写给我的信，也主要说了这件事，但是他狡辩："韩老师，你批评我是对的，我非常感谢你。但作弊的不仅仅是我一个人，像洪大业、明飞、田金泽①等人也并没有不作弊，特别是他们的英语都在九十分左右，他们的基础你是知道的，难道你看不出来吗？也许你会说，因为你换座位了。可是换座位的也不仅仅是我一个人，考地理、英语等课程，有些同学换座位，你也并不是不知道。当然，我说这些并不是质疑你不批评别的同学，单批评我。我也不希望你批评他们，只是随便说说而已。"

在1988年6月高二年级下学期期末考试中，庄恒再次作弊。南北寺中学1989届2班班级日志（1988年6月28日）记载："下午历史考试时，田金泽、庄恒、梁丰收、明礼等四位同学换卷作弊。被发现后，当即取消了田金泽、庄恒同学的考试资格。晚上，班主任向全班公布了对四位同学作弊行为的处理决定，对他们提出警告，取消梁丰收、明礼同学的历史考试成绩，并责令庄恒同学请家长来校，商谈妥善解决这个问题。"而庄恒企图蒙混过关，我不肯放过他，他便留给我一封信："尊敬的韩老师：你不要把事做得太绝了，这样对你、对别人、对我都没有好处。我知道你想把一些事办得正大光明，可是请你凡事三思而后行。不让我考试的事，我不会叫我的家长。李学老师②抓住了我。可试后，她叫我到办公室，让我重新做历史试卷。开始我恨她，可

---

① 即个案1中的洪大业，个案3中的明飞、田金泽。

② 历史教师，当时监考。

事后我非常感激她。她让我来找你,可你……明天我要继续考试。如果你不愿意的话,明天考试时,你轻轻地拍拍我的桌子即可,我会自觉离开的。"我看了这封有恐吓意味的信,觉得问题十分棘手,便请分管高二年级工作的杜主任给庄恒做工作。庄恒承认了错误,6月29日晚上,他的家长来到学校。我的日记中写道:"从庄父那里我才知道,庄恒同学讲的许多话、办的许多事都是假的,我被惊得目瞪口呆。庄恒同学自诩是他家的'臭钱'打开了学校的大门①,他父亲带来的酒肉,我却一点都不敢收。"放暑假后,我收到了庄恒7月5日写给我的信:"我爸爸去过学校后,我回到家里,他严肃地批评了我,并让我说出以后的打算。我爸爸说你很热情,年轻有为。本来我回学校后,想去找你好好地承认错误。我去办公室,看到有许多同学,便又退了出来。我现在觉得很烦恼,有点后悔。韩老师,以后我保证好好学习,听从你的指挥。对以前我的所作所为,希望你原谅。你有时间到我家做客,我会热情接待的。"

庄恒不仅学习差,而且经常与同学闹矛盾。我1988年5月14日的日记记载:"近来班里颇不安宁。因为我责令在教室吃饭的二组同学把饭橱搬到了宿舍,庄恒和王兰贵打了架②。结果,王兰贵借转学之名回家了。我责令庄恒回家向家长交代此事,征求家长意见。而他却往返二百多里路,去王家道歉,并把王兰贵请回学校。昨天晚上十一点多,当庄恒把双方家长和两位同学的信交给我的时候,我已无话可说。"

1989年初,庄恒和本班杨明同学在高中毕业前夕参军。3月14日,全班为他们开了欢送会。3月28日,我邀请他们参加了毕业师生合影。1989年4月17日,庄恒从中国人民解放军51373部队驻地写信告诉我:"我于4月8日安全到达河北省涞源县。当我给你写信的时候,我哭了。从小生活在父母身边,现在突然离开,真不知如何是好。我想我的老师、同学和亲人。其实我自己也知道,想家又有何用?可是怎么也控制不住自己的感情。以前我在学校的时候,许多次惹你生气,我现在很后悔,没有听你的话。书到用时方恨少,我现在深深地体会到了。首长听说我是高中生,让我写部队生活体会。语文学得不好,我好不容易(连抄日记带看别的参考书)才写出来。运气还算不错,文章得到了团长的赏识,被拿到广播室全团播放。"

2010年6月9日,我与庄恒访谈时,他说自己思想上的重大变化是从当兵时开始的。1989年至1992年,他当兵近四年,受到了部队严格的纪律约束和磨炼,也结识了一部分好战友。由于身体素质好,训练肯吃苦,每次全团比武他都名列前三名,入了党,还当了班长、代理排长。

退役后,他带领全家走上了艰苦的创业之路。他先是投资四万元,建起了混凝土预制厂,最多时借债九万元。说到创业的艰难,他十分激动。他说那时自己就像个

---

① 意为走后门上学。
② 王兰贵是组长,执行了老师的指示,庄恒对此不满。

小电机，一合上闸就转一天。开小拖拉机从博山（属淄博市）往家运水泥，腊月夜里两点就打火发车，累得刚吃的面条都吐出来。小拖拉机装上四吨半水泥，在山路上摇摇晃晃地行走，十分危险。一次，车厢挡板压断了，车失去平衡，连车带人摔进山沟里，命悬一线。庄恒那时二十三四岁，干活不到中午，就饿得不行了，这样子下午可咋干？中午吃上八个馒头、半盆菠菜豆腐汤，半个小时后又浑身是劲了。夏天下午一点就开始干活，一下午喝两筲水，汗水哗哗地流，还是渴。当时庄恒累得腿一个劲地打摆，左脚踢到右脚上，一下就跪到地上。一躺下，浑身疼得翻不过身来。那时庄恒就想，要过好日子。小时候自己家庭成分不好，说啥也得翻过身来，看到底谁行谁不行。1999～2008年，庄恒从山西倒煤，在家乡销售。近几年投资百万元，买了三辆工程车，承包工程劳务。现在庄恒年收入可达三四十万元，家产四百余万元。

1997年起庄恒进入村委，担任会计，2004年起任村党支部书记兼任村委会主任。在最近一次村委会主任选举中，全村三百零七票，他获得了三百零五票。2010年6月，庄恒被推荐参加全县副镇级干部选拔。他说自己当"村官"后，思想上发生了第二次重大变化，开始更多地考虑集体的事情和乡亲的利益。2005年庄恒为村里修路捐款二十万元，2010年为村里修娱乐场捐款十万元。他说自己的家就是"村民的银行"，村里谁家有事，万儿八千的拿着就走，为别人办成事比为自己办成事都高兴。

他说自己要努力干，争取活出个人样来，这也是为了孩子，为了能给孩子留下个好名声。自己当年没有好好读书，得让孩子受到良好的教育，健康成长。庄恒的孩子从一年级就送到了离家二十多公里的县城，进了当地有名的民办学校。他经常教育孩子要懂事，勤奋学习。

3. 学困生明飞发展描述

明飞，男生，初中时曾是镇中心初中重点班学生。2010年6月19日，我与他访谈时，他说自己上高中后与一部分后进同学混在一起，特别是高二年级后，与田金泽、洪大业[①]、由建明等同学住在一个小宿舍（南楼一层714室），心里只有闹和玩了，把学习完全抛到了脑后。我担任班主任后，他只有两次完整的年级统考成绩，即高二年级上学期1987年11月期中考试和1988年1月期末考试，分别是全班第三十六名（共五十三人成绩齐全）、四十三名（共五十六人成绩齐全），居全班中下游。

明飞经常违反校纪班规。在本次访谈中，他嬉笑着透露，上高中时，他曾与田金泽一起，夜里去山上偷村民的柿子，每人弄来几十斤。明飞最严重的一次违纪行为让全班师生在二十多年后仍然记忆犹新。1988年1月9日（星期六），老师上课时，教室黑板上写不上字，发现黑板上涂满了蜡，应该是有人头一天晚上干的，师生们非常

---

① 参见个案1中洪大业的表现。

愤慨。我开始暗中调查此事。当晚，周末自由活动，我去活动室打乒乓球，与田金泽同学对局时，发现他神色慌张。本来他比我水平要高，但是他却稀里糊涂地输了。10日（星期日）晚上，我在全班讲了黑板涂蜡这件事，并宣布，明晚之前，做这件事的同学要向班主任说明和承认错误。11日（星期一）晚，田金泽、明飞两位同学顶不住压力，承认是他们在黑板上涂的蜡。当晚，两位同学向全班进行了交代。之后，全班同学分两组，无记名发表了对这件事的处理意见。12日晨，班主任宣布了高二（二）班对两名同学的处理决定，主要内容如下：

为严肃班级纪律，帮助田金泽、明飞同学改正错误，根据学校领导意见、全班民间测验结果、两位同学主动承认错误的态度和本班制度，对元月8日晚两位同学在黑板上涂蜡的行为，做如下处理决定：

一、停课检查。停课一天，反省和检讨，两位同学写出书面检查书。检查必须客观详细地说明事情的详细经过，行为的目的、性质和后果，自己的态度和今后的保证，向批评、教育和帮助自己的学校领导、老师和同学表示感谢。检查写完后，交班主任审查，合格后向全班读检查。

二、向任课教师赔礼道歉。

三、提请学校团委给予团员明飞团纪处分。

四、给教室黑板漆刷，恢复黑板原状。

五、两位同学在本月中旬向家长汇报此事，并带回家长的亲笔意见。

六、在此事基本处理完毕后，由班主任执笔记入班级日志。

七、若对此决定不服，可向级部及学校领导反映，班内不再直接接受两位同学的意见。

八、若拒绝接受处分，可以退学，全班对此表示惋惜和挽留。

九、以后班内若有重大违反班级纪律的行为，依照此例处理。

十、以上决定向全班公布，并交与两位同学执行。

事后，两位同学向全班做了检查。明飞检查书的主要内容如下：

星期五（1月8日）晚上，我到教室里去叫田金泽同学一起去小食堂吃面条，见他拿着蜡在黑板上乱涂，不知出于什么目的。我急于回去，便抓起他剩下的蜡在黑板上涂了一道，接着便拉着他走了。事情的性质是恶劣的，是不道德的。当时，我也不是出于什么目的，去和老师作对，给老师出难题；也不是出于好奇心。像我们这么大的学生，如果连这么大的事情都不知道，岂不是太无知了。这样的后果是不堪设想的。我们违反了班级纪律，我向老师和同学们深深地道歉，请老师和同学们给我一个改造的机会，让我重新回到班集体。我在班里的确很调皮，我在班里做的贡献太少了。

我不仅违反了班级纪律，而且违反了团组织的纪律，给团员脸上抹了黑，我接受团纪处分。我要用实际行动洗去身上的污点，并请求团委给我帮助。

我保证今后不再发生类似的事情，若是再发生类似的事情，我情愿退学。

1月13日，我分别给两位同学的家长写了短信，主要内容是："我以沉重的心情向您通报，田金泽/明飞同学由于违反学校和班级纪律而受到批评和处分，我为我们对学生关心和教育不够向您表示歉意。请家长谈谈对此事处理的意见。"短信由两位同学带给家长后，家长都郑重地回了信。

南北寺中学1989届2班班级日志（1988年3月10日）记载："又发生了一件令人不可思议的事件。早饭后，马华章同学说他前天发的本子[①]不见了。有的同学当作笑料，没有在意。中午过后，又有几位女同学说，自己的本子也不见了。一共发了十七个本子，有七八个不翼而飞。同学们不得不慎重对待这个问题，是何人所为？本子丢失事小，但它却能反映大问题。同学们来自四面八方，读书确实不容易。一年来，同学们辛辛苦苦，终于取得了一点成绩，但却有人想抹杀它。发生了这样令人不爽的事，不可思议。"五天后的班级日志(3月15日)又记载："明飞同学退学，和同学们话别。"本次访谈中，明飞袒露了这个二十多年的谜，当年，本子由田金泽偷来，全部送给明飞，作为分别的赠礼。

在本班几个学困生中，明飞是发生思想转变最晚的一个。他高二没读完，即因无心学习，不愿受学校纪律约束而退学。退学回家后的前几年，他仍然放荡不羁，好行"仗义"，文了身，好喝酒，经常参与团伙打架斗殴，几乎每年都进拘留所。直到有一次被人打断了腿，才下决心与坏朋友断交。明飞在结婚生子后，认识到应该安稳过日子了，才开始探索谋生的路子。但是，他不愿受约束，不进工厂，不给别人打工。自己先后开过粮食加工磨、木材带锯，还开过礼品精品店，倒卖过棉花。1996年明飞开始干建筑装饰，由于自己好玩，爱喝酒，不好意思向客户收费，没挣到多少钱。2002年明飞承包当地一家大公司食堂，亏本。2009年在家乡的镇政府驻地花二十六万元买下了一处房产，开起了小饭店，自己当厨师，这才有了比较稳定的收入。

4. 学困生孙振北发展描述

孙振北，男生，是个案学困生中学习成绩最好的一个。在1987年11月至1988年7月间的三次期中、期末统考中，他分别是全班第三十九名、三十七名、二十五名。

在同学关系方面，班里有同学曾找他的茬。1988年1月30日，本班李世军同学

[①] 本子为班级对学习成绩优秀和在文体活动中为集体做出突出贡献的同学的奖励。

主动向班主任递交检讨书，主要内容如下："昨天（1988年1月29日）晚上教室熄灯后，我和庄恒①同孙振北同学闹了矛盾，揍了他几拳，违反了班级纪律。由于快期终考试了，同学们学习都很紧张。这阵子大都是上自习，每当老师走后，教室里便乱哄哄的，孙振北同学说话是最厉害的，我心中的气几天前就有。昨晚下自习后，到宿舍闲聊了几句，便说到孙振北的事。庄恒说：'孙振北这嘴真厉害。可他在这里有人，没人敢惹。''不敢？今晚我们去教训他一下，怎么样？'我说。于是我们下了床，到了教室。巧得很，未踏进教室门，灯熄了，同学们陆续往外走，我们在门口等他，可是他没有出来。洪大业来锁门，蛮横地说：'你们都走，要不锁在里面了。'孙振北还是不走。我看他那神气劲，更加气愤，于是便同庄恒揍了他几下。打人是违反学校纪律的，我们真诚地接受处分。"李世军的"替天行道"之举，从一个侧面反映了孙振北的品行表现。

孙振北也有许多可爱之处。他积极参加学校新年文艺会演，参加军训实弹射击比赛，都为班级赢得了荣誉。

与其他学困生相比，孙振北与老师交流也比较多。1988年7月11日，孙振北写给我的信中说："谢谢您给我提出的宝贵意见和对我的善意批评，感谢您对我的启发和诱导，使我在心灵上能产生一种正义感，使我在学习和成长中能走上正确的道路！您找我谈话好多次，您问我同学们对您有什么意见。我不好意思说。同学们觉得您有点小题大做，动不动就拿出'团支部、班委会'来压同学们。我记得，您在课上曾说，有时表扬比批评更有用。但是，您在处理我们班的事情时，批评总是占大多数，我不知道是否出自您的内心。金无足赤，人无完人。您虽有这样的污点②，但是您在这一学期领导我们班取得了巨大的成绩。这是任何一个人都能看到的。如果您以后对学生能够一碗水端平，对待犯错误的学生能启发诱导，引导他们走上正路，每个同学都会敬佩您、热爱您的。"

1988年11月8～10日，孙振北、章强③为躲避期中考试，私自外出。他们归来后，我让他们回家请家长来解决问题。但是两人执意不从，一直纠缠到15日晚上，他们对我说不愿念书了，要我和他们算账。我说："没有家长和学校的意见，我不能答应。"谁知，16日早晨，两个人出走了。经与家长通报，到18日我们得知，二人已到辽宁抚顺市，投奔了在那儿工作的章强的二爷。11月28日，学校决定，对孙振北、章强两位同学劝其退学。

孙振北退学后，1988年底再次去东北闯荡生活，在饭店打过工，干过建筑工。1989年暑假后，孙振北去淄博市复读。1991年过了淄博警校录取分数线，因户口不

---

① 即个案2中的庄恒。

② 用词不当，说缺点比较合适。

③ 参见个案1中章强的表现。

在该市而未能入学。之后又到邹平一中复读,1992年考入滨州师专,1994年毕业后,在家乡任教至今。他说,同学们都不相信他能当了老师。

他教书十多年来,当了多年班主任。他说当班主任一定要对学生一视同仁,老师的话,学生会记一辈子。他很注意在班里公开批评学生时把握分寸。他在班级管理和教学上都取得过不错的成绩。在接受我访谈时,他曾说,人的一生不可能不走弯路,但不能步步走错。这可能是求学时那段经历让他明白了很多。

(三)调查结果分析——对待学困生的理性态度

通过调查研究,我们明确地看到这样两个方面:一方面,作为研究个案的洪大业、庄恒、明飞、孙振北等四名学生,是当年高中典型的学困生。四人中,孙振北被学校劝退学,明飞只读了一年半高中就辍学了,庄恒因考大学无望而于毕业前入伍,洪大业未通过高考预选,四人均没有作为应届生参加高考。当时他们中的多数,不仅学习态度和成绩较差,思想品德表现和社会认知能力也存在突出的问题。另一方面,经过二十多年的发展变化,在他们的同班同学这个群体中,他们今天的发展状况和水平,大多数方面已不再属于后进,某些方面甚至走入先进行列,可谓"浪子回头金不换"。在发展的客观指标方面,如卷一第六题所示,全班学生中目前本人月收入1000元以下的(A选项)占5.7%,1000~3000元的(B选项)占45.3%,3000~5000元的(C选项)占37.7%,5000元以上的(D选项)占11.3%;而四名学困生中,属于低收入水平的A选项没有,中等收入水平的B选项一人(洪大业),较高收入水平的C选项两人(明飞、孙振北),最高收入水平的D选项一人(庄恒),其收入状况超过全班平均水平。又如第十题所示,全班学生中个人或其家庭近五年内为社会慈善或公益事业提供资金(或财物折价),500元以下的(A选项)占37.7%,500~5000元的(B选项)占49.1%,5000~10000元的(C选项)占9.4%,10000元以上的(D选项)占3.8%;而四名学困生个案中,属于较低社会贡献水平的A选项一人(明飞),中等社会贡献水平的B选项两人(洪大业、孙振北),最高社会贡献水平的一人(庄恒),其社会贡献状况超过全班平均水平。尤其引人注目的是庄恒和孙振北。庄恒是1989届2班这个群体在农村生活的学生中发展状况较好的一个,他通过参军锻炼、艰苦创业,实现了发财致富,并长期参与村民治理,担任重要职务,为集体和乡亲做出了贡献,赢得了群众爱戴。孙振北是该班主要在企事业单位工作的学生中发展状况较好的一个,他高中失学后,试图探索生活的新道路,最后坚定信心刻苦攻读,得以接受高等教育,并在参加工作至今的十几年中辛勤耕耘,教书育人,从一名学困生成长和转变为一名优秀的中学教师。在发展的主观感受方面,卷二所示个人幸福指数,全班平均分为83.49,四名学困生平均分为91.25(其中洪大业97,庄恒99,明飞92,孙振北

77)，显示个案学困生的主观幸福感明显高于全班平均水平。个案学困生目前的主观幸福感水平较高，可能由于他们今天的生活质量比在校时有了明显改观，形成了较大反差所致。个案学困生们今天的社会适应性和发展自信心令人鼓舞，与在校时判若两人。

从个案学困生二十多年的巨大发展变化中，我们看到了以下共性：第一，学困生都有强烈的自尊心和一定的进取心。虽然学校、班级甚至家长，把他们评价为学困生，但他们始终有强烈的自尊心。庄恒为取得好分数多次考试作弊，孙振北为遮掩学习不努力而逃避考试，表面看都是违纪行为，实质上是他们对自尊心的一种歪曲的维护形式。尤其是走进社会生活后，他们的成人意识更加觉醒，社会责任感进一步增强，决心以自己的勤奋、智慧和勇气干出一番事业来。这是他们产生巨大发展变化的内在的和根本的原因。第二，学校和班级教育对学困生的转化产生了复杂影响。作为他们的班主任，笔者为没能实现他们的校内转化感到遗憾和内疚。但是，学校和班级注意挖掘他们的闪光点，对他们在文体活动和劳动中的贡献予以表彰奖励，提高了他们的自信心，鼓舞了他们学习、生活和改正缺点的勇气。学校和班级严肃批评考试作弊行为，批评黑板涂蜡等损害集体利益的行为，使他们认识到生活的严肃性，不学习、不努力就没有出路，不诚信就难以做人。加强班级管理制度建设，发扬班级民主，努力形成一个健康向上的班级集体，对于生活于集体中的每一个同学具备基本的公民素质产生了良好影响。第三，学困生都有明晰的转化时机或条件。洪大业思想比较活跃、务实，他的转化早在高中时就已经开始了，他比较积极主动地同老师交流思想，多方探求参加社会经济生活的门路，毕业后毫不犹豫，以十足的勇气开始闯荡社会。庄恒的明显转化是从参军开始的，在人民解放军这个大学校和大熔炉中，他经受了锻炼，找到了自信，提高了思想政治觉悟，为日后创业和服务社会打下了坚实基础。高中生活给孙振北深刻教训，离开南北寺中学后，他痛定思痛，摒弃了不良习气，发奋苦读，终于有所成就。相比较而言，明飞的转化时机来得最晚，艰苦生活的磨难和不当行为的教训，使他在当了父亲后，才如梦初醒，开始了"安分"生活。这些"问题青年"的转化发生在20世纪80年代末至90年代，社会发展进步为他们创造了有利的社会环境和个人发展机遇。

事实证明，一个学生成为学困生只是暂时现象，虽然他们在思想品德、学习能力、学习成绩等方面，暂时存在这样那样的问题，但是他们中的大多数都会通过学校教育、家庭教育和社会教育，通过自我反省和长期努力，不断改正缺点，充分发挥潜能，促进自我发展，实现人生价值和生活幸福。简言之，今天的学困生并不意味着未来的失败，学困生身上蕴藏着巨大的发展潜力并将不断转化为积极发展的现实，任何漠视、歧视、压制和排挤学困生的行为都是短视、浅薄、不公平、不人道的。学校和教师应该以理性的态度对待学困生，尊重学困生的人格，给予学困生公平的待遇，促进他们获得应有的发展进步。

四、更新观念，提高学困生教育艺术

（一）对学困生发展的重新审视

1. 改静止的观点为发展的观点

在有些人眼里，学困生"无可救药"，只能"自取灭亡"。这是一种静止的、悲观的、非人道的观点，我们必须用发展的、乐观的、公平的观点去看待学困生。

一些孩子被贴上学困生的标签，往往是因为其顽皮，不听话，或看问题、办事情幼稚可笑。顽皮是儿童的天性，有些顽皮举动中往往孕育着创新思维的萌芽。相反，如果孩子时时处处都循规蹈矩，未来社会将不会有创新人才的涌现，社会生活将变得枯燥无味，社会将成为"一潭死水"。

孩子始终是孩子，在绝大多数方面不可能像成年人那样说话做事有分寸，那样"成熟全面"，教育者不可对他们求全责备。他们的成长需要一个过程，有些学困生在改正错误的过程中呈现出明显的反复性，我们对他们要有足够的宽容和耐心，等待他们的转化。明代太仓名士周元素"不弃阿留"的故事是值得我们深思的。周元素有个名叫阿留的家童，阿留愚笨，使唤起来颇不顺手。有一次元素让他扫地，他整整扫了一个上午，还是没有把一间屋子打扫干净，元素责备他时，他却把扫帚一扔，说："你能扫，何必麻烦我呢？"还有一次，元素在屋前栽了一些杨柳树，因害怕邻居的孩子们摇树，便叫阿留去看守。该吃饭了，阿留怕离开后有人摇树，便把树一棵棵地拨起，抱回屋里收藏起来。可阿留也有长处。元素善画，一天他在作画时，让阿留也来试试，不料阿留画得不错，从此元素便让阿留专做绘画的事，终身不弃。

另外，如前文所述后进现象有其绝对性，十个指头不一般齐，必须容许学困生特别是一部分能力弱的学困生的存在，不要希望所有学生都达到相同的发展水平。

2. 改单一智力理论为多元智能理论

加德纳的多元智能理论指出，人类个体至少在七个相对独立的领域内拥有认知能力，即音乐智能、身体运动智能、数学逻辑智能、语言智能、空间智能、人际关系智能和自我认识智能。不同的环境、问题情境需要不同的智力组合。学校教育往往特别注重语言智能和逻辑智能，从而忽视了个体的其他智能。即使在看起来语言智能占支配地位的西方社会里，从成年人身上得到的证据也表明空间智能、人际关系智能、身体运动智能有时也起着关键作用。然而语言智能和逻辑智能却一直是大部分智能测试的核心，一直在学校教育中唱主角。加德纳指出："分数并不代表一切。"[①] 我们在实践中也不断地发现并证明着，学校中的"优等生"在社会实践中未必能够获得绝对意义上的成功，这就是因为我们在评价的时候，往往撇开了问题情境以及其他几种智能，而只注意了单一的认知能力（以语言、数学逻辑智能为主）。"学困生"是传统评价标准的牺牲者，他们的其他方面的智能被草率地掩盖在成绩单的下面，使其无法正确认识自我，由片面评价带来的负面效应可能影响他们一生的发展。因此，我们要摘掉"有色眼镜"，用多元智能理论作指导去衡量和评价学生。[②] 这可以防止"抓住一点不及其余"，把某些方面智能不突出的学生简单打入学困生行列。

所以，教育者要有这样的信念："相信每个学生都有成功的愿望，相信每个学生都有成功的潜能，相信每个学生都能获得多方面的成功。"[③] 教育者要从每个"学困生"身上，努力寻找他们的闪光点，促进其个性发展、人人成才。

3. 从强调理论学习能力到注重实践和创新能力

学校教育是为社会发展培养各类人才和合格公民的。学校教育只能参照社会发展一定阶段的要求，按照一定的既成标准进行，而这个标准越是在基础教育、基础学段和基础年级，越只能对学生发展做出比较"全面"的要求。按照这个标准，学生一旦在某些方面表现较差，尤其是在文化学习方面成绩不突出，就可能被贴上学困生的标签。从人类个体的心理差异特别是智能差异来看，某些儿童可能不具备较好地发展某些方面智能的先天素质。特别是有些儿童可能形象思维能力较强，而抽象思维能力相对较弱，在以纸笔测试为主要形式的理论化考试中，难以取得好分数，也就难逃在学校当学困生的厄运。但是，现实的社会生产和生活却并不需要所有社会成员均成为那种"全才"。并且，理论水平差，并不意味着实践能力也很差。一个人有较强的理论水平和抽象思维能力，可能更好地把握社会生活；没有太高的理论水平和抽象思维能力，凭借长期积累的社会实践经验和直观判断，也能取得社会生存和发展的空间，甚至取得较大成功。因此，不要以学生在校"一时一地"的表现，简单给学生下"好"与"差"的结论，应耐心等待那些在校学习成绩相对较差而动手能力、交际能力、实践能力和创新能力较强的学生，他们走向社会后也会成功。

当我们更新了观念，转变了教育和评价学生的价值标准，以动态的眼光重新审视学生时，我们眼中的学困生会大大减少，我们面前的学困生也不再那样令人感到失望。

---

① 单中惠，朱镜人．外国教育经典解读［M］．上海：上海教育出版社，2004：489.
② 杨新颖．促进"学困生"发展的评价策略探究［J］．基础教育研究，2006（3）：9－10.
③ 成功教育研究与改革者，上海市闸北第八中学校长刘京海语。

（二）学困生教育的行动策略

中外关于学困生教育的经验策略论述很多，有的强调学校和教师既要热爱优秀学生，也要爱护学困生，要对学生一视同仁；有的强调实行鼓励性教育，激发学困生的内驱力，促进其主动发展；有的强调对学困生要对症下药，一把钥匙开一把锁，等等，本文不再重述。笔者结合自己高中学困生教育的实践，围绕贯彻教育公平的理念，认为在班主任为主导的班级教育中，应从宏观上创造健康向上的班级集体环境，从微观上加强与每个学困生的心灵沟通，这是做好学困生教育工作的重要行动策略。

1. 创造健康向上的班级集体环境

任何生命个体都从属和依存于一定的集体，个体与集体相互作用，相互制约。学生最基本的归属集体就是班级。班级是学生在校生活的基本组织单位，也是促进学生成长的正式组织之一。千千万万需要成长、处于发展中的学生，就生活在班级中，他们在班级独特的文化环境、组织制度与各种活动中，受到潜移默化的影响。作为独特教育场所的班级，有着多样的教育资源。班级环境是学生浸润其中的物质、心理与文化环境。不同的环境，会给个体的心理、行为带来不同的影响。一种积极、健康、能展现个体生命成长、个体参与创建的物质环境，会给个体成长以积极的支持；民主、宽容、相互关心、共同成长的精神环境，能够激励、滋养每个学生的成长，从而使得班级生活展现出丰富、发展、充满生机的气象。[①] 每个学生都生活在班级集体中，健康向上的班级集体环境是每个学生可以公平占有的教育资源。在班主任工作中，倡导和树立正确的班级集体意识，创造良好的班级环境，对于预防学困生的大面积形成，教育和转化学困生十分重要。笔者在 1987 年 8 月担任山东省邹平县南北寺中学 1989 届 2 班班主任后，带领全班探索加强班级管理制度建设，历时半年形成了一套涵盖纪律、财物、活动、班干部、奖惩等内容的比较系统的班级管理制度。此后，全班不断学习、强化这些制度的精神，使之深入到每个同学的思想中去，实行依"法"治班，产生了良好效果。

班级集体要有正确的价值导向，还要有健康向上的精神风貌。要创造生动活泼的班级气氛，就要尊重和满足青年学生的正常需要，开辟青年学生释放能量的正常渠道。补习班的学生是高考落榜生，许多是典型的学困生。补习班往往气氛沉闷，缺少生气。笔者任山东省邹平一中 1995 届文科补习班班主任时，倡导和组织全班每周利用两个晚自习开展文娱活动，活跃了班级气氛，改善了学生心理健康，促进了学习效率的提高。效果相反的一次实践是，在邹平一中 2000 届 2 班进入高三时，笔者接任班主任，因为是"乱班"，距离毕业又只有不到一年的时间，笔者产生了急于求成的急躁情绪，对

[①] 叶澜.教育学原理［M］.北京：人民教育出版社，2007：216，218.

学生的正常愿望和需要不够尊重。当有学生提问全班如何过中秋节时，笔者认为是学生没有坚强意志，喜欢玩耍，浪费学习时间，竟武断地回答："看月亮！"事实上，一部分同学背着班主任，偷偷把月饼等带进教室，相互祝贺节日。这一年中师生关系比较紧张，学生说自己得了"恐韩症"，毕业后该班的一部分学生也不愿与笔者来往。

2. 加强与每个学困生的心灵沟通

学校和教师往往以为，做优秀学生的工作才是"正事"，所以不愿意与学困生"多费口舌"，懒得了解他们行为的真相，不与他们进行心灵的沟通；或者觉得学困生的思想和行为不同常人，与他们没有"共同语言"，无法交流；更有甚者，认为学困生不是"好人"，对班级有"破坏"作用。久而久之，教师与学困生相互猜忌增多，心理隔阂日益严重，越加难以相互理解，形成恶性循环。笔者在任教南北寺中学1989届2班期间，1988年11月4日时写下这样一篇日记：

> 今天下午去我们班上课，辛冬梅同学竟趴在课桌上无动于衷①。我实在看不下去了，把她"请"了起来。然而，我按捺不住心中的火气，说了一句："有时敬神也会敬出鬼来。"她却自动坐下了。我更是气愤不过，去往外拉她，然而，她死死抱住课桌，我失败了。我的教龄三年多了，在如此尴尬的局面下，我没有让鲁莽的行动继续下去，神情严肃，"昂首阔步"地走出了教室。
>
> 班里发生了不愉快的事情，我心里就像坠了块石头。事情闹到今天这个僵局，对我来说还是头一次。我不知如何去解决。我对学生的管理教育是比较民主的，至少我自己这样认为。三年多以前，我还是个学生，直到今天仍有十足的学生气。我理解学生，学生的生活是十分不容易的，特别是高中生活更是艰难，而且他们亟待解决将成为一个"大人"的困难——如何选择高中毕业后的生活道路。所以，我一直采取比较宽容的态度，不对他们求全责备。他们有了较高的自觉性和独立思维的能力，当老师的应该相信他们的自制能力和自我教育能力。然而，这种方法也有失败的时候，比如今天。像辛冬梅同学，对她已不能再"好好好""是是是"下去了。她经常旷操、旷课，不努力学习，同学关系紧张。说教总是失败，我感到束手无策。虽然我一直想"没有必要拿自己的好心去换同学的不高兴"，然而为了同学的进步，更重要的是为了维护班级纪律，促进全班同学进步，我不能不采取措施，这往往又是直接责任的同学一时不愿接受的措施。通过这种措施能达到目的的话，也不妨辅之一用。

两个多月以后，因为调查辛冬梅是否旷课，1989年1月16日（星期一）晚，我

---

① 辛冬梅于1987年8月高二上学期时从东北转学来到该班，学习成绩较差，作风比较散漫，是女生中的学困生。在全班同学起立迎接老师上课时，她仍趴在课桌上，当时笔者以为她在睡觉。

收到了她倾吐怨气的一封信：

韩老师：

　　怎么说呢？你是个善良而正直的人，但也有点太古板了，在你眼中我不会是个好学生，最起码我的行为不太像个女孩。所以，通过几次接触，我便认为你对我有看法，以至于到了今天这个地步。我曾试着与你和好，我也曾试着与你做朋友，但我都失败了。这大都是怨我，但不客气地说，你的态度也使我很恼火。我一向很要强，自己认准的事情哪怕碰南墙也不会回头。倔强的脾气使我吃过很多苦头，但我却很难改变。期中考试前发生的事①，你不会忘记吧。说实话，我至今记恨在心。当时，我病得很厉害，几乎是一天没吃一点东西，如果不是因为考试，我会回家的。我的体质并不是表面上看到的那么好，相反是很差的。很多话本想对你说，但我讨厌你那不信任的眼光，同时也讨厌你说话的口气。我的口才不至于很糟，我不过不想使你难堪。而你说过的很多话，使我很难堪。

　　写这些，我并不是把你作为一个严肃的长者，而是把你当作一个同龄人看待的。你并不比我们大多少，不是吗？为什么我们不能好好相处，为什么总是出现对立呢？

　　确切地告诉你，星期天（1月15日，笔者注）我来了，只是第三节课我就走了。星期六（1月14日，笔者注）回家就病了，爸不让我来，但我还是来了。因一天没吃饭，所以我不可能坚持到那时。② 我很抱歉，对我的一些做法，希望得到你的谅解。

　　不想再写了。

　　从这几件事中可以看出，学困生渴望交流，希望受到师生的尊重和平等对待。现在看来，当年笔者作为班主任对一部分学困生采取了一种带有压制、孤立色彩的措施，效果是比较糟糕的。人本主义人性观主张，心理学应该研究人的价值和尊严，咨询和心理治疗应该为恢复和提高人的价值、尊严做贡献。对学生的尊重是学困生教育和转化工作得以持续进行的基础。一般来说，教师都喜欢发展好的学生，但好的教师总是善于控制，尽量做到一视同仁。只有像对待其他学生一样的对待学困生，才能使他们得到像其他学生一样的发展。③ 因此，反对武断、粗暴地对待学困生，主动加强与学困生的思想交流，用爱融化他们心中的坚冰，才是教育转化学困生的上策。

　　目前，不少教师之所以不能以平和的心态，以不离不弃的责任感对待学困生，除

---

① 即 1988 年 11 月 4 日之事。

② 当时学校安排星期六放假休息，星期天回校，晚上有三节自习课。

③ 张海燕，郑传才. 罗杰斯的人本主义思想及其人格理论在学困生教育和转化中的应用 [J]. 教育探索，2007（10）：6—7.

了自身师德水平的因素之外，还有当前的教育体制和环境的原因。在片面追求升学率的应试教育机制中，中观和微观教育的领导权和管理权被部分不懂得、不尊重教育规律的人把持，上级和学校要求教师拿出的是优秀生、高分和名牌大学生的数字指标，至于学困生有多大进步，只要考不上大学，则是无关紧要的。这种极为片面和过于功利的教育价值取向，使部分教师在应试教育与教书育人之间痛苦地挣扎。《国家中长期教育改革和发展规划纲要（2010—2020年）》指出："把育人为本作为教育工作的根本要求。""要以学生为主体，以教师为主导，充分发挥学生的主动性，把促进学生健康成长作为学校一切工作的出发点和落脚点。关心每个学生，促进每个学生主动地、生动活泼地发展，尊重教育规律和学生身心发展规律，为每个学生提供适合的教育。"①为优秀生提供适合的教育，也为学困生提供适合的教育，都应是教育的分内之事。只有深化教育体制改革，推进育人为本的素质教育，才能为学困生教育创造良好的宏观环境，对学困生教育工作给予充分的价值肯定，对学校和教师学困生教育的丰富实践予以松绑和大力支持，从而切实保障学困生的教育公平权利，最终促进全体学生的全面而有个性的发展。

结束语

在本研究即将完成的时候，2010年7月，《国家中长期教育改革和发展规划纲要（2010—2020年）》颁布。其指出，要把教育公平作为国家基本教育政策，教育公平的理念得到进一步彰显。

本研究进一步拓展了"教育公平"的概念。基于对"教育公平的关键是机会公平，基本要求是保障公民依法享有受教育的权利"的理解，本研究在肯定教育公平的"重点是促进义务教育均衡发展和扶持困难群体，根本措施是合理配置教育资源，向农村地区、边远贫困地区和民族地区倾斜，加快缩小教育差距"的同时，把教育公平明确延伸到"学校中学生个体之间受教育过程、质量等方面的公平，尤其是学校和教师对每个学生的公平态度"。对"教育公平"概念这一必要而合理的拓展，使教育公平的视角更加宽阔、具体，使教育公平的理念获得了更加广泛的现实意义。

本研究首次提出了"学困生现象是绝对性与相对性的统一"，并阐述了其实践意义。学困生现象是教育中的客观存在。一方面，学困生现象具有绝对性，要切实把学困生教育作为教育工作的常规而重要的组成部分，充分认识学困生教育工作的长期性

---

① 国家中长期教育改革和发展规划纲要（2010—2020年）［N］.中国教育报.2010 — 07 — 30.

和艰巨性；另一方面，学困生现象又具有相对性，要始终对学困生寄予希望，对学困生教育工作充满信心。本研究在马克思主义哲学指导下对学困生现象客观性的论断，是一个理论创新。

本研究通过对二十多年前一个高中班学生到目前为止的发展状况的调查分析说明，学校的学困生并非就是未来社会的失败者，学困生蕴藏着巨大的发展潜力，任何漠视、歧视、压制和排挤学困生的行为都是短视、浅薄、不公平和不人道的。本研究强调了教育对学困生问题应持的理性态度。

综上所述，本研究在分析学困生现象客观性的基础上，在教育公平理念和政策的指导下，进一步强化了学困生教育的责任，比较全面地阐释了学困生教育的意义，指明学校和教师应以理性的态度给予学困生公平的待遇，不断更新教育观念，努力提高学困生教育的艺术性。本研究关于学困生教育理论的拓展、整合和学困生个案追踪研究等设计，均达到了预期目的和效果。

由于本研究着重对教育公平和学困生教育价值进行理论思考和实践证明，对学困生教育策略的研究不够系统和深入，这将是后续研究的一个重要方向。

笔者将继续保持与过去学生的联系，关注他们的继续发展和人生幸福，从他们身上得到及时反馈，不断总结教育工作的经验教训。由于学校工作原因，笔者已有八年未当班主任，这是个人教育生涯中的一大遗憾。今后，笔者希望有机会继续担任班主任，对学困生教育进行更为全面深入的实践和思考。

后　记

我是中等师范毕业后参加工作的，读"研究生"是我二十多年来的梦想和追求。所以，我首先要感谢我的母校——西南大学，帮我实现了多年的夙愿。

最令我感激的是我的导师范蔚教授。两年来，虽然远隔万水千山，我与老师的信件却来往频繁，不断地向老师请教，倾听老师的谆谆教诲。正是在老师耐心细致的指点和情真意切的鼓励下，我才完成了论文选题，并得以通过。敬知老师著述颇多，向老师索读，老师欣然寄我两册，并题言留念。论文初稿呈上后，老师圈圈点点，无微不至，不放过遣词造句、错字别字；又不惜笔墨，挥洒千言，教导我提高学理分析水平。我深为老师敬业奉献、诲人不倦的精神所感动。

还要感谢论文开题时幺加利教授、袁顶国副教授等老师的精心指导。正是他们毫不留情的批评，才使我认识到存在的问题；正是他们对我选题中人文情怀的肯定，我才坚定了进行学困生个案研究的信心。感谢王德清教授、杨晓萍教授等老师，他们的精彩授课使我大开眼界，茅塞顿开。

深情地感谢我的第一个工作单位——山东省邹平县南北寺中学，那里是我的再生之地。特别感谢1989届2班我那群学生们，二十多年前，我们风华正茂之时，共同度过了那段峥嵘岁月，这成为我们不可磨灭的记忆和今天研究的源泉；感谢那几名"学困生"，他们为参加工作不久的我提出了富有挑战性的实践课题，促使我不断学习和提高，知道他们今天的进步和幸福，我是何等的快慰；感谢朱秀国、苗勇、安克锋、魏传浩、毕卫东、马玲玲、杜俊芳、尹青、宁华、崔强、田军等同学，他们在调查研究中给了我全力配合和帮助。

最后感谢我现在的工作单位——山东省邹平县第一中学，学校积极推进教师硕士化工程，资助教师攻读教育硕士，使我在不惑之年得以完成学业，获得硕士学位。感谢我的第二导师杨福生老师，在外文资料的运用和教育研究规范等方面给了我热心指导和帮助。

谨将此文献给所有关心、帮助过我的人！

韩兆恩

2010年9月25日

为了不误人子弟①

有些话已到了不吐不快的时候，因为我处在矛盾中，有些甚至是极度的矛盾。回首以往，生命的四十多个春秋里，矛盾无时不有，无处不在。

我庆幸自己从有思想起，就自尊、上进。但是有时也挨大人的打，因为偷吃过年的炸菜，或不罢休地讨要几毛钱买书，一切都根源于那时的贫穷。我至今保留着的有一本《快速计算法》(1979年出版)，数学家史丰收著的。在老家的土屋里住时，老鼠也"咀嚼"过这本书。这本几十页的小册子，我在十二三岁的时候实在无力读完，但是却陪伴着我开始寻找真理、自主学习的道路。也正是这种贫穷，促使我从小就有十分坚定的志向，如同历代书生一样，我发愤苦读，珍惜时间，严于律己，努力走出一条通过学习改变命运的道路。四十年里，我从不曾认为，读书是件苦差事。

我十九岁中师毕业后，被送进山村里的南北寺中学，成了一名高中政治教师。所学赶不上所教，鸭子上架，我前所未有地感到了学习提高的迫切性。出于当一个不误人子弟的合格教师的愿望，我从此踏上了二十多

笔者的毕业证书

年的专业发展的漫漫长路。这个过程大致可以分为四个阶段。第一个阶段是"我的大学"。我先是投入高等教育自学考试中，如饥似渴地学习了政治教育专业专科的十几门课程，一直学到孩子出生的那一刻。1990年4月27日那天，我已经买好车票，准备去地区驻地参加自学考试，可是妻子已经临产。我把车票从上午换成下午，从早班换成最后一班，孩子降生时，已是夏令时晚上九点。虽然学了半年却未能参加考试，但是当了爸爸，我还是很欣慰。孩子三个月时，我脖子上又挂上了书包，走进了梦寐以

---

① 本文2009年发表于《邹平一中报》，原题为《学，学，学……》，有删改。

求的大学（山东省教育学院）的校门，脱产进修本科。这样，从参加工作到本科毕业，我用七年读完了"我的大学"。

当我成为县一中教师时，以为自己高枕无忧了。没想到，在 1993 年底那场"教育改革"中，我却差一点落聘。我开始偷偷地学习法律，准备考律师资格。尽管半年后，我又得到了学校的支持，但是，我还是在连续上高三、当班主任的最紧张的那两年里，考取了律师资格。尽管存在诱惑，但是我并不想放弃自己钟爱并积累了些许经验的教育事业。没想到，这段"地下学习"使我具有了双"师"资格，构成了我专业成长的第二个阶段——扩展学习。

笔者的律师资格证书

2001 年以后，我走上学校中层干部岗位，在德育处、教导处、教科研处等部门工作过，读书学习和研究的主要内容转向了学校层面上的管理科学与教育科学，开创了工作的新局面，这是第三个阶段——教科研学习。

在我不惑之年，又有了新同学，在职攻读教育硕士的学员中，我俨然是个"老大"了。这是我学习的第四个阶段——圆梦学习。2010 年 12 月，在我四十四岁的时候，通过西南大学硕士学位论

笔者的硕士学位证书

文答辩，获得了教育硕士学位。到这时，我二十多年前在南北寺时期就已萌生的研究生梦想，才算基本实现。

经过几十年长途跋涉，我的学历从当年高中教师中几乎是最低的，成了今天较高的。我不敢与皓首穷经相提并论，但终身学习的愿望已经坚定。现在，除了学习书本，我还坚持每天看新闻，经常看《百家讲坛》等节目，这成为一种习惯、一种享受，成为备课的一部分。除了研究思想政治内容，我还读学生的历史、地理、语文等教材，读物理、生物等教材中与政治教学有关的内容。

读书是学习，走进学生心灵，走进社会生活，更是学习。我曾在寒暑假骑自行车，翻山越岭，走街串户，遍访学生，一路吃住在学生家。干过农活，到过工厂，进过歌厅，访过监狱……从自然到社会，从崇高到卑微，这些经历都是一本本鲜活的教材。二十多年坚持不懈的学习、思考与探索，促进了自身专业发展和人生境界提升，我先后被评为市高中政治教学能手、学科带头人、优秀教师。我学出了成绩，学出了自信，学出了快乐。学是人生的第一步，也将伴我终生。

不惑之年，多事之秋，我的周围依然矛盾丛生。

2004年以来，全国开始高中新课程实验，学校派我参加了国家骨干教师培训。"为了中华民族的复兴，为了每一个孩子的发展"，这带给我深深的震撼，一个教师的良知被唤醒，21世纪基础教育的理想呼唤我前行。但是课程改革之舟一撞上应试教育的冰山，便被迫步步倒退。我忽然怀疑起自我生存状态的价值。好在，自己为学校制度建设和落实做了些许实实在在的工作，一些现代化的教育理念与管理理念在学校得到了宣扬和贯彻，自己还直接教育了很多学生，这能使我聊以自慰。苦闷中，山东省规范办学的春风不期而至，师生的休息权得到一定程度的保障，课程改革有所深化，素质教育有所进展。在理想与现实的博弈中，我仍在思索，在挣扎，在期盼……

学了点法律，不时有亲戚朋友、同学同事，甚至新老学生找我咨询法律事务，有时我成为了诉讼代理人、辩护人等。我借此宣讲法律知识和国家政策，以达解纷息讼、社会和谐。

"长恨此身非我有，何时忘却营营。"

在凡人和雅士之间如此奔波的时候，我的身体和精神开始吃紧了。三十岁刚出头，就闹了个"胆"战"心"惊（体检发现胆囊炎和心动过缓）。至今，已经修理或报警过的症状还有胃炎、鼻炎、前列腺炎等，颈椎、腰椎也不断地发出警报。生命的宽度固然有意义，生命的长度更是人类不变的追求。留得青山在，不怕没柴烧。为了让生命焕发出勃勃生机，我加入了跑步、爬山的行列，不论寒冬酷暑，坚持不懈。前些年还有人说我不好好待着，到处跑。我心里想，不运动才不好呢！越是工作紧张的时候，就越要运动，只有精力充沛了，才能完成创造性的脑力劳动。有时忙碌一天，已经精疲力竭，晚上还要高强度加班，万般无奈，但是我知道，只要运动一会儿，我又会信心百倍、干劲倍增的。十几年间，邹平的村村落落出现过我的身影，山山水水留下了我的足迹。我可以自豪地告诉人们，我征服了邹平的大小山峰。如今，我的心跳已不缓慢，身体机能衰退放缓，我仍然是个生龙活虎的年轻人。

事事难以割舍，但总得割舍。我已有几年不为政治教学小报刊写稿，委婉谢绝参编教辅的邀请。留点自我喘息的空隙吧！

我想，再健康地工作二十年，培养更多的学生。我总觉得自己的教育教学工作好像刚上路，还有许多理想有待实现。

我还想，将来退休后也不能无所事事，不能只成为"奔向死亡团"的一员。要老有所为，就得留有余热，从现在开始就得储备可用的价值。

我也想，将来还能给后人留下点什么。我想把已坚持了三十来年的日记习惯坚持下去，也许这是将来一份有价值的素材，可以就此整理些什么，至少可以自娱自乐，可以在子孙里流传几代。

矛盾之中，何去何从，我想到了冯友兰先生的《人生的境界》：自然境界，功利境界，道德境界，天地境界。自认为，已经基本脱离了自然境界，而游走在功利境界与道德境界之间，也开始了一点天地境界的思考。

这是一个心灵的沉思，一个生命的珍重，一个行动的宣言，一个"人"字的写法。

参考文献

［1］陈向明. 质的研究方法与社会科学研究［M］. 北京：教育科学出版社，2000.

［2］程俊英. 中国大教育家［M］. 北京：教育科学出版社，2008.

［3］邓启铜注释. 老子·大学·中庸［M］. 南京：东南大学出版社，2013.

［4］董远骞，施毓英编. 俞子夷教育论著选［M］. 北京：人民教育出版社，1991.

［5］［美］杜威著，孟宪成，俞庆堂译. 思维与教学［M］. 上海：华东师范大学出版社，2010.

［6］方志敏. 可爱的中国［M］. 西安：陕西师范大学出版总社，2018.

［7］丰子恺. 教师日记［M］. 北京：教育科学出版社，2008.

［8］顾明远. 教育大辞典（上、下卷）［M］. 上海：上海教育出版社，1998.

［9］关丽娜. 教师日记促进高校青年教师自我发展之研究［J］. 成都师范学院学报，2016（10）.

［10］季羡林. 清华园日记［M］. 北京：人民文学出版社，2015.

［11］贾志敏口述，朱煜整理. 积攒生命的光（贾志敏教育口述史）［M］. 上海：华东师范大学出版社，2018.

［12］姜勇. 叙事研究与教师专业发展［J］. 外国中小学教育，2004（12）.

［13］金树人. 生涯咨询与辅导［M］. 北京：高等教育出版社，2006.

［14］［美］拉尔夫·泰勒著，罗康，张阅译. 课程与教学的基本原理［M］. 北京：中国轻工业出版社，2014.

［15］雷锋. 雷锋日记［M］. 西安：陕西师范大学出版社，2018.

［16］雷克啸，夏传礼. 中外著名教育家［M］. 哈尔滨：黑龙江教育出版社，1985.

［17］李华. 教育叙事研究与教师专业发展［J］. 文教资料，2014（1）.

［18］李鹏. 立法与监督：李鹏人大日记（上、下）［M］. 北京：新华出版社，2006.

［19］李振村. "全课程"，给孩子一个丰富完整的世界［J］. 当代教育家，2016（1）.

［20］林崇德. 21世纪学生发展核心素养研究［M］. 北京：北京师范大学出版社，2016.

［21］林崇德. 发展心理学［M］. 北京：人民教育出版社，1995.

［22］林语堂. 孔子的智慧［M］. 沈阳：万卷出版公司，2013.

［23］柳丽娜.《教师日记》：丰子恺教育思想集萃［J］. 教师发展研究，2017（2）.

［24］卢军. 教师成长关键词［M］. 重庆：重庆大学出版社，2008.

［25］鲁迅. 鲁迅日记（上、下）［M］. 北京：人民文学出版社，1976.

［26］陆青春. 教师成长的六把钥匙［N］. 中国教育报.2018-09-03.

［27］梅寒. 曾国藩传［M］. 南京：江苏凤凰文艺出版社，2018.

［28］［俄］潘佐夫著，卿文辉等译. 毛泽东传（上、下）［M］. 北京：中国人民大学出版社，2015.

［29］人民教育编辑部. 名师人生［M］. 北京：高等教育出版社，2010.

［30］单中惠，朱镜人. 外国教育经典解读［M］. 上海：上海教育出版社，2004.

［31］石华灵. 教学反思概述、影响因素与策略［J］. 教学与管理，2017（11）.

［32］［苏］苏霍姆林斯基著，杜殿坤编译. 给教师的建议［M］. 北京：教育科学出版社，1984.

［33］孙培青. 中国教育史［M］. 上海：华东师范大学出版社，2008.

［34］田丽丽，常蘋. 教师职业生涯发展理论及其启示［J］. 保定师范专科学校学报，2005（3）.

［35］田正平，肖朗. 中国教育经典解读［M］. 上海：上海教育出版社，2005.

［36］王录梅. 论教师反思文化的缺失与建构［J］. 当代教育科学，2015（12）.

［37］王世儒编. 蔡元培日记（上、下）［M］. 北京：北京大学出版社，2010.

［38］王蔚，梦溪. 论语注译及人物类编［M］. 济南：山东大学出版社，2016.

［39］王锡荣. 日记的鲁迅 [M]. 北京：人民文学出版社，2017.

［40］魏书生. 班主任工作漫谈［M］. 桂林：漓江出版社，2002.

［41］文东茅，林小英，吴霞. 教育家成长的制约因素与政策建议［J］. 中国教育学刊，2013（2）.

［42］吴晶，胡浩. 坚持中国特色社会主义教育发展道路，培养德智体美劳全面发展的社会主义建设者和接班人［N］. 光明日报.2018-09-11.

［43］吴康宁. 教育社会学［M］. 北京：人民教育出版社，1997.

［44］吴振利. 中小学教师教育叙事研究：问题、性质与推进策略［J］. 课程·教材·教法，2015（1）.

［45］习近平. 思政课是落实立德树人根本任务的关键课程［J］. 求是，2020，(17).

［46］谢姗姗，谢静菊. 略论教师职业生涯发展的年龄特点［J］. 福建论坛·人文社会科学版，2007，（专刊）.

［47］杨尚昆. 杨尚昆日记（全二册）［M］. 北京：中央文献出版社，2017.

［48］杨晓萍. 教育科学研究方法［M］. 重庆：西南师范大学出版社，2006.

［49］杨佐仁，宋均平. 孔子传［M］. 济南：齐鲁书社，1999.

［50］幺峻洲．孟子说解［M］．济南：齐鲁书社，2006．

［51］姚瑶.终身学习：教师职业发展的根本途径［J］.当代教育论坛,2008(7)．

［52］曾国藩著,唐浩明编.曾国藩日记(全四册)［M］.长沙：岳麓书社,2015．

［53］张万祥，万玮．教师专业成长的途径：30位优秀教师的案例［M］．上海：华东师范大学出版社，2005．

［54］张彦春，朱寅年．16位教育家的智慧档案［M］．上海：华东师范大学出版社，2006．

［55］中共中央，国务院．关于全面深化新时代教师队伍建设改革的意见［N］．光明日报.2018-02-01．

［56］中共中央文献研究室编．毛泽东年谱：1893~1949（修订本）（上、中、下卷）［M］．北京：中央文献出版社，2013．

［57］中共中央文献研究室编．毛泽东年谱：1949~1976（一至六卷）［M］．北京：中央文献出版社，2013．

［58］中华人民共和国教育部.普通高中思想政治课程标准(2017年版)[M].北京：人民教育出版社，2018．

［59］中华人民共和国教育部．新时代中小学教师职业行为十项准则．http://www.moe.gov.cn/srcsite/A10/s7002/201811/t20181115_354921.html

［60］中央党校采访实录编辑室．习近平的七年知青岁月［M］．北京：中共中央党校出版社，2017．

关键词索引

（各关键词后为日记正文标注该词页码）

行

思

后 记

在知天命之年，我的"处女作"付梓，百感交集。这些泛黄的日记得以面世，已经远去的那些岁月，岁月里熟悉的那些面孔，曾经留给我的那些感动，又一起涌上心头。

忘不了，三十多年前，南北寺的山水养育了我、我的同事和我的学生们，为我们补钙加油，让我们以结实的身板走下山来，开创事业和生活。以杨秉海、孙兆俊、杨秉任、杨承玖、李庆山、杜卫国、杨秉臣、唐作义老师等为代表的南北寺中学创业者，怀着对党的无限忠诚，以高尚纯朴的教育情怀、艰苦创业的英雄精神，引导我坚定马克思主义信仰，在思想政治教育园地不懈耕耘。我在南北寺中学的几届学生给予我锻炼成长的机会，给予我理解和宽容。南北寺中学，是我职业生涯的第一站，也是关键一站。南北寺，是我一生的念想。

忘不了，在紧张、艰苦、困顿和感动中留下的这些行思记录，到了2015年我到山东省教育科学研究院访学时，得到申培轩、李文军、曾庆伟、许爱红、孙月圣、黄海涛等先生的教导和鼓励，我才树立信心，将以示人。这段访学，是我职业生涯后期的一次空中加油。

忘不了，我儿时以来的刘树宏、赵精良、张安正、李玉杰等先生，接续给我人生的启迪，一步步将我引向人民教师的光荣岗位；十几年前，西南大学的范蔚博士等导师，教给我教育科学研究的基本方法和学术道德；近十年来，韩延明博士对我关爱有加，书成之时又欣然作序；"日记体叙事反思驱动教师职业生涯'四维'发展案例研究"课题启动以来，李登建、王秀国、刘德全、王光敏等先生对我悉心指导。他们，是我头顶高悬的明灯。

忘不了，20世纪七八十年代，我的母亲如何艰难地为我筹措上学的钱粮，父亲如何步行将衣被送到师范学校"慰问"我；长我十几岁的大哥如何将我送上南北寺的山当了老师，八年后又如何将我接下南北寺的山合家团圆。

忘不了，来到邹平一中二十八年来历届的领导、同事、学生，还有分散在各地的旧日同学、友人，给予的各种支持和帮助。师范学校的同学张明武明察秋毫，又赋打油诗一首，手书激励（墨迹见下页）：

> 大作读罢，泪湿衣衫，几度掩卷，泣不能言。
>
> 师范毕业，卅五年前，初出茅庐，既登讲坛。
>
> 师生相仿，伯仲之间，捉襟见肘，在所难免。
>
> 幸哉吾侪，奋勇争先，夙兴夜寐，枕戈待旦。
>
> 卅年已逝，桃李满园，吾中佼佼，兆恩老韩。
>
> 终生学习，堪为典范，双师学历，左右逢源。
>
> 日记不辍，寒暑无间，三省其身，圣心备焉！
>
> 儿女情长，相照肝胆，敢爱敢恨，襟怀坦然。
>
> 回首人生，遗珠无憾，自信来日，击水三千。
>
> 俯仰无愧，天地之间！

拙作寄托了万千情缘。在此面世之时，我谨向健在的各位前辈尊长和一切关心、帮助过我的人士，致以诚挚的感谢！谨向已逝的那些圣洁的灵魂，致以虔诚的告慰！

作为一部教师成长的立体案例，本书忠实记录了若干学生的成长、进步、幸福，也记录了他们的挫折、苦恼、无助。几十年来，学生依旧挂在心中，但是部分学生从高中时就初见端倪的曲折人生，难以改变地上演，我多年的心结并未打开，许多问题至今没有找到答案。把这些疑惑真实地呈现出来，一方面是对当年我面前的被伤害者、被忽视者的真诚道歉；另一方面也就教于社会各界，同思共谋教育改革和育人之道。

令人感奋的是，2020年9月1日出版的《求是》第17期发表习近平总书记重要文章《思政课是落实立德树人根本任务的关键课程》。这极大增强了我终生坚守思政课讲台的勇气和智慧！

无时无刻不教育，无冬无夏不修身！愿以此册小书，与一切有志于成为"四有"好教师的新时代君子们相约，不忘初心，砥砺前行！

韩兆恩

2020年10月10日，翠微园

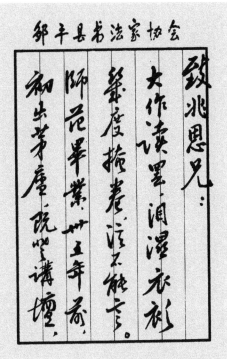

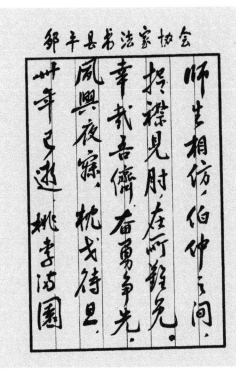

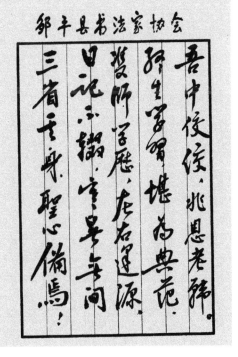

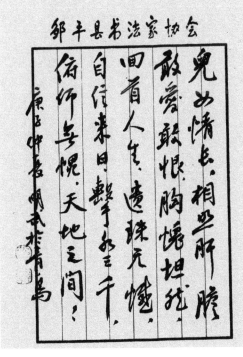

张明武题诗手迹